獨行的王者

德克．諾威斯基
成就非凡的籃球人生

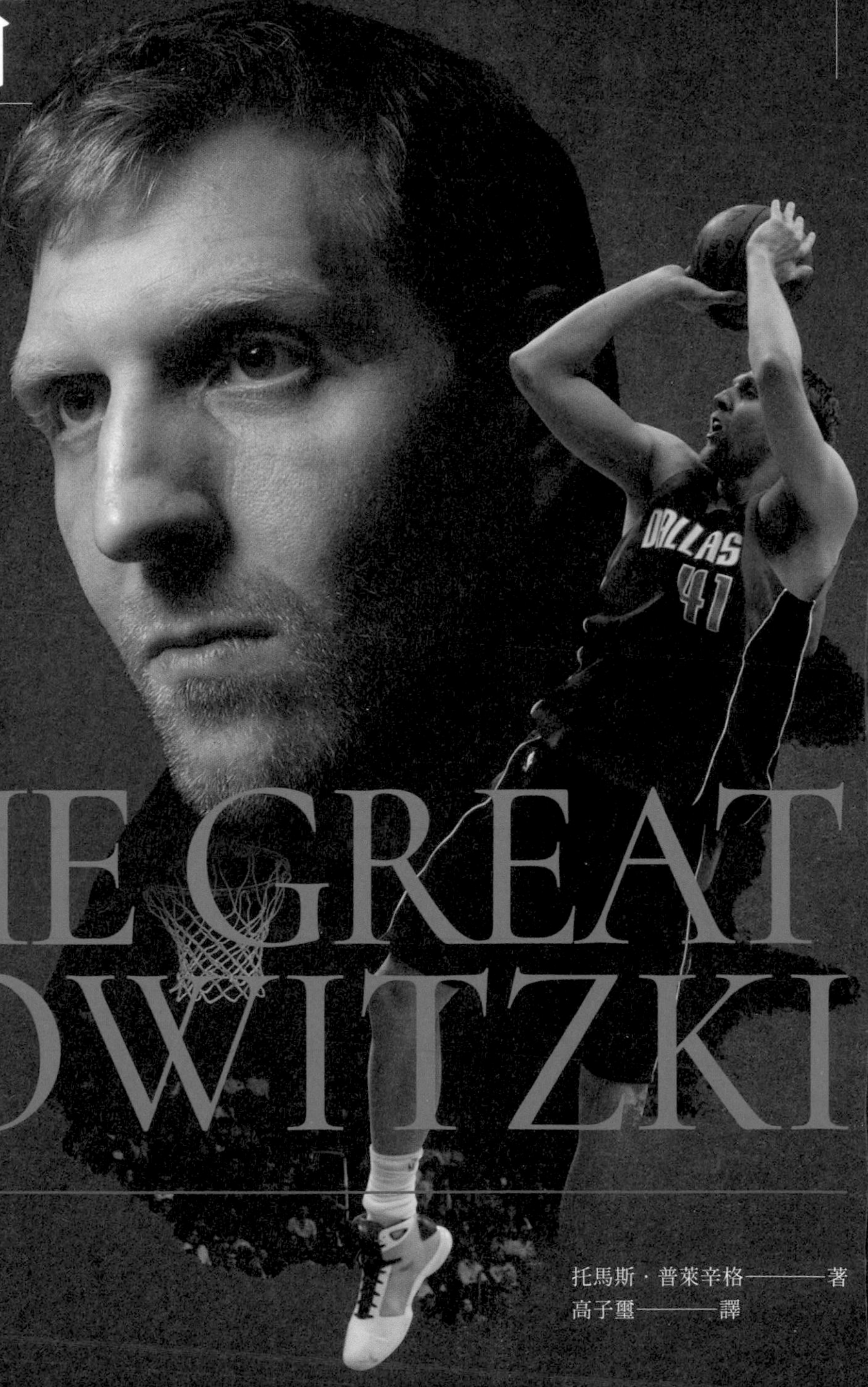

Basketball
and the Meaning
of Life

THE GREAT NOWITZKI

★

THOMAS
PLETZINGER

托馬斯．普萊辛格——著
高子璽——譯

獻給我的團隊：瑪莎（Martha）、弗里茲（Fritzi）、安娜（Anna），以及畢涅（Bine）

「唱著……他們已不再使自己如往昔那般。」

大衛・巴贊（DAVID BAZAN），〈佩德羅與布蘭可的情歌〉（The Ballad of Pedro y Blanco）

目錄

序 終點線

我一直都知道這一天會到來。我的人生歲月中，至今有一半在追隨德克．諾威斯基（Dirk Nowitzki）的職涯，只是身分先後有別：起初我是以球員的身分，再來是身在遠方的狂熱者，接著是體育記者，最後是這本書的作者。現在是二〇一九年四月九日，距離我第一次寫下德克．諾威斯基的報導，已是近七年前的事。這七年來，我一直在看著他打球。

諾威斯基和我曾一同坐在無以數計的飯店房間內、車裡、更衣室長椅上、露台上、拍攝佈景內，以及斯洛維尼亞阿爾卑斯山脈的牧場裡。我們還一同坐在醫生診間、她女兒位於普雷斯頓谷社區（Preston Hollow）的臥室內、球場，以及蒙著灰塵的體育館內。我們去過舊金山、洛杉磯、克拉尼斯卡戈拉（Kranjska Gora）、華沙、蘭德薩克（Randersacker）和上海。我們談論籃球、其他五花八門的事物，包括各自的父母、子女、書籍，以及我們日益老去的這副皮囊。我們甚至一起訓練過一次。他達成的里程碑中，有許多是我現場目睹，其他是別人向我敘述。我曾看著明亮的燈光熄滅後，諾威斯基繼續做他的事情：打籃球。

當他投進生涯三萬分時，我坐在看台上，身旁是霍爾格．蓋許溫德納（Holger Geschwindner），他是諾威斯基的導師、教練兼朋友——當時的我深受感動。感動我的，是諾威斯基的各式斐然成就，以及他所吸引到眾人對他的愛。我之所以感動，是因為得以躬逢其盛，我坐在那裡感受諾威斯基至今所付出的代價；我坐在那裡，知道往後我會執筆，寫下這一刻的故事，但我也知道，對於諾威斯基那沉靜自若的心理素質和絕對的籃球造詣，等到我用文字描述時，總是已經慢了一步。我寫出的報導故事，總是會慢個十分之一秒，就好比諾威斯基的防守者在面對他時的無助。

諾威斯基的世界彷彿一只黑盒子，是一座封閉的系統，有著自己的語言和思考方式。他的核心圈子內斂、慎密，但一旦你得以認識他周遭的人，這些人將永遠伴你左右。德克的行事曆總是滿檔，每年的行程都排到最後一分鐘。當他沒空時，我的交談對象就會是那些他所關注的人，以及無以數計關心他的人。我曾試著理解，是什麼讓諾威斯基與其他籃球員不同，是什麼使德克和任何其他運動員有所不同，讓他與眾不同的關鍵是什麼？

我從來沒有要過簽名，我們也從來沒有自拍過，但是我曾和諾威斯基在餐廳一起用餐，我點酒來喝，而他堅持喝水。我們倆人一起搭機、坐車、散步。有一次在奧克拉荷馬市，我甚至搞到因為諾威斯基而打架。為了理解諾威斯基的世界，我放棄了自己的新聞獨立。我的愛女出生時，我正在為撰寫本書做功課，每當有人問到她們父親的工作時，她們會回答：「德克．諾威斯基。」

多年以來，我一直想像著和諾威斯基一起駕車，前往他最後的主場賽事。我腦海中一再描繪出這個場景的細節。之前我們常在車裡聊天。每當我勾勒最終賽那一天的畫面時，我都會想像諾威斯基和霍爾格．蓋許溫德納坐在前排、我坐在後座的畫面；我坐在汽車照後鏡看不到的地方，大腿上攤著筆記本。不過，二〇一九年四月九日那一天，他們兩人自己開車，畢竟那一幕本來就不是旁人能看到的。我則搭乘普通的計程車前往球場。

南行車流緩慢，車子行經一棟棟熟悉的建築物，以及一座座熟悉的廣告招牌，其中也包括諾威斯基的廣告。遠方是達拉斯市中心的天際線、三一河（Trinity River）的雪白拱門，以及重逢塔（Reunion Tower）。車子終究下了高速公路，我看到掛在街道上方的人造瀑布，那是酷爾思（Coors Light）啤酒的廣告。

走近美航中心球場（American Airlines Center）時，我了解到「不期望獲得關注的心態」，正是諾威斯基的成功關鍵：他和蓋許溫德納從未企圖滿足他人的欲望和願望——這一天也不例外。

計程車經過位於北休士頓街（North Houston Street）轉角的破舊橋下，沿哈利海因斯大道（Harry Hines Boulevard）行駛，然後轉入橄欖街（Olive Street），便來到美航中心球場，有「德克所打造的場館」（The House That Dirk Built）之稱。我寫道：「一切都有該有的樣子，有時門必須保持關閉，有時後座必須空無一人。」

時值春天，當我下計程車時，空氣中瀰漫著一股憂鬱和肅穆。達拉斯獨行俠隊的賽季幾個星期前就形同畫下句點（或者該說幾個月前）。今天是他們最後一次主場賽事，將面對聯盟中戰績最差的鳳凰城太陽隊。對兩隊來說，當晚比賽結果都無關痛癢，但開賽前三個小時，便有球迷聚集於場館前的廣場上。

德克．諾威斯基尚未正式宣布退休，但細節已一一到位：路燈上掛著旗幟，一張張旗幟上有著諾威斯基的臉，並以數字展示了他的球涯成就：二〇一一年美國男子職業籃球聯賽（NBA）總冠軍、生涯得分榜第六、入選過十四次全明星，族繁不及備載。他是聯盟史上首位為同一支球隊效力二十一年的球員，他所效力的是達拉斯獨行俠隊。建物正面掛了諾威斯基的巨幅旗幟，長度跨了多層樓，底部寫著今天的標語：「41.21.1」。

德克．諾威斯基：四十一是球衣號碼，
二十一是效力期間，
一則是一支球隊。

來自德國、中國和阿根廷的球迷不遠千里而來，他們精心裝扮，扛著手繪加油版、穿著加油服。有些人初來乍到，或許還是最後一次。達拉斯的許多人只知道他們所在的城市有諾威斯基，許多人看著諾威斯基打球長大，而只有較年長的人還記得當年諾威斯基來到達拉斯時是什麼光景：美國總統還是克林頓，智慧型手機還未問世，史密斯飛船（Aerosmith）那首〈我不願錯過這一切〉（I Don't Want to Miss a Thing）雄踞美國排行榜冠軍，美航中心球場甚至還不存在。

我仔細瞧著場館前的廣場。球迷們排在路上，等待諾威斯基的到來，但球迷不知道諾威斯基來時的座車和道路。是凱旋大道（Victory Avenue）嗎？還是橄欖街呢？幾乎每個人都身穿諾威斯基的球衣和T恤，有近期的，也有早期款式。球迷手繪的標誌，傳達出他們的感激和敬重；有一些人手捧花朵。當諾威斯基的座車終於轉彎過來時，人們立刻認出了他，開始唱他的歌，只聽得歡呼中帶有憂鬱，情緒中帶有混亂。

諾威斯基的座車沒有停下來，我看著那台Range Rover緩緩駛入位於場館中心的銀色車庫（Silver garage）停車場。一切一如平常：德克將像往常一樣遵守規定，關掉引擎。一隻負責嗅聞是否有炸彈的狗會檢查汽車，保安默默地向諾威斯基伸拳擊掌，門口的老太太獻出一記飛吻，這許多年來，她都是如此。她會說：「孩子，謝謝。今晚要贏球，謝謝你！」彷彿諾威斯基是她的愛孫。

一切準備就緒。在媒體入口、安檢處和通往球場地下層的電梯處，瀰漫著一股特殊的儀式氛圍。電梯女郎身穿四十一號T恤。當德克和蓋許溫德納停好車時，獨行俠隊媒體公關史考特・湯林（Scott Tomlin）和數百名球場員工正在等待諾威斯基，裡面有保安，有攤販，有清潔工，也有技師。多年來，諾威斯基和他們許多人早已熟識，他們的加油打氣也鼓舞著諾威斯基。蓋許溫德納留在座位上，看著德克或是擊掌，或是碰拳，慢慢地和一排排的人們互動。

在車輛裝卸區的入口處，一塊藍色的地毯已事先黏置在純混凝土地板上，讓諾威斯基能快速通過媒體和他們排開的攝影陣仗。當諾威斯基不見人影，走去更衣室時，可以看出他儼然心情不錯。他當時不知道的是，在位於四層樓之上VIP包廂內，他的兒時偶像查爾斯·巴克利（Charles Barkley）、「大鳥」賴瑞·柏德（Larry Bird）和史考提·皮朋（Scottie Pippen）正向他舉杯致敬。除了蕭恩·坎普（Shawn Kemp）也蒞臨之外，德特勒夫·施倫夫（Detlef Schrempf）也赫然在列，在諾威斯基之前，他可是史上最偉大的德國籃球員。

諾威斯基這一年面臨艱難的賽季，以更精準的形容來說，他飽受折磨。去年四月的腳踝手術起初復元順利，盼能快速癒合。無奈事與願違之外，還出現併發症。諾威斯基面對感染以及冗長艱困的復元期，開季最初二十六場賽事坐在場邊。他看著新一代球員取而代之，率領他們的是天分十足的盧卡·東契奇（Luka Dončić）。諾威斯基聽到球迷歡呼，看著東契奇承繼他的腳步。諾威斯基是東契奇的支持者。德克殫精竭慮，努力讓身體好起來，想再次回到場上。為此，他每兩天接受一次注射，治療他受損的肌肉，並時不時接受防護員和物理治療師的按摩。為了再次回到場上，他窮盡心力，然而仍是徒勞，腳沒有復元到適當程度。若是要每場比賽拿六點六分，上場將近十五分鐘，那倒還能應付。諾威斯基開始試著有意識地去感恩，感謝活著的每一天、搭乘的每一個航班、下榻的每一棟飯店、造訪的每一間球場，以及在更衣室內所聽到的每一個爛笑話。

從我和諾威斯基的談話可以得知，他總是對他的退休有著不同的想像，他想像的退休是安靜的，沒有人注意到。一年前，我們一起在他下榻的舊金山飯店房間內，他說生涯最後一場比賽不想大費周章。當時諾威斯基說著：「打球就好，然後說就這樣，我的職業生涯打完了，我的身體打完了，我已經付出了我必須付出的一切。這會讓人跌破眼鏡，但我不想要任何人先知道我的想法。」

話雖如此，眼前的盛會正大張旗鼓上演，一切都飾以亮金屬絲。球場一道道門掛著警告標語，寫著：「今晚比賽將使用大量的煙火」。球場地下層放著幾十箱各式各樣的煙火。每一張座椅都有一張鍍金的紀念卡、刻有諾威斯基燦爛笑臉的紙板，以及一件印有當日專屬標語「41.21.1」的T恤。這是最後一次，攤位販售的幾乎都是與諾威斯基有關的紀念品。這場比賽場邊座位的球票要價超過一萬美元。

此時的獨行俠隊早已敲鑼打鼓，準備祭出豐富的活動，既有火焰特技表演，也有雷射秀，而來場的媒體陣仗更是龐大到令人瞠目結舌。一群群的德國記者來到現場，由於上頭的編輯不會再派駐記者，因此這是他們最後一次來到達拉斯採訪。而每一位德國記者都有著各自的諾威斯基故事，也都想要有片刻時間，能敲到諾威斯基的專訪，在專屬於我們記者的諾威斯基時間內，向他親自道別。美國記者亦然，但不同的是，德國人更帶有一絲懷舊之心、一股鬱悶之情。在獨行俠隊更衣室外，史考特．湯林笑道：「德國記者是最難搞的。」他怕是在說我，只是不想宣之於口。

就在我走出隧道，進入燈火通明的地方時，意識到這是我最後一次來這座場館。一切都蓄勢待發：硬木材質的地板亮晃晃地，年輕的獨行俠球員早已暖身完畢。球場上方懸掛的大螢幕播放著紀錄片《完美投籃》（*Der perfekte Wurf / The Perfect Shot*），其中邀訪了德克的父親、母親和胞姊、選秀時挑中德克的獨行俠隊總管唐尼．尼爾森（Donnie Nelson）、巴拉克．歐巴馬（Barack Obama）每個人都在談論德克對他們的意義，以及對於籃球的意義。共襄盛舉的還有史蒂夫．奈許（Steve Nash）、姚明，以及科比．布萊恩（Kobe Bryant）。

球迷、記者、引位人和保安都盯著球場上方懸掛的大螢幕。成千上萬的人，盯著影片中在各地留下成千上萬個身影的德克。諾威斯基對大家來說，都有著不同的意義。這邊的大家，包括籃框後面那名有妥瑞氏症不自主抽搐、身材壯實的場務人員；包括坐在場邊、綽號「皮膚」的電視主持人傑夫．韋德（Jeff

“Skin” Wade），包括一〇七區穿著綠色復古球衣的某位十二歲的女孩和她的爺爺，我也不例外——我們都覺得自己了解德克。

不過，並沒有那麼簡單。

對某些人來說，德克是陽光的鄰家男孩；對於其他人來說，他是有史以來最出色的歐洲籃球員。他是創新者，思維獨一無二，一絲不苟，匠心獨具，有著瘋狂教授般的創造力，象徵著一種自由的精神。他重新定義了大前鋒的位置；他促成籃球打法產生重大變革。他是來自德國巴伐利亞的孩子，是超級球星。對某些人來說，他是一種金融資產；而其他人則靠諾威斯基吃飯。他既是典範，也是棘手的對手。他是有著柔軟手感的射手，會在場上讓對手討不了好。他是埋頭苦練的德國人，是德州的獨行俠。

晚上七點。球員從隧道出來時，球場氣氛炸裂，彷彿這是NBA總決賽。人們站起來，為德克在熱身時的每一記投籃留影。當他灌籃時，觀眾會投以通常賽末才聽得到的熱情歡呼。今晚的球場想要專屬於他，美航中心球場有「德克所打造的場館」之稱，他的球涯以這座場館為中心發展：兒時的隊友羅伯特．加列特（Robert Garrett）坐在獨行俠隊板凳區對面。德克尋找著他的父親和姊姊，尋找著亦師亦友的蓋許溫德納，也尋找著妻子潔西卡（Jessica）。DJK烏茲堡（DJK Würzburg）球隊是他家鄉的俱樂部，俱樂部的紅色標誌縫在為今天訂製的鞋上。

比賽開始。一切都以德克為中心展開。我記了筆記。我可以計算他投籃的結果，但我突然意識到這與籃球無關。比賽的前十分得分來自於他，或是否來自他的後仰跳投和快攻時跟進隊友所投的三分球，均無關緊要。這場比賽無關乎輸贏，比賽的重點是德克．諾威斯基，是我們。比賽的重點，是人。

第二節有些進攻使他防守不及。天花板的大螢幕秀出一段影片，內容是他造訪兒童醫院的場景。德克的這些善舉已逾十五年之久，但有記者陪訪，卻是去年才有的事。德克看著影片，或許是氣氛肅穆之故，或許是旁白的溫暖聲音之賜，或許是他倏地體會到自己多年來的幸運，哪怕此時距中場休息還有幾分鐘的時間，他卻已雙眼噙不住淚水。德克・諾威斯基獨自站在中場，再也按捺不住情緒時，他低下雙眸、雙手抓著膝蓋。整座球館的人見他落淚，也不能自已。

只見他終究振作起來，並完成比賽。當盧卡・東契奇透過擋拆，將球漂亮地傳給德懷特・鮑威爾（Dwight Powell），鮑威爾再將球傳給切入灌籃的德克時，我問了自己，大家是否剛剛見證了他職業生涯的最後一灌。

凡事都會畫下句點。

比賽結束後，獨行俠隊將比分扳平。球隊老闆馬克・庫班（Mark Cuban）宣布，無論德克喜不喜歡，當天晚上將會很特別。教練里克・卡萊爾（Rick Carlisle）說了幾句感人的話，德克童年偶像的畫面在螢幕上閃過。坐在板凳區的德克見狀，起初一臉困惑。史考提・皮朋？查爾斯・巴克利？大鳥柏德？史倫普夫？坎普？為什麼有這幾位超級球星的畫面？這些傳奇人物和德克之間，有什麼交集？

球團早在數個月前便成立特別小組，籌畫這項最高機密的驚喜。德克被蒙在鼓裡，而顯然他也渾然不知。德克沒料到這些超級球星會蒞臨會場。當巴克利、皮朋和大鳥柏德等人一個接一個走到場上時，德克才恍然大悟。隊友德文・哈里斯（Devin Harris）坐在他旁邊，也幾乎掩不住興奮之情。德克咬著毛巾，想要忍住淚水。這群傳奇球星站在聚光燈下，畫面上回顧著過往：十五歲的德克・諾威斯基在位於烏茲堡—海丁斯非（Würzburg-Heidingsfeld）這座德國小城的兒時房間內，床上和衣櫥門上分別掛著皮朋和巴克利的海報。而已年屆不惑的德克，此時在場上和眾傳奇比肩而列。

德克起身，將毛巾扔到一邊，好似教練把他召回了場上比賽一般。只見他動作笨拙地抱著這群傳奇球星，笑著站在他們身邊，並聽著他們的告別致詞。

皮朋說：「跟你說，一直以來，你都在鼓舞著我。」

然後，德克獨自一人在聚光燈下。我們都在看著他。球場是黑暗的；只有昏暗的緊急照明在閃爍著。德克站在場中央，有人遞給他一支麥克風。接著，德克．諾威斯基說了場內觀眾都預期會聽到，卻不願相信的話。

我看了一下周圍所有哀戚的臉龐，他們不是已經哭出來，就是泫然欲泣。球迷也好，對手也罷，大家都有著自己的諾威斯基故事、自己的諾威斯基時刻。我們都看過諾威斯基挫敗——我們自己也經常失敗。二〇一一年諾威斯基贏得NBA總冠軍時，在座的每個人都很清楚自己當時在哪裡。德克．諾威斯基的勝利，仍然感覺像是我們自己的勝利。對於我們這些在看台上的人、在歐洲坐在電腦螢幕前的人，以及在美國酒吧內的人來說，德克一直是忠實的心靈伴侶，秉持著初衷。在過去的廿五年裡，我一直看著他打籃球。我們和他一起成長——他是我們的青春所留下的印記。

直到今天，我都不敢說我是否理解德克．諾威斯基。不過在這座他的場館，當他於漫長而輝煌的球涯尾聲站在場中央，面對他的球迷、他的城市時，我正在舉起我的啤酒。場內淨是親朋好友與同伴，他的姐姐、父親、妻子都來到現場。我們下方的球場是深藍色的；燈光只照著德克。我們屏住呼吸。

德克．諾威斯基說：「大家可能也料想得到，這是我在主場的最後一次比賽。」

＊＊＊

讀者諸君手上的這本書，既非標準的體育書籍，也非訓練手冊，更不是鼓舞人心的聖人傳記或勵志演講。這本書講述的是德克．諾威斯基的傳奇故事：當年的他是來自德國烏茲堡—海丁斯非的小男孩，骨瘦如柴，到了美國德州達拉斯後蛻變為超級球星，也成了世界公民，並為籃球這項不折不扣的全球性運動，化身為體育大使。他為同一支球隊效力了二十一年，成為所屬職業運動的傳奇球員，成就了「偉大的德克．諾威斯基」。他形塑並改變了他所愛的運動項目；他以一種幾乎難以言喻的高風亮節，實現了這一點，並且從未背叛自己，從未背叛本身對籃球的熱愛，也從未背叛他對人們的敬重。

筆者我沒能成為籃球員，但從未停止熱愛籃球——以及這項運動的意義，而身為這樣的人，這本書也述說著我的故事。像我這樣的人很多。這些年來，每一位關注德克．諾威斯基，並把他看成比自己走得更遠一步的老隊友，都是如此。其中有些人仍然在問自己，一個人怎麼能在本身的領域如此出色，繳出最高表現，發揮令人難以置信的精力和專注力；其中有些人則問為什麼自己辦不到。

我觀察過德克．諾威斯基，以及他周遭的人——我的觀察完全是主觀角度，抱持旁觀者的所有盲點；我變得剪不斷、理還亂，也變得零散破碎。這本書是我的探求：我尋找德克．諾威斯基的意義，以及他的獨特、他的精密、他的準確；我尋找他對這個世界、對籃球運動和對我抱持著何種意義。本書不是傳記，而是我試圖理解德克．諾威斯基的產物。

1. 德克・諾威斯基

「你要和德克見面？沒在唬人吧？」

屬於他自己的聯盟

二〇一一年五月三日

我執筆報導德克．諾威斯基，始於一架飛越大西洋的航班，起迄點為德國柏林、法蘭克福以及美國達拉斯。當年我剛寫完一本探討國際職業籃球界的書，並於德國職籃俱樂部ＡＬＢＡ柏林隊（Alba Berlin）度過一個球季，正在物色新的寫作題材時，便隨口詢問德國《時代週報》（*ZEITmagazin*）是否有興趣做一篇德克．諾威斯基的長篇專題。我身為來自德國的籃球迷，自然有在關注諾威斯基的整個職業生涯，畢竟他一直讓我著迷，再說獨行俠隊於前一年贏得聯盟總冠軍，這對我來說意義重大。

我的建議很簡單，誠然，我的建議不能說是沒包藏私心：我可以看幾場血脈賁張的季後賽、吃德州燒烤ＢＢＱ，私下和諾威斯基會面，然後寫文章，針對他打球的城市、針對他從事的運動、針對我，述說他是何等重要；我要寫得恰如其分，不多，也不少。我原以為兩週就足以理解諾威斯基了。令我跌破眼鏡的是，編輯同意了。現在我正在前往達拉斯的路上。這一天，是二〇一二年五月三日星期四；在這之前，我渾然不知我與德克．諾威斯基的這一趟旅程，會需要好幾年的時間來磨。

在便宜的機位上要圖個好眠，是天方夜譚，我索性能讀就讀：我手裡有急忙從書櫃撈出來的一本Ｆ．史考特．費茲傑羅（F. Scott Fitzgerald）小說，以及大衛．福斯特．華萊士（David Foster Wallace）的兩篇影印文章，主題是網球。我還拿著兩本諾威斯基傳記。我想做好準備。當天是我的達拉斯處女行，晚上我將首次踏上獨行俠隊的場館。我很高興。

鄰座是一位名叫查爾斯（Charles）的工程師，身材肉壯，來自奧克拉荷馬州的一個小鎮。查爾斯看了我手上幾本諾威斯基的書，點點頭，也沒先問我，就幫我點了一杯威士忌。在他前面是一份《今日美國》（*USA Today*）的體育版，我們開始談論籃球。那天晚上，查爾斯所支持的奧克拉荷馬雷霆隊，將在季後賽首輪和獨行俠隊交手。雷霆以九十九比九十八分的一分差勝出，於系列賽搶下開門紅，第二場比賽以一〇二比九十九的些微差距取勝。諾威斯基在第一戰拿下二十五分，於第二戰斬獲三十一分，為全隊最高。若非細節沒做好，獨行俠隊原本可兩役均高奏凱歌。在第二場比賽中，德克原本有贏面，卻在剩下一分鐘時，投失了一顆有空檔的三分球。

兩支球隊在前一年也有過交鋒。達拉斯以四比一贏得系列賽，開啟了聯盟冠軍征戰之旅，且當時的諾威斯基或許繳出了球涯中最璀璨的成績單。雷霆隊的三位年輕球星——凱文・杜蘭特（Kevin Durant）、羅素・威斯布魯克（Russell Westbrook）和詹姆士・哈登（James Harden），形同籃球界的未來，這三位未來的MVP效力同一支隊伍。二〇一一年的獨行俠隊能夠壓制他們，而此時已是一年後，雷霆更加成熟，取得二比〇的勝場數領先。我說：「兩場比賽本來能有不同的結局。」就差一顆三分球，以及一次扎實的防守陣形。「結果卻沒有，」查爾斯說著，然後又點了兩杯威士忌：「我們領先了。」

接著，我倆談到了美國打法的絕對優勢（他的看法），以及歐洲打法對於戰術的更高要求（我的理論）。查爾斯從事建築設備的銷售業務，在歐洲有生意往來之餘，談話的當下正飛往達拉斯，之後將開車去奧克拉荷馬。他對籃球的經濟和統計方面感興趣的程度，只有在美國體育迷身上才會看到。相較於足球，數字在棒球和籃球領域更形重要。他讚揚諾威斯基的罰球命中率，以及他在當地的經濟影響力。他就只能說這麼多了，畢竟他不是鐵粉，他提到德克時，語氣是「諾威斯基？太軟、太歐洲式打法了」。他的發音讓歐洲式（European）這個詞聽起來像一種疾病。查爾斯再次說著：「他昨天晚上丟了關鍵的三分。我們贏了。」我點頭，查爾斯倨傲地舉起塑膠杯，將威士忌一飲而盡。

「會橫掃！雷霆隊會四比〇拿下系列賽。」他說。

「才不會。」我說

「要打賭嗎？」

「我不賭博。」

「賭一百美元。」他說著說著，從口袋裡摸出錢來：「搞什麼？你該不會對你的球隊一點信心都沒有吧？你也覺得雷霆隊會贏，對吧？」

「謝謝，」我說道：「我們拭目以待。」

哪怕這位工程師不願意承認，德克・諾威斯基是美國體育界最好的球員之一。他在一個從未考慮過「來自烏茲堡的白吐司」的世界裡，證明了自己（該比喻出自德克的教練霍爾格・蓋許溫德納，不是我說的）。主場球迷喜歡諾威斯基；對手球迷害怕他。他們了解籃球，他們也了解諾威斯基是一位特別的球員。在美國，你談論籃球的場合，可能是在愛荷華州格林內爾（Grinnell）吃燒烤時，也可能是在紐約布魯克林高地（Brooklyn Heights）社區的酒吧內飲用古典調酒時；又或者，是在漢莎航空的班機上，對象則是建築工程師。

在統計上、戰略上和歷史上，諾威斯基的打法都為美國浩瀚的體育知識下了一個註腳。他可能是有史以來最偉大的歐洲籃球員，他從根本上改變了籃球這項根源自美國的運動，他為籃球帶來革命性改變。以一名七呎長人來說，他的宰制範圍廣得令人難以置信，他能在場上跑動，也有處理球的能力。他甚至發明了自己的招牌投籃動作。有了諾威斯基，籃球成了不同的運動：變得更為迅捷靈活、更難以預測、更細膩，也更具巧思。籃球運動變得更全球化、更國際化，而即使美國人並不因此特別喜歡諾威斯基，也可以欣賞他的影響力。諾威斯基駕馭了原先不屬於他的東西。

在德國，情況則有所不同。在德國，德克・諾威斯基比他所從事的籃球這項運動更為有名。他為耐吉（Nike）和一家銀行ING-DiBa進行廣告代言。他是《要挑戰嗎？》（*Wetten, dass..?*）和《體育週報工作室》（*Sportstudio*）等德國節目的固定來賓。他曾是德國總理安格拉・梅克爾（Angela Merkel）的辦公室座上賓。歐巴馬總統曾邀請他到白宮。諾威斯基在奧運擔任德國隊的掌旗官，是NBA全明星常客，也奪過一次NBA冠軍。他是德國的全球大使。話雖如此，對於大多數德國人來說，他仍然是DiBa廣告中那個高大的好好先生，讓人想到的是呼應品牌的那句「*Diba-diba-duuu*」。只有我們籃球宅才真的會半夜起來看比賽。德國人壓根不知道諾威斯基實際上的球技多出色，他們對諾威斯基實際上的成就一無所知。在德國，他有名，就只是因為有名。

從記者的角度切入德克・諾威斯基，我沒有什麼可報導的新鮮事。他的統計數據可以Google，大事記和勝敗史也找得到。有數以百計的採訪和側寫，包括我旁邊的傳記。比賽的報導數不勝數。採訪過諾威斯基的媒體有《晚會》（*Gala*）、《明鏡週刊》（*Der Spiegel*）、《威斯特法倫郵報》（*Westfalenpost*）、《今日美國》、《紐約客》（*The New Yorker*），以及《匹茲堡郵報》（*Pittsburgh Post-Gazette*）。報導內容千篇一律：一名來自烏茲堡的男孩，成為世界上最偉大的籃球運動員之一。諾威斯基在他古怪的導師蓋許溫德納幫助下，參加了一項非常規的課程，他在上法蘭克尼亞（Upper Franconia）行政區一間學校體育館中練習，直到他進入NBA，最終拿下總冠軍。諾威斯基贏得名聲和外界的尊敬，以及看似無窮盡的行銷價值。他是平易近人的英雄，我喜歡他的故事，我尊重他的逆境和挫敗。他的勝利讓我歡喜，他的失敗也儼然無可厚非。不知何故，他贏球，就像是我自己贏球。

一如許多人，我從小就夢想成為職業運動員。我在哈根（Hagen）長大，位於德國的魯爾河谷（Ruhr Valley），籃球幾乎是鎮上唯一的運動。一九八四年夏天，我九歲（也許十歲），那時我的教練馬丁・格羅夫（Martin Grof）說明如何在文克學校（Vincke）那間小小的體育館內上籃：往右、往左、往上。馬丁展演動作時，好似打籃球是玩音樂，而我們的腳步踏出「*tam-tam-tak*」的節拍，又再一遍「*tam-tam-tak*」。一遍又一遍。

隔年秋天，我參加了個人第一場Ｕ12比賽。球衣是十四號，大號尺寸留給身材更高大的球員。我們的比賽遭受嚴重挫敗。

週末時，我會和父親去擁擠的伊舍蘭德場館（Ischelandhalle），觀看我們最喜歡的隊伍ＴＳＶ哈根一八六〇（TSV Hagen 1860）。那裡有一千九百五十席座位，可容納三千人；在樓梯和入口處，四周擠滿站立的觀眾，大家不重視消防安全。我收集了票根和剪報，瘋狂地叫喊。我用零用錢訂閱了《籃球》（*Basketball*）雜誌，雜誌每週二都會延遲幾天公佈得分、積分和排名。我至今仍然能記得雜誌印刷紙的粗糙手感。

我們城市有兩支德國聯賽（Bundesliga）甲級球隊，兩隊在當地是世仇。運動場在這些你來我往的勝負之間顫動著，而球迷在球場大廳裡喝酒抽菸，就像他們在足球場內菸酒一般，吞雲吐霧的菸兀自向上飄揚。我仍然可以說出那時候每位球員的名字：人高馬大的史萊・金川（Sly Kincheon）、跳躍能力強的吉斯・葛雷（Keith Gray），以及立陶宛人利馬斯・寇提奈提斯（Rimas Kurtinaitis）和塞爾吉・約瓦伊沙（Sergej Jovaiša），後者為我們的競爭對手ＳＳＶ效力。他們是冷戰期間東方集團第一批打進西方陣營的球員。我記得有一年聖誕節下午在我的同學吉多（Guido）家。他的父親來自東普魯士，說的是立陶宛語，而當我走進客廳時，我看到三個長人圍坐在聖誕樹旁，用水杯喝著伏特加，他們是約瓦伊沙、寇提奈提斯和從西班牙前來拜訪的傳奇中鋒阿維達斯・薩博尼斯（Arvydas Sabonis），後來為波特蘭拓荒者隊效力。籃球運動遍地開花。

兩家當地俱樂部後來聯手對抗聯盟的其他球隊，稱自己為布蘭特哈根（Brandt Hagen）隊，由當地嬰兒麵包脆餅工廠贊助這支球隊。我記得一九九四年贏得獎盃的球隊成員：教練彼得・克魯斯曼（Peter Krüsmann）、神射手安德・聶浩斯（Arnd Neuhaus）和亞當・費德勒（Adam Fiedler），以及來自馬里蘭大學的天才控球後衛吉斯・賈特林（Keith Gatlin）；賈特林來到哈根，是因為他的隊友連恩・比亞斯（Len Bias）在選秀進入NBA後不久死於古柯鹼過量。比亞斯的整個球團都因外界聯想而蒙上疑雲。不過，賈特林為我們打球，為哈根打球，我們何其有幸！

我記得兒時的興奮感。籃球是我們城市的運動項目，是這個廣袤世界的運動項目。我記得和平街（Friedenstrasse）體育館的味道、柔軟的地墊、牆壁的橫桿、週日早上的比賽。我也還記得賽後入喉的麥芽啤酒。體育館內的漫漫長日，夏天的戶外球場。當時籃球員與足球員不同，總是互動氣氛融洽，說著聰明的笑話。當時在歐洲，足球是粗獷、剽悍的運動；籃球是有巧思、聰明的運動。我記得舞動的身體、飛翔的球員；我記得場上的節奏、場上的戰術。起初我是球迷，而後才成為球員。

多年來，我的目標是成為職業籃球員；我對課業和書籍不感興趣。我所有的朋友都打籃球；我的初任女友瑪塔（Marta），是控球後衛，效力於所屬聯盟和國家隊。我和球友穿著芝加哥公牛隊的T恤；房間牆上貼著史考提・皮朋的海報。在特別的日子裡，我們的父母開車送我們去拜耳勒沃庫森（Bayer Leverkusen）的歐洲聯賽（Europe League）比賽，在那裡我們看著亨寧・哈尼施（Henning Harnisch）縱橫於多帕特卡球場（Dopatka Arena），一展飛人長才；而我們學他戴頭巾、蓄長髮。我們看著麥克・科赫（Mike Koch）精彩爭搶，以及貝納通・特雷維索（Benetton Treviso）籃球俱樂部球員托尼・庫科奇（Toni

Kukoč）的妙傳。我們吸收與籃球有關的一切。我們從郵購目錄中訂購Air Jordan球鞋，重複觀賞進口的NBA比賽VHS錄影帶，並交換Topps和Upper Deck發行的球員卡。我們知道所有的選手名和所有的傳奇人物，但我們並不完全確定籃球在美國是怎麼打的。NBA對我們而言並不真實，甚至無法想像。我們可能實現的最高目標，是踏上伊舍蘭德場館的合成地板。在場中央，「HAGEN」（哈根）以白底紅字寫著；那是對我們而言的世界中心。這就是德國每間體育館：布倫斯克（Braunschweig）、柏林、勒沃庫森、班貝格（Bamberg），館內每位球迷的想法。後來，由德克．諾威斯基改變了這一切。

九〇年代針對德國籃球俱樂部的年輕球員，其職業體系的運作方式非常簡單：給我們運動服和公車票，然後我們每天前來訓練。最出色的球員會在檯面下獲得一些現金，並且在某個時間點取得可資助學業的職業合約。沒有人發大財。身為窮學生，我們心甘情願地跑過森林、衝上場館的樓梯，在球場附近的健身房舉重，練習教練所說適合我們的肌力訓練，並自己拿更衣室或球隊巴士上的安德魯皮爾斯（Andreas Pils）啤酒來喝，提振團隊精神。我們的勝場數多於敗場數。我們表現不俗，我們認為我們是最棒的。

如果沒記錯，我在一場比賽中從左邊側翼投中一顆三分球時，大約是十五歲——那場的對戰組合是布蘭特哈根和UBC明斯特（UBC Münster）。時間一直在走，之後我的教練把我冰在板凳上，訓斥我：我個子大，我的工作就是待在籃下；對我來說，從罰球圈頂端附近投球大概沒問題，但當時有留三顆球給了控球後衛馬爾科（Marko），他是歐洲教練傳奇人物斯維蒂斯拉夫．佩西奇（Svetislav Pešić）的兒子。我嘀咕著：「球就是進了，騙不了人的。」但我乖乖坐在板凳上。我知道我有事情做錯了。

我們所認識的籃球是有組織的比賽，每位球員都有明確的角色，並在球隊結構中明確定義了位置和功能。籃球場上充斥著暴躁的教練，以及「進攻贏得比賽，但是防守贏得冠軍」之類的標語。路線已經確定；紀律是強制的，對團隊的奉獻也是如此。我們的教練非常相信身體上的防守，以及清晰傳達的進攻戰術。至於我們球員，教練說什麼，我們就做什麼。我們在哈根打出了一場精彩萬分、活力四射的比賽，這場比賽對我的城市來說意義重大，但我們當時的戰術目的不在於為了比對手多拿一分，而是為了讓對手少得一分。我們採用的是多年來早已為人所知的策略，被認為是「正確的打球方式」，我們打了一場名為「老派」的舊球風。

如果能允許我投籃，我可能會成為一名稱職的三分射手。如果我當年遵循不同的訓練計畫，也許我會跳得更高。也許我可以成為一名不同的籃球員。事實可能要簡單得多：我太矮了，我的抗壓力沒有很好。我的動作缺乏存在感；我時常害怕失敗，打球沒有本能上的自信。就從事這項運動而言，我就是無法在身心上發揮最高水準。一九九四年夏天，我不再相信自己的夢想——但我保留了那些年的每一件球衣，放在我衣櫃的後方。十八歲時，我參加了過去在德國屬於強制性的社區服務，然後為了學業搬家。我的籃球生涯還沒開始，就結束了。而像我這樣的人還有很多。

以下的事情，發生在德克來到現場的時候。一九九四年有傳言說，有個孩子出生於一九七八年、來自烏茲堡，身高近六呎五吋，速度非常快，投籃能力出色。在全德國各地的體育館裡，有傳言說他有成為德國（甚至全歐洲）最佳球員的資質。他比哈尼施更出色，甚至可能比德揚．博迪洛加（Dejan Bodiroga）更優秀，還可能媲美「史普利特的蜘蛛」托尼．庫科奇。

在哈根，比賽的打法也慢慢開始不同。我們有兩名高大、靈活的球員貝恩德．克魯爾（Bernd Kruel）和馬提亞斯．格羅特（Matthias Grothe），教練允許他們可以在沒有固定位置的情況下，以現代方式打球。格羅特和諾威斯基同齡；他是體格強壯的前鋒，有準度，三分球準到噁心。克魯爾也可以投籃。他和德克一樣高，敏捷度不相上下。但最重要的是，他們兩個都無畏無懼。他們了解籃球，他們不怕輸。

至於我，腳下的籃球鞋換成了跑鞋，遇到了我未來的妻子（她是一名網球運動員），並和她一起移居漢堡。我曾在籃球這項精彩的運動中，度過了我的青春歲月，但和籃球已經分道揚鑣。爾後，我發現了一些對我來說和籃球一樣重要的東西：文學。我對籃球的感覺——或者乾脆說出來吧，「我對籃球的熱愛」，已經冷卻了，但我的身體還仍能記得它，一種肌肉記憶，一種奇怪的幻痛。我仍然可以感覺到上籃的確切節奏：「*tam-tam-tak*」的節拍，右、左、上，也還能感覺到比賽的強度、分出勝負前的刺激感和戲劇性。每當我把皺巴巴的手稿頁扔進垃圾桶時，會如同比賽計時器響起，倒數三、二、一，「咻」地一聲，籃球劃過籃網。

一切一直如此，直到一九九八年九月十三日。

那一天，我正在哈根探望我的父母。像往常一樣，我父親安排給我們伊舍蘭德場館E區的門票，座位在籃框後面。賽前，我們在球場的門廳喝了一杯啤酒。我們談論共同的嗜好，並互相逗弄對方。每個人都在談論諾威斯基這個孩子，或者說不管他叫什麼名字。他是波蘭人嗎？他真的那麼優秀嗎？我們黃湯下肚的速度比平時更快，走進球場。然後我們大家都盯著烏茲堡年輕球隊的熱身練習，成員有：德蒙德・格林（Demond Greene）、羅伯特・加列特、馬文・威洛比（Marvin Willoughby）。當然，還有德克・諾威斯基。

屬於這支球隊的形容詞，是「狂野」，但速度、數學、心理學、策略、戰術、樂趣、即興發揮，在在都是現代籃球的玩意，也是當時德國籃球界所無法想像的元素，而「狂野」正是這些元素的代名詞。克勞斯・佩內克（Klaus Perneker）站在場邊，是正式登記的教練，但他身後的是霍爾格・蓋許溫德納，扮演影子教練般的角色，因為他沒有教練執照，但他對未來抱持遠見。諾威斯基熱身，我們想知道他是否真的那麼特別。來自哈根的人往往很具批判性。球票沒有售罄，我還記得這事。

接著，是我們第一次實際觀看德克・諾威斯基的比賽。

他此時六呎十吋，早已經打破了德國籃球界所界定的長人定義。顯然諾威斯基很快就會赴美和進軍ＮＢＡ，所以我們的球隊在九月的這個星期天，對德克使出一切看家本領。我說「我們」，是因為我希望哈根會贏。我們認同不被看好的那一方。

格羅特、克魯爾和諾威斯基自從在青年國家隊打球後就認識了。就在幾週前，他們還在義大利特拉帕尼（Trapani）舉行的U22歐洲盃（Under-22 European Cup）一起比賽。在那之前幾個月，他們還在多特蒙德（Dortmund）的耐吉表演賽中擔任先發五人，這場比賽精挑細選，選出少數有天賦的德國球員，對上他們的兒時偶像，同時也是耐吉贊助的運動員，如皮朋、巴克利、文・貝克（Vin Baker）、雷吉・米勒（Reggie Miller）、蓋瑞・裴頓（Gary Payton），以及德克未來搭檔的控球後衛傑森・基德（Jason Kidd）。這群美國球員經過巴黎來到德國。他們在飯店房間內感到無聊，在高速公路上開著保時捷（Porsche），然後買了羅威納犬和小型飛機。老實說，我們聯盟的美國球員是二流的，而巴克利和皮朋則是全球最出色的球員。在那場比賽中，我的同鄉記者法蘭克・布施曼（Frank Buschmann）站在與膝同高的乾冰之中，將眾球星介紹給德國觀眾。比賽初期，德克・諾威斯基便以一陣快攻，在巴克利的防守下灌籃得分。此後幾年，巴克利都拿這件事蹟出來說，而每一次給巴克利講了之後，德克都變得更加出色。

體育記者馬克・斯泰因（Marc Stein）當時是為《達拉斯晨報》（*Dallas Morning News*）執筆的獨行俠隊隨隊記者，後來成為諾威斯基家族的好友。在完成了他每年一次的英格蘭足球場之旅後，他決定繞遠路，自費造訪烏茲堡報導比賽。ＮＢＡ球員因封館問題暫時被拒之門外，因此斯泰因對此感到興趣。斯泰因喜歡歐洲和歐洲球員。他想看看獨行俠隊才剛在選秀相中的這位神秘球員所成長的地方。他想看看諾威斯基是否真的夠優秀。

來到哈根的兩天前，斯泰因在烏茲堡球場觀賞烏茲堡X射線隊（Würzburg X-Rays）對上班貝格

（Bamberg）的比賽。諾威斯基得到十二分，三分球盡墨，只搶到少許籃板。和他對陣的是班貝格隊的德裔美國人延斯—烏維・戈登（Jens-Uwe Gordon）。這場比賽並沒有什麼特別之處，但烏茲堡隊贏了，比分為九十七比六十六。斯泰因後來告訴我，這只是諾威斯基在德甲籃球聯賽的第三場比賽，但很明顯他很有天賦。「我從來沒有見過七呎長人可以像他那樣投籃。有著德克身形的人之中，沒有人可以從身體深處看起來如此流暢。當時沒有一個七呎長人能確實以三分球威脅對手到那個程度。」最重要的是，斯泰因被比賽的氣氛迷住了。就像在足球賽一樣，球迷們又唱又叫，他們坐在球場邊緣。籃球賽對他們來說代表世界。「我愛死了。」

斯泰因之前在達拉斯見過蓋許溫德納；造訪烏茲堡時，斯泰因再次致電蓋許溫德納。蓋許溫德納在位於美茵河旁的沃菲赫爾酒店（Hotel Walfisch）接他。之後的故事是這樣的：他們沿著高速公路開車，從烏茲堡駛往哈根，這是一趟值得注意的行程。我先前有和蓋許溫德納一起坐過車嗎？他們開車去了魯爾河谷，去了另一間小體育館，室內沒有任何設計內裝，只有籃球。斯泰因還於一九九八年九月十三日，在哈根的伊舍蘭德場館旁觀看了比賽，座位是場邊席次。那一場的對戰組合是布蘭特哈根和DJK烏茲堡。我們當時想必有看過彼此。後來，斯泰因回憶起德克的血糖非常低，蓋許溫德納只好給他吃可口可樂和餅乾。話雖如此，斯泰因立刻明白獨行俠隊為何要將諾威斯基帶到美國達拉斯。

要說這場比賽打得漂亮，還有一大段距離。我記得哈根球衣上亮晃晃的「ZWACK」品牌字樣，宣傳旗下巧克力口味的德式烤乾麵包產品；我還記得諾威斯基的頭帶。他又高又瘦，且不像其他球員那樣移動。他很有彈性、速度快，不會讓自己在籃下推擠之中耗盡氣力。哈根的長人球員格羅特和克魯爾輪流防守諾威斯基。半場結束前不久，諾威斯基獲得大型中鋒布克哈德・斯坦巴赫（Burkhard Steinbach）的掩護，緊接著往右邊側翼一記精彩傳球，格羅特面對斯坦巴赫所張開的防區，跑到了三分線。德克此時看到格羅特過來，假裝投籃，讓他快速穿過，然後膝蓋彎得更低，他的重心比我知道的任何籃球員都要低一點。德克全神貫注。

克魯爾看到格羅特快速穿過，拋下他當時看管的詹姆士．蓋特伍德（James Gatewood），前去協防。克魯爾往德克的方向邁開兩、三大步的距離前進，高舉雙臂，張大嘴巴，眼睛直盯著球。諾威斯基看到克魯爾逼近，以一個小動作迅速將球晃給他看，誘使克魯爾跳起，此時他猜德克的出手選擇會和全世界所有球員一樣。不過，諾威斯基知道對方的企圖。他環視現場：克魯爾已經被甩開，自然法則和物理定律告訴他，克魯爾無法隨時迅速回防，而格羅特仍因重力和他本身的動能給釘住，來不及反應。蓋特伍德此時在罰球線上無人看管，而斯坦巴赫用他兩百六十五磅重的身軀鎮守籃下。雙方此時的攻防並未平衡。就在那電光石火的十分之一秒內，諾威斯基可以隨心所欲，他可以決定下一步動作。

而他決定採取的動作，是我們接下來二十年內假使沒有看個數千次，也有個數百次的動作。對當時的我來說，儼然很不尋常，我只能這麼形容。諾威斯基把他以假動作晃到空中的球往下帶，在地上用力彈了起來。他邁出了兩小步，藉此調整了和防守者之間的距離，然後再次彎曲雙膝，接著他和球完美同步向上移動。球從地板上彈到了他的左手，諾威斯基的投籃慣用手在正好十分之一秒的時間內，到了球的下方，他將球的動能，變成了他自己的動能，打出「*tak tadamm*」的節拍，一個完美的強弱弱（dactyl）韻律，球此時已經完全沒有重量（或者說幾乎沒有）。球的移動行雲流水，而諾威斯基需要做的，只有微調球的方向。只見諾威斯基高高跳起，高過每一個人，他的手指張開，球恰似順著鐵軌走一般地離開出手點，最後碰觸到的手指是食指和無名指，弧度又高又精準。**只聽得咻地一聲刷進籃網**。

當晚比賽，德克．諾威斯基三分球投六僅中一，統計上是這樣看，但也可以說他本來可以投進所有球。他最終斬獲十八分、八籃板。諾威斯基個子高、速度快、球商高，他可以在場上所有地方將球投進籃框，他可以運球並找到有空檔的隊友——他可以掌控比賽的所有面向。有一次，只見他跑了一波典型烏茲堡風格的快攻，切入後穿過克魯爾，直搗籃框，在防守隊員面前灌籃。攝影機喀擦一聲，捕捉到了這一幕。克魯爾仍然收著這張照片，放在客廳櫃子上的一只盒子裡內。那是德克第四場德國籃球聯賽的賽事；當時才剛滿二十歲，儘管身形仍然過於削瘦，卻已經是烏茲堡隊的核心拼圖。

我以前效力的球隊擊敗了烏茲堡隊，但我們才剛剛在本身渾然未覺的情況下，目睹了籃球的未來。我父親說：「還不錯。」克魯爾則微笑道：「他們沒有吹那個走步；德克只能靠走步才能突破我。」克魯爾和格羅特後來成了非常優秀的籃球員。克魯爾在德國籃球聯賽打了二十年，格羅特成為了我們城市的傳奇人物；他在二〇一七年去世，英年早逝；當德克聽到梅茲（Matze，格羅特名字的簡稱）的死訊時，他非常安靜，明顯很沮喪。當斯泰因回到達拉斯時，他回覆沒有必要擔心；德克有著旁人教不來的天賦，似乎比其他所有人都更能讀懂比賽，並且思考方式也儼然不同。當時我並不清楚這樣的差異有多重要。德克．諾威斯基後來成了我們甚至無法想像的一切。

從那時起，我就一直關注諾威斯基的職業生涯。我半夜起來，觀看他各項重大比賽，也看到他慘敗的賽事。最初的管道，是線上文字轉播，品質不可靠，且時有時無；再來看非法串流，後來是透過官方頻道。之後，我會在早上研究統計數據。即使是我不再沉迷籃球或踏足體育館的年頭，我總是會打開電視，看他為德國國家隊征戰的比賽。

我不是唯一一人。每位籃球員或球迷，都有自己的諾威斯基時刻。在那些時刻，大家等待、讚嘆、瞠目結舌、歡欣鼓舞。在心理學中，這些現象被稱為「閃光燈記憶」（flashbulb memories），也就是對經常憶起的特殊事件所產生的情感和豐富記憶——無論是否願意。談得愈多，記憶就會愈真實；每一次重新講述後，故事會變得更加具體和詳盡。大衛．福斯特．華萊士身處於那些時刻之中，以觀看羅傑．費德勒

（Roger Federer）比賽為主題撰文時，提到他自己看比賽看到「下巴往下掉、眼睛突出、發出的聲音驚動你的另一半從其他房間出來，確認自己是否安好。如果自己打網球打得夠多，這些時刻會變得更加深刻，才能理解自己所看到的費德勒成就有多神奇。我們都有自己的例子。」

對我們德國人來說，那些閃光燈記憶的時刻，就是在歐洲盃（European Cup）準決賽面對西班牙隊豪爾赫・加瓦霍薩（Jorge Garbajosa）的那記投籃、二〇〇二年的印第安納波利斯世界盃、二〇〇五年在貝爾格萊德全場起立鼓掌、二〇〇八年奧運資格賽決戰波多黎各，以及二〇〇八年奧運。然而，他成為美國的明星之後，德克的圈粉範圍擴大了：首先是達拉斯，然後是美國，再來到中國，以至於全世界。我們都看到了籃球如何產生改變；我們也看到了諾威斯基和他的教練，是如何身處這些變化的中心；我們也見證了他職業生涯的顛簸和低谷，另外還有蓋許溫德納的漏稅風波、二〇〇六年對上邁阿密熱火的總冠軍系列戰，以及八卦小報上的前未婚妻可麗斯多・泰勒（Crystal Taylor）報導。我們在酒吧、俱樂部和客廳裡，看著獨行俠隊贏得了二〇一一年的NBA總冠軍，並且趁沒人注意的時候擦掉眼裡的淚水。我們都記得二〇一一年的六月。我們記得德克在面對克里斯・波許（Chris Bosh）時應用小碎步展開變速進攻、左手投籃、左手中指受傷、擦板進球、柔軟的手感、再來一記擦板球，以及冠軍戒的鑲鑽。當德克・諾威斯基最終成功時，我們也做到了。那感覺就是這樣，就好比我們是贏得冠軍的人一樣。我們一起看比賽，一起承受。

我們的班機現在飛到五大湖上方。先是美國中西部現身於我面前的座椅靠背螢幕上；接下來是肯塔基州的高原，這個美國人揶揄只會路過不會去玩的地方；最後，看到了德州，那裡有油泵、倉庫，以及綿延數英里的田地。我們愈來愈近了。

鄰座遞給我的《達拉斯晨報》上，頭版標題寫著〈非贏不可〉。獨行俠隊今晚必須拿下比賽，否則將

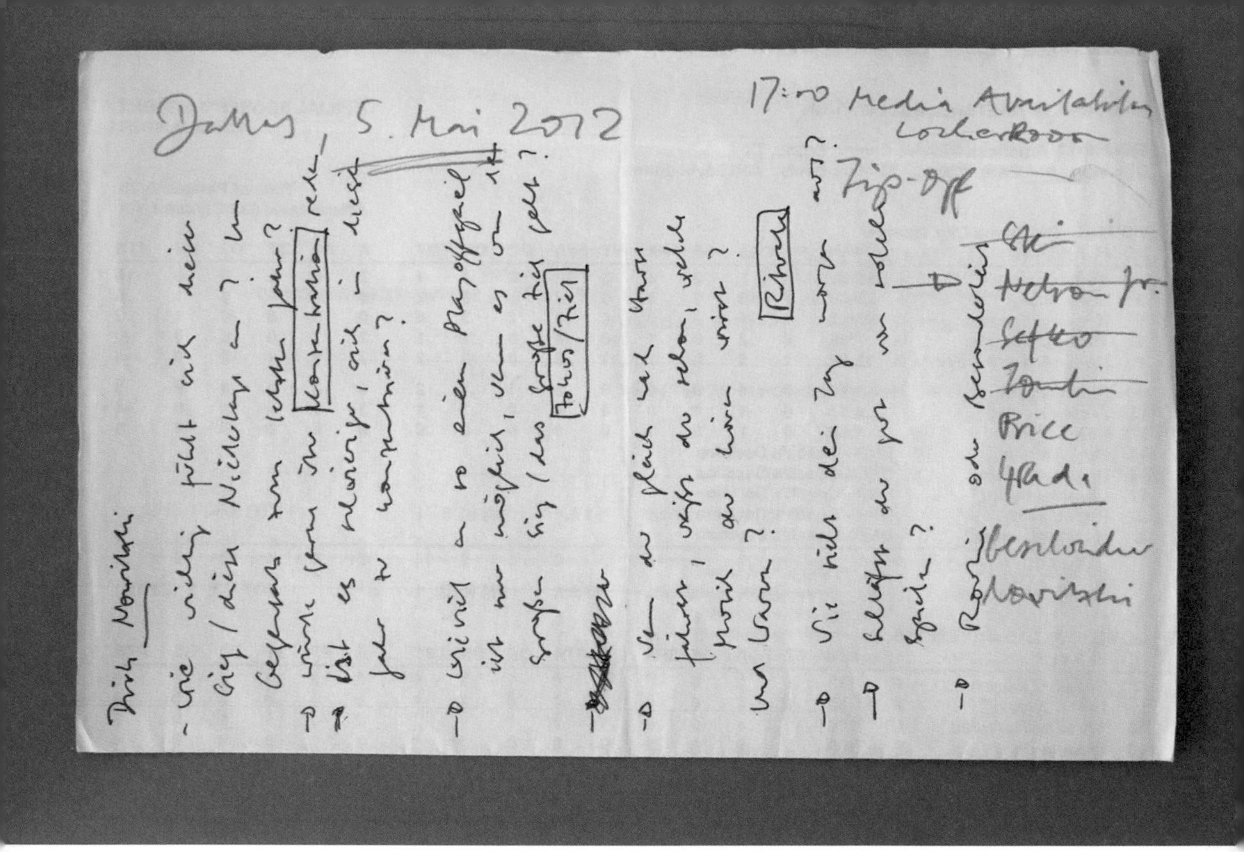

會吊車尾，且距倒數第二名的隊伍至少三場勝差，這是不可能發生的劇本。獨行俠隊的公關人員向我保證，德克．諾威斯基賽後將有時間進行簡短的對話，我便在筆記本上草草寫下問題。我決定最好不要執著在運動相關的話題。

我和德克展開緣分之處，也是結束之處——達拉斯沃思堡機場（Dallas Fort Worth airport）。當我走出班機抵達的區域時，我被炎熱的天氣給擊垮了。在德州的春天，我的衣服太保暖了。天空中沒有一朵雲；混凝土表面和玻璃外牆沐浴在燃燒的藍光中。我把夾克放進包包，捲起兩手袖子，叫了計程車。我到過這裡；我準備出發。

聖德克

有時候，命運會在你有機會提問之前，先給你答案。海爾（Haile）是計程車司機，厄利垂亞人，四十來歲，他要帶我從機場到市中心。他相信上帝，相信寬厚的精神，相信德克．諾威斯基。海爾身穿藍色T恤，背面印著諾威斯基的四十一號。他的計程車散發著甘草味，後照鏡則掛著一串塑膠珠子，珠子的顏色是獨行俠隊的藍白配色。儀表板上擺了一張聖克里斯多福（St. Christopher）的祈禱卡，聖克里斯多福是司機的守護神。祈禱卡旁邊就是一張德克．諾威斯基親筆簽名的球員卡，其中德克蓄著長髮、戴著頭巾，卡片鑲著金框。

這位計程車司機笑稱「聖德克是達拉斯獨行俠隊的救世主」時，他壓根不可能知道諾威斯基正是我前來達拉斯的原因。高速公路上的交通很糟；陽光照射在柏油路上，計程車的空調聲彷彿在哀嚎。海爾按著喇叭，飆著髒話，然後給我一些洋甘草。他問我前來為達拉斯的目的。「我來這裡是要和德克．諾威斯基會面。」我說道，朝他車子的儀表板和藍白配色的珠串點頭，「畢竟現在在打季後賽嘛。」全速駕駛的海爾轉過身來，一言不發地盯著我。

「你要和德克見面？沒在唬人吧？」

我們向達拉斯疾馳而去，海爾熱心回答了我的問題。他下了堵塞的高速公路後，抄捷徑前往美航中心球場。只見計程車穿過住宅區、穿過工業荒地；穿過了這裡的仙人掌、穿過那裡的乾河床；穿過左右兩邊的速食連鎖店；只見坐在光禿電線上的鳥兒，看起來活像是一隻隻禿鷹。莫非真是禿鷹？再來穿過一座座停車場；一棟棟摩天大樓、又是一座座停車場。我們看到美國國旗在風中飄揚。達拉斯表面上並沒有都很光鮮亮麗。

海爾知道關於德克的一切。我們滔滔不絕地討論起他職涯的重要時刻：他談到了二〇〇二年印第安納波利斯世界盃、德國在世界盃奪銅，以及諾威斯基在錦標賽中奪得MVP。海爾當年住在印第安納波利斯的郊區，他當時前往觀賽，門票幾乎是免費的。這是他第一次關注德克．諾威斯基。他喜歡德國。他的兄弟在杜塞爾多夫住了一段時間——「你知道杜塞爾多夫嗎？」

我則談到了二〇〇五年歐洲盃冠軍賽，在德國輸給希臘隊前不久，諾威斯基出場後，貝爾格萊德的所有觀眾都起身鼓掌了幾分鐘之久，甚至連希臘球迷也站了起來。我也談到了德克輸掉了二〇〇六年NBA總決賽——他當時如何雙手抱頭，消失在球場地下層，彷彿肚子被打了一拳，也好像他為了呼吸而掙扎。

「我們到了。」海爾在勝利巷（Victory Lane）停好車，如此說道。他肯定德克當晚會贏。他寄情於此，然後笑著說了句玩笑話，語中露出他對德克信仰的虔誠：「歡迎來到諾威斯基教堂。」

我付了錢，海爾替我開門，我就站在入口前方。一面巨大的橫幅懸掛在側門上，上面印有咆哮的德克，以及獨行俠隊為季後賽而戰的口號：「達拉斯全力以赴」（Dallas Is All In）。看了無數次電視轉播的我，很熟悉這座球場；這座建築正面的紅磚外裝，我已經看過不下數百次。現在我感覺自己就像走進電影的佈景裡。我突然意識到，我飛到達拉斯並不是為了執行採訪——我來這裡，是因為我想見證一些英雄事蹟。當天是諾威斯基帶領獨行俠隊重回勝利之路的日子。那是我腦海中想像的內容。海爾把我的行李放在人行道上，給了我他的電話號碼。「德克的朋友就是我的朋友，」他說道：「打給我。」

我遲到了；幾分鐘後比賽就開始了。長途飛行之後，我感到疲累，匆匆穿過場館地下層。當我來到美航中心球場的內部時，觀眾的熱情忽地震撼了我，就在獨行俠隊板凳區對面，擺放著很多德克，沒有最多，只有更多；一切都是獨行俠隊的藍白配色，以及四十一號。我沒想到會有這樣的震撼力度；空氣中充滿了爆米花和融化奶油的香味，氛圍也充滿了獨行俠隊必勝的希望和信心。我聽美國國歌、看煙火秀。當球隊現身場上時，場館像是要爆炸了——但這場完美的籃球賽之後在第一節就立刻被毀掉了。

對獨行俠隊來說，或者對諾威斯基來說，賽況不妙。我太累了，累到無法理解這場比賽的複雜戰略結構，但我可以看到獨行俠隊跌跌撞撞。諾威斯基被換下陣。下半場，我在位於看台下方工友區域的角落，看著電視上的比賽畫面；也跑到六樓媒體區，看著螢幕上的比賽畫面，這些螢幕就在球場天花板的正下方。我看到勝利在閃爍的螢幕上變得遙不可及。獨行俠隊找不到突破僵局的方法，他們無法掌控比賽。我聽到美國記者在我周圍瘋狂打字；我注意到比分，還有飆髒話的工友，但比賽結束，獨行俠隊以九十五比七十九輸掉比賽。當天沒有上演英雄事蹟。

比完後，我坐在媒體室等待諾威斯基，他在每場重大比賽的賽後，都有義務露面，接受記者採訪。我翻閱了我的筆記和問題：我想問他所培養出的習慣，以及職業運動員生活中的百無聊賴；我想問他身為白人，對他的名聲有何影響，探討種族在當今運動中的角色；我想問他是否曾經遇過經濟困難（會不會難以處理每年大約兩千萬美元的收入？）；我想問他這麼多年來，如何在工作中保持如此高水準的專注力；我想問他籃球是否仍然很有趣；我想問他是否同情其他名人（或者只是同病相憐）；我想問他當狗仔隊第一次出現在家門口時的心情；我想問他當八卦小報刊登他前女友的照片或報導他教練的稅務問題時，他有什麼看法；我想問他是否認為自己如大家口中那般腳踏實地；我想問他最傷他的是什麼；我想問他誰是可以信任的人；我想問他什麼是真實的，什麼是虛假的。

幾分鐘後，獨行俠隊的公關總監莎拉．梅爾頓（Sarah Melton）到達現場，表示今天不會有採訪。在這樣的輸球之後，不會有訪問。舉辦記者會就足夠了，但我會在記者會後有二十五秒（甚至三十秒）的時間來介紹自己。她說：「德克希望知道對方的身分。」諾威斯基走進房間，將自己擠在講台後面，回答問題時語氣緊繃但不失禮數。五分鐘後，梅爾頓中斷了這場氣氛無法熱絡的記者會。當心情沮喪的諾威斯基離開媒體室時，我追上去，沒有自我介紹，問了一個愚蠢到無法在這裡打出來的問題。諾威斯基驚訝地看著我，立刻打起精神。他為一個小男孩簽了一顆籃球。「朋友，晚安。」他說道，然後就走了。

＊＊＊

距離一切將見真章的那場比賽，還有兩天時間，我在達拉斯閒逛，沒有和諾威斯基會面。當下還不清楚他什麼時候有空——如果有空的話。獨行俠隊是眾望所歸的衛冕冠軍，媒體的焦躁感也很大。系列賽以三比〇落後時，精神開始耗損。我承受著壓力——我飛行了五千多英里來到這裡，還欠雜誌一篇稿子，稿子主題是我們會面的故事。當我到達拉斯時，曾希望事情發展水到渠成。我纏著媒體部門。他們勉為其難提到辦訪談的可能性。

「什麼時候？」

「拭目以待吧。」

我給海爾打了電話，坐著他的計程車，兩人一起在城裡轉了一圈。我和酒吧老闆、圖書管理員、喝醉的球迷交談過。海爾為我導覽達拉斯：映入眼簾的是愛田社區（Love Field）、橡樹崖（Oak Cliff）的拉丁裔族群、普雷斯頓谷社區的豪宅、大學公園（University Park）住宅區、石油工業和商業、墨西哥裔和哥倫比亞裔族群，以及市中心的金屬反光窗。由於無法親訪德克，我收集人們關於德克的印象，並談論關於德克的話題，結果總是一樣的：德克、德克、德克，我們心目中的大家長，德克令人難以置信，德克人很好，德克是我們的一員（每個人都叫他德克，像美國人對「Durk」的發音：帶有U）。在球場，保安人員用德語迎接我。有時人們突然開始唱起皇后樂隊的〈我們是冠軍〉（We Are the Champions），就好像諾威斯基在冠軍遊行後在美航中心球場露台上所唱的那樣。

我沿著三一河在史蒂文斯公園（Stevens Park）的高爾夫球場周圍跑步，經過巨大的監獄和移民保釋債券公司。天氣很熱，有時人行道會很突兀地走到終點，畢竟達拉斯是為汽車而建的城市。有封建式的豪宅區、貧民窟、公路，以及多到爆的橋樑。我的交談對象中，大家都知道德克，大家都有自己的諾威斯基故事。我沒有遇到批評德克的人，沒有遇到德克的酸民（我後來只在七年後遇到一位酸民，是在他最後主場比賽的那天）。奪冠儼然讓所有批評者都閉上了嘴。

第二天早上，我在飯店的車道上與一位名叫謝恩・雪萊（Shane Shelley）的停車服務人員進行了交談。雪萊是一名很瘦的男子，動作像是以前當過籃球員。他有三份工作，三名子女，每週工作六十小時。他有糖尿病，但很早就能與疾病共處。他和我一樣高，都是六呎四，曾在雪松山高中（Cedar Hill High School）擔任得分後衛。這一陣子他極少打球了。他任職於大都會停車公司（Metro Parking），公司的紅色POLO衫在他身上飄揚。他看起來很累，但熱情讓他繼續前進。一九七八年十月三日出生於德州達拉斯的他，表示自己和德克・諾威斯基幾乎同齡。

雪萊這週上早班，而我還是德國時間，所以我們得以在破曉時分一同站著，看著閃閃發光的達拉斯天際線。警報聲響起，我們喝著紙杯裡的黑咖啡。雪萊談到了奪冠的事，畢竟這座城市的每個人都會用閃閃發光的眼神，談著奪冠的事。他們談到了**他們的**冠軍，談到了**他們的**德克・諾威斯基。然而，不同於其他交談對象，雪萊可以將時序講得鉅細靡遺，細到彷彿他自己當時上場打球。

他說：「我在客廳看季後賽，獨行俠隊輸掉了第一戰。熱火隊在第二戰中，韋德投進了三分，領先了十五分時，我走到冰箱。」雪萊的老婆不在家；他獨自坐在電視機前，生怕總冠軍系列賽會像二〇〇六年那時一樣，先前戰果付諸流水。「我太沮喪了，」雪萊說道：「我把一手啤酒放在桌上。」酒是酷爾思，糖尿病患者的首選啤酒。必須要有人跳出來做點什麼。杯中物一下肚後，獨行俠就吹起反攻號角。

「我開始喝酒，」雪萊說，「而獨行俠隊扭轉了局面。」

時值黎明時分，他在停車場服務人員工作區的四周運起空氣籃球，假裝投籃，然後轉身——煞有其事地演出一場逆轉秀。雖然雪萊知道他的故事聽起來不太可能，但還是熱衷於講這個故事，因為故事是真實的，他帶旺了比賽。「我女兒睡著了，我喝酷爾思啤酒，然後獨行俠隊贏球。」最終比分：九十五比九十三，在邁阿密主場贏球。不可思議的一次飲酒。

之後一週上演驚奇之旅。其中獨行俠隊輸掉了第三戰，因為雪萊當時不得不到酒吧和友人一起觀賽，但之後的比賽他都是在家裡沙發上看球，配著一手啤酒。第六戰的最後幾秒讓人非常想哭。雪萊說道：「快要掉眼淚了。」接著扔掉咖啡，以單腳後仰跳投將杯子丟到垃圾桶。「祝你今天早上順利，」他說：「幫我向德克問好。」

不過，我仍無法接觸到諾威斯基。即使是每天晨練，也不允許記者進入看球隊準備。我們可以聽到指令聲，鞋子嘎吱作響聲，以及球在場上的彈跳聲，但一張黑簾擋住了我們的視線。我們站在看台下，等待球隊完工（工時中有九成都在等待，等待更衣室的門打開，等待航班起飛，等待比賽分出勝負，等待記者會開始）。我們終於獲得允許進入球場，德克早就走了。然後我看到媒體猛烈抨擊他的隊友基德和傑森・泰瑞（Jason Terry），以及卡萊爾教練，還有文斯・卡特（Vince Carter）、替補球員布萊恩・卡迪納爾（Brian Cardinal）和伊恩・馬辛米（Ian Mahinmi）。

奧克拉荷馬雷霆隊的球員穿著拖鞋和皺巴巴的T恤，慢慢地穿過球場地下層。他們的頭髮很亂，沒有刮鬍子。他們只是裝腔作勢。年輕球員卻活像退役球員般一樣，走路蹣跚，步伐遲緩，一副「我們才剛醒來，但我們穿夾腳拖也能輕鬆打敗你們」的樣子，但是當他們踏上球場時，是完全醒著的。他們專心在例行練習和投籃訓練，握手時表露出尊重的態度。教練史考特・布魯克斯（Scott Brooks）與其助教團隊為了和較年長的獨行俠隊交手，幫所屬的年輕雷霆隊精心備戰。杜蘭特、哈登和威斯布魯克都信心滿滿；時間的優勢站在他們這邊。他們在練球後打鬧嬉戲，為半場投籃的結果下荒謬的賭注，把雷霆隊記者當作老朋友對待，對其他人視若無睹。杜蘭特的球衣像圍巾一樣纏在脖子上。雷霆隊有信心他們會贏球。

相比之下，獨行俠隊則處於絕境——如果隔天敗北，他們就要打包回家。基德表現得淡然處之，但可以感受到他的壓力。關鍵不只在於這是季後賽，也在於衛冕冠軍，而賽果也攸關「錢」途。泰瑞不斷擠出一些加油打氣的話，但語調已經與前一年不同。隊伍的氣場不見了。《達拉斯晨報》呼籲獨行俠隊要更加依賴德克。當其他獨行俠隊在接受媒體採訪時，諾威斯基一直在一間僻靜的體育館內練習。球隊的媒體人員打發我的話術，和打發其他記者一樣，他們說：「德克想要專注。」他必須專心。「他不接受採訪，」湯林說：「他正在投籃。」

實現可能性的殿堂

二〇一二年五月五日

下一場比賽的早上，還為時過早。送貨的出口沒有人站崗，我的身體頂在沉重的金屬門上。門鎖解開了。沒有嗶嗶聲，沒有警報響起。樓梯間裡沒有人，地下層裡也沒有人。遠方的某處，空瓶子哐啷作響；空氣裡有爆米花冷掉後的味道。上過亮漆的混凝土閃閃發光，彷似才剛為重要的今晚擦過一樣。我緩緩走到伸縮式的看台之下，將黑幕撥到一旁，走進了賽場。

裡面很黑；只有緊急照明燈亮著。空調輕柔地嗡嗡作響；涼爽，幾乎可說寒冷。硬木地板下面是達拉斯星隊（Dallas Stars）冰上曲棍球比賽的溜冰場。我走到球場的邊緣，居然感到喜悅。偌大的賽場在半幽暗之中，極度不同於前幾天晚上獨行俠隊輸球的感覺：整體六層結構往上延伸到天花板，一排排座位挨著球場邊緣。懸吊在球場上方的大螢幕散發出黑暗陰鬱的氛圍；無以計數的揚聲器連接著細的鍊條和電線，從天花板上垂下來。上方的屋椽掛著羅蘭多·布萊克曼（Rolando Blackman）和布拉德·戴維斯（Brad Davis）退休背號的橫幅，以及聯盟西區冠軍的橫幅、分區冠軍的橫幅，還有最重要的——獨行俠隊的聯盟總冠軍橫幅：

二〇一一年NBA總冠軍。

我一個人；對面只有幾個豪華看球包廂亮著燈。我環顧四周，然後小心翼翼地走到場上，我的鞋子在漆過的木地板上吱嘎作響。我慢慢穿過球場，想起德文那句「*Betreten mit Straßenschuhen verboten*」，也就是穿休閒鞋不得進場。很安靜。但你能感覺到音量和力度。今晚，這個地方將會璀璨耀眼、閃亮發光、雷霆萬鈞。我在場中央停了下來。如果我手上有球，我會投籃——我會投進；我很久以前的夢想就會如願以償。

我爬上看台的樓梯，逐步拾級而上，愈爬愈高層。我在後排的黑暗之中，取出我的筆記本。獨行俠隊的球場，靜謐地躺在我的腳下。空蕩蕩的場館，會讓籃球員傷感。我們知道那是什麼感覺：練習、喘氣、燃燒的肌肉。耳畔傳來鞋子吱吱作響的聲音、球穿過籃網的聲音。

只聽得球咻咻咻地，刷進籃網。

空無一人的體育館，是實現可能性的殿堂。我們想像著會有什麼可能：可能會投出關鍵一擊，可能拿下重大比賽，當下灰壓壓的空蕩蕩座位可能會擠滿了人。我坐在黑暗中，凝視著我的回憶；身處所有體育館的回憶、所有的痛苦回憶、輸球的回憶、快樂的回憶。我寫下各種可能性；我凝視著另一種生活，實現的所有夢想；我想著，如果我能成為不同的球員，變得更高大、更敏捷、更靈活、球商更高、個性也更沉穩。我的思想更自由，更能活在當下，更少拘泥於死硬的陳述：我是什麼樣的球員？籃球代表什麼？比賽應該如何進行？我想著過去與未來，以及兩者之間的時刻。美航中心球場的硬木地板，閃閃發光。

燈光倏忽亮起。咔嚓、咔嚓、咔嚓地作響。聚光燈將半個球場籠罩在冷藍色中。只見身穿獨行俠隊球衣的一名瘦小男孩推著一座球架穿過球場。他停在記分台前，仔細調整球架。上面有七顆球。男孩將每一顆球都拿到手裡，將球扔到空中，旋轉球，並檢查球壓。聚光燈的溫度慢慢升高，光線變得溫暖。我待在我的座位。我甚至沒有下去。

接著，兩個人從隧道現身：一個人身穿獨行俠隊球衣和訓練褲，褲管捲起，另一人穿著牛仔褲和格子襯衫，這兩人分別是德克和蓋許溫德納。指導德克的蓋許溫德納脫下夾克，掛在第二排的座椅。諾威斯基在場邊放了瓶水，走到記分台前，拿起一顆球，在手上旋轉，然後決定再選另一顆球。然後兩人開始了。

諾威斯基幾乎出手必中。他左右兩手投進、禁區攻擊、中距離、左側三分、右側三分、底角三分、軸心腳變換後轉身，將球在身體四周騰移擺挪，「*tak*、*tak*、*tak*」，調整步法，打出「*tak tadamm*」的節拍，應對假想的防守球員——過往的對手如鬼魅般飛掠而上：有格羅特，也有克魯爾。往後賽事將遇到的對手也飛湧而上：有瑟吉・伊巴卡（Serge Ibaka），有尼克・柯利森（Nick Collison）。兩人也練了介於攻防之間的項目：狂練了一顆又一顆的罰球。

蓋許溫德納一遍又一遍將球從網中取出之外，就只是偶而指出德克應該換些什麼練習。蓋許溫德納以手勢比畫的方式近乎浮誇：應該如何移動雙腳和張開手指，以及運球時身體應該移動。我坐的地方聽不到他們在說什麼，或者說甚至聽不出來他們有在說什麼，但在黑暗之中，從場上一路到我的座位，一路都能感受到他們的專注，以及這一刻的超越。重點是今晚的比賽；重點是季後賽的系列賽結果；重點是要衛冕冠軍；重點是過去、現在，以及往後數年的歲月；重點在於身體、角度，以及手指擺放的位置等細節。一切都取決於這一刻；一切都可能失去，除了我之外，沒有人在看，我藏身在黑暗之中，膝上放著筆記本，看著諾威斯基和蓋許溫德納蓄勢待發。

知更鳥路三〇三六號

中午，我在知更鳥路（Mockingbird Lane）下了海爾的計程車。蓋許溫德納和諾威斯基完成訓練後，我等了一下，但不久之後偷溜出球場時，我的手機響了。是蓋許溫德納。他收到了我的訊息。中午時他可以在南衛理公會大學（Southern Methodist University）附近的星巴克和我會面。

「去那裡找我，」他說：「我們再聊。」

會面地點是店家排成一列的那種典型美國商場：有停車位、美甲沙龍、披薩店、手機店，以及更多停車位。南衛理公會大學足球場的照明高聳於在屋頂上。附近的七十五號高速公路車流嘈雜作響。一走進咖啡廳，我就認出了他：年紀較長，坐在拿著課本和MacBook的多名學生之間。蓋許溫德納穿著當天早上在球場的同一件襯衫。他頂著一頭白髮，臉部稜角分明。年紀六十七歲，肋骨上沒有一點脂肪。攤在他面前的有筆記本和紙張，還有兩、三只咖啡杯。他在小的筆記本上字跡潦草地寫著；外貌看起來像是德國文學教授，有馬蓋先的味道，也像是鑽研上古歷史的專家。這位有「遠」見的蓋許溫德納看到了我，點頭示意我就座。然後他繼續寫。我等他，他的電話響起。「*Hier bei der Arbeit*」他說，意思是「在工作」，之後幾秒鐘聽對方說話，點頭，不發一語掛斷了電話。不知何時，我開始有些尷尬，拿出自己的筆記本，用夏比牌（Sharpie）麥克筆隨手寫下他面前咖啡杯上的名字：「威利」（Willie）。

蓋許溫德納和我先前見過一次，當時的我在寫自己的書，探討ALBA柏林隊，以及職業運動員的世界。在此之前，ALBA柏林的體育主管米特·德米雷（Mithat Demirel）多年來是諾威斯基的國家隊戰友兼室友。更重要的是，他是一名懂得在城市討生活的策略家。他和蓋許溫德納向來很聊得來，而德米雷認為我和他有必要認識。

他的計畫事與願違。ALBA柏林作客班貝格的一場比賽中，德米雷原本安排我們坐在隔壁。蓋許溫德納住在班貝格之外的鄉間，距數英里之遠。他戴著一頂五顏六色的氈帽，不知怎地，看起來像是遠東地區的玩意（我後來才知道來自蒙古）。他整個晚上都穿著夾克，看起來他不想待在這裡。這場比賽很糟糕，一面倒，打得死氣沉沉，比賽打得沒有任何節奏——本質上甚至不算是籃球比賽。教練群吩咐所有的戰術攻防，球員在違背直覺的情況下執行戰術，但以失敗收場。蓋許溫德納和我坐在一起時，我們幾乎沒有交談。我覺得他是看得出實際狀況、也被允許說出真相的某種小丑。起初，我想擠出一些有意義的話，但蓋許溫德納只是抱怨。賽況如此，還有什麼好說？比賽與蓋許溫德納對籃球的理解完全相反。柏林隊在半場結束時以五十一比三十一的分差落後二十分，而這場災難在不知不覺中結束：最終以一〇三比五十二收場。蓋許溫德納起身，握手時大力按壓我的手，便消失了。

如果你對德克·諾威斯基感興趣，就無法繞過蓋許溫德納。外界認為他是德克的伯樂，是德克的支持者，也是德克的創造者（如果可以如此形容），但蓋許溫德納似乎不喜歡談論自己，也一直避開大眾的視線範圍。關於蓋許溫德納的一切，都要從新聞標題和關鍵字的拼貼得知，這些標題和關鍵字如**導師**、**伯樂**、**瘋子**，**以及稅務問題**。

他走在所屬時代的前端。

我知道他打過職業賽（六百多場德國籃球聯賽的比賽），個人數據卻在不朽的籃球史冊中付之闕如，這是因為在德國，直到一九八〇年代才開始保存統計數字。在蓋許溫德納的全盛期，籃球在德國規模還不夠大。專業的基礎設施是在他之後才創建的。

不過，蓋許溫德納過去可是打球的。他的最後一場德國籃球聯賽比賽是在一九八七年，但直到年歲將近半百，他持續在西南地區聯賽打球。蓋許溫德納和德克第一次相遇是在一九九三年，地點是舒韋因富特（Schweinfurt）城市的TV埃戈爾斯海姆（TV Eggolsheim）客場比賽。我不知道他當時還同時兼什麼工作，有聽說是商業諮詢，為有亟需的公司排除困難。大家都說他是解決問題、有行動力的人。蓋許溫德納在遇見德克之後，制訂了多步驟的計畫，讓當初還是孩子的德克成為今天的諾威斯基。有傳言說，他的方法融合了數學、心理學、教育、紀律，以及大量「沒有道理的玩意」。蓋許溫德納從不公開說明，旁人也就簡單歸類，將他描述為老怪人、科學怪人博士、瘋狂教授、控制狂、麻煩製造者。我很想和他聊這一塊，但他似乎寧願悶著寫筆記。

眼下我和蓋許溫德納來到知更鳥路的星巴克，他儼然不記得我們去年冬天曾碰過面。又或者，他起碼忽略所有細節，只是默默繼續筆記。此時店內的年輕咖啡師陸續叫客人取餐。

「傑西。」

「蘿拉。」

「馬克，焦糖瑪奇朵中杯好囉！」

「彼得。」

此時有位瘋狂的傳教士走進咖啡廳，宣布世界末日：「各位，末日要降臨了！」蓋許溫德納把他的筆記本放進夾克的內袋裡，起身看著我。

「咖啡？」他問。

「好。」我說。

他帶著兩杯大拿鐵回來時，杯子上的名字是「威利」，這次的字尾變成了「y」。「他們拼不出來『Holger』。」他笑道，他笑起來倒是像換了個人。他表情擠出的線條，不是來自煩惱，而是玩笑：「然後，也根本沒人能拚得出『Geschwindner』這個字。」

當你和霍爾格・蓋許溫德納這個人交談時，你會有一種感覺，感覺到何以德克能在如此長的職業生涯期間，盡可能維持最高水準。蓋許溫德納似乎既擅於溝通，又孤傲不群；他會說故事，但不說非常私人的事情。對於今晚對陣雷霆的季後賽，他似乎並不緊張；幾乎可以說蓋許溫德納儼然不在乎。他來這裡，只是在有必要時調整德克的投籃。如果德克需要他，他也會來這裡，坐在他的位置上。他說：「重點在於最細緻的微妙差別。」

我努力說明我對德克・諾威斯基感興趣的地方，但蓋許溫德納像是早就聽過我的所有想法似地回答所有問題，也好像是早就看過很久以前的所有報導。他似乎想得比說得還快。他只是省略了對他來說很顯而易見的某些句子。他在話題和想法之間跳來跳去，腦內神經元的突觸啟動，發出滋滋聲，神經訊號連結隨之迅速轉移。我們於是飛過蓋許溫德納的宇宙，先從德語詩人里爾克（Rilke）到物理學，再到尼采（Nietzsche），然後是海森堡（Heisenberg）的不確定性原理。每當我方向不對時，他都會說：「放輕鬆。」隨後轉身；如果我們停滯不前，他會說：「沒關係，」然後將話題轉到對他來說似乎同樣重要的事情上。蓋許溫德納會時不時話講到一半時停頓，凝視著我們頭上的虛無空間，然後在他的筆記本上記下一個想法。

他不時打開筆電。有個以簡單線條繪製的火柴人在螢幕上動了起來，身體比例完全和德克・諾威斯基一樣。曲線的角度和計算秀出了理想投籃的樣貌，目標是找到諾威斯基必須用來投籃的精確角度，好讓他即使有失誤，也能投籃進球。蓋許溫德納從口袋裡掏出一張紙，理所當然地拿了我的筆：他寫下戰術，勾勒離型，擬出想法和論點；他信手捻來，在紙上寫下參考資料。他簡單地談到了籃球，然後回到幾何，畫了一個橢圓，並說明為何無論有何阻礙，兩個點總是可以透過這個形狀連接。而實際上，這或許最能用來描述他與諾威斯基兩人的關係。「夠近，」他說：「又永遠不會太近。」他對我的困惑露齒一笑：「夠近是多近？」

他不確定是否有任何人能找到合適的詞彙，來充分描寫諾威斯基，或者說是否真的有詞彙能描述「der Bub」（德文：那個男孩）多年來的成就。你必須創造一種新的語言。據他說明，諾威斯基就像一位極端環境的登山家。傳統措辭就是不適用於極端的身心要求，傳統措辭就是無法充分達意。他說：「如果你曾經在兩萬英尺以上，你就知道自己的腦部上演了什麼樣的瘋狂。」我抱持一位傳記作家會有的關注，帶著籃球和庶民心理學的相關問題，但他講的是寓言，籃球此時的重要性相形見絀。所有隻字片語都產生交集和故事。

蓋許溫德納表示，數週前和友人喬治・肯德爾（Georg Kendl）和迪特・雷德（Dieter Reder）前往喜馬拉雅山脈的梅樂峰（Mera Peak），攻頂成功。在此之前，他們搭機前往世界上最危險的盧卡拉（Lukla）機場，然後每天往上攻，住了一座座小屋、一處處營地。在攀登二萬一千二百四十七英尺高的山頂途中，腦部會產生有危險性的變化。「很難描述。」這是很形而上的，或者說很宗教的，但是你就是會想去描述。當身處山頂時，能夠一窺這種變化，但德克卻是實踐其中的堂奧。

打個比方，像德克這樣的球員住在約二萬六千英尺的高處，但字面上也可理解的是，其身心承受異常高壓。蓋許溫德納說：「在極端體驗中，人會先用話語來表達感受。」登山家萊茵霍爾德・梅斯納爾（Reinhold Messner）恐怕只能用寫的，才能形容別人如何看待他的經歷。蓋許溫德納說：「稱其為神的境界，稱其為『靈性體驗』。」不過，這只是將真實、深刻的主觀經驗，以不理想的方式翻譯為話語。蓋許溫德納看著我。「沒有經歷過就寫出來，這是不夠的。」他指著我的筆記本說：「而有些人就寫沒有經歷的文字。」

「但是……」我說。

「放輕鬆。」蓋許溫德納說，手一抬，頭一搖。一九七〇年代，美國哲學家湯馬斯・內格爾（Thomas Nagel）寫了〈當一隻蝙蝠是什麼感覺？〉（What Is It Like to Be a Bat?）一文，認為人哪怕知道了所有用來了解蝙蝠的一切，人也永遠無法知道成為蝙蝠是什麼感覺。又如弗里德里希・尼采（Friedrich Nietzsche）所說：「當人會『與自己溝通交流』時，便擺脫了自己；當一個人『已經坦誠感受』時，就會忘卻。」蓋許溫德納以尼采姓名字首的「FN」來稱呼尼采。他指出，德克・諾威斯基無法表達他內心深處的自我，因為如果這樣做了，便會失去這個穩定的核心，或者起碼也會變得不清楚。到頭來，將沒有能力專注於真正重要的事情。我試圖反駁，反駁依據是華萊士所寫關於費德勒和邁可・喬伊斯（Michael Joyce）的文章〈羅傑・費德勒即宗教體驗〉（Roger Federer as Religious Experience）和〈弦理論〉（String Theory）。

「弦理論？」蓋許溫德納問：「你真的知道那是什麼意思嗎？」

蓋許溫德納讓我覺得不斷受到考驗。我從包包裡拿出華萊士文章的影本，上頭有我隨意塗寫的字跡，並將影本放在咖啡杯旁。我表示，我沒有興趣闡釋德克這個人，以及從心理學角度切入說明他；我寧願繞著他轉。我寧願描述德克這樣的人打籃球所引起的現象；我寧願去寫他怎麼打球，以及需要什麼要件，才能讓他長時間以他的水準從事籃球運動。

「我不是在要你打退堂鼓。」他說。

「你沒有嗎？」

我們你來我往，爭論了將近兩小時。蓋許溫德納似乎喜歡挑戰和戰鬥。在某個時間點，蓋許溫德納看了看錶，收好文件後起身。他必須去南衛理公會大學和一位數學家見面，然後才能開車到海峽路（Strait Lane），帶「那個男孩」去球場。這是他們的例行行程。我們的談話儘管累人，但我小心翼翼地詢問，是否可以加入他們。我至少得問問看。「你來的話，會很有意思。」

「我保證會很有意思，但不行。」蓋許溫德納說。

「沒關係，祝你順利。」我說

「我們要盡最大努力練習以前沒有的內容。」蓋許溫德納給了我他的名片，一張雙面複印的名片。在我們的談話中，我的印象是我是個負擔，但現在他笑著握了我的手。「等一下晚上見。」他說完就離開了。我看著他穿過停車場。有幾輛SUV和一輛保時捷，但蓋許溫德納鑽進了一輛凱迪拉克的凱雷德休旅車（Cadillac Escalade），車慢慢駛離。我先前對他的了解有誤。一位咖啡師來到我們的餐桌旁。「對不起，」他邊說，邊收拾杯子和上頭潦草寫字的餐巾紙。

「我能問你一件事嗎？」

「可以啊。」

「那個人，」咖啡師笑問：「是那個霍爾格嗎？」

我看了看手中的名片。左側印有愛因斯坦的照片，就是那是他伸出舌頭的著名照片。咖啡師用美國口音念了霍爾格的名字，但很不錯了。他似乎知道是誰。名片右側寫著：「應用式廢話研究所——霍爾格．蓋許溫德納」。地址、電話號碼、電子郵件。我感覺到德克．諾威斯基和霍爾格．蓋許溫德納兩人的故事，不只是一名運動員的職涯發展那麼簡單，不是只記載著故事的起承轉合和勝敗史。我感覺到他們之間籃球故事的豐富度，完全有別於我至今所認知的籃球。

「對，」我說：「剛剛那位是霍爾格。」

比賽日

二〇一二年五月五日

重返球場。正午時分，天氣炎熱，諾威斯基在大樓前的臉色似乎比兩天前更加堅定，似乎更精神煥發。美航中心球場前的廣場空無一人，僅若干送貨卡車在等著。德州陽光熱辣的程度依舊。距離開賽還有幾個小時。工作人員正在為充氣城堡充氣，前一年總冠軍的照片在球場入口上方循環閃爍播放：德克拿著獎盃，德克在這座他的城市遊行，德克在球場露台唱著〈我們是冠軍〉。

在球場的球迷商品店，店內開著空調，小販等候著顧客，他們都穿著印有季後賽標語的藍色T恤。一位人很好的老太太頂著一頭藍色頭髮，向我展示了諾威斯基裝扮的完整搭配：有諾威斯基的球衣、短褲、襯衫、頭帶、背包、拖鞋、睡衣、杯子、鑰匙圈、棒球帽、羊毛帽、牛仔帽和巴拿馬帽，甚至還有諾威斯基的麥片碗。

二〇一一年NBA總冠軍賽的精彩片段，也在此處數十台螢幕上播放。只見德克投籃、命中，再投籃、再命中，獨行俠隊淘汰了波特蘭拓荒者隊，然後面對科比．布萊恩的洛杉磯湖人隊，再來是今晚對手奧克拉荷馬雷霆隊，最後是邁阿密熱火隊。德克瓦解對方球員的層層防守：面對身形較小的對手，他投球進籃；面對身形更大的球員，他利用自己的速度應付對方。德克銳不可擋，應對壓力之餘，也拜壓力之賜，使自己成熟。沒有什麼能阻礙他宰制場上。「無與倫比！」「諾威斯基好『威』！」金雞獨立式後仰跳投播放一遍又一遍，那是世界上沒有防守者可抵禦的單腳跳投。可以看到諾威斯基上場比賽時發燒，手指肌腱撕裂。可以看到諾威斯基拿著賴瑞・歐布萊恩（Larry O'Brien）總冠軍賽獎盃和比爾・羅素（Bill Russell）總決賽MVP獎盃。女士看到我盯著螢幕看時，說明：「那是去年的了，你覺得今年的球衣怎麼樣？季後賽版只要九十九美元！」

賽前三個小時，我與唐尼・尼爾森交談，而不是德克。唐尼・尼爾森是獨行俠隊的總管，也是在將近十五年前，將德克帶到達拉斯的主要籌劃者。

身形龐大的唐尼・尼爾森身穿正式襯衫、牛仔褲，以及一雙有如橡皮艇的運動鞋。他的臉很親切，總是準備好要露出燦爛笑容。坐在自己小辦公室的他，身邊堆滿了紙、獎盃和鞋盒，著手要做正事。唐尼・尼爾森問：「你想知道什麼？」，但隨後開始說明他第一次聽說諾威斯基的地方：鳳凰城太陽隊的更衣室。當時他正年輕，在太陽隊擔任助理教練。一些球員曾在為耐吉宣傳之旅時遍訪德國，後來談論德國籃球。我詢問是何時何地，是稱為「籃框英雄」（Hoop Heroes）的活動嗎？尼爾森說：「我記不得了，我的大腦不會回溯作業，我的思考是向前看的。」

超前思考是唐尼・尼爾森的天賦和職業。當他的父親唐（Don）在一九九七年成為獨行俠隊的總教練兼總管時，唐尼・尼爾森跟著他來到達拉斯，成為他的助理暨國際球探。在八〇年代末和九〇年代初，遍遊籃球界的尼爾森宛如運動界的大衛・赫索霍夫（David Hasselhoff），敲開了冷戰期間東方集團的藩籬，擔任立陶宛傳奇國家隊的總管，其中球員有阿維達斯・薩博尼斯、沙魯納斯・馬爾丘利奧尼斯（Šarūnas Marčiulionis）和利馬斯・寇提奈提斯，隊伍有「另一支夢幻隊」之稱，穿著死之華樂團風格的紮染上衣。唐尼・尼爾森將馬爾丘利奧尼斯這位當年的蘇聯球員帶入聯盟。唐尼・尼爾森慧眼獨具，懂得識才留人。他的大腦是非常會回溯作業的；他是玩家，也是賭徒。

唐尼・尼爾森告訴我德克在達拉斯第一年的困境。唐尼・尼爾森說：「他是從烏茲堡來的，以前沒人聽說過烏茲堡。」球迷懷疑。報紙質疑，全聯盟私下都在挖苦管理階層。獨行俠隊選擇了德克・諾威斯基，而不是保羅・皮爾斯（Paul Pierce）；皮爾斯在當時是更加出色的選手。

達拉斯獨行俠隊成立於一九八〇年，建軍十載以來數次殺進季後賽，奪得分區冠軍，旗下擁多位全明星球員，普遍前景看俏，人氣選手有羅蘭多・布雷克曼（Rolando Blackman）、布萊德利・戴維斯（Bradley Davis）、馬克・阿奎爾（Mark Aguirre）、德瑞克・哈波（Derek Harper）。不過，九〇年代的獨行俠隊在兩個不同賽季的敗場數方面，險些創下ＮＢＡ聯盟紀錄。球隊的一切應該要走得更順利才對，畢竟他們有全新的主場留尼旺球場（Reunion Arena），獲取高選秀順位的球員，擁有「三Ｊ」：傑森・基德、賈邁爾・馬許本（Jamal Mashburn）和吉姆・傑克遜（Jim Jackson），不過球隊後續傷兵不斷，缺乏紀律，且教練不適任，使球隊難以成功；球票很少售罄。獨行俠隊已經習慣被當作笑柄。

然後，綽號奈利（Nellie）的唐・尼爾森當上總管，重建了球隊。他將陣容大換血，建隊中心是在球場兩邊側翼討生活的二／三號球員麥可・芬利（Michael Finley），於賽季中期解雇教練，由本人親自執掌兵符。唐設計了一套快節奏、非傳統的打法，稱為「奈利式球風」（Nellie Ball）。兒子唐尼・尼爾森也加入他的行列。當初聽聞有一名來自德國的非傳統球員，並呈報這件事的人，就是唐尼。鳳凰城太陽隊更衣室裡的每個人，之前都在談論某位年輕德國小伙子，名字叫卡明斯基或魯明斯基之類的。查爾斯・巴克利說他在德國和這小伙子交手過。在一九九八年的選秀會中，父子倆相中德克・諾威斯基，並努力交易換來太陽隊的控衛史蒂夫・奈許。

唐尼・尼爾森告訴我，他和父親一直認為教練會遭到解僱，被趕出這座城市，這就是球隊最初表現糟糕的原因。他的父親曾自信滿滿，認為諾威斯基將成為年度最佳新秀。「老實說，那是德克永遠無法達到的高標準。」儘管如此，他們仍然相信諾威斯基，或者更準確地說，他們相信時間。當事情並未立即遂其所願時，父子倆免不了會問當初的風險投資是否值回票價？這位德國的小伙子值得投資嗎？「我們知道必須要有耐心，」尼爾森說，身體往後傾：「但我們不知道有沒有時間可以耐心等待。」他直視我的眼睛。

「奈許、芬利和德克花了一些時間才打出默契，」他說：「不過你看看現在這些。」

唐尼．尼爾森指著牆上裱框的《運動畫刊》（*Sports Illustrated*）報導封面、獎盃、球隊照片，以及裱框的球衣。報導標題是〈下一位國際球星蓄勢待發〉。旁邊是一塊巨大的白板，上面寫著每一個相關NBA球員的名字，包括他們的薪水和合約期限。如果唐尼．尼爾森想進行交易，他只需要轉過頭來，看看哪位球員適合哪支球隊，當然主要是以獨行俠隊的立場而言。只有當交易的合約包裹大致匹配彼此時，才能在NBA內展開交易：大合約對大合約、角色球員對角色球員。德克的名字旁邊是「兩千萬美元」，但我先前有讀到，他是合約中載明禁止交易條款的球員之一，聯盟中僅三位。這代表在是否可被交易，以及被交易到哪支球隊方面，德克擁有說話的份量。德克絕對是個例外。

突然，唐尼．尼爾森朝我這邊扔了一件亮晃晃的東西，所幸我有抓住。只聽得尼爾森的笑聲意外響亮，原來我手裡抓的是獨行俠隊的總冠軍戒指，以黃金和鑽石打造，一枚五萬美元。唐尼．尼爾森說：「剛剛那是在測試你，你抓得很準。」

和唐尼．尼爾森相處起來如沐春風，他似乎可以為所有事情解嘲，但也可能他其實很緊張。當晚的比賽結果牽涉數百萬美元的價值，而他手上球團業務的近期未來也是不遑多讓。獨行俠隊三比零落後，但如果他們當晚贏了，系列賽將回到奧克拉荷馬市，而會發生什麼事情，永遠說不得準。只要這裡有傷，那裡有病，雷霆隊就可能滑鐵盧，敗得莫名其妙——然後獨行俠隊就會重振旗鼓。到目前為止，每場比賽都很拉鋸。不用說，逆轉的機率不大，但並非不可能。

唐尼·尼爾森很會講故事。他向我介紹德克的早年，面對的困境和低谷，以及美好的歲月，最終邁向聯盟冠軍。透過窗戶，可以看到球員們移往我們下方的練習場地。運動場內響起了大聲的嘻哈音樂。沒有人使用遠端的籃框。「那個籃框屬於德克和霍爾格，」唐尼·尼爾森說。不知何時，他已站了起來，並把我推出了辦公室：「走吧。」

球場現在熱鬧非凡。一切照明都點亮了，一切準備就緒。唐尼·尼爾森帶領我穿過大廳。他一路上和人握手、親吻臉頰致意。「他來了！」和「看你今天的樣子！」的寒暄聲此起彼落。一群導引人員和服務人員正站在他們的崗位上等待觀眾。籃框上方的時鐘開始倒數計時，迎接比賽開始的跳球。還有兩小時二十一分鐘。

獨行俠隊的球團辦公室在地下，只見裸露的磚牆、通風管道、日光燈和霓虹燈，飄散出非常九〇年代的氛圍。大廳的壓克力牌子、地毯和員工的襯衫——到處都印著巨型的球隊標誌。唐尼·尼爾森拖著我穿過場館內接待貴賓的房間。這裡有著大型的舉重室，再過去則是辦公室，還有物理治療的整復床、摺疊躺椅，以及物理治療師。只聽見又傳來寒暄聲：「兄弟，還好嗎？」

唐尼·尼爾森是諷刺大師。他在場館內穿梭時，得意地開著玩笑。他很會捉弄人。他在小型廚房給我倒了一杯咖啡，但牛奶是酸的，而且開始結塊。唐尼·尼爾森咧嘴一笑，因為他知道我得神不知鬼不覺偷倒掉咖啡。他秀給我看超高的客製馬桶和淋浴噴頭，離地七呎半。他佯裝要把我推進去洗個放鬆的澡，然後在我跌倒之前抓住我的衣領。球員的自助餐點已經準備好了，玻璃冰櫃裡裝滿了水、運動飲料開特力（Gatorade），以及每位球員的特調飲料，聞起來像咖啡。他叫我伸出右手，然後用藍色膠帶包紮了我的手腕，那個藍色膠帶在當晚會用於使諾威斯基的腳踝穩定。

當我們終於進入獨行俠隊的更衣室時，他讓我坐在德克的更衣區裡，坐在他的大皮椅上，位於他的鞋襪之間。今晚的一切都準備好了。諾威斯基的四十一號球衣掛在衣架上，若不是新品，就是才剛熨燙好的。總冠軍賽獎盃的影印相片貼在牆的背面，這是一切的中心，滿載著整座城市希望的那顆心。唐尼・尼爾森將球衣從衣架上拿下來，然後以浮誇的動作遞給我，好像我是選秀時被相中的球員一樣。那是諾威斯基上半場穿的球衣，色作雪白，質地厚重，手工縫製。德克的衣物櫃頂部俯視我們的，是一只小的樂高人偶，配色為獨行俠隊的顏色。

我們回到他的辦公室，他向我告別，問我：「還有要問的嗎？」德、蓋二人正在體育館的另一頭準備，他們的練習動作和早上一樣。唐尼・尼爾森沒有等我回答，他跪在地板上翻一些箱子，一無所獲，所以又爬到辦公桌底下。

「不，」我說：「那又……」

在玻璃後面，我看到諾威斯基在訓練場地的另一端投籃。似乎沒有什麼可以使他分心。我不太可能採訪到他。如果當晚獨行俠隊獲勝，則一行人將趕赴奧克拉荷馬；而若是想著他們輸球，又很觸霉頭；再說了，如果他們真的輸球，情緒也會很糟，且在我離開達拉斯之前都可能不會恢復，那麼我依然不會有訪談機會。我要在未訪到諾威斯基的情況下寫我的報導，而我需要某種像是結論的東西來當作結語。德克對達拉斯而言，真正的意義是什麼？我問道。跪在辦公桌下的唐尼・尼爾森，答得倒是毫不遲疑：「德克在經濟面和文化面上，改變了達拉斯——他改變了這座城市的心態，」他從桌底下起身，說：「他值得一座雕像——就這麼簡單。」唐尼・尼爾森從地板上站起來時哀號著，他手裡拿著一只鞋盒，突然間顯得很嚴肅，他把鞋盒放在我手裡，點了頭，為我打開了門，說：「更多雕像才對，德克值得有更多雕像紀念他。」

離跳球還有三十四分鐘。盒子裡有兩隻籃球鞋，十六號，對我的腳來說太大了（不過我還是保存下來）。當下的畫面令人印象深刻，也不真實：只見攝影人員在場上，而所有六個樓層的觀眾席，媒體／名人包廂均售罄，還可看到身穿低胸洋裝和頭頂牛仔帽的人們；只聽耳畔傳來美國國歌〈星條旗之歌〉（The Star-Spangled Banner），以及可口可樂的兩分鐘警告。達拉斯已經整裝待發。當晚我沒有坐在工友的儲藏室內，而是帶著我的證件和相機，偷偷溜到場上。全場屏息以待的氛圍真實可觸。

演奏美國國歌時，我距離諾威斯基僅數呎之遙，我表現得彷彿我屬於這裡。美式足球隊達拉斯牛仔隊（Dallas Cowboys）的傳奇四分衛特洛伊．艾克曼（Troy Aikman）坐在第一排。我可以認出蓋許溫德納坐在J排長椅後面的座位上。其他人都滿懷期待站著時，他仍然沒有起身。音樂聲響震耳，圍繞我們四周的，是一群群取遞毛巾的男孩、富有的球迷、教練和物理治療師，以及販賣啤酒和冰淇淋的小販。場上還有拉接纜線的人員、保全人員、吉祥物——呈現出好一幅亂中有序的畫面，像是蟻塚，也像蜂窩，嘶嘶嗡嗡地，很是忙碌。我能感覺到煙火的熱度。諾威斯基眼神穿過一切；他凝視一切。他瞧著即將發生的事情。

一切都穿過德克。場上人人一襲藍色裝扮，揮舞著藍色毛巾。每當諾威斯基拿球時，場上就會吶喊；每當他被犯規時，場上就會吼叫。獨行俠隊給他球權，讓他單打。德克也沒有辜負他的責任，也會應對防守球員對他的額外看守。《達拉斯晨報》先前就主張不應僅依靠諾威斯基，「獨行俠需要更多的備援」，但到頭來，他還是最可靠的選擇。德克他有能力無視外界的注視。他打得很出色。

獨行俠隊上半場繳出如同先前奪得NBA冠軍的表現：傑森．基德和傑森．泰瑞扮演三分射手，尚恩．馬里安（Shawn Marion）則發揮防守。拜德克受到對方嚴加看守所賜，團隊的其他成員從中獲益。大家正執行所賦予的任務，戰略發揮作用，比賽有著無限可能。

第二節一開始，諾威斯基低位背框單打防守的伊巴卡，兩次帶球在高位展開接觸。他能感覺到伊巴卡竭盡全力，阻止他衝向籃框，德克調整自己，緩衝掉伊巴卡的力量，後退，接著使出他的後仰跳投，這是無法防守的一招，是他在二〇〇九年與蓋許溫德納一同開發的一招，也是二〇一一年為獨行俠隊奪冠貢獻卓越的一招。對於這招，伊巴卡恨死，球迷愛死。諾威斯基進球得分。獨行俠隊開始一次又一次創造相同的機會。第二節結束前不久。德克在左側低位接到球，再次對陣伊巴卡這位西班牙球員，但這一次伊巴卡將他困住。伊巴卡採取更強的身體對抗，並更貼近防守諾威斯基。當兩人身體碰撞時，德克注意到伊巴卡防守的熱切程度，便單純吸收防守者的進攻勢頭和力度，讓自己順勢被推出去，跳出伊巴卡的超長臂展範圍。球像是在軌道上運輸一般，離開了諾威斯基的出手點後進網，此時比分四十七對四十五。到中場時，兩隊平手。

我第一次看到諾威斯基彎曲膝蓋，讓他的防守者飛奔過來，然後投進高弧線三分球的時候，是在我的家鄉哈根，時間是一九九八年九月二十三日（整整四千九百八十三天前）。而現在的我，正在看著他第三節於場上完全相同的位置，做出如出一轍的動作：雙膝彎曲，腳跟移轉，身體在對手的重量級防守之下行雲流水般地躍身趨避，人與球共同舞出完美效率的動作。不過，當年防守德克的球員，是我的舊相識，世易時宜，眼下卻是兩位超級球星：凱文．杜蘭特和羅素．威斯布魯克。德克這一天仍然有得分，一如他當年的表現，也一如他今天早上在無人球場上的練習表現。球場氣氛炸裂。諾威斯基投進三分球，打出一波十四比五的高潮，獨行俠隊在第四節開局時，以八十一比六十八領先十三分。

看起來，獨行俠隊或許能確實避免遭到橫掃，延後系列賽必敗的頹象。我環顧四周。整座球場的人都起身叫喊；沒有人注意到啦啦隊或發射T恤的裝置。球場融為一體。哪怕我們知道會很難拿下這個系列賽，但我們相信並非不可能。我們相信德克．諾威斯基會使期望成真。而我們被趕上了，這一刻，感覺天都要塌了。

之後球隊一瀉千里。雷霆一分一分地收復失土。體格厚實的大鬍子哈登不停衝向籃框，銳不可擋，在場上處處開花。獨行俠隊手感變冷，投籃盡墨。德克有不錯的機會，但許多未能把握住。他作為團隊中心的優勢，開始反噬獨行俠隊。之前是他為別人創造進攻機會，現在卻獨自站立，面對眾防守球員的臂膀和雙腳所構成的銅牆鐵壁。比賽結束前不久，雷霆超前比分。場館內眾人震驚。當德克在罰球線上投進他的第三十三和三十四分時，比賽還剩一分半鐘，場上播音系統大喊：「德克！」又喊了一次，時鐘不停地滴答作響，即將敲下獨行俠隊的賽季尾聲，全場都安靜下來，陷入靜默。這還不夠。達拉斯以一〇三比九十七敗陣。

德克之後的樣態，反映了這場輸球的痛苦：他前往更衣室時步態緩慢，球衣沒有紮好，雙臂放在頭上，好似他腹部受到重擊，正在回神過來一樣。記者尾隨球員進入更衣室；飽受震驚的沉默氛圍籠罩著眾人。沒有照片，沒有簽名。球員一個個離開淋浴間，一大群媒體圍著他們，提出令人垂頭喪氣的問題。球員穿著毛巾，腰間纏著鬆緊帶，臀部秀出球衣號碼。媒體群在球員之間移動。當諾威斯基這位遭擊垮的英雄從淋浴間出來時，眾記者蜂擁而至。每顆攝影機和麥克風都對準德克；你看不見他的人，但他的毛巾飛了過來，完美降落在房間中央的汗衣籃裡。

德克不得不現身於看台，面對攝影機和錄音機，說明輸球一事。他身穿黑色。漫長賽季，如今已經結束。前一年的歷史性球季不會再次上演。沒有什麼是永恆不變的，而眾所懼怕之事，結果成了不可逆轉的現實：達拉斯獨行俠隊沒有衛冕。當天比賽結束後，基德轉戰紐約，僅多打了一個悲傷的球季，之後擔任教練；效力八個賽季的泰瑞也將離開達拉斯。這一場比賽，是布萊恩・卡迪納爾的生涯告別賽。德克・諾威斯基回答了我們的問題，然後起身沿著走廊，慢慢走向車輛裝卸區。他只想回家。

突如其來的暑假

二〇一二年五月六日

失敗，是難以捉摸的。賽季結束的訪談安排在第二天早上，也是暑假前的最後一次談話。賽季結束了。成績結算，媒體給出無情的判決。教練、經理和球員最後一次出現在媒體面前；空氣中瀰漫著抑鬱的氣氛。吃這一行飯的，每個人對待失敗的方式都不一樣，但原本前一日期待某種好事而穿上的所有西裝，到這天早上都還掛在衣櫃。大型考驗結束，暑假到來，多數人都穿著T恤和運動鞋。有個似乎是記者的人前一天晚上喝多了；房間內飄來牙膏、酒和歐仕派（Old Spice）體香劑的氣味。

獨行俠隊輸了，但所有人都還在：那些隨隊多年的記者還在；那些認同獨行俠隊的人們還在，他們提出問題時，主詞會用「我們」，例如會問：「教練，我們做錯了什麼？」「傑森，我們能有什麼樣的展望？」批判性的記者，也還在；他們往往挑球隊體系中的毛病，想找出戰犯是誰，例如會問：「怎麼會這樣？」「是不是球隊太老了？」「現在有什麼計畫？」他們撰寫報導的基調，是他人的失敗。

「你覺得是因為沒人能壓制哈登嗎？」ＥＳＰＮ、《達拉斯晨報》、《沃思堡星報》（*Fort Worth Star-Telegram*）如此問道。現實主義者，也在；他們想談論戰術，並且已經知道一切。其中有狂熱者、有討厭鬼、有新手、有老手；綽號「皮膚」的傑夫．韋德、馬克．斯坦（Marc Stein）、艾迪．塞夫科（Eddie Sefko）等記者還在，加拿大記者還在，中國記者還在，我也還在。

球員蹣跚地走下練習場的樓梯；記者提問，諾威斯基很客氣地回答。幾名記者的語氣有一點咄咄逼人，彷彿德克單槍匹馬就能幫隊伍力挽狂瀾。這問題很自作聰明，問法就像一切都能歸咎於諾威斯基。他們全都希望諾威斯基能讓時光倒流。畢竟，他可是德克．諾威斯基。

「你還能繼續打球嗎？」

「是膝蓋的問題嗎？」

「這是你的最後一季嗎？」

這群記者很難想像，獨行俠隊再也不能稱為NBA聯盟冠軍了。一年來，他們的生活因為冠軍變得輕鬆寫意；他們將冠軍頭銜視為自己的身分認同，卻一夕之間回歸原狀。今年的冠軍若非先前的奪冠常勝軍馬刺隊，就會是雷霆，甚至是邁阿密。唉呀！天曉得他們有多討厭熱火隊！

「還有問題嗎？」媒體公關史考特．湯林發問：「沒有了？謝謝德克。」

「祝大家夏天過得愉快。」德克說道，然後費力地走上樓梯，這位悲傷欲絕的球隊救世主，此時穿著T恤和夾腳拖鞋。湯林跟在身後，他們從一處緊急出口消失。各家記者盯著他們。其中一位說：「德克還能打一年。」我想我還要寫我的報導，便打包我的錄音機。

我就只是要寫達拉斯，寫下關於這座城市對德克的熱愛，以及他們的希望和期望；我要寫海爾和謝恩．雪萊；我要寫尼爾森、蓋許溫德納；我要寫我的所見所聞，以及讓我印象深刻的事物——內容足夠在雜誌刊成特輯了；我要寫德克為何重要（他對我的意義）。我文章的論點會是，這一切的雜音，都不會在德克的心中起漣漪。當湯林回到球場時，我正要離開。

「跟我來，」他說：「他現在有時間讓你訪。」

近距離看德克．諾威斯基的臉，難以分辨是解脫，還是疲憊。他的眼睛大又深邃，臉頰凹陷。他沒有刮鬍子，看起來就像是得了流感幾天後還離不開沙發的人。他的T恤皺巴巴的。他似乎非常疲累，然後一下子就放下心中的大石頭。前一天晚上，他打了世界級的籃球，現在則坐在獨行俠隊的小型廚房內。一下就放起暑假，他突然變得很有空檔。這突如其來的空虛，並非在他計畫之中。

湯林端給我們咖啡，但機器壞了，牛奶也沒有。諾威斯基起身，拿了幾瓶水回來。他把水放在我們中間，嘆了口氣，把腿放在小桌子底下。

「謝謝。」我說。

「不會，」他說：「你有什麼想知道的？」

過去幾天，我不斷擴展我的問題列表，但現在要我從清單中提問，卻感覺很怪異。我沒有從我的包包裡拿出問題。事實是，德克在系列賽的四場比賽中得到一〇七分、抓下二十五個籃板，這些數字是實實在在的成績。面對雷霆的強悍防守時，他的投籃命中率為百分之四十四，罰球命中率九成。而這些還不足以贏球。

諾威斯基分析前一晚輸球的方式，活像語言學家在處理文本一樣。他可以逐句、逐段、逐章回顧和分析。他熟悉文本的故事內容，但最重要的是，他了解故事的結構；他甚至可以列出和解釋個別單詞和聲音。

當我在腦海中回放昨晚的比賽時，出現的是雙方氣勢轉換、賽況豬羊變色時的畫面與時刻。我記得精彩的灌籃和三分球；我看到哈登強有力地進攻籃框，注意到這場勝利最終無法落到獨行俠隊手裡；我腦中浮現的，是比賽無法力挽狂瀾的時候，是勝利女神遠離的時候，是諾威斯基是隊中唯一持續得分者的時候。我記下他本賽季的最後九分，彷彿這舉足輕重一樣。

相比之下，諾威斯基儼然全面解讀比賽的表裡結構。他理性、不帶情緒的程度令人震驚。比賽順勢展開，他的記憶無懈可擊。當我尋找故事，想掌握比賽的戲劇性，以及其因果和心理上的相關性時，德克則對比賽、其順序、細節和機制有理性的觀察。第一節最後罰球未進的重要性，不亞於比賽結束前一分鐘的底線跳投。

眾記者仍然殷切詢問德克的膝蓋、年齡、昨晚的敗仗等事，就像問著他球涯結束的事情一樣，上演唱反調者的叫囂，以及悲觀的預測。「我這樣做已經好一陣子了，」他說：「那些人，有幾個不要管他們。我不給他們任何報導材料。」

我們改用德語。沒有人在聽。我問他比賽結束後做了什麼。「狂吃一些速食，」他邊說著邊露齒一笑。我知道他在球季不沾紅肉或喝酒，只吃魚和雞肉。「一般情況下來說，全隊在這樣輸球後會一起出去，但昨晚發生得太快、太突然了，我沒有心情去見任何人。我就是吃了一個漢堡、薯條和一杯奶昔。然後看了另一場比賽。」

「那樣的情形之後你還看籃球？」

「馬刺對爵士。」

諾威斯基停頓良久。他的回答似乎不像他之前對記者作答時一般機械式或小心翼翼。也許是語言的關係。每當他談到籃球和身處其中的角色時，每當他談到自己身為運動員、身為一名超級球星時，他都說英語。多年均是如此。德語是他童年的語言。在與記者接觸時，他總是清楚自己要說什麼，以及什麼樣的細小看法可以變成任何媒體的頭條新聞。但在德語中，他用了「*reingedonnert*」（不多考慮地快速放入之意，即前文「狂吃」的德語原文）之類的詞，並且會說：「採訪、拍照和廣告並不是我最喜歡的」，還有「我走進餐館，每個人都拍手，我還是會覺得這讓我很尷尬。」他的句法慢慢充滿了他兒時的法蘭克尼亞方言，話題也從昨天的比賽中轉移，我們談論著共同的友人、過去的一年，以及即將到來的夏天。和往常一樣，他會在達拉斯待上數週，然後在德州天氣變得太熱時，和女朋友一起飛往歐洲。

我們談到了德州和德國的差異、他的新天地和他先前待的城市，很多地方和以前一樣：「那間舊超市和日光浴沙龍還在。」當他為下一個賽季做準備時，他真的會住在他父母位於烏茲堡的家中，這件事是真的。前一年的奪冠賽季之後，浴室才重新裝修，現在他刷牙不用彎腰了。我們暢談，湯林終於進來，提醒德克下一場行程。「把它延後，」他邊說邊露齒一笑。此時可以聽到背景音，他的隊友發出騷動的聲音。身後某處，酒瓶叮噹作響；眾人舉杯，以啤酒告別。

萊布尼茲對岡布雷希特

二〇一二年八月二十日

夏天過去了，我坐在柏林，努力與我的報導奮鬥。德克・諾威斯基太複雜了，十頁雜誌特稿尚且無法述說。他處理籃球工作的方式太綿密細膩，他所處的環境也和一般有很大不同。我想正確報導他這個人，以及他的非凡卓越，而且我也想了解我自己對他的著迷。我有個執著的想法，就是想看德、蓋兩人夏季訓練的樣子，對此我頗有耳聞，卻尚未親眼目睹。我想知道更多，我想更好好地欣賞他。

奪冠後，我讀了一篇文章，撰稿人是受人景仰的社會學家暨歷史學家沃爾夫・萊布尼茲（Wolf Lepenies）。在德國，將籃球當一回事的知識份子並不多。跑步和網球的題材有時會獲得關注，足球則是常常引起爭論的話題。在德國，每個人都對足球有話要說，所有人都能用筆踢球，所有人都能對體育感情用事，但萊布尼茲則是夜晚在線上關注了整個季後賽，他看比賽看到雙手濕漉漉，緊迫的感受連他自己都感到驚訝。

初秋的柏林，溫度僅達拉斯的一半，但位於柏林格魯內瓦德區（Grunewald）高等研究院（Institute for Advanced Study）的窗戶卻大大敞開著。萊布尼茲便是在此穿著他的白襯衫和亞麻褲子，執行研究和寫作。別墅後面的院子裡可以看到一座籃球架。萊布尼茲出生於一九四一年，年輕時曾效力於紅白科布倫茲隊（Rot-Weiss Koblenz）——當時在德國打籃球的基本上只有大學生。萊布尼茲生涯最高分砍下過四十八分。現在打球的人，是他的孫兒輩。萊布尼茲學習如何善加解讀和理解籃球，同時和知名人類學家克利弗德·紀爾茲（Clifford Geertz）一起觀看普林斯頓老虎隊（Princeton Tigers）的比賽。萊布尼茲是年輕教授，任職於紐澤西州，紀爾茲是普林斯頓高等研究院的明星學者，該單位也是柏林高等研究院的標竿。

聽到紀爾茲對籃球的熱愛時，我非常激動。他是參與式觀察的一大支持者，而我的目標便是順從直覺的同時，以主觀的角度進行書寫體育，並承擔身為參與式觀察者的所有風險和盲點。萊布尼茲和紀爾茲來到麥迪遜廣場花園（Madison Square Garden），追想傳奇前鋒比爾·布拉德利（Bill Bradley）以及其一九七三年紐約尼克隊的奪冠陣容，其中囊括了威利斯·里德（Willis Reed）、厄爾·孟洛（Earl Monroe）和華特·弗雷澤（Walt Frazier）。對我來說，布拉德利的《球賽人生》（*Life on the Run*）是籃球文學的巔峰。這本書講述了尼克隊和體育界、那個時代的種族主義，以及職業運動員所處的條件，和現在徹底不同。當年萊布尼茲和紀爾茲一起乘坐計程車，穿過曼哈頓中城，觀看七〇年代初尼克隊在紐約的比賽。現在我們則坐在格魯內瓦德區的一間智庫，談論著德克·諾威斯基。一切似乎都有其因緣。

萊布尼茲是狂熱的球迷，我們從一見面就大聊特聊。萊布尼茲講述他曾經觀察德、蓋二人的訓練：投籃七十五分鐘，沒有任何中斷，令人印象深刻，並且完美遵循訓練計畫！他說：「蓋許溫德納瘋狂地恰到好處。他對追求最高表現的想法，讓我相當驚艷。我們這種人考慮的是一般程度的事，他們兩個所想的程度是殘酷無情的地步。對他們來說，十投七中代表三次沒進。他們想要十投十中。」

去年夏天，獨行俠隊作客邁阿密，打最後一場比賽，萊布尼茲在比賽就要結束前叫醒他的妻子，觀看最後幾秒的攻防，那是她不能錯過的內容。後來萊布尼茲沒有上床睡覺，他過於焦慮，過於感動。他留在書桌前，寫下關於諾威斯基的文章：「諾威斯基的勝利就是正義的勝利。」

對萊布尼茲來說，諾威斯基不僅是球星，「他表現出的是偉大。」他說，這是在根本上不同的東西。

萊布尼茲先是引用法國社會學家皮耶・波迪爾（Pierre Bourdieu），再談到諾威斯基於文化面和社會面上所留下來的非凡資本。諾威斯基會真摯地尊重他的對手，這是罕見的。萊布尼茲認為，德克是德國體育界為數不多的真正傳奇人物之一。一如一九五〇年代的足球傳奇人物弗里茲・瓦爾特（Fritz Walter），德克形塑了世界看待德國和德國人的方式。在德國人心目中，他以拳擊手馬克斯・施梅林（Max Schmelin）的方式征服了美國，獲尊崇的地位堪比斯特菲・格拉芙（Steffi Graf）；當然，對於美國人來說，施梅林會讓他們先聯想到二戰時作為敵方的德國，然後是陪襯喬・路易斯（Joe Louis）這位美國黑人冠軍的手下敗將。「這些運動員輸掉比賽時，我們感到悲痛；他們勝利時，我們認為是公正公平的結果。」這番話說得擲地有聲，而萊布尼茲深信如此。

漢斯・烏爾里希・岡布雷希特（Hans Ulrich Gumbrecht）是史丹佛大學的德裔美籍文學學者，萊布尼茲先前與他針對德克，展開內容對外公開的通訊討論。岡布雷希特詢問為什麼人們在美國和在德國，對德克・諾威斯基抱持不同的看法。德克・諾威斯基為籃球運動帶來革命性的改變，這是全世界籃球專家公認的不爭事實。雖然德克的勝利與NBA奪冠的成就，使他在德國與施梅林、瓦爾特等傳奇人物產生連結；但在美國，真正認同他的族群主要是獨行俠隊的球迷。美國其他族群只是尊敬他。

岡布雷希特對諾威斯基的欽佩無庸置疑，卻稱他為「沒有光環的英雄」。他的理論是，德克並非是擁有科比・布萊恩或勒布朗・詹姆斯特質的超級球星，原因在於美國大眾只在比賽中看到他，一般觀眾只看他在球場上的表現。德克不會固定現身於廣告中，也從未在鏡頭前舉起手錶、鞋子或漢堡等代言產品。岡布雷希特寫道，他已經深諳與媒體往來之道，但他從來都不想被報導。他對美國職業運動將利潤最大化的做法感到糾結。德克・諾威斯基的臉，不是一張會出現在美國廣告上的臉。他不會邀請新聞界來拜訪他，寫下一篇篇讓人感興趣的報導。在達拉斯以外的地方，德克不過是一名籃球員。

德克的球風，還達到另一項成就，岡布雷希特形容為「不是隨便一個美國球迷都想要的」。岡布雷希特所言不虛：德克．諾威斯基來自於一個不同的時代。一九九八年他進軍ＮＢＡ時，籃球只在電視上播出。在諾威斯基動作迅捷、運動能力出色且精湛的職涯階段，觀眾在看籃球比賽時，仍是以一整場作為觀賽單位。觀眾看的是一整場比賽，之後才有精華片段和球賽分析。觀眾知道哪個球員繳出好表現，但多數時候最感興趣的對象是球隊。

然後觀賽平台轉戰網際網路，人與媒介的關係產生翻轉：觀眾對比賽的認知方式有所改變，而此時諾威斯基的運動能力不若以往，但變得更成熟、球商更高。愈來愈多的球迷透過個人串流，在數位裝置上觀看ＮＢＡ賽事。從頭到尾看完球賽，變成一件稀罕的事。二〇〇〇年後，籃球代表的是短片和精華影片。一場四十八分鐘比賽的複雜結構，今時今日濃縮為兩分鐘的摘要，球隊的攻防被分解，化為灌籃、阻攻和致勝三分球等精彩的個人動作（現在你甚至能看到以個別球員為主打的剪輯，而非整場或完整的攻防）。這些發展可以說是相互傳遞的。人們對籃球的看法變得單一面向，而諾威斯基的比賽變得更加複雜。

岡布雷希特還提到了德克的膚色。籃球的種族歷史很複雜，且常帶有悲劇色彩，黑人球員往往受到場上人員調動額度、不公平對待和種族隔離的影響。關於籃球的整體對話，經常反映社會的種族歧視想法，反映社會如何看待黑人和白人球員、他們應有的運動能力，以及相對的智力水準。通常會認為黑人球員天生具有更出色的運動能力和表現，並認為白人球員球商更高，或是更有戰略能力，但技巧終究相形見絀。早在一九九二年，《黑白遊龍》（*White Men Can't Jump*）等電影就在處理這類偏見，但是當德克於一九九八年進軍ＮＢＡ時，對白人和黑人球員的刻板印象幾乎沒有消弭。根據岡布雷希特的說法，觀察德克職涯的人們，往往會陷入偏見和假設的陷阱。

貢布雷希特描述了此一現象；不用說，他理所當然認為這個現象「在政治面上是有問題的」。諾威斯基是否身為白人，因此被視為不正常？對於籃球而言，是否他「不夠黑」？陳腐的印象中，認為黑人更會打籃球，而白人無法駕馭這項運動，那麼諾威斯基是例外嗎？對於「誰是史上最偉大的籃球員」這個酒吧內的萬年話題，會談到喬丹、勒布朗、科比、威爾特・張伯倫（Wilt Chamberlain）、比爾・羅素等受到鍾愛的選手，卻不見將諾威斯基列入討論，是否就是前述原因的關係？我們德國人認為諾威斯基的勝利是「公正公平」的時候，我們會不會是遭到本身偏見荼毒的受害者？我們是否有著自己體系內的種族主義？

在德國的酒吧內，人們談論足球，而諾威斯基是他們唯一熟悉的籃球運動員。不過這種關於德克的模糊感受，這種大致上良好的觀感，會超越了所有理性的事實。人們對德克有情感上的溫度，又對他的投籃命中率或使用率缺乏了解，此時前者會掩蓋後者。在德國，幾乎沒有人能列出事實，說出他有多優秀。人們只是籠統地表示諾威斯基「很好」，這個「好」就像是形容「人很好」的那種好，而非「像勒布朗遭包夾時也擅於傳球」的具體陳述。

萊布尼茲和我有那麼一下子，想著在外邊的籃框上投個幾球，但我們找不到球，想必是他的孫子把球帶在身上。我們只好再次坐下，窗簾隨風飄動，而萊布尼茲的觀察從諾威斯基的歷史性偉大成就，轉為他的樸實，再來是諸如「誠實」、「表演性」和「實在性」之類的概念——突然間，我們分析起諾威斯基的婚禮照片，好像把照片當作文藝復興時期的畫作在分析。八卦小報在結婚幾天後發表了這張照片；而在這之前，諾威斯基家人與其賓客以某種方式，成功甩開媒體。在婚禮前，蓋許溫德納來回飛過半個地球，製造障眼法，使媒體一再報錯地點。諾威斯基夫婦三度歡慶他們的婚禮：首先是在肯亞與妻子的家人舉行，然後是在達拉斯的法院，接著前往加勒比海，和親友共度。賓客名單和菜單內容免不了逐漸外洩，婚禮照片則是數天後出現：德克和潔西卡夫妻倆穿著傳統肯亞服飾，現身於加勒比海的海灘上。

官方婚禮照片的背景，教人聯想到加勒比海的蔚藍。我和萊布尼茲好像兩名瘋狂的藝術史學家一樣，分析起諾威斯基西裝的剪裁，以及新娘低調的珠寶。「或許我的話聽起來有點超過，」萊布尼茲說著，然後笑了：「不過這張照片沒有明星的感覺。那不是風格和表面上的東西。你能感覺到你無法真正到達的核心。我的用語很模糊，但這邊有一些東西是『對的』，是真誠的。」萊布尼茲瞥了一眼研究院後院的籃球架。當下的他儼然非常嚴肅。「真誠是真的很難得的事。」他微笑著，回到我們的對話。萊布尼茲說：「德克．諾威斯基的故事，是我們所擁有最偉大的體育故事之一。」

貓丘山下路（Unterer Katzenbergweg）

超級明星的存在場域，超脫了時間。他們凍結在他們所屬的經典標誌時刻。喬治・克隆尼（George Clooney）總是看起來像喬治・克隆尼；奧黛麗・赫本（Audrey Hepburn）永遠站在蒂芬妮櫥窗前面。在我看來，麥可・喬丹（Michael Jordan）哪怕年齡已過半百，身材變得重量級，他永遠是手握六枚聯盟冠軍戒指的麥可・喬丹。幾乎就像超級明星，比生命更偉大，不受限於時間的流逝。他們演出的熱門電影和最知名影片，以及他們所打出最偉大的比賽，將永遠定義他們——當他們變老時，我會情不自禁地感到驚訝。

這個想法也適用於另一個方向。每當我看到某名人的童年照片時，我都會想：哦，對喲，他們和一般人出生的時候一樣。他們有童年。他們曾經和我們一樣。這個看法可能並不別出心裁，但令人玩味；我認為我們對他們的童年感到興趣，是因為我們想了解他們的成長歷程是在什麼時間點，和「我們的」歷程產生歧異；是因為我們想了解為什麼，是什麼特徵、關係和創傷，使他們成為我們今天認識的人。我們想從一個人一生中極為複雜而又巧合匯聚的因緣，建構出合理的故事。

儘管我在一九九八年初次看到諾威斯基打球時，他實際上僅十九歲，但在我心裡，他永遠是三十三歲，是運動員的黃金年齡，這時期仍然保持體態，但經驗豐富，飽受實戰歷練。當他贏得聯盟冠軍時，他就是這個年齡——很難想像他有一天會超越這個年齡。

為了使他看起來像貼近一般人的人，我經常試著想像他成長的地方：烏茲堡—海丁斯非這座位於山區的住宅區，在城市的東南方。他長大的房子，包括後院和車庫在內，可以在網路上幾張圖片看到，可以在Google地圖上追蹤，沒有打馬賽克，與其他單戶住宅和雙戶聯棟式住宅位列同一排，遠處有山丘和草地、一些田地、一座巴士站、一座加油站和一間超市。關於諾威斯基父母所居住的房子，唯一罕見的是街路名稱「Unterer Katzenbergweg」，直譯是「貓丘山下路」。除此之外，其他一切都很一般，能聽見遠處的高速公路傳來的低鳴聲。

在這條街上長大會是什麼樣子，倒是不難想像。在夏末的早晨跑到汽車站，在一月份跑到可以滑雪橇的山。在這棟房子裡，和諾威斯基一起長大的有他的姐姐瑟珂（Silke）、他的堂兄弟貝蒂娜（Bettina）和霍爾格．葛拉波（Holger Grabow）。在孩子們的房間裡，擺著松木床、索尼（Sony）音響和網球獎盃，皮朋和喬丹的海報掛在他的牆上。

＊＊＊

一九七八年諾威斯基出生時，父母赫爾嘉（Helga）和約爾格—維爾納（Jörg-Werner）已經在房子裡生活了幾年。諾威斯基一家住在一樓，葛拉波一家住在下面的公寓。德克的爸爸經營著繼承自其父親的一間油漆公司，母親則負責組織運作，這是典型的西德家庭模式。男方在當地的酒吧談生意，女方是家庭的心臟和靈魂。父親母親恰似公司的代言人和全能的辦公室經理。

父母倆都是熱情洋溢的運動員。母親打籃球，父親入選手球隊，兩人偶爾也會打網球。他們的社交生活圍繞著體育運動，會出入城市的體育館和運動場，還有運動俱樂部。這樣不富裕但富足的中產階級家庭，織就出烏茲堡的社會結構。

德克是老么；瑟珂大他四歲，有個表弟年齡介於兩人中間。德克總是試圖和他們一起玩，不管是什麼遊戲：跳繩、捉迷藏、賽車。父母會帶他們去看母親的籃球比賽，以及父親的手球比賽。當德克幾個月大的時候，會睡在板凳後方的嬰兒背帶。

之後，孩子們會爬上牆架，為他們的父親加油，吶喊著「TGW！TGW！」他們等待中場休息，這樣他們就可以在球場上進行五分鐘的精彩投籃。他們消磨整個週末的地點，有河岸的TGW運動場、網球場和跑道，甚至是附近的小森林裡，就位在就業中心後面。他們會在俱樂部吃炸薯條配美乃滋，喝檸檬水。他們的父母在露台上大笑，乾杯時杯身清脆作響，夏日夜晚的聚光燈周圍，湧進成群結隊的蚊子。

「禮拜六是我最愛的日子了，」多年後，德克在達拉斯的自家露台上跟我說：「當年我九歲、十歲、十一歲、十二歲。青少年比賽是在下午，然後我爸爸上場比賽，他還在第三陣容，然後是二軍，再來是一軍，比賽是七點到七點半之間。我們從中午十二點待到晚上十一點才離開場館。中間我們會吃冰淇淋、薯條和汽水。那邊有間老舊的器材室，到處都是縫隙空間。我們和十至十五個孩子一起玩捉迷藏。我們把藍色的墊子鋪在地上，然後從十呎高的地方跳下來。」當德克講這個故事時，他的孩子在身上爬來爬去；時間像是翻了個跟斗，回憶發出璀璨的光。「在希斯浩斯街（Schiesshausstrasse）體育館度過的那些週六，」他說：「是我最喜歡的時光。我永遠不會忘記那段日子。」

諾威斯基家的小孩決定嘗試從事運動，他們的父母讓他們一試。對於諾威斯基來說，運動代表樂趣。運動無處不在，但運動並不是一切。對他們來說，運動無關乎金錢或職業抱負。赫爾嘉和約爾格將自己的志願投射到他們的孩子身上，但這不代表諾威斯基沒有求勝心。之所以從事運動，是因為盡量精進某項事物，是件有趣的事。諾威斯基家族是屬於團隊運動的人，適合俱樂部的運動風格。

孩子們開始實踐自己的抱負。瑟珂最初從事田徑、跨欄和跳遠，但由於生長速度快，改打母親從事的籃球。德克的第一項運動是U8手球，之後打網球。波里斯．貝克（Boris Becker）在一九八五年贏得了個人首座溫網冠軍，當年七歲的德克讓他的母親剪了一顆貝克頭：髮型像是一個分層的碗，一路延伸至頸後。他穿著糟糕的淡色汗衫和窄管牛仔褲。每週日下午，他會和父親坐在電視機前，觀看手球隊TUSEM埃森（TUSEM Essen）的大型比賽。德克喜愛的球員是約亨．弗拉茲（Jochen Fraatz），以及偉大的後場球員亞歷山大．圖赫金（Alexander Tutschkin）。

德克永遠是最高的。他認為自己看起來很滑稽：身為八年級的學生，卻能在老師的頭上吐口水。他身材精瘦，T恤在身體四周飄動；他的身體讓他感到不自在。他永遠找不到衣服穿，他不喜歡他真正入手的衣服，他從不覺得衣服適合自己。他後來曾對我說：「我居然瘦成那樣。」一些同年級的男孩會稱他為「骷髏」，指的是動畫片《太空超人》（*Masters of the Universe*）內的反派。德克可不認為這有趣；他只能強顏歡笑。他反應不夠機智，無法為自己挺身而出。往後的他回頭看這段往事時，說：「也許當時我有某種情結，不是有意識的，而是在表面下的某處。」

大約在這個時期，德克的母親帶他求醫，照腕骨X光。身體篩檢在當時蔚為流行；醫生會為許多孩子提供關於某些身體尺寸的模糊預測。為了停止他的生長，兒科醫師曾與德克的父母認真談論荷爾蒙治療的事情，支持這項治療的原因是：會很難找到合穿的鞋子衣服，一般尺寸的床也會太小。德克預計會長到六呎八吋，雖然很高，但德克的父母認為，還不用進行醫療介入。之後德克回憶道：「我當時是十三、十四歲吧，六呎八吋對我來說似乎很高。」

顯然對於彈跳型的球類運動，德克會擁有特別的球感。他打網球時的發球非常強大，這不僅歸功於體型，他還可憑本能預測對手回球的地方，然後跑到球的落點伺機而動。德克的速度或靈活度不特別出色，但充分掌握了這項運動的比賽機制。他跑動時切入的角度非比尋常，移動路徑不同於對手，更不循傳統打法，攻防更憑直覺。德克說：「我的父母總是會開車接送我，他們總是支持我的決定。」一路走來，他往後必定會持續了解他父母的角色。之後，他於二〇一九年對體育網站《運動員》（*Athletic*）說：「他們是我人生最初的典範。他們顯然鼓舞了我，我會永遠感激。」

在手球方面，他的體型也並非討不了好。他會假裝自己是圖赫金，把球大力丟過其他小男孩的頭上，但是當他在外地打網球時，其他孩子會嘲笑他的竹竿身材。有一次，一名對手的父親堅持德克的球員卡是偽造的，堅稱「那個男孩大了兩歲，看他有多高就知道。」如果德克贏了，他的身高讓他勝之不武；但如果他打得不好，大家都會嘲笑他的竹竿身形；或者說，至少這是德克所認為的。在網球場上，他是一個人，其他父母都對孩子寄予厚望。八〇年代的德國，網球是熱門運動；是身分的象徵，投射出人們對於榮華和名望的希冀。大家都想成為下一位波里斯．貝克，下一位斯特菲．格拉芙，無數父母購買私人課程和昂貴裝備，將孩子的未來投資在網球上。

固然贏多輸少，但德克不喜歡打網球。他熱愛這項運動，但野心和勾心鬥角等隨之而來的一切，都開始讓他心煩。比賽之間的等待很累人，有時他和父親整個週末都耗在外面，他們不斷開車，然後待機。他們會參賽，但之後多數時間都站在附近，等著看人打球。不可一世的人惹惱了德克；眾家長惺惺作態，他們談話和竊竊私語的內容，以及在背後說人壞話，都使他惱火。

諾威斯基的父親和叔叔在房子後面架了一座籃球架。這時候的德克表弟葛拉波正效力一間俱樂部，而瑟柯則是CVJM烏茲堡（CVJM Würzburg）隊的球員。德克仍然會去練手球，父親同時也是他的教練。德克喜歡整天和其他球員相處；他喜歡一起輸、一起贏的感覺。更衣室裡說說笑笑；有時會調侃人，有時很傷人，但總是當著你的面說。手球運動員不背後道人長短。

當表弟葛拉波和德克的朋友在後院打籃球時，德克會站在場邊觀看。他會將大家比喻為重要的球員：魔術強森和大鳥柏德，以及喬丹和皮朋。如果有人不來比賽，德克會有機會加入，其他人不會注意到他比大家年輕。這是他學會說垃圾話的地方。德克十二歲時，於倫琴體育館（Röntgen-Gymnasium）擔任德克體育老師的尤爾根．孟（Jürgen Meng）詢問他是否想加入籃球隊。第一次與ＤＪＫ烏茲堡球隊一起練習時，他十二歲半。十三歲時儘管德克身高較高，教練皮特．斯塔爾（Pit Stahl）讓他打較小號的位置。當美國夢幻隊在巴塞隆納贏得奧運金牌時，德克才十四歲。他看著由亨寧．哈尼施和德特勒夫．史倫普夫組成的德國隊以一百一十一比六十八敗給美國人。德克將皮朋的海報貼在牆上，想像著和他交手的樣子。他想像著身為皮朋會是什麼樣子。

一九九二年，德克和倫琴體育館校隊打進了在柏林舉行的奧林匹亞青年訓練（全德學校錦標賽）的最終輪。德克在熱身時就開始進入狀態，從罰球線的左側運球，切入後縱身躍起。他打手球的時候，習慣單腳起跳；左腳是他的起跳腳。德克躍起，飛越空中。第一次灌籃，是每位籃球員熱好機的時刻。「那是我的精彩時分，」他之後表示：「在比賽前灌進一球。」

他當時十五歲，身高略高於六呎五吋。夏天，其他青少年去游泳池，德克則待在家裡。德克不喜歡打赤膊，他對自己的骨瘦如柴、那肉眼可見的肋骨，以及細長不成比例的身形感到難為情。達倫堡（Dallenberg）游泳池新裝設一座巨型滑水道，是全歐最大的游泳皮筏滑水道。他還記得：「那真的很刺激感官，得排好幾個小時才能排到一個滑水道，然後被推下去，感覺很棒。但我一直都不敢去游泳池。」夏天時，其他男孩每天都去；陰涼處是華氏八十五度，但德克待在家裡，獨自對院子裡的籃框投籃。

你要來達倫堡嗎？

不會，我要留在這裡。

講那什麼話？你要跟我們一起來啊。

不要。

那你要做什麼？

留在這裡投籃。

喂！

他知道如何打發時間；他需要的不多，只需要他自己本人和球就好。在自家後院，他的身高可不會是個問題，而且在練習中會突然成為優勢。他開始提高投籃頻率，其他人都開始注意。突然間，他成為了校隊中最傑出的球員。陽光照在柏油路上，蒲公英從球場邊的裂縫中長出，德克投籃一記又一記，投了好幾個小時，又好幾個小時，日復一日，他的朋友說，德克的整個漫長夏天。大概就是這樣度過的。

二〇一二年九月，我站在德克父母家門前等他。這裡就是一切的開始。他在這座院子裡，為自己的精準度和嚴謹度、專注力和集中力奠定基礎。彩色冰棒、十米跳水活動、巨型滑水道、由科索戲院再次上映並由艾迪．墨菲主演的《比佛利山警探》（*Beverly Hills Cop*）——這些沒有讓他分心；其他人在河堤上的變電所後方抽了人生第一支菸——這沒有讓他分心；而日後步入職業生涯，德克在ＮＢＡ這個全球最大的籃球舞台上面對萬人球迷時，面對電視機前數以百萬計的觀眾時，以及面對他們的期待和要求時——這些也都沒有讓他分心。他的隊友馬文．威洛比後來告訴我：「德克總是比任何人都更專注，比我們其他人都還專注。」

在德州，球員要面對巨大的雜音，還有使人目眩神迷的鎂光燈和名聲——但我真正想做的是，描述諾威斯基不在NBA大舞台時的練球方式。蓋許溫德納和我一直保持聯繫，我知道他們會在拉特爾多夫（Rattelsdorf）和烏茲堡進行暑期訓練，並輪流開車。當我小心探問我是否能來的時候，我其實以為我的詢問會無疾而終，但隨後諾威斯基發了訊息，告知時間和地址。「來吧！我們會開車去東北方四十五英里的拉特爾多夫，早上十點三十分訓練。途中會有時間聊聊。」

我提早到，我坐在路邊，看著房子的前面。美航中心球場前方，掛著超過真人大小的德克人像；將這個人像與我眼前雙戶聯棟式住宅長大的小男孩聯想在一起，似乎是一件無可厚非的事。這樣的報導好像很難寫成，但仍然讓我感到興趣。我沿著街區來回走。我不可能按門鈴，畢竟不想打擾德克，所以我在早晨的陽光下等待。我在路邊坐下，又站了起來。鄰居把垃圾桶滾到街上，並向我打招呼，態度友善；幾個孩子正要去上學。就在我準備給他發訊息的時候，門打開了，德克．諾威斯基肩上扛著一個運動包，走了出來。

「啊，你來了，」他看到我時說。他打開車庫門說：「我們走吧。」

一九七八年六月十九日

我要說一則關於蓋許溫德納的故事：在諾威斯基出生的那天，阿富汗上潘傑希爾山谷（Upper Panjshir Valley）的氣溫為華氏一〇四度。一九七八年六月十九日下午稍晚，一條狹窄的泥土路蜿蜒在光禿禿的山坡上，有一百種不同深淺的棕色和紅色，以及泥黃色和紫色。幾乎看不到樹，沒有花，只有一些灌木附在岩石上。河對岸，午後的陽光還照在山頂上，但即使是峽谷的樹蔭下，也還是很熱。河水清澈湛藍，激流湍急作響。

一輛破舊的福斯（VW）廂型車沿著峽谷，緩慢地顛簸前進。車是白色車頂、藍綠色的車身和行李架，上面放著一只皮箱和備用輪胎，掛著慕尼黑車牌號碼M-VS 610，兩個車尾燈都碎了。一輛Land Rover押隊。灰塵飄過峽谷。車主是格爾格．肯德爾（Georg Kendl）；他生於一九三九年，於首都喀布爾的阿馬尼中學（Amani Secondary School）教授英語和體育。只見蓋許溫德納斜靠在後座，大聲朗讀萊恩．福克斯的《亞歷山大大帝》（*Alexander the Great*），這是一本關於亞歷山大征戰的書。飲用水的罐子發出咯咯的聲音，飄散著洋蔥和汽油的臭味。

這群旅人已經上路四週了。他們的路線經過博斯普魯斯海峽和達達尼爾海峽，沿著亞歷山大時代稱為格拉尼庫斯（Granicus）的畢加河（Biga Çayi），駛往向伊蘇斯（Issus）和高加米拉（Gaugamela），經過黑海和裏海，經過伊斯法罕（Isfahan）和波斯波利斯（Persepolis）。他們多數時候野宿。只聽得野狗嗷吠，只看到夜晚的營火搖曳。他們食用罐頭的匈牙利牛肉湯，搭配甜椒，購買自開車時經過的村莊市場。在開車時，他們會互相閱讀給對方聽。每天晚上，他們都會打開攜帶型打字機，將每日的旅行報告抄錄下來。

這群男人本來可以打獵的——他們聽傳聞說有野豬、兔子和野雞，但這次他們沒有帶槍。近期阿富汗局勢急轉直下，政治面和宗教面動盪，並不盡然安全。槍枝只會增加危險程度。他們輪流睡在車頂和車內，一個上面，一個下面。有時他們會載其他旅客，有時會載當地人。有時他們租用馬匹一日遊，或逐一重走亞歷山大的幾場征戰路線。在荒涼的地景上，他們輪流駕駛，但蓋許溫德納大部分時間都在開車。他們的部分旅程由Land Rover內其他幾名德國人陪同，當差速器在哈里河谷（Hari River Valley）故障時，蓋許溫德納用螺絲起子和錘子將其拆下，然後只使用前輪驅動開車。

「肖爾施（Schorsch），停車。」蓋許溫德納突然叫了起來：「停車！」肯德爾踩剎車，汽車停了下來。那台Land Rover只是勉強及時停車，岩石紛飛，塵土吹過峽谷。旅客紛紛下車。一抹藍色從下方的岩石和懸崖中流淌下來。遠處那台是福特嗎？根據地圖，他們今天會過河。下一座村莊似乎在另一邊，未鋪砌的道路應該之後會形成一條混凝土的道路，經過約莫十五英里的碎石路後，通往喀布爾。

一根電線延伸過峽谷的深淵；一座生鏽的纜車在中間晃來晃去的樣子，活像一只籃子。峽谷的另一邊有間小屋，位於幾棵樹後面。兩隻山羊穿過灌木叢。蓋許溫德納看著纜車，想像著滑過峽谷會是什麼樣子。這是他喜歡的想法。他喜歡偏離尋常的路徑，也許另一端有更好的東西。也許他會遇到當地人，當地人以好客聞名。也許在那邊，會有一個好故事。也許會，也許不會，但只有去了才知道。

「我要過去那邊。」

「你瘋了。」

「他們有羊。我們餓了。我們要搶過來，我們要過去那邊。」

「你瘋了。那東西壞了。」

「而且也太高了。你瘋了。」

「這簡單。」蓋許溫德納說著，開始爬上連接那條電線的生鏽架子，這是用螺栓固定在石頭上的一種三腳架。他檢查了電線，尋思並計算到峽谷對面大概有一百呎寬，最多一百五十英尺。纜車懸掛在水面以上約三十英尺處，可將纜車拉過來的麻繩在風中慵懶地吹著。他必須左右手交互使用爬五十英尺，到達一個過去就回不來的點，才能坐到籃子般的纜車裡，把自己拉到另一邊。蓋許溫德納脫下上衣，掛在那個三腳架上，然後拿了幾塊破布，撕成一條條的形狀。他小心翼翼地將條狀碎布包在手上、跪下，看著肯德爾等人。

肯德爾是個說話精簡的人，他不會驚慌失措；始終保持頭腦清醒。在印尼的林賈尼山（Mount Rinjani）上如此，在阿富汗政變之後也是如此。數十年過去，肯德爾稱他的朋友蓋許溫德納為「野獸」，堅韌有如利爪，既具彈性又強壯。「太瘋狂了，他的身體能做到這樣。」這個特技過於勇敢、狂野、冒險，即使對肯德爾來說也是如此。繩索在風中呼嘯，河水於下方濺起。蓋許溫德納似乎沒有注意到。「我們來這裡不是好玩而已。」他邊說邊露齒一笑，縱身一躍，大力跳到繩子上。

一九七八年時的蓋許溫德納，身材精瘦，會身穿格襯，頂著算是阿福柔頭的髮型。他享受美食美酒，研究物理，並對風水和占星術感興趣的人。他是熱愛哲學的天生運動奇才。來自法蘭克福附近小鎮，卻散發都會氣息。他叛逆，卻也為人師；他過去是德國最出色的籃球員。身在對足球痴迷的國家，他是籃球這項冷門單項運動的明星；他在職業生涯巔峰時，是專業的運動員；他有自由的靈魂，會啟迪他人。身為六呎三吋的後衛，他的腿好像有裝彈簧。他是一九七二年慕尼黑奧運德國國家隊的隊長，也是迄今為止德國籃球聯賽中最現代、最非傳統的球員。

他白天在馬克斯普朗克研究院（Max Planck Institute）有份工作，住在一個公社，且會在一九七〇年代的慕尼黑，開著保時捷Porsche 911穿梭。公社、酒吧、伊薩爾河（Isar）的堤防——那是一段瘋狂歲月。避孕藥的使用才剛獲得批准，愛滋病尚不為人所知。蓋許溫德納參加卡爾．弗雷德里希．馮．魏茲澤克（Carl Friedrich Freiherr von Weizsäcker）的演講，閱讀毛澤東，觀看卓別林的電影，以及《狼城脂粉俠》（*Cat Ballou*）的李．馬文（Lee Marvin）。他後來跟我說：「人的生命大約三萬個日子，那為什麼要等到七十歲才開保時捷呢？」

正是在慕尼黑酒吧內的某個狂野夜晚，肯德爾向他攀談。肯德爾也打籃球，但遠不如蓋許溫德納成功。一位共同的熟人告訴他，蓋許溫德納想乘坐福斯廂型車穿越中東，便詢問是否可以加入。蓋許溫德納說：「當然，我們可以一起去。」兩人成了旅伴，後來成了朋友。他們可以花上幾個小時互相分享故事，話題換過一個又一個，卻也能一起靜靜地不說話。兩人都對奢華富有不感興趣。他們所擁有的，就夠了。

此時，肯德爾正看著蓋許溫德納一吋吋地移動，朝向電線的中間。他感到那條電線似乎生鏽過於嚴重，到處都是碎屑，又擺動過猛。此時熱風呼嘯的聲音，穿過峽谷。隨行一位旅人試用了三腳架，彷彿這能幫得上忙似的。蓋許溫德納繼續向前移動二十至三十英尺。峽谷的深淵在他腳下不耐地等待著。肯德爾能看得出來，從涓涓細流之中露出的岩石太多，水量不夠。即使從上面，也可以看到岩地。

移動三十五英尺後，蓋許溫德納注意到生鏽電線的細纖維刺穿了他的布繃帶。他的手著火般地疼痛，他只用右臂在峽谷上方懸空一秒時，就看到左手的白布滲出鮮血。繩子開始搖晃得益發劇烈。他又向前推進兩次，此時才赫然發現懸在峽谷的深淵上，可不是個好主意。肯德爾大喊：「快回來，回來。你這個白癡！」

此時蓋許溫德納懸空，離地二十五至三十英尺高，他下方只有空氣、水和石頭。抓緊繩子讓他筋疲力盡。他的體重使繩子搖擺不定，風吹拂之下，晃動得變本加厲。繩子的搖擺停不下來，幅度愈來愈大，繩咬進雙手，撕扯手臂；繩子想要把他甩掉。蓋許溫德納進行估算，他是會計算的人，但他的計算並未有太多幫助。纜車還有十呎遠，回來的路更遠——現在是上坡路。繩子搖晃得厲害，完全無法預料他一鬆手，會掉到哪裡。至今為止，蓋許溫德納的手掌已經完全生硬，他的肌肉在燃燒，使盡全力才能勉強抓緊繩子，身體搖晃，腦中盤算，下方的小溪輕輕流淌，肯德爾飆出髒話，其他人不約而同屏住呼吸。蓋許溫德納低頭看去，水量稀稀落落，表面發出粼粼波光，他慢慢用掉自己的氣力。

拉特爾多夫

二〇一二年九月十一日

與蓋許溫德納的訓練，訂於十點三十分。從父母家到位於拉特爾多夫體育館的道路，德克．諾威斯基非常熟悉，熟到他簡直可以邊睡邊開車，他大半輩子都在走這條路。他說：「我們走這條路走十八年了。」在過去十五年裡，他一直都是自己開車。從烏茲堡到拉特爾多夫，首先是走Autobahn 7，再來接A 70，如果路途一切順利，可一小時內到達。多數時候，每當他到達法蘭克福機場時，都有一輛深色車窗和帶有所有車飾的全新（Audi）都在等著他。

諾威斯基度過了他的夏天。他用指關節數著哪個月有多少天；他笑了。過去幾個月的回憶似乎讓他很開心。自從我們在達拉斯的小型廚房見面以來，發生了很多事情。德克的女友多年以來擔任高斯─麥可基金會（Goss-Michael Foundation）的畫廊經理，由於她還要工作之故，所以德克在達拉斯多待了一段時間。「應該說『老婆』才對，」他糾正自己，笑了一笑。他該習慣已經結婚的事實了。在輸給雷霆隊不過一週後，他開始練舉重。婚禮慶祝活動在七月初舉行，不對新聞媒體公開，之後在達拉斯舉行了法律上的正式儀式，再來是加勒比海地區的派對。德克在馬約卡島（Majorca）為DiBa拍攝廣告，到那邊還得要新簽證。「看了一點溫網。」德克說道。他說的可不是看電視轉播，他和他的妻子前往烏茲堡途中，在倫敦待了幾天。兩人訪友、觀賽。「溫網的草莓，」他說：「貴得離譜。」

肯亞令人讚嘆。他幾乎無法接聽電話，這也是為何他是在有收訊時才偶然聽到先前的奪冠陣容最終面臨拆夥，聽聞消息時他停頓了一下。有時他的德語中會夾雜一些英語，但他總是試圖糾正，像是喊著「*Empfang*！」（收訊）。當收訊來時，他得知和他一同組織攻防的隊友傑森．基德、他的搭檔傑森．泰瑞，以及布萊恩．卡迪納爾下一季不會回來。他似乎並未因此感到那麼難過。在聯盟打滾十四年之後，他似乎能對這類事情能淡然以對。談到運動時，諾威斯基有時聽起來像一台機器，一句句話彷彿一次次投籃，早已練習了數百次。夏天在他身上留下印記：諾威斯基曬黑了，他休息後重拾活力。他車開得又穩又快。車聞起來像新車，路倒仍是老路。

窗外，秋天正要到來。我們在成排的楊樹和唐菖蒲田間疾駛而過；一縷金光灑在一座座山丘上。德克談到了妻子畫廊裡的當代藝術，那是他並不完全理解的領域；他談到了坐飛機、乘坐汽車的感覺以及夏季的慶祝活動。我們沉默了一會兒。我想說當下是我提問的好時機，但我又一次讓機會溜走了。德克開車，我們向前看。

「我們以前練習曾經操到像以前的俄羅斯人那樣。」諾威斯基在我們接近拉特爾多夫小鎮時說道。練得很操、很機械化。我知道，這句台詞是他給記者的固定用語，但我還是寫了下來。來自「貓丘山下路」的男孩，已經長大成人，成為超級球星，在二〇一一年六月那些個最光榮的時刻，他是世界上最傑出的籃球運動員。這個故事是他們多年前曾在德克家餐桌上想像的內容。那些歲月在他臉上留下了痕跡；他的身體發生了變化，因為身體就是會這樣。他說，現在的訓練有更仔細的規範和常規化。去年之後，諾威斯基吸取了教訓，整個夏天都在訓練。為了保持身體狀態，他「跑了一點點步」。「就算我在休息，也不會再什麼都不做。」他能感覺到自己年齡帶來的變化，他說：「年齡會影響身體。」

諾威斯基在看到城市交界後右轉，接著在一間體育館前停車，那間體育館看起來就像德國隨處會有的一般體育館。今天早上停車場幾乎是空的，只有幾輛自行車，以及一台形隻影單的汽車。一位女性帶著一條狗，點著一支香菸，用著小鎮居民會有的一般禮貌向我們點頭致意。周圍沒有相機，無人在側。「今年夏天將近三個月來，我的手都沒有碰到球。」諾威斯基說，從後車廂裡拿出一顆破舊的皮製籃球。「這玩意十一歲了。從二〇〇一年開始，我和霍爾格每年夏天都會用這顆球。」

當我們踏上球場，蓋許溫德納已在那裡。地面是灰色人工合成地板，不是硬木地板。他正在教導幾位十二歲和十三歲的孩子。兩名父親正在觀看。這群男孩在相同的轉身和側步橫移，就像當時諾威斯基在達拉斯那間無人場館內的動作，將球在身體周圍騰挪運擺。有些男孩看起來動作笨拙，其他人的動作彷彿是一場精心編排的舞蹈。「好，」蓋許溫德納喊道：「現在把內側腳當軸心腳。」所有用語都來自他和德克多年的溝通方式。雖然這群男孩此時努力無視正在繫鞋帶的德克，但當德克以瘦長的步態踏上球場並開始投籃時，體育館內鴉雀無聲。男孩們看著德克時的那股內心萬馬奔騰之情溢於言表。我寫下了「肅然起敬」（*reverent*）這個詞。我們觀看排練的動作和手勢，了解他們的互動。

諾威斯基投籃得分，前二十一投都進籃。場館的大家一起數進球數，我們都是證人。過去好多年以來，德、蓋二人多次展開這些步驟和訓練，已培養足夠默契，不需說話也能進行。他們的關係像賽馬和馴馬師。德克投籃，蓋許溫德納傳球；蓋許溫德納點頭致意，德克明白其意。我們像是在觀察一項太古的籃球儀式，進球的聲音如同一句咒語，唰唰唰地，傳來一聲又一聲。德克變得愈來愈快，跳得更高，投籃更準。男孩、父親、工友，還有我——場館內大家聚精會神。

若是近距離，可以看出諾威斯基的肩膀有多寬，身材有多精瘦結實、有稜有角。他只比我小三歲，但遠看或螢幕上看起來高瘦單薄的，細看卻像一幅畫。每一塊肌肉和肌腱清晰可見。當我看著諾威斯基時，我開始打從骨子裡懷念起籃球比賽：他所展現動作、速度、曲線、角度、投籃和聲音的感覺。我決定重回籃球的懷抱。

經過兩小時訓練，諾威斯基倒在地上，然後兩人用指尖做了幾十個伏地挺身。然後蓋許溫德納開始幫諾威斯基伸展和調整。體育館內一片寂靜。你能聽到的唯一聲音是球鞋摩擦在合成地板上的吱吱聲，以及諾威斯基帶有節奏的「…呼哧…」喘息聲……一次又一次，他一隻腳舉過頭頂「…呼哧…」。當蓋許溫德納痛罵他時，他會觀察到他腦中的空虛，以及肌肉的不適。蓋許溫德納幫他的身體伸展，並彎了彎他的身體。諾威斯基不斷哀號。

諾威斯基轉過身，雙手放在下巴。蓋許溫德納用拇指調整了德克的脊椎，沿著脊骨一路向上移動，發出響聲。然後，蓋許溫德納脫下鞋子，穿著五顏六色的自編襪子，在諾威斯基的背上走來走去。蓋許溫德納下來後，諾威斯基轉身，說：「天啊，我整個身體要廢掉了。」他起身，從地上撿起T恤和毛巾，把球滾到我這邊，邊離開邊說：「把我剛剛說的話寫下來：我身體要廢了。」

蓋許溫德納和諾威斯基淋浴完，父子檔一一道別，工友打開窗戶，之後我獨自站在籃框下，手裡拿著諾威斯基的那顆舊球。空無一人的體育館，就像是充滿可能性的殿堂。陽光斜照在合成地板上，塵土在空中飛舞。我走到罰球線上，運球三下，將球在手中旋轉，彎著膝蓋。二十五年以來的習慣動作：比數扳平時，時間只剩下幾秒鐘，我呼氣、我吸氣，我看著籃框的後面，然後投籃。

他們的共同故事

蓋許溫德納和諾威斯基的第一次見面，約於一九九三年，地點是德國的一座多功能體育館：鋪著合成地板和松木地板，場邊刊登當地贊助商，有賣預拌混凝土的業者，有儲蓄銀行，有飲料批發商。德克此時已經為俱樂部效力了幾個月。他先在高中球隊打球，並很快加入了ＤＪＫ烏茲堡的Ｕ16球隊。有時他會與男子隊的一軍陣容一起訓練。他還被選中為巴伐利亞邦效力。他很出色，因為他與眾不同。由於德克的身材在場上會和任何球員形成對位優勢，他的教練皮特．斯塔爾將德克安排在側翼。如果防守者的身高和德克相近，德克可以跑動周旋；對方若是較矮、較快的球員，德克可以果斷投籃。諾威斯基形同打破籃球賽場的哲學，改變了這項運動的典範。話雖如此，當年並沒有人如此敘述。

那些年，蓋許溫德納只是將打籃球作為嗜好。在慕尼黑打球後，他也在澳洲、班貝格、哥廷根（Göttingen）和科隆擔任職業球員，但他一直都有一份日常工作——服務地點是在馬克斯普朗克研究院、電子器材連鎖店土星電器城（Saturn）或纜車製造商多貝瑪亞（Doppelmayr）。數個月來，他甚至在密西西比州經營了一座大型的山核桃農場，而就像許多其他蓋許溫德納的故事，密西西比州的這個故事也有瘋狂的橋段，包括非法販賣機械、假肥料，和亮槍的驚險情況。他的德國籃球聯賽職涯幾年前才剛結束，現在四十九歲，住在巴伐利亞邦一座破舊的城堡裡，為ＤＪＫ埃戈爾斯海姆（DJK Eggolsheim）地區球隊效力。他是球員兼教練，隊上其他人年齡是他的一半。

和蓋許溫德納認識時，諾威斯基十六歲。身高早就超過了原先預期的六呎八吋。不過還有其他長人球員，德克此時沒有脫穎而出。他真的很享受和其他籃球運動員在一起的時光。更重要的是，他開始忘卻自己，開始思考比賽。原先的桎梏，蛻變成了專注。過去他對自己的身體的懷疑，現在他視為工具——甚至是武器。他已經在巴伐利亞邦隊效力數月，於烏茲堡U16球隊中，擁有最佳的投籃和籃板能力。防守德克的人，連他們的教練在內，都從未見過德克般的球員。

四月的一天週日下午，蓋許溫德納正在和他的球隊和舒韋因富特對戰，這是一場客場比賽。當他進入體育館時，正在進行一場青年比賽。蓋許溫德納的驚訝程度不亞於其他人。這個削瘦得像鐵軌軌道般的孩子，卻沒有像其他十五歲少年一臉困惑地在場上跑動。德克不像其他人，他不會總是專注在球上。比賽對他來說就像水，像岸邊的浪，波浪將他推來拉去。其他人如同在划槳、氣喘吁吁，德克則是讓比賽流動了幾秒鐘，就好像他是場上唯一腳踩在實地上的人，其他人則四處亂竄，然後德克這孩子突然之間，站到了應當出手的地方。當他投籃時，你無法判斷他在場上最愛的位置在哪裡。德克在場上各處都有出手，而每當他未投中時，蓋許溫德納能立即看出原因。

他對這檔子事有敏銳的眼光。如果他看著一座光禿禿的山、崎嶇的懸崖、峽谷和斜坡，他可以看到開往山頂的纜車。如果他對一間電子產品商店瞥了一眼，他會想到的是電子產品連鎖店。他思考各種假設，他思考各種推論：他思考事物的可能、應然和必然。其他人都看到兩難的困境時，他看到的是解決方案。每當他看到事物時，他會看到這些事物往後的面貌。

蓋許溫德納拿起他的皮包，走到德克的座位上，喝著汽水。也許蓋許溫德納正在追思當初自己被挖掘的那一天；也許他在當天這個週日的下午，想像著如何讓這位身材瘦長的孩子，成為全球最傑出的籃球員。

「嘿，十四號。」他說。

德克抬頭。

「你叫什麼名字？」

「德克．諾威斯基。」德克說。

蓋許溫德納把他的包包放在板凳後面的地板，坐在這個孩子的旁邊。他伸出手。德克看著他，完全一頭霧水，納悶這位與他父親同齡、穿著運動服的傢伙是誰？他的身形既精瘦，又寬闊，但太陽穴位置有白髮。他是教練嗎？還是球員？看起來，他的身體狀態很好。他從板凳底下撈出一顆球，然後將球朝埃戈爾斯海姆球員的方向丟過球場。場館的音響，很可能放著痛苦泉源樂團（House of Pain）的〈到處跳〉（Jump Around），這首歌當時在德國各體育館內熱播。多年後，他們都記不清楚接下來的事情。球隊熱身，球員起身。他說：「你做得到一些教不來的東西。」德克被這傢伙的口音弄糊塗了。「誰教你打籃球的？」

「我的教練群。」德克看著那傢伙答道。不然應該還有誰教他呢？現在德克和三支不同的球隊一起練球：U16青年隊、第一支男子籃球隊和校隊。他會密切關注他們所有人的狀況，當他看到新事物時，他會試在用於自己的比賽中。他感覺自己在學習，感覺自己愈來愈好。

「有人教你怎麼用吃這行飯的工具嗎？」那傢伙問：「有人在好好帶你嗎？」

德克搖頭。蓋許溫德納說：「想想看，你會需要學這個。」

他繫好鞋帶，站起身，踏上球場，球員開始排成一排，展開上籃練習——只見眾人拿球，將球高拋至籃板後進網，然後走到半場線，轉身，抓一個籃板後傳球。德克坐在板凳上，看著那個老傢伙，心想：他的動作像個年輕人，看得出來他的身體能立刻掌握比賽的節奏。下一次眾人一排練習上籃時，一記柔軟的拋投進了籃網。再來，他運用軸心腳，轉身後投籃，再來祭出一記灌籃，沒在開玩笑。德克震驚了，想著這位阿公何方神聖？

「我們很快會再見面，」蓋許溫德納說著，再次從德克身邊跑過：「然後我們可以談談。」

德克在家時，話沒有太多。他忘了那位老傢伙的名字，但在第二天早餐時，提到舒韋因富特的某人與他攀談，想幫德克訓練。「私人訓練。」他說。他了解這不是德國籃球的標準做法。父母赫爾嘉和約爾格並未放在心上，大家行程很忙，德克必須去學校上課，但他們決定下週末去TGW體育場看埃戈爾斯海姆球隊的比賽。以後，他也想不起這段對話了。日後他說：「這是二十五年前的事了，但我想當時的情形就是這樣。」

一週後，他們到達費格魯貝（Feggrube）體育館時，比賽已經開始了。諾威斯基一家子坐在看台上。埃戈爾斯海姆比分落後，但隨後有名球員掌控球權，接管了比賽：上週那名老傢伙面對年輕許多的對手，命中一球又一球，將分差拉近到令人詫異的距離內，最終率領隊友取得領先。「就是他，」德克對他父親說，並指著那位老傢伙。德克突然想起他的名字：霍爾格。

蓋許溫德納讓諾威斯基的母親猛然想起：他們屬於同一世代的運動員。母親赫爾嘉只比他大兩歲。她對目前蓋許溫德納擔任教練一事感到震驚，她摸不著絲毫頭緒。蓋許溫德納對德克興味盎然一事，赫爾嘉也感到驚訝。「德克說你想帶他練球？」她問道。

比賽結束後，蓋許溫德納向德克的父母解釋了他的計畫。他主動提議，每週兩次開車去烏茲堡——那裡離班貝格並不遠，再說，他經常在去法蘭克福的路上途經這座城市。他想帶德克一起練球，每週兩次；先不承諾事情，只是先試試看。而德克想試一試，父親約爾格表示：「就這麼決定吧，我們會試試看的。」母親赫爾嘉也樂見這項提議。

接下來數週，則為往後所有的成就奠定了基礎，就像是啟迪籃球學問的一道敲門磚，揭開了系統化訓練的序幕。他們兩個人白天訓練身體，晚上蓋許溫德納則坐在他的「城堡」內的書桌前，根據他一切的所見所聞，擘劃出一以貫之的教學概念，也是一份教案。

蓋許溫德納記下了他認為自己知道的所有籃球知識，以及關於人生的事。他知道，德克這個孩子必須有志向，且這個志向的培養必須親力親為，無法假手他人。蓋許溫德納假定，對他有幫助的東西，也會對男孩有所幫助。他曾與許多教練共事，在啟迪之下培養更多目標。他不想成為說教型、紀律型、墨守成規的人。他遵守的唯一規則，是自然定律、物理定律、數學公式和籃球的官方規則。其餘一切都有彈性空間。蓋許溫德納目標追求最高層級的精準，以及絕對的自由度。他想對最小的細節一絲不苟，同時兼顧宏觀大局。他不是想改寫籃球這項運動的打法，而是想擴大籃球的視野，將眾多可能性的觸角伸進籃球的視野內。

他從未見過像德克．諾威斯基這樣的球員。在物理和機械機制的展現上，這孩子擁有可成為史上最偉大球員之一的工具。他幾乎難以相信最先幾次會面後看到的表現。無論他把什麼丟給德克，機械性的技巧也好，籃球打法的調整也罷，這個孩子都會立即融會貫通於自己的攻防之中。當蓋許溫德納談到他時，他開始用德文方言「*der Bub*」指稱德克，意思是「那個男孩」。他們開始描繪想像的比賽畫面，恰似劇場的即興演出一般，而德克會即時回應各場景，他能同時掌握抽象面和具體面。

「我們現在還差四分，剩九秒？」

「快點投三分，馬上犯規。」

「我們領先一分。剩十七秒？」

「讓對方犯規，投罰球。」

「剩一百一十五秒，領先十二分，球在我們手上，還剩幾次攻守轉換？」

在那段日子，蓋許溫德納寫下一頁又一頁，他制訂他的計畫和想法，放在信封，然後密封起來。他在正面刻寫日期，以及打開的時刻。這些信是秘密訊息，是時間膠囊，也是給未來的自己的信。他想檢視自己的想法日後會變成什麼，他不想欺騙自己。他的想法應該保持無堅不催。

蓋許溫德納測量了男孩的身體數字，晚上坐在他的書桌前，計算理想的投籃。他的手臂長度，兩腳和大小腿的大小，身體延伸至完全高度時球的出手位置，以及進球的角度。他能跳多高？他應該如何調整手肘？

三個月後，他確信德克是獨一無二的球員。日後，蓋許溫德納開啟其中一封信，內容寫著：「我可以說，他將成為有史以來最偉大的球員之一。」他稍後會在打開他的一個信封時說道。「他的天賦在那裡；身體條件很特別。唯一待確認的問題是，他是否會接受適當訓練，又或者，會因循傳統而埋沒才能？」

蓋許溫德納讓諾威斯基一家人知道，雙方絕對有必要談談。他在「貓丘山下路」宅邸的廚房裡坐下，詢問他們對於德克的未來有怎麼樣的想像？父母有何看法？德克能變得多出色？有人告訴德克的父母，德克可能是德國籃球聯賽最出色的球員之一，但蓋許溫德納早就有好一段時間，想像德克能在別的天地中發光發熱。

「你不知道你有什麼本事，對吧？」他說。

「我們知道德克會成為優秀的球員。」

「對，」蓋許溫德納說。他放下咖啡杯：「如果德克要成為德國最出色的球員，其實不用再練球了。」蓋許溫德納看著諾威斯基。他說出口的話，聽起來活像是個自大狂：「而如果他想和世界上最好的球員混在一起，那麼我們就必須每天訓練。」

與世界上最好的球員混在一起。

德克需要做出決定，他也照做了。他們開始每週訓練三次，之後改為每天訓練。德克球技迅速成長。蓋許溫德納採用非常規的教法：他讓德克在體育館內用手走路，在箱子跳上跳下，以及在練習投籃時穿上鉛背心。他們一再練習投籃，不厭其煩，有時一次就是兩個小時。在德國籃球界，肌力、體力、速度、戰術等個別要素通常是獨立培養的，但是蓋許溫德納和諾威斯基的訓練方式，將這一切融合在一起，因此能節省時間，而且每一個動作都對應到特定的比賽情境。練習投籃就等於練習體力，等於練習肌力，等於練習打球。

這一對忘年之交會談論與練習無關的事情，但是當他們坐同一台車時，也可以不用交談。儘管成長於不同時代，他們成了朋友。他們會閱讀小說，並在出現問題時，問自己道德上的問題，如欽吉斯·艾特馬托夫（Chinghiz Aitmatov）的《查密莉雅》（*Jamila*），以及約瑟夫·康拉德（Joseph Conrad）的《颱風》（*Typhoon*）和《黑暗之心》（*Heart of Darkness*）。當船接近暴風雨時，要如何做？當自己心儀的女孩情定他人時，該怎麼辦？當落後四分，比賽時間只剩七秒，球又在你手上時，能如何反應？兩人設想出各種情境，並練習在這些想像的世界中臨機應變。德克學會計算出面對比賽最後一擊的解決方式。而往後他們真正遇到了關鍵的決定時刻時，其實兩人多年前早就未雨綢繆，獨自在體育館內預練如何應對了。

歐洛普卡（Europcar）租車公司

開車回來時談了些什麼，我記不得了。我倒是記得外邊田野和新車的氣味；我倒是記得諾威斯基在加油站停下來，就位於烏茲堡的外面。他對這裡的每一處角落很熟，對我來說這好像很厲害，畢竟照理來說，一位世界級球星本應該在德國各邦之間迷路，又或者，如果他沒有迷路，也應該發表某種程度的高談闊論，聊起他職涯中扮演重要角色的那些個公園長椅和廉價餐廳，像是「我在這裡讀小學，一切就是從這裡開始！」之類的話，但諾威斯基既沒說到任何一個這種故事，手也沒指向任何東西，他就只是下高速公路，在亞拉（Aral）加油站停了下來。幾輛汽車停在加油槍旁。三名建築工人正靠在一張高桌子上，喝著戶外咖啡。

「你的火車什麼時候？」

「三點，」我說：「但我也可以搭五點的下一班。」

「太好了，」諾威斯基說。他從口袋裡掏出兩張五十歐元的紙幣：「你會嗎？」

「加油嗎？」我問：「加超級無鉛？」

「然後付錢。」他尋找油箱按鈕；這是他第一次開著這輛車來加油站。「如果我走出車外，你永遠也別想趕到火車站。」

諾威斯基留在車內，而我在加油站四周晃來晃去，付了油錢。我回到車上時，我看到了「成功」的另一面。我還能去找那幾位建築工人攀談，聊天氣或足球。而當諾威斯基想給他的車加滿油時，還必須費時考慮，想著這個地方的人數是否可以接受？我是自由的；諾威斯基不得不為這些事情思來想去，然後在暗色的車窗後等待著，直到人走光，現場清空。

我們離開了，我沒有做任何筆記。我的觀察已經足夠。諾威斯基儼然很坦率。我記得他對新聞媒體報導他不懂用ATM的事笑了起來；這種報導在德國，每年夏天都會來個一下。謠傳他還在跟他媽媽拿零用錢。每次他來德國時，他都會被問到這個問題，甚至我也問過。他每次都會答道：「對，當然啊，我都跟我媽拿零用錢。」

我們當記者的，認為這是他個性的一環，但對他來說，這是一個老梗，一個自嘲。他和大衛・赫索霍夫的〈尋找自由〉（Looking for Freedom）一曲之間的關係也是一樣。據稱，他在兩萬名噓他的敵隊球迷面前進行關鍵罰球時，曾哼唱這首歌，此一籃壇傳說在二〇〇六年季後賽對戰聖安東尼奧時開始當作一則愚蠢的笑話流傳，之後甚囂塵上，成了迷因。這樣的故事在諾威斯基的四周飄來散去，掩蓋了對他而言真正重要的事情，以及他的實際成就，而後兩者賦予德克所需要的平靜自若，使他做到正確的事。

諾威斯基將車停在烏茲堡火車站附近的一家租車公司旁邊。他待在車內，所以沒人認得他。其中一名女士正在辦公，身著亮綠色服飾，透過擋風玻璃若有似無地看著，神情像是在問：「那個人是我想的那個人嗎？」我的問題清單還在我的口袋內。我答應寫完後把我稿子寄給德克，諾威斯基點頭。「不用沒關係。」他說。我的報導不過是讓他分心的另一個東西。

歐洛普卡租車公司的那名女士說著電話，眼神未離開過我們。她點點頭。「他們來了，」諾威斯基說，朝她的方向點點頭；我打開門車走了出去。他以當地話說：「*Hau nei*（加油），放輕鬆。」我從後車廂拿出我的包包；後車廂內，那顆籃球和幾個水瓶滾來滾去。

每當有人在寫作或言語上談論德克．諾威斯基時，幾乎都會套用「腳踏實地」一詞，而這個詞彙標準用法的背後，帶有輕微的語感，暗示他是傻瓜，像是身材巨大的孩子，在廣大的世界中迷路，不知去向。不過這是錯誤的，我在烏茲堡火車站外如此想著。諾威斯基給人的成熟印象，遠超乎我的預期。

他以入世的方式展現睿智，不那麼天真，更直接、更專注。他似乎很清楚自己身為超級球星的身分。他知道自己不同於他人——但他並未讓我們參與到這一塊，他把這一塊留給自己。諾威斯基對人友善，並且認真傾聽，但每次談到自己時，他都小心翼翼地退防，改用公式化的語句和橋段，以及司空見慣的措辭。

車門關上時發出響亮的聲音，引擎則輕聲嗡嗡作響，車子倒車。諾威斯基舉手道別，我也舉手道別；我們可能再也見不到對方。我在街上，站在包包旁邊，意外受到感動，包包聞起來像椒鹽脆餅和火車站販賣的披薩。車開走了，後車廂還放著籃球。而我迄今所遇見最出色的籃球員也離去了。

租車公司的女子走出辦公室，目送汽車開走。她從頭到腳把我打量一番。「那邊的那台A8，」她說：「就是那個諾威斯基嗎？」

德克的一切會讓其他球員無聊到想睡著。放鬆、停滯、放棄：金錢、名望、獎賞。採訪、報導、採訪。他之前在車上時說：「我從不在乎那些東西，我一直想當籃球員，就是這樣而已。」如果你看他練習，你就會相信他。你會相信專注，以及常態和謙遜的力量。要簡單了解德克．諾威斯基，看他的後車廂便知——看那顆老舊的籃球，那顆球經過還數百萬次的運球和投籃，因為汗水和體育館的灰塵而幾成黑色。如果你把球拿在手裡，便能了解為何德克．諾威斯基能成為如此出色的籃球員。體育館裡的男孩們想變得像德克一樣，而德克想維持男孩的樣子。

麗思卡爾頓酒店內的喧鬧

我所寫那篇以德克為主題的報導〈屬於他自己的聯盟〉刊出後，我又回去寫先前處理的書，這本書以一名老人為主角，在他左小腿被截肢的前一天晚上，回憶起他的人生。他回憶起他這支腿所做的所有事情：他逃離了誰、踢了誰，以及和誰跳舞。這本書的主旨是描述主角儘管有著一副衰老的皮囊，然而頭腦是清醒的，探討時間的流逝，與其現實的鬥爭，以及人終究接受了自己的衰落。這本拙作中，僅有極短的一段有關籃球，時空背景是一九七四年在我的家鄉。書中，偉大的吉米・威金斯（Jimmy Wilkins）會現身之外，蓋許溫德納也會亮相。

我從來沒有收到諾威斯基的回音。我把雜誌放在信封內，寄給獨行俠隊。或許信有送到，或許沒有。我知道他從未真正讀過自己的個人資料，他對媒體的報導已能淡然處之。他從不在電視上看自己，從不Google自己，對頭條新聞視而不見。每場比賽結束後，都有幾十篇比賽報導、分析、採訪和觀察，多如牛毛。故事總是千篇一律，我的也不例外。我先前一直想撰寫以德克・諾威斯基為主角的報導，現在得償宿願，就是本文所說的這一篇。

我曾把諾威斯基描繪成一個生活在各種不同世界的人，一個在這些世界都能自信地來去自如的人。他穿梭於各個領域的方式，至今仍然讓我好奇。我將他描述為了解到如何保護本身私領域的公眾人物，儘管他獲得了名望和成功，並且承擔壓力和他人的期望，他仍了解如何集中和專注於自己的工作。德克知道人們關注他，而他展現尊重，並精心挑選措辭，預先演練話術，來滿足外界對他的關注。

他儼然平易近人，對事物幾乎都想探知，但他有一部分，卻是旁人卻無法觸及的。這彷彿是諾威斯基不想背叛自己一樣，儘管他經常被眾人要求背叛自己，畢竟我們會要求他提供說明、真相和坦誠想法。我注意到德克的抑制，一種訓練有素的謹慎。「當人『與自己交流』時，就能擺脫自己，」蓋許溫德納一再引用尼采：「當人『坦誠』時，就能忘卻。」而我抑制自己不去寫這一部分。

我曾遇到一個住在玻璃屋的人，他住在玻璃屋有他務實、理性的理由；所有人都可以看透屋子，但禁止觸摸。「根本就是動物園！」諾威斯基在獨行俠球場小型廚房內的比喻，似乎很貼切。「根本就是馬戲團！」我也不禁會想：諾威斯基知道自己是外界的觀察對象，但拒絕屈服於觀察者的要求和期望。他對自己的心聲三緘其口。

* * *

時序來到九月，我仍在剪貼諾威斯基的報導，並將其貼在我的工作室牆上，反而沒有在為我的下一部小說做功課。

「你會寫成一本書嗎？」我的妻子提問，並且笑道：「書名叫《偉大的諾威斯基》？」

「不可能。」這麼說的我，不太相信自己。如果我的妻子知道日後幾年，我會花很多心力探討籃球和德克，在達拉斯或其他無論什麼地方待很長一段時間，她會把剪報揉成一團。

十月，我收到了邀請，將前往參加諾威斯基的晚會。他將在柏林獲得美國商會跨大西洋合作獎（AmCham Transatlantic Partnership Award），不是要讚揚他的運動成就，而是為了他的社會參與，以及跨大西洋大使的成就。晚會時間是達拉斯獨行俠隊與ＡＬＢＡ柏林隊的表演賽前一天晚上。我本來打算觀賽，這下倒是有機會和諾威斯基交流幾句話，於是便接受了邀請。

當我穿上西裝，妻子笑著說：「《偉大的諾威斯基》？」

我到達會場時，位於波茲坦廣場（Potsdamer Platz）的麗思卡爾頓酒店（The Ritz-Carlton）看起來就像一幅畫，十九層的建築，搭配二十世紀初期的裝飾藝術，入口風格很適合迎接那種搭乘馬車、穿著毛領大衣和禮帽的賓客。要是費茲傑羅和他的妻子賽爾妲（Zelda）有來過柏林，要是酒店有一座噴泉，他們會在酒店的噴泉中沐浴。一般人會覺得這種地方的賓客會身穿燕尾服和亮片洋裝，梳著鮑伯頭或復古頭型，而不會是籃球員。

宴會廳已準備好接待約百位精心邀請的賓客；一群穿著制服的服務生在我們周圍穿梭斟酒，香檳倒得太多太快。內裝有厚地毯、光滑的大理石、巨大的吊燈；音樂輕緩響起，高跟鞋發出嘹亮的啪噠聲。我和多數賓客幾乎都素未謀面，倒是很多名人和政治家赫然在列，在場的還有音樂家和演員，以及其親友。

在經濟上和文化上，與ＡＬＢＡ柏林的這場表演賽意義重大。ＮＢＡ會在季前將一些隊伍送到全球，展開宣傳巡迴表演賽，用意是拓展聲望和新市場。這個時節和ＮＢＡ交手的歐洲球隊，賽季已經展開好一陣子，而ＮＢＡ賽季才剛要開始。獨行俠隊在奪冠一年後，被送往德國打表演賽，這樣安排有其道理——有一萬四千五百名觀眾期待隔天的比賽，但現在我們正在等待。

只見打著領結、穿著燕尾服的德克・諾威斯基終於登場。他連同一群身穿正式西裝的隨行人員走進飯店時，所有人的臉都轉向他，就像花朝向太陽一般。閃光燈開起，攝影師就定位：「德克，請看這邊！」要德克一下轉向自己，一下轉向那裡。諾威斯基和他的妻子潔西卡慢慢穿過大廳，拾級而上，到所屬餐桌就座用餐。

上開胃菜和肉食主餐之間，該來的還是來了。一名燕尾服男子小心翼翼地接近夫妻倆的餐桌，徘徊在側，裝出沒事的樣子，然後趁著不會有人阻擋的時候，克服躊躇，把握良機。他俯身靠近正在咀嚼食物的德克：「不想打擾您，但我的兒子想要……」諾威斯基抬起頭，放下刀叉，簽名。

德克點了頭，然後又咬了一口食物，但此舉已經使情況如潰決的大壩。只見索取自拍的人在桌子周圍排成一排，商界領袖與他們的愛子、體育界人士、政治家、藝術家、服務生（不分男女）、電台主持人排成一列，每個人都想來張合照，簽名和紀念品。在受邀賓客的夾擊之下，諾威斯基根本無法好好用餐。

我看著每個人的臉：孩子們癱坐在椅子上，被德克的球星光芒震懾得目眩神迷。我看到萊布尼茲、若干獨行俠隊球員、卡萊爾教練、庫班老闆、德克的贊助廠商，以及他的親友，其中有對他引以為傲的姊姊瑟珂和父母，他們閃耀的個人魅力使交陪的氣氛相當熱絡。諾威斯基的妻子滿臉歡顏，賓客都圍在她身邊，在我看來倒像是聚光燈在追隨她，而不是她找聚光燈。我看到現場有記者、體育官員、跨大西洋關係倡議人士，以及NBA的官方代表。

德克．諾威斯基對他們每個人而言，都代表不同的意義。德克是他們的代言人、他們的朋友、他們的兄弟、他們的經濟支柱、他們的榜樣，以及他們的承諾。他是當時NBA聯盟的門面和新希望。他身兼德國和美國的大使，是美國對外國人開放的象徵。其他人則將他視為商機、一種出路、一道希望之光。對我來說，他實現了我久遠以前的夢想，像是替我過了我和其他籃球員未能實踐的人生。當德克起身，步履蹣跚地上台領獎時，我才意識到這個男人彷彿一面螢幕，竟有好多不同概念投射到他的身上。

德克的致詞很感人，雖然有點尷尬，但我理解為何全場的人都很愛他。不過，他似乎還保留著無法企及和碰觸的核心，那是萊布尼茲之前稱為「真誠」的某種東西，其他人則稱為「腳踏實地」的某種東西，是籃球迷曾熱烈討論過的某種東西，他們試圖用數字和文字來描述：他們認為德克厲害到噁心的地步，年紀輕輕就取得偉大成就，是史上最偉大的球員（GOAT）。

諾威斯基離開舞台，在眾人的喧囂、希望和期待之中寸步難行地回座。看著這一幕時，我納悶他的這個核心是否是可以被描述的東西。如果得以近水樓台，了解諾威斯基這個體系的運作方式，我是否必須與圍繞他運行的所有衛星交談。成為德克．諾威斯基，會是什麼感覺？面對實現了自己的夢想、儼然由衷熱愛自己領域的人，能夠說些什麼？對一件事物如此熱切、從根本上傾注心力又專精所屬領域的人，並不是能常常遇到的。也許，這便是德克．諾威斯基使我著迷的地方。我環顧四周，大家都有無數個關於諾威斯基的故事，會場的每個人都有自己的回憶和時刻。蓋許溫德納如是，萊布尼茲亦如是。在場的音樂家、計程車司機和隊友也都不例外，他們都與諾威斯基，有著自己的主觀交集，其中有大故事，也有小軼事。我也有（對我來說，我的看起來像一本書）。

德克這位嘉賓來得快，去得也快。明天是比賽日。諾威斯基一家離開時，會場眾人再次起身鼓掌。德克在我們的桌子旁踉蹌了一下，看了我一眼，或至少我認為他看了。我舉起手，他給我比一個大拇指，然後他就走了。

隔天晚上的比賽眾所矚目。球票售罄，獨行俠隊後來幾乎無法贏球。德克在場上跑動不順，只得九分，但兩隊都在為他加油。之後他扭傷膝蓋，但強迫自己留在場上，原因是在親友面前打比賽，對他來說很重要。第三節，他投失了一次頗有進球機會的上籃，眾人只能傻笑。獨行俠隊第二天前往巴塞隆納，但諾威斯基並未上場。他的膝蓋之後成為嚴重的問題，使他二〇一二／二〇一三賽季的前二十七場缺賽。大家之後偶爾開始談起他的年齡、長期職涯帶來的挑戰，以及他飽受摧殘的身體；大家之後談論德克的語氣中，彷彿一切都畫下句點。

大家料得到結局——但不掛在嘴邊。

美國總統甘迺迪遇刺地點：德州達拉斯市中心迪利廣場（Dealey Plaza）

DALLAS
41

泰勒街上的壁畫

知更鳥路的星巴克

德克居住的達拉斯普雷斯頓谷社區

美航中心球場銀色車庫停車場

獨行俠隊的練習用場館

卡爾克斯坦和諾威斯基

夏比牌麥克筆

NOWITZKI·KIDD·TERRY
STEVENSON·MAHINMI·BREWER·CARDINAL
DALLAS
MAVERICKS
2011
NBA
CHAMPIONS
COACH RICK CARLISLE
OWNER MARK CUBAN
CHANDLER·BAREA·MARION
TEXAS

德克・諾威斯基的車庫

沙加緬度國王隊對上達拉斯獨行俠隊

水和電解質

CHAMPIONS
CHAMPIONS
CHAMPIONS
CHAMPIONS
CHAMPIONS
DALLAS
DALLAS
CHAMPIONS

達拉斯更衣室

2.
路徑

「籃球是自由的，就跟爵士樂一樣，獨奏是事先計畫不來的，你只能現場發揮。」

——厄尼斯特．巴特勒（ERNEST BUTLER）

捷流（Jetstream）客機

二〇一四年九月

弗洛里安・克倫茲（Florian Krenz）和我來得太早。前吉貝爾施塔特軍機場（Giebelstadt Army Airfield）的跑道，在夏天接近尾聲的此時伸展開來。有位年長的紳士正在清掃一棟小型辦公大樓前的停車場。停機坪上停著一台「塞斯納獎狀君主」（Cessna Citation Sovereign），這是十二人座的噴射機（另加機組人員）。機師靠在空橋上抽菸，空服員則在跑道旁傾倒汙水。

我們今天來到這裡，是為了飛往斯洛維尼亞和盧比亞納（Ljubljana），這是會從吉貝爾施塔特起飛的直航班，中間飛越阿爾卑斯山脈。諾威斯基的贊助合約內有註明必須空下時程的天數，而交通往返的天數形同浪費時間，為了減少成本和時間，德克・諾威斯基的主要贊助商包下了這班飛機。德克將在接下來的三天拍攝四支廣告，並為其平面與線上宣傳拍攝照片，因此才選搭從吉貝爾施塔特起航的噴射機，而非從法蘭克福起飛的商業航班。

克倫茲負責籌辦該天的行程，也是預訂班機的人。他已經在ING-DiBa的企業傳播部門服務多年。克倫茲年齡將近三十，但看起來接近不惑，身高六呎七吋，體重二百六十五磅，身材巨碩，機警靈活。他最初是實習學生，但隨後在烏茲堡舉辦大規模的冠軍慶祝活動，其中萬人共襄盛舉，在六月的暑氣之下嗨到不行。從此以後，當德克在德國時，活動便一直由克倫茲籌辦。克倫茲喜歡航空旅行、記者會和群眾集會這一類玩意。他手裡總是拿著水瓶，沒有人像克倫茲喝如此多水。

他們位於前軍機場的兵營內，總算搞定了文件、飛行許可和著陸權，我們則站在空蕩蕩的停機坪上聊天。在柏林的晚會結束後，我在酒吧點了一杯飲料，並與克倫茲和他的老闆烏利・奧特（Uli Ott）交談。我們很聊得來，我來這邊是為了看廣告拍攝的，這是直接製造德克形象的工作。

諾威斯基的內圍社交圈非常小，其中有他的家人和蓋許溫德納，還有幾位老朋友、隊友與督導周邊工作的人，如媒體、會計、物流和保安人員，以及照料草坪和小孩子的工作人員。除了這個緊密的圈子之外，他也和其他數十名人員有工作上的互動，包括他的公益事業專員、老面孔的記者，以及……他的廣告合作夥伴。我今天得以獲允和他們一起搭機前來，實在何其有幸：剛好有個機位是空下來的。

數分鐘後，幾輛車駛入停車場。諾威斯基的爸爸陪同愛子前去。注意此時握方向盤的人是德克，因為德克想在身處德國的任何時候，都駕駛他父親的車，這是他們父子互動的方式之一。蓋許溫德納將車停在他們旁邊，銀行廣告部門的幾名工作人員在最後一刻搭著計程車抵達。在我們離開之前，諾威斯基抽空與軍營裡的所有人握手。我們走過跑道，然後在班機飛越阿爾卑斯山脈抵達盧比亞納之前，與飛行員和空服員再次合影。

＊　＊　＊

諾威斯基和蓋許溫德納，以及克倫茲和我都坐在奶油色的真皮座椅上。飛機下方是巴伐利亞邦，再來飛過奧地利。喇叭低鳴作響，安靜地傳來歌手法爾可（Falco）的〈珍妮〉（Jeannie），以及大衛・赫索霍夫的〈尋找自由〉——我發誓真的剛好在播放這首。空服員從盛裝魚的盤子上撕下保鮮膜，餐點是鮭魚和鱒魚之類的。她打開一瓶凱歌粉紅香檳（Veuve Clicquot Rosé），酒瓶的軟木塞在機艙內飛過。克倫茲和我拿了一杯，此時此刻當然是來杯美酒，我們微笑看著窗外。畢竟我們平常只飛經濟艙（我還常搭火車），但諾威斯基對酒說不，他堅持喝水，吃蔬菜盤飾。當時是九月，他已展開賽季前的準備，包括嚴格的飲食限制。今年，德克吃的是只能靠狩獵和採集取得的食物：肉、漿果類、堅果類和蔬菜，此即所謂的原始人飲食法（Paleo diet）。他不碰加工食品，當然包括前面提到的凱歌粉紅香檳，而當我們用餐時，德克閱讀待拍攝廣告的分鏡，了解他要背多少台詞。此時我寫下「德克．諾威斯基在私人飛機上，也會注意他的飲食。」

當克倫茲和我舉杯，沒來由地慶祝時，坐在塞斯納私人飛機的諾威斯基卻好像身處通勤列車一般，處理後續幾天的拍攝工作。他對廣告劇本的笑話大笑著，並擺一下之後拍廣告要用到的表情。我和他不可能聊到天，因為我們一排排地在狹窄的噴射機內，德、蓋兩人在一張四人桌前。我觀察他們的表情，聽他們談話，看著他們翻閱書頁、閒話家常。有時候，諾威斯基會瞥一下窗外，凝視高山的山峰和山谷幾分鐘。小時候，他會和父母和姊姊一起去那裡滑雪，但這是幾十年前的事了。NBA禁止球員滑雪。

在機場，一輛裝有鏡子的廂型車將我們直接從空橋送到目的地。時間就是金錢。中途別人對我們介紹阿萊許（Ales），往後數天，他將陪伴和照料德克。這種場合，明星總會有地陪，他們熟悉地方，會解決任何想像得到的問題。阿萊許知道這座城市的每一家餐館和每一條捷徑，他對一切瞭若指掌。盧比亞納城市的所有重要號碼，都在他的手機內。他頭頂著一顆瘋狂的阿福柔頭髮型，德克見了都開始揶揄著說：「你看起來像霍爾格年輕的時候，髮型很阿福柔。」但阿萊許這時候不知道蓋許溫德納的故事。

拍攝地點在盧比亞納市中心的一條安靜小街上，一支六十人攝影團隊在等著我們。只見聚光燈已經點亮，穿透玩具店的櫥窗；在廣告中，看起來就像是柏林、法蘭克福或慕尼黑等城市內會看到的玩具店。諾威斯基向導演、導演助理、廣告人員、燈光技術人員、化妝和音響工作人員打招呼致意。他與每一個人都握了手；他認出了其中幾位上一次的合作對象。每個人都以德克來稱呼他。他在服飾部門換下身上的T恤，換成另一件，梳化人員接著打理，不過也就這樣而已，他不需要多餘裝扮，畢竟他是在扮演自己。

廣告是一支喜劇小品：一位母親帶著她的兒子進入玩具店。男孩渴望買一輛鮮紅色的**Big Bobby**玩具車，但對媽媽來說過於昂貴。汽車放在最高的架子上，媽媽表現出好像搆不到貨品的樣子，就在似乎一籌莫展之際，諾威斯基在她不注意的時候現身在轉角處。樂於助人的德克要幫小男孩將玩具從最高的架子上取下。以德克的體型來說，輕而易舉。母親很不高興，對雞婆幫倒忙的德克發出斥責，抱著一隻小玩具豬的德克感到困惑。媽媽冷笑道：「這小豬真漂亮。」諾威斯基依照他在飛機上演練的模樣，面露驚訝。之後廣告上旁白會說：「如果你不想要買夢想中的車還得這麼麻煩，那就『diba-diba-duuu』就對啦。」廣告的產品是汽車貸款。

我站在一旁，看著諾威斯基反覆將玩具車從架子上拿下來。女演員不斷喝罵，團隊每一鏡頭都笑得東倒西歪。其中一位拉拔電線的工作人員在佈景邊緣說：「你看他抓住毛絨玩具的樣子，看起來不像是有小孩的爸爸。」

一名燈光技術人員說：「他有小孩了，一個女兒。」

「幾歲？」

燈光技術人員說：「不確定。」然後在下一次休息時詢問德克愛女的姓名和年齡。「她叫瑪萊卡（Malaika），一歲。」德克答。

「名字取得真好，」燈光技術人員說話的口氣好像在和一位老朋友對話似的：「兄弟，恭喜你啊！」

諾威斯基已經和這家銀行配合了將近十五年，這在廣告界長到荒謬。代言人和其代言公司一起成長是很少見的事情。除了耐吉、運動器材公司Bauerfeind和ＩＮＧ，諾威斯基沒有其他代言廠商，他沒有為優格、能量飲料、汽車或航空公司代言，甚至也沒有為手錶代言，儘管他曾經起心動念，畢竟他喜歡手錶，手錶基本上是他唯一會關注的奢侈品，但後來他意識到在簽下廣告合約後，他將永遠遭「他所代言的品牌」所束縛。「自由感，」他說：「保持自由感很重要。」

二〇〇三年首次拍攝廣告時，諾威斯基已為人所知，但遠遠未達到二〇一一年ＮＢＡ冠軍後的超級球星等級。拍攝廣告處女作時，個人使用網際網路仍是起步階段，智慧型手機還未問世，而DiBa當時是試圖在市場上競爭的中型線上銀行。因此，他們開始將高利率和運動成就之間進行類比。廣告訴諸活潑的風格，拍攝了一名運動員的動作，「百分之三點七五」、「百分之四點二五」等等多個利率數字在他們周圍飛舞。那可是二〇〇三年，已是非常久遠以前的事。

之後，諾威斯基率領德國國家隊，於世界盃和歐洲盃奪得獎牌，並在二〇一一年連同達拉斯獨行俠隊奪得ＮＢＡ總冠軍。據市場研究公司尼爾森（Nielsen）指出，這樣的成功故事使德克成為「ＮＢＡ內最有行銷力的人」，勝過科比·布萊恩、勒布朗·詹姆斯和德維恩·韋德（Dwyane Wade）。直至二〇一四年的當下，他仍是全球最負盛名的德國運動員。

諾威斯基與金錢之間的關係非常不同於一般人。他不太可能在DiBa有銀行戶頭。他在ＮＢＡ第一年就賺了人生第一桶美金，而且薪資穩步增長，在二〇一三／二〇一四賽季達到了約二千二百七十二萬一千三百八十一美元的水準。他一度推掉了很多錢，好讓球隊不超過團隊薪資上限，用於投資其他大咖球員。不過，據說德克打球的合約金超過二點五億美元（據估計，他選擇另外推掉一億九千四百萬美元）。

對於「追求一項嗜好可以賺到如此多錢」，諾威斯基有時會感到驚訝，但像他這樣的明星球員實際上並非因為將球投進籃框而賺到錢。球星是一間組織體系的門面，而這個體系會賺取大筆利潤。球場座無虛席、球衣售罄、飲料銷售長紅——球星所服務的組織體系是一整個財政系統，會為人創造就業機會和職業生涯。綽號「皮膚」的記者傑夫・韋德曾形容：「我們像是坐在德克的餐桌旁維生，我們靠他盤子裡的食物填飽肚子。」

蓋許溫德納贊同一項理論，即在每年需要大約七萬美元才能在西方世界感到幸福。如果金額比這個數字少，就會忙於獲得買不起的東西；但是如果有更多的錢，就會汲汲營營想著應該用這筆錢來做些什麼。若有的是七萬美元，就能以自由地隨心所欲。不過，德克・諾威斯基這樣的籃球明星顯然不會只具有私人身分，他形同一家中型企業，這當然代表要支付更多費用，像是有家中保全、飛行移動，以及行政和組織成本。儘管如此，德克僅會花費他收入的大約十分之一。他既沒有隨從，也未持有私人飛機或海上別墅。如果他想去海灘度假，他會租房子，而不是付錢買一間閒置一整年的房子。他沒有遊艇，也因此不用付錢請船長或給港口費。當他想出遊玩水時，他會像我們一般人一樣，租一艘踩踏船。正是這樣的態度，讓外界相信他是個一般人，而廣告會將這種性格特質賦予戲劇色彩。

每當我觀察廣告和德克的公眾形象時，我有時會搞不懂廣告形象和實際自我形象的轉移方向，也就是說我不清楚在這個互動體系中，是誰在影響誰。人們會不會因為這些廣告，而認為諾威斯基是那位禮貌幽默的鄰家男孩？又或者關鍵在於德克的性格，廣告業者只需要根據他的性格找到合適的腳本？無論怎麼看，德克對於行銷人員來說都是天上飛下來的禮物。由於德克的本人和形象之間，有著非常真實的重疊空間，因此外界描述德克時，可以形容為很好的一個人，不會引起懷疑。每當廣告廠商回顧與諾威斯基之間的合作時，他們都會談論從「頂級表現敘事」到「軟因子」之間的轉換，後者如幽默、個人吸引力和視覺記憶亮點等。在斯洛維尼亞的拍攝現場，大家與德克交談的樣子，就好像德克不折不扣正是他所扮演的角色。

＊＊＊

拍攝結束後，德克被帶到一家精品飯店，提供舉重室、水果盤，以及白色鵝卵石鋪設的院子。德克還有一個小時的有氧與伸展要做。德克取消了與團隊的晚餐。我們其餘的人下榻大聯盟酒店（Grand Hotel Union），大家自然而然地在酒吧消磨了一整夜，舉杯向德克致敬。

第二天的拍攝從黎明開始。廣告情節中，德克乘坐計程車，並調侃了德克不會用ATM領錢的謠言，因為德克曾經自嘲他媽媽每天都會給他零用錢，人們也相信他所言不虛。德克也一年又一年地說這個故事來取悅人。因此，廠商翻玩這個老梗：有了DiBa支票帳戶後，德克可以在任何他想要的地方取款。沒有費用，也不費力。

這天早上，諾威斯基坐上一輛德國的電影拍攝用計程車，在上面待了好幾個小時。車停在有平台的拖車，幾乎像是個漂浮物，其中塞滿了相機和照明設備。計程車司機脾氣暴躁，帶有濃重的巴伐利亞口音，他對德克沒帶現金感到不耐。導演坐在拖車上，面朝車後，給予拍攝施令。

計程車司機：「別告訴我你沒帶現金。」

德克沒回答，瘋狂找他的錢包。

計程車司機：「很好，太好了。你要怎麼辦？」

德克持續尋找。

計程車司機（生氣貌）：「你要哪一間銀行？」

德克（笑）：「不重要。」

計程車司機：「什麼叫不重要？」

廣告標語：「當每台ATM都可以時，那麼就……」

諾威斯基坐在拍攝用的計程車上，在這座城市富有歷史的區域繞個沒完時，團隊其他人在火車站旁邊的工業用地等候，場地是空的，我們則在螢幕上看一切的拍攝內容。我的名字不知何故出現在所有工作人員名單上；對於德克有一位全天候隨行作家這檔子事，沒有人覺得奇怪（我猜這是克倫茲的安排）。

這次的工作壓力很大，要求也很獨特：由於拍攝場景僅限於看起來像是慕尼黑的特定街道區域，所以諾威斯基必須表現友善，他必須表演，他必須完美把握時機；而在完成版的廣告中，會剪到看不出來實際拍攝地點。數小時之後，當車子終於開回來，諾威斯基看起來很虛脫，他得去洗手間。他已經聽暴躁司機開罵個幾十遍，然後他得抓住對的時候笑出來，更別說後座很擠。阿萊許把午餐遞給德克，一份總匯三明治和自製薯條，這不是德克點的餐點，但不重要了。「沒關係，」德克說道，但不再有微笑：「沒關係。」我們跳上廂型車，開車離開。他的健身包放在後面。

合約規定德克．諾威斯基每年必須空出四天的時間來拍攝廣告。合約還規定，必須在休息期間提供一座像樣的籃球場。而德克無法在賽季前休假四天。廂型車在下午的車流中溜走，阿萊許讓司機走捷徑，我們失去了方向感。諾威斯基默默吃著他的三明治。每隔一段時間，他就會看他的手機。我們其他人也不說話。我從沒見過他如此煩亂。

當廂型車到達蒂沃利（Tivoli）的體育館，諾威斯基一句話也沒說就下車。阿萊許已經通知工友，一切準備就緒。這個人甚至安排好要在那裡遞上毛巾。他要求拍張照片作為紀念，但德克拒絕，這是自從我遇到他以來第一次聽到他說不。或者更確切地說，他說：「大哥，晚一點可以嗎？」

我們來到另一間空無一人的體育館，這次是在歐洲中部。我們坐在看台上，等待蓋許溫德納和德克離開更衣室。知名的哈拉．蒂沃利（Hala Tivoli）是全木造場館，已有數十年歷史。空氣很冷，地板很硬，籃框是以前那種從天花板上懸垂的舊式風格。斯洛維尼亞是籃球的國度，盧比亞納・奧林匹亞足球俱樂部（Olimpia Ljubljana）在這座場館打過重要的比賽，偉大的南斯拉夫球隊也不例外。籃球歐洲錦標賽（European Championships）一年前才在這裡舉行。這座場館實際上是共用同一個屋頂的兩座體育館，一座是溜冰場，另一座是籃球場。此時鴉雀無聲，卻彷彿可以聽到容納五千人時的觀眾呼聲。

德克上場時，並沒有注意到我們。他什麼都沒有注意到。他通常會說幾個笑話來炒熱氣氛，而我至今也習慣了；但今天可不是他會說笑話的日子。NBA新賽季不到六週就要開打，他的家人都在家裡等著，他還要再拍一支廣告；下一場佈景已經著手準備，有六十個人在等他，當天下午還要拍照，再加上之後還會有電視工作人員來拍攝採訪。行程很滿。

當德、蓋二人踏上球場時，德克發出哀號，而現在他的哀號貨真價實，他的咒罵沒完全沒在開玩笑。他的骨頭此時真的很讓他困擾，膝蓋也出了問題。德克的動作笨拙，他小心翼翼、無法放開動作，這一天他屢投屢不進。有時候，他會投進一球，但他的投籃大多是投到極罕見和通常是錯誤的籃框部位。球在體育館內反彈，蓋許溫德納不得不跑動和衝搶籃板。體育館太冷了，諾威斯基抱怨著，穿上一件長袖T恤。地板太硬，球消了氣。「這是怎麼回事？搞什麼！怎麼會這樣？」

這是我第一次看他這樣。阿萊許、克倫茲和我試著藏身看台之中。我觀察到蓋許溫德納淡定地抓籃板球。他似乎在等待什麼。沒有打鬧，沒有說笑。

經過好幾分鐘的掙扎和咒罵，長篇大論和數十次投籃未進，對這對那飆出髒話，發洩一長串幹話和一大堆廢話之後，德克停止說話。倏忽間，只聽到鞋子在合成地板上摩擦的吱吱聲、消氣籃球的聲音，以及球未進籃的沉悶打鐵聲，那「咚地、咚地」撞擊的聲音，頻率變得不那麼頻繁了。德克不再說話。阿萊許、克倫茲爬到看台上很高的位置；工友半身藏在簾子後面，偷偷地看著。

又過了五分鐘，門吱吱作響。安靜的樂聲突然從某處飄來，是鋼琴，接著是弦樂。起初，地板上的兩人無視音樂；他們堅持自己的練球方式。工友從簾子後面走出來，舉手表示歉意。噪音來自隔壁的花式滑冰練習場，但當清潔人員要關門時，蓋許溫德納給了他一個訊號。

「門別關上，」他對工友說，把球扔給德克。「那是什麼？容格（Junge）嗎？你認得出來嗎？」

德克接了球，先以一隻腳為軸心運球、投籃，然後沒進。他在籃下跑到另一側的三分線，接球，運用軸心腳，投籃，不進，然後跑動，接球，投籃，然後進球。他說：「好樣的，韓德爾。」

「老天，」蓋許溫德納笑著將球回傳德克：「大錯特錯。」

「莫傑斯特．穆索斯基？」德克邊問邊投球：「海頓？」他沒投中，雖然球飛到右側，但現在他也笑了。他衝向中場線。蓋許溫德納把球拿起，諾威斯基運用軸心腳，衝刺回來，接球。這次他投進了三分。他維持站姿，最後投籃的手在空中凍結的模樣，彷彿他在比賽關鍵時刻完美進球。

「帕西法爾！」他喊道：「華格納！」又喊了「史托克豪森！」還有「柴可夫斯基！」

「幹得好。」蓋許溫德納說。

隔壁溜冰場的花式滑冰運動員不斷重複著同一首音樂。他們可能正在配合快速彈奏的鋼琴段落和氣勢如雷的弦樂演奏進行旋轉跳，而有那麼一秒鐘，諾威斯基的動作就像穿著冰鞋一般滑行；他伸出雙臂，他投籃，一而再、再而三地投籃，原本投籃未中的打鐵聲，隨著球俐落地穿過籃網，化為進球的咻咻聲和唰唰聲。諾威斯基已經熱開了，原本懸在蒂沃利館內空氣中，那如同未解之結或硬化組織的緊繃張力，已不復在。現在可以感覺到他們平常訓練時的放鬆。他走到場邊，渾身濕透滴著汗，哼著歌。他喝了點水，把瓶子扔到角落裡，繼續走。

在多數情況下，一切看似我觀察到的所有其他訓練：一連串投籃、跑動、運用軸心腳和衝刺，然後喝飲料休息。整套訓練的機制和系統一如以往，但今天略有不同。蓋許溫德納向我說明技術層面，以及他們的戰略和計算、上下臂必須如何擺放，以及移動肘部形成的三角形範圍。此外還有雙手食指和中指如何放開球，食指和中指形同兩根穩定的桿棒，放在球的質量中心後面，避免產生橫向偏差。蓋許溫德納說明，他們一直都會演練同樣的菜單，來感受癥結所在、最小的偏差和最細微的瑕疵是什麼。

只見德克在這間老舊的體育館內跨開大步，全速衝刺後投出三分球，就好像他是在攻守轉換中跟上接球的球員一樣，也彷彿有個後衛在往籃框切入時將球傳給了他。不過，今天的內容似乎與練習本身無關，也與微調動作無關。他們兩人正天南地北地談笑風生；在我的印象來看，他們在聊什麼，也並不重要了。

他們換了話題。現在蓋許溫德納一邊傳球，一邊針對欽吉斯．艾特馬托夫的小說《查密莉雅》，詢問書中描繪吉爾吉斯稻田搖曳的樣子，而德克知道答案。德克在投籃時，描述了雜草之間吹拂的風、山丘上植物的搖曳和翻湧，以及小麥的顏色、形狀和外殼。

突然之間，我對眼前的情況了然於胸。我坐在哈拉．蒂沃利場館的木製座椅上，而這是我第一次理解這種訓練的心理面；我了解到重點並非只在技巧和專注力，並非只在嚴格有紀律的身體訓練，或是物理層面與數學計算上的意義。當我們進入球場時，諾威斯基全神貫注於其他事情：有影片要拍，行程堆積如山，中午餐點不對，家裡電話一直忙線中。巨大的不是只有壓力，他們要在四天內交付未來兩年於每座車站展示的廣告產品，這樣的期望同樣巨大，而廣告也將塑造德克在德國的大眾形象。我不斷意識到德克應該是重要的人，他是有人送上食物、幫他梳理髮型的人，他是一切的中心。整件事對他來說可能無足輕重，但事實並非如此。我曾以為他一定早就習慣了這一切，但我錯了。

和蓋許溫德納聊天，使德克從疲憊的環境中解放。他已經克服了困境，原先的困境來自隔壁場地使他分心的噪音，現在反而成為訓練的一部分，有助於他解開了一些心理上的結。他們兩人聊音樂聊了數百次，談《查密莉雅》也是談了數百次。他們不談籃球，卻指引了一條建立職業運動員心態的方向，一條異於一般人所期望的方向，同時從其他思維的場域中引入某種東西——某種為德克打好根基的東西，而這無關乎私人飛機或飯店房間這些職業球員熟悉的空間。文字和音樂有助於清理出必要的空間，於是慢慢找回打球的整體心境，於是慢慢找回暴風雨中心的寧靜。諾威斯基慢慢認識到，自己就是那位只屬於自己的籃球員。

與此同時，克倫茲和阿萊許已經回到場邊，克倫茲興奮不已，用力肘擊我的肋骨。我們眼前的訓練，本質上具有冥想的效果；我去年夏天所觀察的訓練也有這個特質，但我當時沒有掌握這點。我們來到這裡，得以了解諾威斯基為何精擅籃球，所以感到很高興。德克在場館內來來去去，左右手交互投籃，只聽得咻咻咻地，球一顆顆地入網，這樣持續九十分鐘。哪怕壓力大，哪怕噪音多，他努力提高自己專注於重要事物的能力。

訓練結束，兩人剛洗完澡，從木頭材質的更衣室出來，廂型車和司機已在等候。我們上車；我們必須回到拍攝場地。分鏡板在德克的座位上，上面擺有冰沙和穀物棒；音響播放一些斯洛維尼亞的熱門歌曲。但是當我們要離開停車場時，德克大聲叫了起來。

「阿萊許！」他大喊：「叫司機開回去。」

「有忘東西嗎？」阿萊許這位行程褓母問道。

「是的，先生。」德克說。汽車迴轉、定點停車。德克離開後座，回到球場，敲門、等待，當工友開門時，他得到了德克答應給他的紀念照片。

＊　＊　＊

行程滿檔。翌晨，我們又搭廂型車，這次出城去山上。這時候的大家都有了自己的固定座位：德、蓋二人在後座，克倫茲和我在中間。阿萊許坐在前排，指引方向。因為前一晚才用大笑大罵的德國風格通宵歡慶我的生日，今天早上大家有點宿醉，我們在名為救贖（Spasje）的斯洛維尼亞餐廳待到很晚，喝著紅酒和杜松子酒。諾威斯基沒有喝酒就加入了大家的聊天，並在聊天失控之前和我們說晚安。我們其他人在聊著籃球趣聞，回飯店的途中，邊唱歌邊走過城市的橋，但今天早上，我倒是希望我當時也早點離開。德克先離開是對的。我們灌了大量的水，搭乘的廂型車離開城市，我們搖下車窗，讓新鮮空氣進來。

當我們進入山區時，蓋許溫德納繼續說他先前在餐廳沒講完的故事：他在喀爾巴阡山脈獵狼、捉跳蚤；服兵役期間，其他士兵在抽菸休息時，他在背詩，從里爾克背到尼采，從尼采背到賀德林（Hölderlin）；他駕駛一輛破舊的UPS卡車穿越美國，還曾沿著貝加爾湖搭火車。他談起托爾斯泰的小說《安娜．卡列尼娜》（*Anna Karenina*）！喜悅的淚水從他的臉上流下，諾威斯基則笑得東倒西歪。想必他聽這些故事聽了數百遍；儘管如此，他在為他朋友的喜悅而笑。

我們在高山的草地邊度過早晨；溪流潺潺作響，而我們觀察下一支廣告的拍攝工作。天空陰沉沉的；雲朵懸掛在山頂。對於廣告的內容，我有點摸不著頭緒；有一對已婚夫婦想像在這裡蓋房子會是什麼樣子；他們在草地上貼了房子的平面圖，並在想像中的房間之間跑來跑去。德克穿過一些乳牛和糞便，並說出自己的台詞。看起來，他今天心情好多了。

唯一沒照滿檔行程走的計畫，發生在午休時候，我們當時要從山上回到哈拉．蒂沃利體育館。大家都以為我們會回到體育館，但當汽車離開廣告拍攝團隊的視線時，德克很快就決定白天不訓練，他想改到晚上，阿萊許本來該如此安排，但這時他臨時起意，想給我們看山上的某個好地方、一家好餐館，或一處好風景。

這位地陪問：「高山滑道？克拉尼斯卡戈拉？」德克說：「好啊，當然好。」

汽車轉彎，我們在蜿蜒狹窄的路上向西北行駛。左手邊是特里格拉夫國家公園（Triglav National Park），前面是義大利和奧地利的邊界。我們的狀態似乎都更好，大家的臉色也變得正常了。又到了說故事的時間，這次來自德克。他談到了他最後一次玩旋轉木馬的事情，那是在二〇一二年奧蘭多NBA全明星賽期間，地點是環球影城。德克當時有空檔，便和幾個他身邊的人造訪遊樂園，有蓋許溫德納、德克友人尼克．克里姆（Nick Creme）和英戈．紹爾（Ingo Sauer）。為了避開人群，他們到每一處設施時，是別人帶他們走禮遇通道和後門來通過的。他們可沒時間等待，一分一秒都用得一乾二淨：他們整整兩個小時都只坐雲霄飛車，坐到吐。德克笑著說。他的暑期計畫中，很少有這樣的休息時間，他幾乎沒有真正地讓自己休假。我想，這就是區別。如果有機會，德克會坐雲霄飛車坐到吐，直到有人認出他。

此時只見我們周圍的山愈來愈陡，草地愈來愈綠。我們繞過普蘭尼卡（Planica）山谷的巨型滑雪跳台，蓋許溫德納談起滑雪的軌跡和起跳速度。我們在旅館內喝混著可樂的檸檬水，那是Spezi飲料的一種口味；旅館沒有其他住客下榻，老板看到德克的時候，幾乎要嚇到尿出來。我們開車經過「世界盃」（World Cup）這條滑雪坡道，經過一捆捆的乾草堆和柴堆，以及懸掛天竺葵的農舍。德克常看到的風景，是體育館、接駁交通工具和飯店房間，而斯洛維尼亞看起來像幅畫，與他眼裡的世界截然不同，也與從飛機窗戶看到的世界天差地別。

當我們到達克拉尼斯卡戈拉時，當地正在下著一場夏末的雨，高山滑道已經關閉。山下有支形單影隻的戶外大型遮陽傘，我們站在傘下。德克似乎很失望。畢竟，若是能乘坐纜車到山頂，接著俯瞰群山，再坐著那種窄小的滑橇衝入山谷，是多美妙的事。

伊比伊唷呀嘿！

二〇一三年九月

我站在慕尼黑爵士酒吧B先生（Mister B's）的前面，此時距離麗思卡爾頓酒店的那一晚，幾乎屆滿一年。時值秋天，慕尼黑啤酒節的喧囂在德蕾莎草坪（Therese's Green）上演。滿街都是穿著德國巴伐利亞傳統服飾的醉漢。訪客必須先按門鈴獲准後進來，無法直接進入B先生酒吧。

酒吧昏暗，全以土耳其玉和木頭打造而成；兩對情侶坐著，面前放著飲料，幾位愛好者靠在吧台上。酒保正安靜地提供柯夢波丹和巴伐利亞啤酒，小型舞台上站著的，是知名度不高的三人樂團。主唱是年輕女性，吉他手是貌似書呆子的白人男性，薩克斯風手是老男人，這組三人樂團是叫奈瑪巴特勒三人樂團（Naima Butler Trio）。

我來此處，是為了拜訪厄尼斯特．巴特勒（Ernest Butler，簡稱「厄尼」）這位年長的紳士。據稱，他是一九六〇年代發掘蓋許溫德納的伯樂。當我進入時，樂團已經演奏過第一組歌。巴特勒坐著演奏，身著鮮紅色的運動衫，頭髮雪白，女兒奈瑪在唱歌。有時厄尼會講一件軼事，有時他開始和奈瑪一起唱歌。奈瑪的聲音像毛巾布一樣柔軟，他的聲音像路易斯．阿姆斯壯（Louis Armstrong）一樣粗啞。你可以立即發現巴特勒曾經是一名運動員，因為他演奏的是次中音薩克斯風，樂器儼然是他身體的一部分。有時，他會從高腳凳上站起來獨奏；奈瑪會有節奏地搖晃行走。有時，他在演奏時閉上眼睛，隨著音符擺動，彷彿他在衝浪，而音樂就是他的波浪。以巴特勒的體重和彎曲的姿勢而言，這聽起來可能很詭異，但可以看到他曾經有的力量和爆發力，可以感受到他內在的敏捷。他對他的薩克斯風不會以禮相待，畢竟他和他的樂器已經相識彼此了。

厄尼和奈瑪相互靠著；厄尼彈出深邃的音符，奈瑪將音符接起、翻轉、騰動，厄尼助她一臂之力，奈瑪的歌聲完滿了厄尼的演奏。兩人都不是完美的演奏者或歌手，但是當出現錯誤時，他們會在不和諧音中舞動，有時會直接於其中彈奏。並利用下一個音調，將錯誤轉變為有音樂邏輯的中繼步驟。爵士樂總是向前走，但永遠不會忘記先前發生的事情。

在第一組演出結束前，樂團表演了賓．克羅斯比（Bing Crosby）的〈我是老牛仔〉（I'm an Old Cowhand），透過這首無厘頭的歌曲，大家會進行有趣的互動，合唱著歌詞「伊比伊唷呀嘿！」（*yippie yi yo kayah*），只聽得奈瑪高歌，眾人玻璃酒杯乾杯時的清脆聲。這是B先生酒吧的平日風景，店內沒有滿座，舞台很小，但這倒不重要，畢竟奈瑪和厄尼玩音樂，就只是因為他們喜歡罷了。

女兒奈瑪是安排這次會面的人，她向厄尼介紹我們。厄尼與人握手時就像蓋許溫德納，一握就發出「啪搭砰」的有力響聲！我們在通往儲藏室的走廊坐了下來，那裡比較安靜——叮噹聲和笑聲沒有傳到我們的耳邊。下一組表演是半小時後，時間還充裕。我們要談論蓋許溫德納？巴特勒點頭，我不動聲色，我幾乎什麼訪談問題都不用問。厄尼道歉，說是腎上腺素、咖啡因的緣故，並開玩笑道：「我最愛的毒品。」厄尼在第一組表演前喝了幾杯咖啡，音符和故事便隨著咖啡湧現，讓厄尼的表演隨之流動。而這就是厄尼的主題：流動。流動是厄尼的真愛，流動是第一杯啤酒再來一杯的感受。流動串聯了音樂和表演，界接了時間和舞蹈，融合了忘我和專注。

有時，厄尼的表演敘事帶有結構和精確性，時而狂野，時而睿智、神秘。光是他的聲音就足以讓你不想起身。他打了個響指，拍拍我的肩膀，微笑，然後大笑。

「讓我們話從頭，」他說：「從一九三四年開始。」

＊＊＊

厄尼於一九三四年出生在印第安納州康諾士維（Connersville），是前往俄亥俄州途中的無人地帶。父母有八名子女，他是老大，父親是民權活動家和錫安山教堂（Mount Zion Church）的傳教士，之後接管了諾布爾斯維爾（Noblesville）的第二浸信會教堂（Second Baptist Church）。一九五六年，舉家搬到大學城布隆明頓（Bloomington）。印第安納州是當時美國籃球的中心地：大鳥柏德往後成長的城鎮，就在離該處不到一小時車程的弗倫奇利克（French Lick）。《火爆教頭草地兵》（*Hoosiers*）這部或許是史上最知名的籃球電影，之後會在印第安納州的虛構小鎮希克里（Hickory）拍攝。後來成為達拉斯獨行俠隊老闆的庫班，則是在就讀印第安納大學期間，於布盧明頓經營莫特力的酒吧（Motley's Pub）。ＮＢＡ溜馬隊的主場城市是印第安納波利斯，但時至今日，在該州的許多小城鎮，籃球仍然是當地人醉心的運動。當高中校隊的比賽攻佔頭條新聞時，大學體育館甚至都會人滿為患。籃球在厄尼的童年舉足輕重。

他的青少年歲月中，都在布隆明頓的戶外球場度過夏天，冬天則在當地的基督教青年會（ＹＭＣＡ）打球，不久後成為半職業的籃球員，每週三、四場比賽，有時一天兩場。他與奧斯卡·羅伯遜（Oscar Robertson）等傳奇人物比賽。有時候，因為還得在市區內左拐右繞，趕去下一座比賽場地，他會告訴教練他只能打上半場。

厄尼於一九六〇年代初來到德國，在吉森（Giessen）陸軍基地的美國國中（American Junior High）擔任教師，教授體育、藝術和歷史。他喜歡教小孩，但很少有機會打籃球。授業結束後，他會一個人在陸軍基地的米勒大廳（Miller Hall）打球，但他是平民，因此禁止進入軍中球隊打球。他想念籃球比賽；他沒想到他會這麼想念。儘管吉森到處都是美國人，他在這座城市最初幾週並不快樂，甚至感到沮喪。他比多數士兵都年長，他是孤零零的外國人。他不太認識基地外的人，但他很喜歡德國人。然而，一九六〇年代初期的德國並不完全歡迎這個膚色深、體格壯碩的非裔美國人。

一天晚上，喝了幾杯啤酒後，他偶然走進卡薩諾瓦酒吧（Casanova Bar）這間脫衣舞俱樂部。多年後，他記得這間酒吧很時尚。厄尼獨自坐在桌旁，思考人生。他並沒有真正喝醉，只是非常疲倦，幾乎要睡著。就在他要離開的時候，幾名大個子走進了酒吧。他們問是否可以和厄尼同桌，厄尼半睡半醒地說：「當然好。」這群人想好好聚一聚，他們笑笑鬧鬧地，聲音很大，也沒在注意厄尼這個美國人。之後大家記得的是，厄尼甚至啤酒喝著喝著就短暫入睡了。厄尼完全不明白這些傢伙在說什麼，他們說的德語帶著髒話。這群人剛從某個外地回來，又醉又吵地。在某個時間點，這群男人其中一個還大力拍厄尼的背，他嚇了一跳，男人們笑了，厄尼起身回家。

當厄尼隔天早上在基地單身宿舍醒來時，他依稀記得昨天的事。他宿醉了，他在想那些傢伙是否都身高大約六呎四呢？有沒有聽到「客場比賽」這個詞呢？可能是籃球隊員吧？他為什麼沒問呢？他通常沒那麼害羞的。第二天晚上，厄尼回到卡薩諾瓦酒吧等待。酒保認識這群人，而厄尼是對的：他們是籃球員。酒保知道他們的練習時間，一九六二年二月，厄尼．巴特勒這位來自印第安納州康諾士維的二十八歲球員，第一次在MTV吉森（MTV Giessen）的男子球隊中練習。厄尼屢投屢中，酒吧的那些籃球員鬧他，又在他背上推了一把，然後厄尼隔天早上去火車站，為通過球員測試拍照。就在那個週末，球隊將厄尼納入首場聯賽的陣容。吉森於其第一個賽季結束時，獲得了西南甲級聯賽（Southwestern First League）的參賽資格。

在MTV吉森隊中，厄尼的一切都發生變化。他又成了籃球員，之前在母國，厄尼是眾人中的一員，而在吉森，厄尼是外來球員：他是了解籃球、熱愛籃球、實踐籃球的一個黑人。所有老師的白人兒子都穿著短褲，他們都像學習外語一樣學習籃球，厄尼身處其中，他看起來有點迷茫。有的人原本打手球，有的原本玩田徑，但沒人像厄尼那樣在打籃球長大，沒有人像他自然而然地打球。不過，他的隊友和布隆明頓基督教青年會（YMCA）的人一樣，都會開著粗魯的玩笑話——只是用的是德語。

巴特勒是該聯盟第一名非裔美國人，很快就成了球隊的領袖。MTV吉森也突然成為德國最出色的球隊之一。在厄尼的第一年完整賽季，球隊參加德國錦標賽，在決賽中輸給阿勒曼尼亞．亞琛體育俱樂部（Alemannia Aachen）。

「現在我要講霍爾格的故事了。」厄尼說著，又點了一杯咖啡，此時距第二組表演還有時間。

關於蓋、厄二人初次見面的故事，說法不同，但有一個版本如下：有一次厄尼在訓練前偶然到了吉森的佩斯塔洛齊學校（Pestalozzi School）體育館，但他來得太早了；場上有兩支高中球隊。當時是一九六三年的冬天。厄尼做好了準備，然後進入了體育館。他喜歡觀察其他球員，觀察他們的動作和能力。看一場你來我往的比賽，會使他心情平靜——畢竟會讓他想起印第安納州，在那裡他沒上場比賽時都會看比賽，觀賽時間累計成千上萬個小時。厄尼靠在門框上看球。有學生認出了他；上個賽季之後，他在吉森有點名氣。他注意到幾個男孩盯著他看時，他揮了揮手。

球場上有一個人比其他人更出色。他跑得更快，跳得更高，投籃也更準。他的身體素質更佳，精瘦但是強壯，他有一種原始的體力，這股體力是其他球員不知道如何去應對的。他可以灌籃——這在當時的德國球賽中很少見。當他中距離跳投時，簡直是懸在空中，而其他人多數只是腳黏著地板投籃。那孩子有時會切入禁區後起跳攻擊籃框，他能隨心所欲地在場上飛越似地跑動，然後得分；他會傳險球，但球都能到目標球員的手上；他能預先看到空隙。四周其他球員跑動站位都不成熟，而他總是正確站位。他的勇氣足以完全接管比賽：到半場結束時，他已經得到了四十多分。半個世紀後的他，還會笑著回憶說：「是四十一分。」是的，四十一分。當年這位十七歲的球員，正是霍爾格．蓋許溫德納。

說到底，蓋許溫德納打籃球，是命運的轉折，又或許是天命。他是戰後時期的孩子，出生於一九四五年冬天。他的父親是教區委員會成員，在金融和建築領域從事自營業，母親則協助業務運轉。這個男孩就讀小鎮勞巴赫（Laubach）的寄宿學校，名為格拉夫—佛瑞德里克—馬格納斯—阿盧姆納（Graf-Friedrich-Magnus-Alumnat）。他最好的朋友是卡爾．克勞森（Karl Clausen），卡爾的父親西奧．克勞森（Theo Clausen）擔任校長。

一九三〇年代，西奧在美國麻州春田（Springfield）與籃球的發明者詹姆斯．奈史密斯（James Naismith）一同研究籃球。在一九三六年柏林奧運之前，西奧被納粹派到美國親身學習這項運動，當時德國有權參加該屆奧運所有項目。最終，他們在二十一個國家中排名第十五。但克勞森仍然愛好籃球，他是德國最早期的籃球愛好者之一。若是以二度分隔的理論角度切入，籃球的發明者到蓋許溫德納之間是一脈相承，然後一路連到諾威斯基。

身為教育人員，西奧走在時代先端。由於他表現出對寄宿學校學童的尊重，所以受到愛戴。西奧和學童能用共同的語言溝通，卻不過於親暱。他認真對待孩子，但也有笨拙、充滿感情的一面。他是一九五〇至一九六〇年代德國籃球的核心人物之一，甚至執掌了幾年國家隊兵符。在勞巴赫，他將一家舊電影院改造成體育館，並在厚厚的錦緞窗簾之中，訓練他的學生。籃球有一些戲劇性的元素——籃球是一種表演，蓋許溫德納和卡爾則是他最好的球員。

厄尼的隊友柏恩・略德（Bernd Röder）和蓋許溫德納是老相識。他是為了蓋許溫德納才在當天下午如此早到。幾個月前，西奧對他在吉森的熟人介紹了蓋許溫德納。「帶著球袋，頂著那個髮型的那位，」西奧告訴他們：「他以後會成為非常出色的球員。」蓋許溫德納當時留著類似阿福柔頭的髮型。吉森球隊密切關注著這名男孩。有時，他們會前往距離吉森半小時車程的勞巴赫，每次他們來時，蓋許溫德納的球技和速度都略有提升，成為更成熟的籃球員。

厄尼看著這孩子，他注意到蓋許溫德納只會少量使用他的力量。當比賽強度提高時，他會遇強則強，他會在關鍵時刻挺身而出。全場各個位置他都能投籃；他會到處跑動，從他的武器庫中拿出一招又一招的看家本領。他會遠投、切入到籃下，也會俐落的中距離跳投。這個孩子並不完美，但他會做很多教不來的事情。他會打球。

最終，勞巴赫以一百九十六比二十獲勝；年輕的蓋許溫德納幾乎是以一夫當關之姿，擊敗了吉森。他十七歲，但已經得到一百分，或者說九十八分，又或者說是「肯定超過八十分」。五十年後，籃球界對總分的會有不同的算法。包含克勞斯・「德尚」・容格尼克爾（Klaus "Dschang" Jungnickel）、列德、厄尼，以及教練皮特・南斯提爾（Pit Nemnstiel）在內，吉森全隊一軍陣容都站在場邊討論他們看到的內容。對厄尼來說，這甚至不該是個疑問，他就想在訓練中看到這個孩子。一場比賽一百分？大哥，拜託，還有什麼好考慮的！

另外還有個故事，比賽場地是勞巴赫；厄尼開車去看隊友一直在談論的孩子。巴特勒看著蓋許溫德納拿下一百分，對他產生認可。他們在最愛的南瓜酒吧（Kürbis）開球隊會議，厄尼的一些隊友表示他們的懷疑：他們認為蓋許溫德納是固執己見的「獨立思考者」。厄尼說，在單場比賽中拿下一百分的人，都會是固執的人。有些人贊成，有些人反對。但厄尼想看那孩子來練球；他起身，拳頭砸在桌子上喊話：各位！他可是拿一百分！我們討論的根本不該是個問題！

厄尼此時在B先生酒吧內裡面的房間，回憶起當時一切的快速進展：西奧和吉森的人同意，三名年長球員榮格尼克爾、列德和厄尼將輪流在勞巴赫接送蓋許溫德納（當時他是沒有車的少年），開車送他到吉森後回來。厄尼說：「我們很快就相處得很好了。現在可能聽起來很奇怪，但霍爾格當年是文靜的男孩。大部分時間是我在講話、說幹話和大道理。」他們在車上會聊籃球、音樂和生活。雖然年紀有差異，兩人很快地成了忘年之交。「一定是載他的那陣子，」巴特勒回憶道：「我談到了籃球和爵士樂。」

練習後，他們經常混在一起，進行一對一的比賽，因為練習份量對他們來說要求還不夠嚴苛。起初都是厄尼佔上風，但過了不過幾週，他變得更難擊敗蓋許溫德納。厄尼說：「霍爾格學得很快，別人點一次，他就能自己通。」這位高中生就像一塊海綿。「他很快就學到我的所有本事，而且還更好。」厄尼說著說著，笑了。旁人倒是無法判斷他是在誇大其詞，還是肺腑之言。「霍爾格是個天才。」

奈瑪客氣地打斷了我們的談話，並請她父親回到舞台上。厄尼喝下他的濃縮咖啡，樂團開始了下一組表演。B先生酒吧此時擠滿了人，窗戶一片霧氣；厄尼坐在我眼前，演奏了半小時的費茲傑拉（Fitzgerald）、柯川（Coltrane）和羅林斯（Rollins）後，他看起來又累又開心。他伸了一下懶腰。「卡薩諾瓦酒吧是……」他說著，精準回到之前話題未完的部分，從一九六〇年代中期話從頭，說那些關於籃球的故事、那些關於蓋許溫德納和厄尼自己的故事。

籃球是爵士樂

在一九六〇年代的德國，籃球是小眾運動。打籃球賺不到什麼錢，既沒有營養指南、系統性訓練計畫，也沒有禁藥相關規定，也不需要在媒體面前露面。籃球是一項與德克・諾威斯基所屬時代截然不同的運動。球員在當地餐廳獲得湯和炸肉排作為報酬，冠軍會贏得一年份的免費理髮。籃球界很小，每個人互相認識。比賽結束後喝啤酒；厄尼會和隊友去城裡的俱樂部玩，籃球員酒量都很好。剛開始蓋許溫德納到酒吧還得偷偷摸摸，但不久後就足齡。他主要喝的飲料是檸檬水混調可樂的Spezi，他向來不喝啤酒。

厄尼仍然是他的導師。蓋許溫德納可以感覺到，世界上還有很多東西，不是只有教堂和家鄉的體育館，也不是只有學校宿舍和軍隊基地。厄尼和蓋許溫德納來自不同的文化和語言背景：蓋許溫德納是出生於基督教家庭的小孩，個性正直，就讀於宗教寄宿學校，而厄尼大他十一歲，是個都市人。蓋許溫德納後來將厄尼稱為「開闢世界」的人。

「突然之間，發現了這個世界，」蓋許溫德納後來說：「突然之間，一切都是新的。當你十七歲時，一開始會無法理解眼前的變化。我的意思是，當時吉森的班霍夫街（Bahnhofstrasse）上，有著與我先前人生所未經歷過的一切：音樂、酒和性。如果以基督教來類比，那就是索多瑪和蛾摩拉。對於那個年齡的男孩來說，重要的問題是：什麼是對的，什麼是錯的？這兩個世界怎麼可能同時存在？兩種極端相遇，會變得不安躁動。當父母問你之前去哪時，你如何回答？你看到了什麼？當然，你什麼也沒看到。你必須自己弄清楚。這些問題會頗為佔據你的心智。」

六〇年代中期，吉森有三座大型基地，駐紮一萬名名美軍。班霍夫街有「拉恩河（Lahn）的上海」之稱，有酒吧、妓院和電影院。有星星酒吧（Star Klub）和卡薩諾瓦酒吧在這裡。每間酒吧都有一台電唱機，只聽見耳畔傳來約翰・柯川（John Coltrane）、桑尼・羅林斯（Sonny Rollins）、瑟隆尼斯・孟克（Thelonious Monk）和查理・帕克（Charlie Parker）的歌聲，爵士樂無處不在。有時依據情況，週末甚至還有現場爵士演奏，雙人樂團、三人樂團、四人樂團等，不一而足。演奏不總是美妙，但這倒也不重要。

籃球員喜歡和美國人及其他夜貓子混在一起；生活型態變得很晚，且又吵又鬧。厄尼他們會練到很晚，練完後會開車將蓋許溫德納送回家，有時他會拖著蓋許溫德納去狂歡，然後他們會坐在吧台聊天。有時候，蓋許溫德納必須等厄尼和他的女伴們，所以會他坐在酒吧，聽著音樂，喝著他的Spezi（他們有時還聲稱是這種飲料的發明人）。在那一陣子，他養成了筆記的習慣，來持續掌控自己的思緒之餘，他藉此整理事物；專輯名稱、旋律、樂器、女人、故事。他想體驗一切，且永遠不會忘記一絲一縷的回憶。音樂對他的身心起了某種作用，那是他先前只能透過運動才有的體驗。

在此之前，音樂大都是禮拜天的專利；聽音樂，藉此使自己抽離殘酷的納粹歌曲，和無害的唱片排行榜。蓋許溫德納說：「我們每週日都會唱讚美詩，我到現在都會唱大部分基督教的讚美詩，滾瓜爛熟、倒背如流。」

他這個年紀的人，會聽披頭四和滾石樂團等流行音樂。一九六五年夏天，廣播裡播放著滾石的〈無法滿足〉（〈I Can't Get No〉Satisfaction）。當時年輕的蓋許溫德納會和同學圍坐在寄宿學校的唱片機旁；流行音樂會使他們感到有新的力量湧出。他同時對古典音樂感興趣；他聽法蘭茲・李斯特（Franz Liszt）和貝多芬。他著迷於李斯特的奔放生活、李斯特的旅行和狂野事蹟。他意識到他真的有一雙會聽音樂的耳朵，以理性去聆聽。他能感受音樂，也能思考。

正值年輕的蓋許溫德納坐在酒吧盡頭，等著厄尼。蓋許溫德納的年紀小到他不該來這裡，不該在酒吧內引起注意。他很會傾聽，暗中從旁觀察。爵士樂是衝動的，但並不庸俗；爵士樂是有技巧的，但並不機械；爵士樂有其規則，但也是自由的。爵士樂似乎比蓋許溫德納先前認知的任何東西，都還更貼近生活。爵士樂的起源不是當地，也不是來自吉森或勞巴赫，但音樂和蓋許溫德納一拍即合。爵士的經典曲在他腦內不絕於耳；他回到厄尼的車上後，手腳仍會跟著節奏打拍子。

往返吉森和勞巴赫之間的夜駕時，厄尼向蓋許溫德納說明他的人生領域，而事實上，他確實談到籃球對他來說如同音樂。他把爵士樂比作籃球。蓋許溫德納問他所指為何，厄尼試著蒐羅詞彙，用以形容他和籃球、薩克斯風相處的多年經歷，他說：「籃球是爵士樂」。

在比喻上和字面上，運動和音樂有異曲同工之妙。首先在訓練方面，音樂家會像運動員一樣練習；他們必須掌握動作的機制，然後學習如何精進。如此一來，便能免於在演奏音樂或運動比賽時不斷思考如何握住薩克斯風、哪些音符在哪些曲調上，或投籃時如何彎曲手臂。兩者都會無意識地移動，展現自由：跑者會不假思索地將一隻腳放在另一隻腳前，泳將會以自由式游了一圈又一圈，網球選手回球的速度快過他們的想像。籃球員上籃時，帶出「*tam-tam-tak*」的節奏；羅林斯演奏時，也吹出「*yippie yi yo*」的節奏。像運動員一樣，音樂家開發了一整組個人動作和標準，他們打造自己的技巧組合，並且要練習很久才能專精。

運動員和音樂家需要有常規和儀式。他們必須保養，如銅管演奏者要清理喇叭，鋼琴要調音，音樂家和運動員要伸展手指，並強化背部。運動員和音樂家都要練習專注，並將音樂視覺化；他們會如同滑雪者在斜坡上呼吸和滑行。運動員會為他們的球拍穿線，為滑雪板打蠟，並且校準他們的武器。運動員和音樂家都要照顧自己的身體。

運動員和音樂家兩者都是在高度控管的體系中工作，並且都在這些規範之內努力實現最高水準的自由。矛盾的是，運動員和音樂家每天都用身體練習技能，身體和技能兩者形成一種衝撞，而另一方面，運動員和音樂家又要持續試著別老是注意自己的身體。重點在於要讓本身的技巧和身體單純去做它們要做的事情；重點在於要樂於認知到：如果我投籃，我會進球；如果我唱歌，會很好聽；我的手指所演奏的，就是音樂。若能對此了然於胸，便能開始處理細微差別，以及複雜、細緻的地方。音樂家透過演奏音樂，來學習演奏音樂。運動員透過一直打籃球，來學習打籃球。建立認知之後，便有即興發揮的能力，演化出獨一無二的音樂或運動個人特質。

偉大的運動員和音樂家，都有放手的能力。運動員和音樂家可以停止監控自己的身體，他們可以解放自己，不再不斷理性考慮可能（或應該）會發生的事情——無論是一個音符，或一個動作。他們會服從任何「必須」要做的事情。他們會採取行動，做出反應。音樂家演奏，運動員比賽。

運動員和音樂家會持續努力，達到心理學家米哈里．契克森特米海伊（Mihály Csikszentmihályi）所稱「心流」（flow）的狀態；這種狀態是一種使人喜悅的罕見、無意識狀態，經歷者會陶醉於成功的感覺。當忘記自己而只是純粹行動時——當已經實踐並精通基礎時，便能有餘裕分別快樂與不快樂、成功與失敗的複雜差異，並分辨偉大和平庸之間的細緻之處。

人可以引發心流；能以此為目標努力，可以訓練和練習。哪怕是當作嗜好的人也好，大多數音樂家和運動員都熟稔於引發心流。作家沃爾特．莫斯利（Walter Mosley）說：「你去你打水的井不會只去一次，而是每天去。你不會忘記幫孩子做早餐，也不會忘記早上醒來。睡眠每天都會來到你身邊，靈感女神也一樣。」儀式是心流的捷徑。每一位業餘跑者都知道這一點：你必須克服跑步最初開始時的痛苦，如果繼續前進不放棄，幾乎能肯定的是，你會跑著跑著，進入心流之中。覺察到在喘氣、膝蓋在痛、在憂慮和恐懼

——所有這些感知都會暫時化為動作和音樂。每一位大提琴和單簧管的演奏家都能告訴你一首成功作品、一段困難的模仿和一個意外合聲對他們而言，有什麼感受。大家都知道，當有音樂演奏時，世界會變得多麼不同。

然而，在運動和音樂之間的所有相似處之間，都存在一大關鍵區別：對手，也就是競爭。在籃球比賽中，你會直接面對一名防守球員，他也會全力阻止你為所欲為。他們會踏入你的傳球路線，拖住你、拉住你、擋住你。他們想打亂你的節奏，破壞你的協調性。他們想激怒你，他們想了解你腦中的攻防想法。您必須應對這些破壞攻防的舉動，並為周遭的這些舉動找到解決方案和方式，以新的策略因應對手。此時雙方形成一種對話，對話是正式的，並且遵守規則；一般會期望雙方的對話公平，並符合運動精神，但有時卻也具有侵略性和破壞性。重點不僅在於應對對手，也要應付周遭的所有一切。你要力挽狂瀾：面對疲勞、叫喊的球迷，以及眾人期望的重擔。你要面對防守者的身體、他們的技巧、他們的能力。你要面對自己的身體，以及身體的極限和弱點。

動作和反應對爵士來說也很重要。樂器之間會對話，會穿過彼此，相輔相成。爵士不僅僅是「被演奏」的；音樂家之間的音樂交流如同他們之間的傳話遊戲，往往是表演的一環，其中會有去去回回，你來我往。即便是好玩性質，並不是那麼粗魯的，也會存在一種競爭的元素。

「籃球是爵士樂。」厄尼・巴特勒在一九六五年那陣子開車載蓋許溫德納時如此說道，而蓋許溫德納傾聽著。「籃球是爵士樂。」數十載後，他在著作《諾威斯基》（*Nowitzki*）寫道，那是一段馳騁於他思維之中的旅程，瘋狂而又混亂。「籃球隊是五人的爵士樂隊，」他說：「每個人都可以做不同的事情，每個人都在球隊的結構之中，等待他們的獨奏。同時，關鍵在於五個人協調一致，並適應同一個主題。在爵士樂中，一首音樂的基本結構在一開始就定義了。接著是精湛的音樂律動、對位旋律，以及樂器演奏者的聲音。之後從作品的原始形式中，浮現出具創造性的獨奏，化為一股有力度的動能。鼓、鋼琴和貝斯則為獨奏者提供了一組穩定、穩固的框架。」

在《諾威斯基》一書中，蓋許溫德納在形塑了他的所有理論和想法之間跳躍，而他倒是最終都會回歸到爵士樂這項比喻。爵士樂說明了蓋許溫德納對籃球的理解：具創造力、具生產力，而五名個別球員形成一張網絡，如同五位樂手帶著他們的樂器——這是蓋許溫德納對理想籃球的概念，也是他的運動哲學。

對他來說，真正有意義的是如何處理錯誤。如果音樂家彈錯音符，樂曲不會暫停，不會停下來重新開始，沒有人會責罵音樂家；沒有人對他們叫喊。相反地，誤彈的音符會被視為一種挑戰，會被融入，並一同演奏，當作一塊意想不到的跳板。「錯誤像是湯裡的鹽巴，」蓋許溫德納在引用邁爾士·戴維斯（Miles Davis）的話之前寫道：「當你彈錯音符時，決定好壞關鍵的是下一個音符。」下一個音符會決定那是一個錯誤，抑或會開啟一段更出色的演出。「犯錯是被允許的，有時人們甚至期望錯誤，因為犯錯會產生一些新的、有創造性的東西。事實上，犯錯是爵士樂的一環。」

蓋許溫德納問自己，如果能像那樣打籃球，會怎麼樣？如果教練不是在場邊來回踱步，沒有在球員犯錯時大喊大叫，會怎麼樣？如果沒有為了而糾正切入和投籃選擇一直中斷練習，會怎麼樣？如果球員將偏差和失誤融入於自己的比賽之中，會怎麼樣？如果只需要基本的攻防和策略指引，其他都隨性、流暢、自由地發揮，會怎麼樣？如果球隊能促使單打戰術，納入成為整體策略的一環，會怎麼樣？

蓋許溫德納顯然還沒有這樣想。他還只是個累得像條狗的少年，坐在卡薩諾瓦酒吧的櫃檯前，臉上映著室內的紅光，然後坐在厄尼那台亮綠色歐寶卡迪特（Opel Kadett）的乘客座位，前往勞巴赫。他會聽著音樂，並感受音樂；他會慢慢學習閱讀，並了解閱讀。時值一九六五年，還沒有人用詞彙形容音樂和籃球之間的相似處；蓋許溫德納能感覺到兩者的異曲同工之妙，但他還得要幾十年後，才能加以定義和描述。

一九九四至一九九七

諾威斯基在遇到蓋許溫德納後，生活發生了變化，根本性的變化。當時他還是高中生，但在一九九四年的夏天，他們幾乎每天都在體育館。他們慢慢制訂了一項計畫，這計畫截然不同於德國籃球習慣的訓練技巧。蓋許溫德納讓諾威斯基用雙手走路，讓他在投籃時穿上鉛背心，讓他以超大步跨過窄小的場館。諾威斯基每天都變得更強壯一點。蓋許溫德納分解這孩子的投籃動作，在繪圖板上檢視，然後以新的方式重組。現在諾威斯基開始以新的角度投籃，角度比以往更高，而對準籃框時，他的肘部和手腕形同鐵製的瞄準器。

諾威斯基手指位置的擺法獲得改善：拇指支撐球，伸展開來的食指和中指則將球推導到空中。德克的腿部姿勢也有所改變：他的腿現在張開得更寬了，膝蓋會稍微向內彎曲，人蹲得更低，這和之前不同，而德克會以更好的平衡方式，將自己往上推動。蓋許溫德納計算了球離開手部的放球點，計算的參考依據是諾威斯基的身體測量值、大小腿的長度、腳的大小、手指的長度、軀幹的結構、平均跳躍力量，以及八呎七吋的臂展。理想情況下，放球點的高度正好十英尺，同籃框高度，那是任何防守球員都無法輕而易舉觸及的位置。

在場上，也很快就看到進步。當時十六歲的德克在各方面主宰了比賽。他在U20球隊中打球，在地區聯賽則和男子成人球員一起打球。其他同齡男孩無法對抗德克，而成年球員可以靠經驗和體力與德克抗

葛拉波也為同支球隊效力，所以德克對這光景有熟悉感，這感覺幾乎就像當年在後院打球一樣。德克看著年長的球員賣力打球。不過，當被叫到場上時，年紀較輕這回事倒是看來不明顯。當然，其他人會注意到德克是特別的球員。大家先前十六歲時，身高不如德克，球技也沒那麼好。

球隊中鋒是布克哈德．斯坦巴赫，他務農，來自附近村莊莫思（Moos）。當時德克還沒有車，所以必須有人開車接送。斯坦巴赫每天在前往烏茲堡的路上，會途經海丁斯非，他可接送諾威斯基，就像過去厄、蓋兩人那陣子的接送往返一樣，而諾威斯基和斯坦巴赫至今也仍是朋友。

更衣室裡的交談語氣粗魯、野蠻，就像所有其他籃球隊一樣。賽後，更衣室內會來一箱啤酒。諾威斯基偶爾會喝一杯，但從不過量。他是害羞的孩子，一位觀察者。他會分析球隊、領導者、發言人，以及隊上擔當開心果的角色。諾威斯基開始熟悉成人幽默，並想成為開心果之一。只有在賽季最後幾場比賽中，他才展示出他日後的出色程度。而其他人早就知道了，畢竟他們整季都在看著德克練習。

德克的首個賽季效力於烏茲堡隊，球隊排行以末段班坐收，甚至必須參加不遭降級的系列賽。諾威斯基不斷進步，在最後六場比賽中平均攻下十二分、四籃板，這是乙級聯賽，以他的年齡而言相當優異。比賽期間，蓋許溫德納會站在場邊給德克提示，有時直接違背斯塔爾的指示。練習時，他經常將德克拉到一邊，解釋細節，然後將他送回球場，喊著：「現在試看看！」日後的德克記不住這些時候的事情了，也無法記住舒韋因富特的比賽，或是蓋許溫德納與他父母在廚房餐桌的會面。「我知道霍爾格總是會說這個故事，」他之後說道：「但我只會特別記得一件事：霍爾格站在場邊，碎碎念個沒完。」

他在校的成績愈來愈差。數學D、物理D、德語D、英語D。他的期中考成績單慘不忍睹，他的父母收到警告信。校長很生氣，表現得十分憂慮。由於要比賽（或必須參加選拔隊的訓練），所以諾威斯基的出勤率慢慢下降，而學校並不樂見。德克不蠢，他只是另有興趣；他也不懶，但他常感到疲倦——所有事情都推過來，他不能一次打點完畢。老師們看不到的是，他正朝臻於完美的方向前進。如果德克能決定，他會選擇打籃球，而不是上學。

他的父母對事情的看法不同。他們認為運動充滿變數，一旦受傷，可能盡毀前程。蓋許溫德納還試著對年輕的德克講一些道理，並且直言不諱。「你不能不畢業。」蓋許溫德納說著，彷彿他能聽到他自己的老師西奧也在說這些話。「如果你畢業，前途一片光明。」蓋許溫德納從未完成大學學業一事，是他暫且三緘其口的事。

德克沒有被說服。他想要打籃球，這是他非常擅長的事。蓋許溫德納不是一直說這才是人生中最重要的事嗎？蓋許溫德納警告他，然後徹底禁止他輟學：「如果你的成績沒有起色，我們就停在這裡。」

德克屈服，並承諾重拾課業。他的父母除了物理和數學外，每門課都聘請家教。蓋許溫德納後來親自接管這些工作。他的隊友克勞斯．佩內克也兩肋插刀，他在高中擔任實習教師。

一九九四年夏天，諾威斯基代表德國國家隊出戰FIBA U18歐洲錦標賽資格賽，並獲評為賽事MVP。突然間，籃球界認識了德克．諾威斯基。他的父親還記得，當時電話響得更頻繁，德甲籃球聯賽正在對他招手。

德克．諾威斯基厭倦了站在場邊觀賽。下個賽季，他成為烏茲堡隊上最重要的球員之一。芬蘭國家隊的馬蒂．庫斯瑪（Martti Kuisma）固然主宰了比賽，但諾威斯基獲取了所有人的關注。在一九九〇年代，拜耳勒沃庫森隊是德國籃球的門面。亨寧．哈尼施、麥克．科赫（Michael Koch）和前華盛頓大學的赫斯基．克里斯提安．韋爾普（Huskie Christian Welp）宰制聯盟，和國際選手相比並不遜色。他們的教練德克．鮑爾曼（Dirk Bauermann）以英語執教，並讓子弟兵打出他在弗雷斯諾州立大學擔任助理教練時的球風。他當下看著諾威斯基的比賽，稱其「德國十五年來所培養出最偉大的天才，要說二十年來也無不可。」德國的衛冕球隊對德克很感興趣。烏茲堡隊本賽季結束時成績亮眼，但錯過了升上甲級的機會。德克只有十七歲，但他需要離開德乙。

與蓋許溫德納的合作變得更加緊湊。他們現在每天都在練習，而德克甚至在場下，也是蓋許溫德納的概念實踐者。他開始閱讀蓋許溫德納給他的書：約瑟夫・馬丁・鮑爾（Josef Martin Bauer）的《極地重生》（*My Feet Will Carry Me*），並重讀約瑟夫・康拉德的《颱風》。這些書的重點都在於處理特定情況：當暴風雨來襲時，你會如何表現？你會像《颱風》中的船長，不試著繞過風暴，而是直接穿過。當路儼然永無止盡時，你會怎麼做？你要一步一步地走。諾威斯基學吹薩克斯風；他喜歡練習數週後，手指知道該怎麼做的感覺。一旦開始之後，就幾乎會自己演奏、自己流動。

諾威斯基閱讀魏柴克（Carl Friedrich von Weizsäcker）的《自然的歷史》（*The History of Nature*）這本寫於一九四九年的書，探討地球的歷史、宇宙的時空結構、星系、生命和靈魂。他不會在學校挑這樣的書來看，他卻正在場館內和車上讀。他正在學習探討概念性的領域。他研讀人類的內在歷史：「人不知道自己是一個可以在不參與的情況下被觀察的存在。人會不斷地被要求，對此，人必須服從或拒絕。人要面對逆境、悲傷和希望、愛與恨、規則和良心，以及人類同胞和上天對他自己提出的要求。」

隔年夏天行程滿檔。首先是為期數週的個人訓練，然後是在法國舉行的FIBA U18歐錦賽，但為了提升成績，還有一場戰役要打。諾威斯基經常帶著他的家教前來。蓋許溫德納已經組成了一支成員為德克粉絲的團隊，蓄勢待發。團隊成員有：克勞斯・佩內克、醫師托馬斯・紐多弗（Thomas Neundorfer），以及格爾格・肯德爾。德國國家隊在迎戰希臘拿下開門紅後，受到注目，但之後一切開始走鐘。錦標賽結果糟糕，德國隊每役皆輸，僅德克表現亮眼。

德克的父親與蓋許溫德納一起乘坐福斯廂型車前往法國。他放下了最初的懷疑，即使他並不總是理解蓋許溫德納，他現在也相信了蓋許溫德納。他們途中睡在車裡，但德克的父親一到達後就牙痛和發燒。他必須在旅館休養。至於蓋許溫德納，大家都對他沒輒。他邊看比賽邊對德克以吼叫的方式給建議。德國國家隊眾教練對此可不買單，他們要蓋許溫德納不要這樣。他們很在意權威，很在意下指令時要依照分層位階，而蓋許溫德納只希望他帶領的孩子有好表現。

之後種種，很多都遭眾人遺忘，無法完美回想當時的記憶。這些故事已有四分之一世紀的歷史，當年參與者幾乎沒有記下隻字片語。唯一有寫日記的人是蓋許溫德納。諾威斯基的腦海中仍有僅少數幾場比賽的相關事件順序，像是幾位防守隊員、一些投籃、場館和飯店房間等等，對他還記憶猶新。德克的記憶中，出問題的是事件的順序，而非細節。彼時的他還只是個打球的男孩。教練執教鞭，德克努力練球。雙方配合專業訓練，德克渴望成就某種偉業，一如其他男孩，他也有抱負，他在房間裡掛著球員的海報。而除了輸球和喧嚷之外，德克確實記得的一件事是，與蓋許溫德納合作，讓他成了更好的球員。

歐洲錦標賽幾天後，德克加入了一支選拔隊，隊員都是一九七八年出生的歐洲球員，將於錦標賽中迎戰最強的美國高中球隊，那是在美國喬治亞州奧古斯塔（Augusta）舉行的桃球經典賽（Peach Ball Classic）。諾威斯基受到耐吉的關注，已有一段時間，但直到這一年春天過去，耐吉的運動行銷經理法蘭克．高（Frank Gaw）才現身德國澤勒勞（Zellerau）的球場，當時德克和他的朋友在那裡投籃；在此之前，蓋許溫德納曾致電法蘭克．高這位前國手，告知他應該過來看看，有個東西要給他看。那天，德克走上球場時，兩名男子看著德克熱身，看德克和別人噴垃圾話。此時德克已經習得垃圾話的技能——他是在德國乙級聯賽的更衣室裡學到的。一次進球算一分，一顆三分球算兩分。那兩名男子看著他打五對五；起初，德克很冷靜應對，兵來將擋、水來土淹，之後便接管了比賽。多年後，法蘭克．高仍能記得德克是如何在後場拿到球，在半場的線上運球突破防守球員，並靈活轉身過人，吃掉下一位防守球員後命中三分球；德克出手時面無表情，態度果決。他跑回來時，舉起三根手指。比賽結束。「這就是我想給你看的。」蓋許溫德納說。

法蘭克．高將他在場邊的觀察，從烏茲堡帶回奧勒岡州波特蘭市郊的耐吉總部。「一個小男孩，來自非籃球發源國的國家，成為全球最偉大的球員之一」，老闆菲爾．奈特（Phil Knight）和傳奇教練兼導師喬治．瑞佛林（George Raveling）都喜歡這樣的故事。而他們就是這樣敘述的，這也是耐吉所要找的：故事。這就是為什麼他們要想辦法在運動員還年紀輕的時候，就把他們簽下來。

耐吉邀請他去喬治亞並支付一切開銷，德克表現很好。看台上有多位經紀人和球探，他們也從未見過像諾威斯基這樣的人。速度又快，準度又高！此時開始，德克父親在烏茲堡經營的J．沃爾夫油漆公司（J. Wolf’s）電話響個沒停。諾威斯基家人買了台答錄機。蓋許溫德納必須處理大家對德克的關注，他化身類似經理的角色。

返歐途中，桃球經典賽的工作人員在亞特蘭大停留。夏季奧運正舉辦中。一九九六年的夏天，是炎熱的夏天，場館前桃花盛開。在此四年前的巴塞隆納，喬丹和皮朋率領的美國夢幻隊激發了德克對籃球的熱情，如今第三屆的美夢隊囊括了格蘭特．希爾（Grant Hill）、俠客歐尼爾（Shaquille O’Neal）和「一分錢」哈德威（Penny Hardaway）。德克坐在喬治亞巨蛋看台的高處，觀看澳洲隊其中一場比賽，並想像在場上打球的樣子。裡面年紀最小的球員不會比他大多少。蓋許溫德納不斷分享他於一九七二年在慕尼黑奧運打球的事，現在德克親眼看到奧運的光景。一粒夢想的種子在他身上種下。

下個賽季開始，佩內克高掛戰靴，成為烏茲堡隊教頭。斯塔爾已經離隊。蓋許溫德納同意擔任助理。此時的歐洲籃球正經歷一波潮流的轉變：著名的博斯曼判決（Bosman ruling）掀起歐洲聯賽結構的革命，各俱樂部可盡情招募廉價的外國球員，包括西班牙人、立陶宛人、塞爾維亞人。舊限制固然不復存在，烏茲堡卻走了相反的方向：最初在沒有他國外援的情況下比賽。德克有很多上場時間，他不再是場上的沉睡者，他主宰著比賽。祕密就這樣不脛而走，在德國的人們都在談論這個來自烏茲堡的孩子。話雖如此，球隊還是無法升上甲級之林。

一九九七年二月，諾威斯基獲邀參加國際賽，這是他真正的國際賽處女秀，並在里斯本迎戰葡萄牙的比賽中，打了短短三分鐘，最終以七十三比六十六獲勝。他沒有得分，但球隊贏了，他與亨寧・哈尼施、其他德國傳奇人物站在同樣的場上；這些球員都位列一九九三年籃球歐洲錦標賽冠軍陣容。他實現了他的小目標之一：即成為不折不扣的國手，在國際賽中出場，他想站在這個舞台上。他以二點五的平均等級分數（GPA）畢業。一九九七年初夏，德克的高中生涯畫下休止符，籃球世界觸手可及。

德克為FC巴塞隆納（FC Barcelona）和波隆那（Bologna）旗下的籃球隊參加選拔，或者更確切地說，是這兩支隊伍為他試訓——德克在羅馬與里克・皮提諾（Rick Pitino）展開秘密培訓，並過濾蓋許溫德納辦公桌上的一些大學錄取通知。自奧古斯塔賽事以來，這些錄取信便堆在蓋許溫德納的辦公桌上，位於佩倫多夫（Peulendorf）的他那間「城堡」。德克決定在烏茲堡續留一個賽季，因為他喜愛他的隊友，並喜愛與蓋許溫德納共事。整個夏天，他都極度享受和羅伯特・加列特以及德蒙德・格林齊心協力打球。在幕後，蓋許溫德納則持續運籌帷幄，操刀大局。一九九七／一九九八賽季之後成了重大的一季，那是風電掣、狂野不羈的一季：球隊由年輕運動員組成，球員們也能夠完全按照蓋許溫德納想像的方式打球。

訓練營

試著想像慕尼黑RSV拜仁一九一〇（MUNICH RSV BAYERN 1910），這是一支划船和遊艇的運動俱樂部，位於施坦貝格湖（Lake Starnberg）的湖畔，景色優美。湖面寧靜平坦，清晨的陽光在湖對岸的山丘上照耀。只見一間兩層樓的船屋、一間有玻璃前門的餐廳，以及一座咖啡露台。若干帆船繫在木棧橋上，划艇則停放在小屋內。一隻狗在某處吠叫，可以聽到沿著湖街（Seestrasse）跑步的當天第一群跑者，腳步聲撲通撲通地。時值一九九七年春天，某個美麗的週六早晨，施坦貝格（Starnberg）這座城鎮才剛準備開門。

現在想像一下，一名中年男子，身穿淺藍色運動褲和褪色T恤，打開餐廳的門。他正帶著一袋圓麵包，至少有六十顆，是才剛從山丘上的麵包店現烤出爐的麵包。他開門，著手擺設桌子：他擺出一大罐能多益（Nutella）巧克力醬和草莓醬、一盒餐具、二十個盤子，以及二十個杯子。早晨的露，兀自停倘在船屋前的草地；空氣飄散咖啡的味道。那名中年男子動作停了一下，望著船，望著湖水，望著群山。他深吸一口氣。他的名字是格爾格．肯德爾，五十七歲，在施坦貝格體育館（Starnberg Gymnasium）教授體育和英文。他是籃球員，是划船手，也是行腳世界的旅人。餐廳時鐘指著七點。某處的鬧鐘響了。

船屋一樓的宿舍醒來。十五名男孩，年齡介於十五歲和十七歲之間，忍著睡意爬出睡袋，他們打著哈欠，罵著髒話；只聞到早晨的木頭味和口臭，男孩們捲起睡袋。

「大哥，太早了！」

「也太早了吧！」

「戴斯斯斯斯蒙德（Dessssmond）！你少來了！」

「別管我，你這個死波蘭人！」

「白痴喔！」

這群青少年慢慢地下樓。他們一個接一個走出船屋，揉著眼睛，摩肩擦踵，在陽光下瞇著眼睛。氣溫仍然很冷，但之後會暖起來。現在定睛一看，這群男孩身材高大。有些人身高明顯超過六呎五，肩膀寬闊，肌肉發達而有彈性。男孩們穿著襪子，在草地上跌跌撞撞地圍成一圈，口吐怨言。湖面平靜沒有波瀾，有隻天鵝在湖面深處覓食，其中有個男孩朝天鵝吐了口水，但沒有命中，被其他男孩取笑。某處傳來沖馬桶的聲音。

現在想像一下，船屋的門打開，另一名身穿運動服的男子走到外面，一手拿著CD播放器，另一手拿著延長線。這名男子是湯姆．索爾邁爾（Tom Thallmair），熱衷於晨間健身，也是俱樂部的划船教練。他開啟CD播放器。

「大家好。」

「湯姆，早。」

「早。」

「你們準備好了嗎？」

「當然，湯姆。我出生那天就準備好了。」

在湖上，有一組四人加上一名舵手一大早就划船經過；舵手看著岸邊，舉手打起招呼；索爾邁爾也打招呼致意。有舵手指揮的划船四人組此時注意到眼前安靜而又詭異的場景。只見十五名穿短褲或睡衣的少年站在場上，隨著聽不見的節奏移動；他們的長臂在擺動、在彎曲、在伸展、在旋轉，像摘蘋果般伸向天空，一隻手完換另一隻手。這群男孩做著這組詭異的芭蕾動作，想必有其深意；從遠處看來荒唐，但眾男孩似乎很認真。坐在俱樂部場館露台上的人，是「舞台總監」蓋許溫德納，他正在早晨的陽光下寫筆記。這樣的試訓，他們是第一次。

訓練營隊此時在門廊吃早餐，其中幾位還是喝熱可可的年紀，其他人已經在喝咖啡了。現在這群男孩都醒了。他們來到營地好幾天了，而且還會多待幾日。這有別於傳統的那種訓練營：他們各自效力於不同的球隊。德克・諾威斯基和羅伯特・加列特來自烏茲堡；布克哈德・斯坦巴赫和德蒙德・格林也是同鄉，但白蘭科・克萊帕克（Branko Klepac）來自波昂。這裡也有年輕人，其中多數是國手；之前蓋許溫德納四處詢問並提供「湖邊訓練營」，但沒有多說。

蓋許溫德納發表了他的看法。現在和他一起坐在露台上的還有厄尼、肯德爾和「隊醫」托馬斯・紐多弗。紐多弗實際上是在拉特爾多夫執業的家庭醫生，雖然距離當地僅不到三個小時的路程，但這個禮拜，他睡在充氣床墊上，一旁就是餐廳廚房。數週前，蓋許溫德納在班貝格的酒吧說服紐多弗，請他來營隊擔任隊醫。營隊裡大人愛開玩笑的程度，不會輸給營隊裡的青少年；大家嘴巴講個不停，說著自己的故事。對營隊所有人來說，訓練營是全面試驗，其中許多人初次體驗。

無論什麼年齡或聯盟，所有運作良好的籃球隊大抵如此。一支球隊的語言有著自己的生命，那是外人無法理解的——而這還只是在湖畔待了一週的結果，大家就能嘴來嘴去，互噴幹話，以各種比喻來酸對方，笨蠢等各類政治不正確又魯莽的言詞聲聲入耳。每個團隊都開發自己的默契、自己的語言，以及如同鳥群啄食的優先順序，如此形容權力等級的語彙，倒是比其他任何說法都還精確、特殊。事物會接收群體所賦予的意義。諾威斯基會辱罵加列特，然後加列特大笑；加列特會取笑格林，然後格林嘴回去。他們把這稱為男孩子競爭的另一個場所。侮辱的言語化為愛的宣言。他們發自內心地信任，所以言語無法動搖。他們有敏銳的幽默感，那幽默感是原始的、充滿熱情的。有些東西永遠不會改變。這裡的每一個人都是滿滿的青春無敵、滿滿的青春能量；他們天真無邪、他們無懈可擊。他們的話語聽起來很壞，但沒有惡意。

營隊的中年男子坐在桌旁，看著年輕的男孩們。中年男子有蓋許溫德納、隊醫、肖爾施。他們的用語比德克更老派。蓋許溫德納會仔細聆聽並做筆記。他讀到男孩們從未聽說過的事情；他去了男孩們甚至不知道的地方。「突然間，我認識了這群從來沒學過拉丁文的人，」他之後對我如此說。「他們無法進入數學的領域。或者說，進入不了我熱衷過的其他任何事情——建築、藝術，或其他有的沒。一開始，我問自己，是否甚至能和他們說話。『他們了解什麼？』我從來不覺得他們笨，問題更像是在相互主觀性方面。他們今天怎麼想？你能對他們說什麼？你**被允許**說什麼？你能走多遠？走多快？」

蓋許溫德納知道他不想要什麼：他不要成為古板的老師。英文「pedagogy」（教育學；教學法系統）一字來自古希臘文「*paidagogos*」，字面意義為「帶領小孩」。他不想這樣，他記得自己的青少年時代，常常通宵達旦，他記得他曾經想到的瘋狂點子。同時，他也記得那些作風狠的教練，記得他們的懲罰式管教和做法。他太清楚了，那些教師、教練的傳統教法只是使他變得頑固罷了。蓋許溫德納記得：「我是自己一個人強行弄懂那些概念的。」蓋許溫德納尋思：該把孩子帶到哪裡？要把他們拉到什麼方向？營隊內的大人們邊喝咖啡邊談論著。「我們最初沒有遵循一個單一想法。我們不是想教育孩子，我們想讓他們成長。我們想看看，哪些植物需要更多的水，才能生長。讓德克去ＮＢＡ並不是我的主意，是他自己想去的。所以我們得這裡澆澆水，那邊拔拔雜草，然後互相以自己的抱負來鼓舞對方。」

早餐後，球員們將船從小屋內拉出，那是一艘八人座賽艇和一艘四人座賽艇，需要所有人出力把船翻過來下水。肯德爾下達命令，座位倒是安排好了。只見男孩們將自己的龐大身軀擠到正在晃動的船上，說真的他們個子太大了，擠在窄小的船內顯得太彆扭。格林站得不穩，差點摔倒，但克萊帕克把他抓住。當斯坦巴赫上船，他兩百六十五磅的體重在船上平衡之後，水花四濺，其他男孩一下喔、一下哇，叫喊得此起彼落。諾威斯基坐最靠近船尾的位置，還有著幾英寸的空間。蓋許溫德納和肯德爾是最後乘船的。為了抵擋夏日烈陽，他們穿著厚運動褲和棒球帽。之後眾人出發。

船划往湖上，蓋許溫德納和肯德爾分別在四人座、八人座的船上擔任舵手。身為舵手的兩人起初保持緩慢的節奏，他們的身體得適應步調，而船仍有點搖擺和晃動，有時槳互相碰撞，木頭碰到木頭，然後必須將所有的槳從水中拉出，每個人都必須等待、呼吸，重新設定節奏，一切從頭開始。

「大家準備好！」

「划槳！划船！」

找到共同的節奏並不容易。有些人靠力量，他們力量充沛；另一些人則靠技巧，他們以純粹的技巧繳出亮眼表現。他們以前從來沒有划船經驗；對於這些又晃、又窄的船來說，他們的身體感覺太大、太重。男孩們不太會把槳的方向轉對，以避免把槳平放在水面上。一下甲胡鬧，一下乙放太多力氣，然後節奏跑掉，又得重新調整。要划得順利，要考量很多事情。

二十多年後，輪到我造訪位於施坦貝格湖的這座營地。我自己坐在兩人座的船上，加上舵手「隊醫」。舵手決定方向、設定節奏，坐在雙槳船上的則是我和烏利．奧特。一開始划船的時候，我很有力量和信心，畢竟我比烏利年輕，但因為我操之過急又太貪心，後來節奏亂掉的人卻是我。需要了解團隊如何運作的人，其實是我。如今在八人座的船上，領先於地平線彼端的是新一代籃球員。蓋許溫德納仍然坐在控制線材那邊，湖面看起來總是一如往昔，就像德克和孩子們當年在岸邊划船時的樣子。

右手邊是施坦貝格的船屋和豪宅、英式風格的茶館，以及巴伐利亞風格的陽台，那種白手起家的人會打造的復古風新建築。游泳的人位於游泳專用的灣區和碼頭。只見男孩們划船經過一位位名門千金，她們身穿POLO衫和比基尼，帶著大型音響和野餐籃。此時只有水可以隔開男孩和女孩。男孩們大可跳入水裡，游過去，把槳丟到一旁，像青少年一樣吹口哨虧妹。

男孩之中，有一、兩個人如此想著，例如羅伯特．加列特。他很容易被這樣的事情分心；他喜歡水，喜歡海灘，喜歡躺在陽光下，凝視著天空，但是在他面前的是德克寬闊的身軀、德克的後腦勺，以及德克脖子上的肌肉，濕漉漉的T恤蓋住看得出是肌肉的地方。他看到德克確立節奏，他看到蓋許溫德納，蓋許溫德納正微笑看著他，因為他完全知道別名羅布斯（Robse）的羅伯特．加列特在想什麼。羅布斯幾乎要吹口哨虧妹，幾乎要跳下清澈的湖水游泳，向岸邊那群笑吟吟的女孩叫喊；蓋許溫德納微笑著，是因為他不怪羅布斯。蓋許溫德納都懂，羅布斯也知道蓋許溫德納都懂，但最重要的是，羅布斯知道他獲得允許，可以做他想做的任何事情。

「大家準備就緒！」

「槳往上！」

「開始划！」

羅布斯持續划著船，畢竟德克一邊保持節奏，一邊不允許自己分心，再說滑船的節奏還在繼續。他全力以赴，現在他感到滿滿鬥志，他當下划船的同時也專注於下一個動作，專注於槳柄部位的轉動，注意槳入水的時候要乾淨俐落，注意拉動的力量，注意往外、轉動、往內、拉回的持續動作。船滑行著，每一次動槳，船動得就愈來愈遠、愈來愈快，持續又快又遠地動作；每次划水時，拉力都更強一點。此時幾乎看不到其他的船了，八人比四人還快，他們划著划著，然後在玫瑰島（Island of Roses）迴轉。他們在水上漂流，他們喘氣著，他們微笑著。

當他們回到俱樂部上岸時，兩輛車在等著。他們的手臂如同橡膠，因為雙手被木製槳柄摩擦得很光滑，也有起水泡的。筋疲力盡的他們，隱隱約約因為陽光和夏天感到高興。男孩們大聲喊叫，如同碼頭上發射的砲彈，一個個跳入水中，接著躺在陽光下，把身體曬乾。短暫休息後，快速解決午餐。午餐內容有烤肉串配米飯，啤酒杯內盛著由橘子汽水和可樂混合的飲料Mezzo Mix，另外有紙盒包裝的冰茶，接著一大群人擠進廂型車，手裡拿著運動鞋。廂型車內散發的臭味，就是十五名青少年划船划一個禮拜、身邊沒有媽媽幫他們洗衣服時會有的臭味。其中倒是有自由的氣味。原先等候的兩輛車沿著湖街開著，駛往施坦貝格市中心，停在一間大型多功能體育館。

此時的他們，手上都碰到籃球了。眾人運球，玩投籃比賽，聲音益發響亮，既狂野，又愚蠢。這群男孩就像春天時分放牧到草地上的母牛，而當蓋許溫德納宣布新的練習內容，給出簡短的指示時（更像是建議），男孩們喊叫著說不，但也只能站著哀號幾秒鐘。

接著球員們開始訓練，這就是他們來到場館的原因。從早上到下午，這群男孩在體育館重新培養隊友的關係，只聽得場館內放著音樂、說著玩笑，大夥練習，大夥運球。槳的拍打聲漸次消失於腦後方；只有他們的身體記得當時的辛苦。這群男孩跑動、在場上飛馳，會選角度切入，會相互碰撞，而光是切入的速度就很猛了。這裡的一切都有自己流動的節奏和步調，籃球水準很高，眾多菁英在此精益求精。諾威斯基和加列特在此更上層樓。他們打球的時候沒有裁判，是由進攻端叫犯規的，但是進攻球員幾乎從未叫犯規，畢竟球員過於優秀、過於敏捷，比賽推進得很順。威洛比和格林的進步也不遑多讓。推動這群男孩持續前進，並幫他們愈走愈遠的關鍵，是在他們自身能力中所發現的喜悅：他們的身體素質、跳躍高度、投籃能力，以及跑動速度，這些是他們快樂的泉源。男孩們可以永遠跑動，可以永遠打球下去，但重點不在於他們認為自己能贏。他們知道這一點。

當時想必是如此的光景吧——哪怕有差，也差不了多少。

羅伯特・加列特乃自由人

這座水上村莊位於波羅的海的海灘，鄰近欽格斯特半島（Zingst）；建築以紅磚搭建，屋頂以蘆葦鋪設。夏天時人滿為患，冬天時空無一人。旅客的汽車緊挨著彼此，停在岩石堤防後面的街道上。欽格斯特不是夢幻的出遊地，而是在德國度假的現實，但更重要的是，欽格斯特不是一座籃球城市。儘管如此，我還是來訪此地，和諾威斯基的老隊友羅伯特・加列特會面。這裡他度過夏天的地方。

「羅伯特是自由人。」德克曾跟我如此說道，所以我開往欽格斯特，聊聊過去的日子。不過，我到達位於沙丘路口六號（Dune Crossing 6）的風箏衝浪學校時，他已不知去向。只見比基尼、冰桶、遮陽帽和SPF 50的味道，一群人十足十的夏天氛圍。我四處打聽，大家都認識他，但不知道他的行蹤。在衝浪小屋裡，大家正在烤肉，擺著香腸和紅牛能量飲（Red Bul）、大型遮陽傘和躺椅，某處響起雷鬼流行音樂，緩慢流淌進來。一面面旗幟升起。才剛過中午，每個人卻看起來都像是被工作操了一整天的樣子。

我在沙灘上找到加列特，他站在波羅的海的平坦水面上，正在收回裝備。他只有今天才教學；風不夠大，他無法出去。加列特看到我的時候，正站在一群喊叫的孩子中間，揮手致意。他步伐沉重地穿過沙灘，向我走來。加列特個子很大，有著典型衝浪教練的樣子，海灘球在他四周飛來飛去。他褪下許多職業運動員的謹慎，現在過著不同的生活。他直視我，用左手大力敲打我，我的肩膀都要裂開了。他說：「跟我來。」然後走在前面，我們穿過歡笑和尖叫的聲音，以及夏日人們的擊掌和擊拳。

在我的記憶中，羅伯特．加列特是力量充沛的球員，他強壯的身軀宛如火藥桶，原始而充滿爆發力，但卻是受到控制的。面對防守球員，他既能力壓，也能過人，他就像是公牛，但不失細緻之處。加列特有如查爾斯．巴克利或錫安．威廉森（Zion Williamson），卻也能打二、三號位。加列特能上籃，出手快速：我記得當年在德國聯賽中，他的能力組合是多麼特別。如今他赤腳站在水裡，穿著衝浪短褲和T恤，皮膚呈棕褐色，雖然相較於打球那段日子，體重增加了一些，但仍身材健美。

加列特同時與所有人交談。他拿了兩杯汽水和一根香腸，他把我介紹給他的老闆和同事。這裡的每個人的樣貌一如預期：金髮、寬肩、雀斑；大家彼此很熟，叫喚彼此時都只叫名字就好。喇叭發出的音樂可不是靡靡之音，我記得我還聽到他們播放獨立樂團「The Shins」。海邊的生活，似乎就是愜意多了；加列特在海灘上講的垃圾話，可不亞於以前打球的時候，但倒是講得更溫和、更細膩了。海邊不是只有男人，女人也在場。大家談著好天氣，談著隔天風應該會更大。明天，一切都會更好。表面上，這一切都與籃球無關，但如果看得深，會發現有著實實在在的關係。風掛在楊樹上，海邊群鷗尖聲四起。

加列特打從小時候就認識諾威斯基。兩人在U13就交手過，德克代表烏茲堡，而加列特代表奧克森富特（Ochsenfurt）這座超小的城鎮。加列特的母親是德國人，父親是駐紮在法蘭克尼亞的美國人。他有個弟弟班傑明（Benjamin）。他們家是非常普通的家庭，住在德國南部的城市。附近有一個軍事基地。但家裡很早就面臨問題：父親沉迷賭博，婚姻破裂。加列特之後言簡意賅地總結：「這麼說吧，我家境簡樸。」

當年還是男孩的加列特一頭栽進運動。網球、籃球，所有碰過的運動他都學得又快又好。他從三米高的跳板翻筋斗入水，而其他人還在捏著鼻子跳下跳水台。這個年齡的加列特，與德克完全相反：無憂無慮地，打著赤膊，玩高空跳水時像顆砲彈似地。「嘿，你看我飛的樣子！」

他和德克偶爾會對決，後來一起披上U14選拔隊的戰袍。在與蓋許溫德納合作數週後，德克詢問加列特是否願意加入。而故事幾乎是一個模子：加列特看蓋許溫德納打球，對戰組合是埃戈爾斯海姆與某隊，當蓋許溫德納這個老人幾乎一夫當關擊敗敵隊時，加列特發現他可以從蓋許溫德納身上學到一兩件本事。蓋許溫德納不需要做任何重大的聲明；他立即獲得了這名年輕人的尊重。

羅伯特、德克和前田徑運動員德蒙德・格林在烏茲堡和拉特爾多夫一起訓練。格林是出色的運動員，德克是怪物般地結合了身高和天賦，加列特身兼爆發力和耐力。他們以有系統的方式並肩作戰。蓋許溫德納於球隊訓練時站在場邊，將他的子弟兵一個個叫到場地側邊的籃框。雙方配合了幾分鐘，然後放回球員，讓他們再次練球時立即應用所學！對於資歷更深的球員來說，這個練習似乎很詭異，但球員們很快就克服了。球員互相配合，精益求精。在那個年頭，還沒有其他人會針對每位個別選手的要求和需求，進行個人訓練。

蓋許溫德納的教學理念受到一些反對，或者說外界對他們至少抱持懷疑眼光。當時，年輕運動員的育成重點主要是技術面和身體面：投籃、舉重、跑步。唯一目標是以團隊的身分取得成功，贏得比賽。教練說什麼，球員就做什麼。

不過，這並不適合蓋許溫德納的子弟兵，也不需要適合，蓋許溫德納也不期望別人嚴肅看待他，起碼不需要以出自尊敬長輩或權威的方式去尊敬他。他喜歡非線性的思考方式，喜歡弄臣般插科打諢的角色。他列印的名片上，公司名稱寫著「應用式廢話研究所」，他也在之後德克整個球涯中，持續以這個名稱當作服務單位。這樣的幽默，各球隊和聯盟的人不太會應對，畢竟蓋許溫德納可是對他的教學方法非常認真。有時會爭論責任的事情，有時爭吵情況會變嚴重。蓋許溫德納會希望球員自己想要打球，並且自己想要贏球。他們應該因為自己想練球而練球，因為他們了解必須要做什麼。蓋許溫德納認為，一般規則和上下階層體系會適得其反。他不玩紀律那一套，一切必須「好玩」，這才有意義。蓋許溫德納想要一個「為孩子們打造已經準備好的體系」，而不是相反。他不想折磨球員。儘管表面上看似放飛，但蓋許溫德納其實極為嚴肅以待。

由於能立刻看出比賽結果，烏茲堡隊接受了蓋許溫德納和他的子弟兵，但國家隊的情況倒是複雜得多。蓋許溫德納在自己本身還在打球時，就常與教練團、制服組人員發生衝突。三十歲時，他不再當國手，但更確切地說，高掛國家隊戰靴是個人因素：官方理由是他年紀太大，非官方理由是他桀敖不馴、固執不通。而從現在的眼光來看，倒是可以說他走在他所屬時代的先端。他一再將子弟兵拉出訓練營，不在乎制服組的想法或威脅。他不在乎，是因為優勢在他手上。格林、加列特、威洛比和諾威斯基缺一不可。

當球員發現自己陷入困境時，蓋許溫德納會傾聽他們。他不想向球員解釋這個世界，因為留給書和電影去說明就好。他棄用教育傳統和教學上那些有的沒的小技巧；他只給「提示」，並從旁「協助」（引號內為他本人的原文，不是我的潤飾）。這一點讓加列特很是高興，基本上，他的成長過程中，沒有父親在身邊。他記得蓋許溫德納不是只鑽研籃球，對於生活中的各個問題和情境，蓋許溫德納都能給出答案。有個例子是：有一次，加列特當時的女朋友在德州奧斯汀讀書，加列特很想念女友（他形容是：「我真的想她想得快瘋掉了。」）。雖然和法蘭克福即將有一場重大比賽，但蓋許溫德納還是讓他去奧斯汀，他說：「在這節骨眼，還是要讓你去找女朋友，這件事更重要。」加列特笑了。「如果你的衣服著火了，」加列特說了一句話，聽起來倒有點像蓋許溫德納會講的台詞，子弟兵的言行已經染上了教練的古怪作風，那句話是：「當你的衣服著火，還留在原地幹嘛。」加列特的手足班尼（Benny）因兩份夜班工作過勞死於車禍時，蓋許溫德納救了加列特。他的手臂內側紋有他兄弟的名字。他說，一切都沒有改變。蓋許溫德納總是在關鍵時刻出現。其他人也是如此。

如果和蓋許溫德納一起開車，總是碰到他電話響起，電話那頭是他帶的球員之一，可能是格林或威洛比，也可能是加列特或諾威斯基，然後蓋許溫德納會用德文說：「在工作。」他也總是在工作沒錯。當塞內加爾國家籃球隊教頭博尼法斯・恩東（Boniface N'Dong）在母國舉辦營隊，而需要幫手時，蓋許恩德伸出援手；當農夫中鋒布克哈德・斯坦巴赫需要別人針對他的農地給建議時，蓋許溫德納自告奮勇。人活著會遇到問題，有時霍爾格會有答案，或者一個想法，哪怕是瘋狂的。

蓋許溫德納讓子弟兵做他們想做的任何事。如果球員想去派對，他會允許。宵禁？「我們不玩那種猴戲。」但是球員仍然必須現身練習。他不想管東管西的，他希望球員體驗一切，並做出自己的決定。想念女友？去找她啊！想參加派對？蓋許溫德納會親自開車，送你去慕尼黑的俱樂部。宿醉喔？撐過就好！他們稱宿醉為「酒精蒸發訓練」。蓋許溫德納不想把球員保護得好好地，不讓他們接觸任何東西。在蓋許溫德納的眼裡看來，畢竟他們自己找到正確的道路，就應該依循這條道路前進。他們不應該退縮，沒有任何藉口，不能放棄。蓋許溫德納和球員不遺餘力，以他們打籃球的方式來過生活。哪怕外界或他們的傳統如何要求，蓋許溫德納他們總是做好準備。最通暢無阻的路，是去不了任何地方的。

蓋許溫德納努力因材施教。當格林不力圖振作、擺爛躺平時，蓋許溫德納會責罵格林；當加列特犯相思病，想念他的女朋友時，蓋許溫德納化身為窩心的朋友。當德克有疑問時，蓋許溫德納會將德克的疑慮一掃而空。大家彼此很快熟識彼此；拜此之賜，蓋許溫德納也能預先了解情況，應對時切入核心，據以全面掌控狀況。

身為教練，蓋許溫德納不希望球員視野狹隘，所以他給書，用書向球員介紹籃球場外的世界。蓋許溫德納不允許球員輟學，也不允許球員不認真對待學業。他會說：「好好畢業。」儘管加列特並非出身中產家庭，但他也開始閱讀。蓋許溫德納說：「絕對不能作弊。」

烏茲堡隊的球員是雜牌軍，乍看之下似乎不適合湊在一起。加列特來自奧克森富特，背景特殊，是非裔美國人與德裔的混血，軍人子弟出身；格林是來自阿沙芬堡（Aschaffenburg）的跳遠暨跨欄選手，也有著類似的經歷。他們都不是來自富裕或是知識份子的家庭。蓋許溫德納的記憶沒有錯，他們倆人都「充滿爆發力」。威洛比是後來加入的。他又高又瘦，但也有特殊的運動天賦。威洛比來自威廉斯堡（Wilhelmsburg），這是德國北部城市漢堡市內的低度開發區域。當時的他們都有想要證明的東西，一個個胸懷大志，而指導他們的，是一位粗魯的知識份子。但最終脫穎而出者，是來自中產階級的德克・諾威斯基。

格林和加列特瘋狂練球，而諾威斯基又比他們努力、更加專注。大家會輪流開車，在A70路上去程四十五英里，回程四十五英里。這是他們的每一天，有時其中一人的生活會發生狀況，導致無法辦到。不過德克都沒有放鬆過，在他身上從來沒有例外。眼前的加列特坐在衝浪學校一張折疊躺椅上，在岩石堤防後面，回憶著年輕時的自己；他稱自己為「懶惰的天才」。有時候，他對事情聽其自然。

加列特現在的日子變成整天待在泳池邊，他環顧四周，觀察自己的生活，說：「每次我去游泳池的時候，德克會一個人去拉特爾多夫。早上他會在那裡練兩、三個小時，然後回到烏茲堡，參加晚上的球隊練習。」「羅布斯並不是一直都拚盡全力。」德克曾經跟我說加列特的事。「他非常有天賦。無所不能。他是出色的網球選手。連現在他也能海放我。他很會打排球，也很會游泳。他是全能的天才。他可以做任何他想做的事。」這幾個月的時光充滿歡笑，實力獲得測試，比賽也能贏下來，球員在籃球出賽方面的進步也令人驚艷——是一段很美好的歲月。

時值一九九七年。夏天快到了。男孩們十八歲，未來不可限量。不過還有個問題，是關乎所有德國十八歲男性服義務兵役的問題，而且是一整年！為此，當然可以做點什麼，至少對於身高七呎的德克來說是如此——他得想個辦法擺脫困境！因為床、軍靴和軍服對他來說都太小了，步槍在他手中，看起來就像手槍。不過，蓋許溫德納倒是記得從前當士兵的感覺。他鼓勵各球員。軍隊可視為一種象徵，一種可以化為團隊運動的結構，而軍隊和團隊運動的結構幾乎是可一對一相比的，前提是以務實眼光來看，而不是理想化的角度切入。你必須學會去應對百無聊賴的時刻，以及階級的制度、約束和規則、身體挑戰，以及他人施加的嚴格控管。你必須能夠應對非理性和愚蠢的言行。「你不能退縮，」他說：「去聯邦國防軍（Bundeswehr）。」再怎麼說，蓋許溫德納都不是軍國主義者，而雖然聽起來很荒謬，但從軍對他來說，有著其他意義，那就是從軍的重點在於自由。

結果就在我眼前，在欽格斯特的海灘上：加列特沒有家，沒有穩定的工作，也沒有家庭或義務。衝浪店後面，停著一排活動式房屋兼貨車；其中之一是他的。他所居住的那台貨車可自行發電，飲用水準備一週用的份量，並已準備好應對任何突發事件。車內井井有條，每樣東西都有一處收納空間或抽屜。加列特自行設計這汽車，而一切也都照他要的方式安排。他在波羅的海度過夏天，在茂宜島度過秋天，冬天會去科羅拉多的滑雪場，到了春天則去加勒比海衝浪。一年復始之後，一切行程又會重新展開。加列特唯一得遵守的規則，就是季節和天氣。儀表板上有幾本書，他上臂內側的紋身也提醒他人生的優先事項。

「羅布斯老是說有一天他會離開，」德克告訴我：「他總是有不按規矩來的心理特質，這一點對我來說是完全陌生的。」

羅伯特會每年開車去法蘭克尼亞一次，在拉特爾多夫接受紐多弗醫師的檢查，在奧森富特探望他的母親，並和他的老隊友玩幾手牌。僅有少數人還在打籃球。當他需要建議時，他會致電蓋許溫德納討論，他每年都會經過達拉斯一次來拜訪德克，但目前他下榻旅館。不是因為他們相處不來了，而是因為他的自由感。生活變了，他不想成為任何人的負擔。到年底的時候，他的開銷和收入會打平。「羅伯特是自由人。」德克說。

一九九七年夏末的一個週日下午，加列特和諾威斯基再次坐在蓋許溫德納的車裡。他們開車穿過鄉間，越過山丘向北行駛，經過麥田和生氣蓬勃的綠植帶，而天空是巨大的灰色。德克望著窗外；他們話不多，但說話時會開玩笑。兵役是明天在福爾卡赫（Volkach）兵營開始，他們都不知道會發生什麼。他們很緊張，而德克後來使用的措辭是「焦慮」。那天早上他們練習最後一次後，便收拾好行囊駛離。在軍營大門前下車時，他們感到害怕。他們穿過大門，最後一次轉身時，蓋許溫德納正站在柵欄的另一邊。「現在你會體會到自由的意義。」蓋許溫德納上車並開回佩倫多夫前，如此說道。他們必須留下來，他們不知道什麼在等著他們；而即使他們知道，他們也無法改變會遇到的事情。現在他們知道了自由的意義。

加列特和德克整整兩週都禁止離開軍營，打籃球是天方夜譚。整整兩週的期間內，他們一分鐘都沒有練習；軍隊不會為了有才能的籃球員開特例。整整兩週的期間內，他們把槍拆解再組裝回去；他們睡在帳篷裡，背著背包圍成一圈行軍。對德克來說，床太小了，軍鞋必須特別訂購，褲子變七分褲，露營好累。加列特和德克在維修部門，但他們在不同的排。加列特於軍營的房間是在樓下，德克則睡在樓上。兩人僅偶爾見面，完全沒有一同行軍過。

德克想念投籃的感覺。他想念馳騁場上的速度，想念他的隊友，想念他們在場館的叫喊聲。他想念籃球賽。軍營內的日常生活制式化，毫無樂趣可言。德克不喝啤酒，但其他人會喝。他每次玩UNO或撲克的時候都會想贏，還有他晚上會累到無法看書。他看著窗外鐵絲網圍欄另一側的世界。公用電話則幾乎老是有人佔用。他納悶，當兵的歲月是否會影響他的職涯目標。德克是德國國手，別人跟他說，他會將成為德國最出色的球員。三年來，他一直在努力。他固然有著雄心壯志，但也納悶退伍的時候，是否必須從頭開始。他明明該把投籃練準，為什麼現在在當兵練習拆解槍枝呢？

數週後的週末，他們獲得允許離開。他們輪流開車；一次是開德克的Golf II，下一次開加列特的Corsa。週五放假時，他們會直奔體育館，週六打球，週日開車回營的時間愈晚愈好。他們在晚上九點三十分離開，必須在十點回營。他們會在最後一刻到達，而德克覺得他像是坐牢坐了好幾天，甚至好幾個禮拜。他穿著硬鞋行軍時，或是將某物用螺絲起子鎖上時，或是躺在那小小的床上時，他都會思考他的籃球，耳邊傳來「*tak tadamm*」的節拍，球咻地落入籃網。

雖未真正投入練習，德克的週末比賽表現很稱職。有一次，他在面對朗根（Langen）的比賽中砍了四十一分，之後對戰布萊騰居斯巴赫（Breitengüßbach）時拿下三十九分。只要有機會打籃球，他會感到鬆一口氣。他不屬於軍營。德克每次一進體育館，肩上的擔子就落下了。哪怕練球準備不充分，十八歲的德克仍稱霸聯盟。加列特和格林認為難以說明德克的表現，但德克並沒有過多談論關注度。他幾乎每投必中。在海德堡打完比賽後，德克在開車回福爾卡赫的路上，而轉頭問蓋許溫德納。

「霍爾格，怎麼可能會這樣？」他問。

「這就是自由，」霍爾格說。「這是自由的人所能做的事情。」

多年後，諾威斯基都能夠記住這段對話。每一個字，以及對話的每一字。蓋許溫德納總是會說「自由感」，要「永遠努力保持你的自由感。」之後，德克下榻舊金山的一間飯店，在他的房間內先是對我說：「你知道他是怎麼說的嗎？」然後模仿蓋許溫德納講出：「自由感！」

而檯面下，蓋許溫德納正在加緊腳步聯絡耐吉和喬治·瑞佛林。諾威斯基和隊友正在隨德國國家隊征戰，而蓋許溫德納則坐在看台上，給出他的建議。德克在荷蘭的比賽中腳踝受傷後，仍和蓋許溫德納開往巴黎，與瑞佛林會面。

德克是一張薄薄的白板，而瑞佛林是美國傳奇球探。他出生於一九三七年，與蓋許溫德納同一世代，長期擔任大學教練。當時他負責為耐吉發掘和培養國際人才。瑞佛林將籃球視為國際運動，他在尋找好的故事。他的工作是挖掘未來的廣告寵兒。瑞佛林他清楚得很，在正確的時間現身正確的地方，會帶來什麼效益。一九六三年於華盛頓林肯紀念堂（Lincoln Memorial），小馬丁路德·金恩（Martin Luther King Jr.）發表著名的「我有一個夢」演說時，瑞佛林便在擔任舞台保全人員，並且他很有膽識，在金恩離開舞台的恰當時機向金恩索取手稿。金恩將文件給他，然後瑞佛林加以保存，根據維基百科指出，這些手稿的最高競標出價逾三百萬美元。

在巴黎，儘管德克受傷，瑞佛林仍很高興見到諾威斯基和蓋許溫德納本人。幾週後，瑞佛林針對在聖安東尼奧舉行的耐克籃球峰會（Hoop Summit）發出邀請時，他還記得德克這位年輕的德國人。

九月的某個星期六，蓋許溫德納站在軍隊基地大門前。他叫球員們上他的車，因為他們得到了高級中士赫爾曼（Herrmann）的特別許可，便奔向多特蒙德。耐吉邀請德克等年輕球員參加一場表演賽，陣中他們將對戰查爾斯．巴克利等超級球星組成的隊伍。德克此時才剛結束背包行軍，儘管他的腳起水泡了，但面對巴克利的防守時，他仍有本事灌籃。巴克利後來說，德克上半場得到二十多分，後來得分慢慢來到三十分、五十分。巴克利很會講故事。超過二十二年後，德克退休，巴克利還是能把這個故事講得絲毫不差。比賽結束後，德克等球員還有一點時間，能和巴克利等美國球員一起慶祝。據說，巴克利在德克準備離開時，問德克：「孩子，你要去哪裡打球？」而德克還得回到在福爾卡赫的兵營。

「我在當兵。」據說德克如此回答。

「軍隊裡才不會有七呎長人。」巴克利回答：「孩子，如果你想打出成績，去讀奧本大學！」奧本大學（Auburn University）是巴克利的母校，他在招募德克。事實上，表演賽結束後數天，各大學開始打電話給德克和他的父母：有柏克萊（Berkeley）、肯塔基州立大學（Kentucky）、杜克（Duke），還有北卡羅萊納州立大學（North Carolina），蓋許溫德納之後整理各家的招募信，並收到一邊。當德克於凌晨回營時，他很高興，因為他才剛剛和皮朋、巴克利交手。會有任何好事上門嗎？

基本訓練結束後，羅布斯和德克成了德國聯邦國防軍體育團（sports corps）的士兵。週末時，他們主宰乙級聯賽。球場上，可看出他們是摯友。他們直來直往，彼此信任，彼此知道都知道對方的動作。當格林拿到球權時，他們為格林拉開空間。烏茲堡球隊擁有斯坦巴赫這隻怪物來處理場上的粗活，也有法學院學生尼古拉斯・伍徹爾，他能帶球過半場，引導隊友的攻防流動。德克在側翼策應，斯坦巴赫面對長人的防守，使對方沉退到一邊，加列特就位，恰好用投籃的慣用手接到球，這就是他偏好的配合方式。加列特的投籃速度快過其他人，他出手從不猶豫。

聯盟其他球員的對手，幾乎只有來自美國和冷戰期間東方集團的廉價外援球員。烏茲堡隊之所以異於他隊，是因為全面由年輕的德國球員帶領。克勞斯・佩內克和蓋許溫德納以非傳統的方式打球。他們讓球員從球場各處投籃，投球時必須毫不猶豫。他們的打法類似於鳳凰城太陽隊後來與史蒂夫・奈許、阿瑪瑞・斯陶德邁爾（Amar'e Stoudemire）和總教練麥可・德安東尼（Mike D'Antoni）的配合方式，或者說是二十年後金州勇士隊在史蒂夫・柯爾（Steve Kerr）執掌兵符下的帶隊方式。佩內克站在場邊，蓋許溫德納就在他身後。佩內克注意規則，而蓋許溫德納會挑戰規則的上限。球員們未命中時，不會感到難過，他們不會為自己的失誤感到悔恨，他們就只是很快擺平問題。外界會認為這種球風有風險，但不可否認的是，烏茲堡隊的球風很有趣，對於球員和觀眾來說都是如此。

賽季初期，尚屬年輕的德克得面對經驗豐富、富爆發力的球員；以德克為中心的吹捧天花亂墜，這群球員可不買單，他們發揮德國乙級聯賽球員的擅長本事：肢體對抗，而且是用盡全力。德克可以在全場各處投籃，但他會被推到籃下，此時德克的體重甚至還不到兩百磅。他只是逐漸了解到，如果他推回去並爭搶位置，他將無法生存。德克學會反過來利用對方面對他時所發揮出的力量和質量，作為自己的優勢。德克既像舞者，也像柔道家，他吸收防守球員的力量，讓自己被推開。德克在打乙級聯賽時，投籃時的出手角度會特別高，加上他命中率又提升。此時已經可以看出，他未來的職涯會走得很遠。

過去兩個賽季中，烏茲堡隊幾乎沒有錯過晉級甲級聯賽的機會。今年如果沒有資格升上甲級，球隊將無法留住德克。此時西班牙、義大利、美國加州等來自四面八方的球隊，都想延攬德克。柏林和勒沃庫森兩支頂尖德甲球隊，也加入力爭德克之林。

烏茲堡隊整個賽季只輸了兩場比賽。德克得分手到擒來，場均二十八點一分。對於強悍、防守意識高、比賽時間較短的歐洲球賽來說，這表現不可思議。球員間的關係結構更加專業，每個人都知道其中的重要性。實際上，以乙級聯賽的球隊來說，烏茲堡隊的表現太過優異。加列特此時也即將披上德國國家隊戰袍，而後來加盟球隊的克羅埃西亞球員伊沃．納基奇（Ivo Nakić）也已拿過歐洲聯賽的冠軍。其他球隊的教練對諾威斯基讚不絕口，以此來激勵自家球員；對德克來說，對手的防守變得激烈而粗暴，但此時他倒是能應付了。他知道如何吸引注意力，然後傳球。他是最出色的球員，但他也知道所屬球隊的需求。

在那些歲月，加列特在打球時，某種程度上活在德克．諾威斯基的影子下，但加列特學會了與其共存。他想投籃時就投籃。在正常運作的整體組織中，加列特是其中的一環，他日後的身體永遠不會如同此時快速、靈活、強壯。他做他喜歡做的事，而球隊也贏球。烏茲堡隊為升上甲級聯賽，正往前邁進。此時這座城市陷入瘋狂，只要再贏一場，他們就會升上甲級聯賽，再贏一場，他們的夢想最終就會實現。只要再贏一場！

「然後，突然間，德克不見了。」加列特在岩石堤防後面的車內說道。門開了，白楊樹和大海發出窸窣的響聲，太陽正在西下。據說，當時德、蓋二人在那場攸關升級的比賽前，開車到法蘭克福，在天破曉時登上了飛機，到達拉斯，也去了聖安東尼奧，參加耐吉的籃球峰會。加列特噴出一堆會消音的髒話，他一點都不感到傷心。他說：「當然，一些內部人士知道內情。」球隊的所屬城市憤怒值飆到高點，氣憤了幾天，他們問：這樣做得體嗎？夠符合倫理嗎？不過，球隊並沒有如此激動。「講真的，」加列特說：「我們早就知道，德克終究是會離開的。」

腳踏實地

二〇一五年夏天

這裡是烏茲堡山上的一間房子，沒有什麼花俏的玩意，只是座落於體面的住宅區。這裡沒有老別墅，也沒有超大樹木，只有剛種植的果樹和樺樹。各個人家在此養兒育女，沒有傳統的有錢人家。房子又大又寬，由玻璃和花崗岩建成；太陽照耀山丘，山谷下面的城市在沸騰。車道上既看不到車影，也看不到人影。

德克先在車道上讓我下車，這條車道通往的房子，是萬一他決定回到烏茲堡時所蓋來用的房子。不過，德克從未當過這間房子的主人。他離開德國已經大半輩子，他在達拉斯紮根，妻小在美國德州感覺像是在自己家裡。德克可能永遠不會回來。姊姊瑟珂此時和她的丈夫和孩子住在這裡，但他們目前正在度假。德克的父親今天來這裡打理房子和打掃游泳池。「至少他是這麼說的，」德克說。「但他就只是想安靜游泳。」

雖然沒有空調的體育館太熱了，諾威斯基剛剛還是在蘭德薩克訓練，籃板是我抓的。我採訪德克的父親時，德克打算和我一起，但潔西卡和小孩今天下午有事，所以是德克的母親做了午餐。他讓我下車後按喇叭，但沒有人應聲。

我繞著房子溜到露台上。有一個塑膠籃球框，位置太低，框體已經歪七扭八，無法練球。這裡還有足球、排球，以及充氣橡膠動物。「哈囉？」我呼叫著：「不好意思有人嗎？」沒人應答。我瞬間覺得自己活像個闖空門的人，我在想要不要折返，或至少按門鈴。

過去數年，我寫了一些關於德克的側寫報導。我一直在看他的比賽、在媒體的用餐房間交際，並等待記者會。三年來，我採訪球員、教練和友人，觀看德、蓋二人的訓練，也和蓋許溫德納在咖啡廳度過了無數光陰。有人跟我說，我通過審查，才得以和他們共用晚餐，來到他們住處的泳池。為了蓋許溫德納的七十歲生日，目前正在籌劃一本紀念用的書，書裡滿載和舊識與友人之間的對話，這本書由我操刀。書名會是《應用式廢話》（*Applied Nonsense*）。德克的父親和霍爾格都經歷過很多瘋狂的事情，在我看來，他們在德克人生中的角色有異曲同工之妙：一位父親兼教練，一位教練兼父親。

然後德克的父親突然站在我面前，穿著泳褲和T恤。「你好，」他說道，微笑握我的手：「我是約爾格。」美國人管他叫「J-Dub」，發音省略自他本名「約爾格—維爾納（Jörg-Werner）」的縮寫「J. W」，而他的家人也是這樣叫他。

約爾格—維爾納・諾威斯基對人友善，是老派的商人，一九四三年出生於阿特米特外達（Altmittweida），但在烏茲堡長大。他是妙語如珠的開心果，有他在，氣氛就很歡樂，以現代話來形容，就是個社交咖。他是專業的油漆承包商，業務關係始於當地的酒吧，和別人握個手，就拿到合約了。諾威斯基一家人的工作量很大，而至今口袋也還算深，足夠買一間附後院的房子。現在J-Dub已經退休了，但有時他還是會去辦公室，看看情況如何。儘管愛子賺得日進斗金，J-Dub倒是從未想到要用兒子的錢讓自己停下來放鬆一下。

至今J-Dub和我都只是偶然相遇；一次是在柏林的晚會上，一次是在烏茲堡踢球者（Würzburger Kickers）場館內所辦的慈善足球賽上，還有一次是他給我寫了一封電子郵件，感謝我寫了一篇關於他愛子的側寫報導。他認識我，他很會記人臉（德克這項技能可能遺傳自他）。不過，我們互動的程度也是這種程度。

此時德克的父親向我揮手，示意我去房子陰影下的游泳池。他用一只網子檢查池邊，從水中撈出幾片葉子。當我問他是否介意我錄下對話時，他突然打斷了我，說：「大哥，太熱了。我們也可以到水裡說話。」

「好啊，」我說：「可是我沒有毛巾，我大概要……」

不過約爾格已經脫掉上衣，跳進水中，連頭也栽進去。

約爾格從前是出色的手球運動員，今日仍擁有高大魁武的體格，用來投球的那隻手臂相當壯碩。他已經七十多歲，若非心臟問題，他的健康可能會更好，且他的聲音嘶啞。在我們見面的最初幾秒鐘，就能感受到某種運動精神。我們彼此握手，說笑則代表一種挑戰，一副「小子，來吧！把你的襯衫脫掉，跳到水中！」的樣子，這戰帖不能不接，只見德克父親浮在泳池水中，往上看著我。

「你是害怕嗎？」他問：「水太冷？」

我把錄音機放在泳池邊，疊好T恤，穿著ALBA柏林隊的球褲爬進水中。我打算開始談論蓋許溫德納，以及最初那混亂的幾年，當時還不清楚德克是否會成功——那是他拿下NBA總冠軍之前、進軍NBA之前、在他成為職業籃球員之前的一段日子。我想談談父親身兼教練的角色重疊，這是諾威斯基父親的親身經歷。畢竟，他很久以前當過德克的手球教練，也好幾年陪他參加網球錦標賽。

我根本還不必問那麼多，約爾格就侃侃而談了，他宛如一台說故事的機器，他講話沒有顧忌，再說好故事本質上就是好故事了。他說起故事信手捻來，不用瞻前顧後。或者這麼表達更好：他是一個用心形容的人。初秋的落葉在我們身邊飄蕩，我們如同浮標，在泳池邊的麥克風周圍擺動。諾威斯基父親說了一個又一個故事，一則則秘辛都給揭露出來，傳聞也說得天花亂墜，這些可都是我寫不出來的故事。要是他感覺太熱，時不時就會跳到水裡。之後我回放錄音，因為很多水花噴濺和水流淌的聲音，很難聽懂我們在說什麼。他說「蓋許溫德納」的時候，會加重第一個音節，而不是德語中通常會加重的第二個音節。

我詢問德克的開始。當蓋許溫德納在德克人生中的角色不斷增長時，約爾格身為父親，是否感到很難過？一個「父親的形象」，他說，他可以看到我要談什麼：「蓋許溫德納的子弟兵。」他潛入水下並停在那裡，而可以感覺到現在的氣氛很詭異，也很難不讓人如此想像。我一直憂心這項問題。我也身為人父，女兒還正值青春年華，但我可以想像將一個孩子完全交給教練和一項運動，有其難處。

德克的父親站起身來，簡短思索了一下，但隨後沒有給出明確的答案。他講了一堆不折不扣的軼事，以及不為人知的故事。而我熟悉其中一些。他說到搭乘破舊的福斯廂型車前往法國南部參加國際歐洲錦標賽的旅程，說到蓋許溫德納槓上德國的籃球官方人員，說到德克爸爸他自己如何忍受牙痛的折磨，用止痛藥才能開車回來。或者是那則打賭的故事：有一次國家隊比賽結束後，一群親朋好友在道地正宗的凡爾賽餐廳享用奢華大餐，每個人出席時，都打扮得符合用餐地點的氛圍。「除了霍奇（霍爾格暱稱）以外。」蓋許溫德納現身，穿著他的伐木工風格襯衫和牛仔褲。有人注意到他的裝扮，接著提議打賭：如果蓋許溫德納能在十分鐘內穿上更體面的服飾回來，就請大家喝店內最貴的威士忌。每個人都知道蓋許溫德納旅行時，只帶著一只小手提箱。「就這麼說定，願賭服輸啊！」不到五分鐘，蓋許溫德納發揮他特殊的西裝折疊技巧，身穿端莊的燕尾服現身。他的紅色小手提箱幾乎可以裝下所有東西。「而且一點都沒有起皺！」之後，大夥像兄弟一樣共飲威士忌。

我告訴他我去欽格斯特的海灘拜訪了加列特的事情，我們在那裡談論他們早年的歲月、德克在福爾卡赫當兵，以及他在乙級聯賽最初幾年的事情。諾威斯基父親還記得那一天：蓋許溫德納一大清早來到他們家前門，帶著十八歲的德克去聖安東尼奧的耐吉籃球峰會，棄打了烏茲堡的晉級比賽。他記得媒體和烏茲堡籃球賽場上所感受的痛楚。「德克和霍爾格走了，」他說，他似乎對這些事件沒有美好的回憶，哪怕這已經很久以前，而且不再重要了。「但我們還在這裡。」

雲出現了，諾威斯基父親從水中出來。「我們需要把游泳池蓋起來，」他說。畢竟這是我們來這裡的原因。我跟著他爬出來。我們共用一條毛巾，把剩下的葉子從游泳池裡撈出來。我們用防水布蓋住游泳池，然後想在廚房煮咖啡，但一顆咖啡豆都找不到，也沒有咖啡壺。這房子裡的所有東西，都比一般房子的東西略高，因為這裡一切都是為德克打造的，所以冰箱更高，廚房的調理台也與一般人的胸同高。我們決定喝茶。

雲從山谷上空穿過，訪談的機會慢慢消失，當德克的母親敲露臺的門時，我們的談話就結束了。她打招呼打得很客氣，但語帶保留。她說她很擔心，因為她的丈夫沒有接電話，所以她決定來這裡。J-Dub 笑著說了「充電器」和「電池」之類的詞，我環顧四周。我完整自我介紹的時候，她點頭。沒錯，她記得我。

德克母親赫爾嘉．諾威斯基宛如一本闔起來的書，一個謎團。在德克的職涯這些年，赫爾嘉從未接受過採訪，也沒有任何文章，而且多數都出現在照片中的背景。幾十年來，她經營家族企業，並管理德克的財務。她出生於一九四三年，是籃球員，曾入選國家隊。據報導，她對籃球的掌握度很高，但她不談這些事。大家總是說，她管理著可能是世界上最大的德克．諾威斯基檔案庫，她還觀看每一場比賽，她不是在德國晚上看直播，而是看早上的錄影。不過，她也不會談論這件事。赫爾嘉唯一讓自己被別人拉到鏡頭前的一次，是為了德克的電影紀錄片《完美投籃》，在德、蓋二人用盡吃奶力氣說服之後，赫爾嘉點頭。片中，她出現的場景是一間廚房，在蓋許溫德納位於佩倫多夫那間前工廠改建的寓所，廚房經過重新整修。

可以清楚看出的是，她寧願不要坐在鏡頭的前面。赫爾嘉有個綽號赫爾嘉斯（Helgus），幫她取這個帶有古羅馬味道姓名的人，就是德克。至今到大家都會叫榮譽稱號般地這樣叫她。

我快速思考要找個機會詢問，約訪德克的媽媽，但她動作精準地關上門窗，然後漫不經心地給花澆了水，再把茶杯放進洗碗機。所有這些都在五分鐘以內發生。當我終於問到她：「也許我們可以很快地找時間談一下？」的時候，她拒絕了，態度禮貌而明確。她說自己從未與記者交談過；她面露友善、澄澈的笑容。而她不和記者交談的時候，事情總是很順利。

諾威斯基的父母帶我出去，一路去市中心，然後他們會回到德克從前長大的房子，位於「貓丘山下路」。他們和孫子度過下午，與德克和他的家人一起度過了夏日的夜晚。這一次，當我在烏茲堡中央車站下車時，我想我明白了諾威斯基一家的秉性：母親有著韌性，堅持待在幕後；父親則是自我肯定，並展現實質的機智。哪怕生活標準不斷變化，他們有著決心，堅持著已獲得驗證、已知的事物，這也是所謂的「腳踏實地」。

諾威「茨基」

下面這個故事，也同樣有不同的版本。

德克的父親記得沒錯，蓋許溫德納早上六點敲門來接德克。德克記得他的悔恨、他的疑惑。幾個月來，他效力的烏茲堡隊一直在為這場重大比賽而努力；他們都有在德國籃球聯賽中晉級的共同夢想。在經濟上也有其必要性，畢竟烏茲堡隊已投入了大量資金、人力和熱情，來實現這項目標。每個人都指望德克將他的球隊帶入甲級聯賽。

相比之下，蓋許溫德納記得有在他們離開前幾天，告訴赫爾嘉斯。德克母親想知道此行是否真有其必要性。這幾個月來，德克一直前往客場比賽，但這次一出門，可就代表她的兒子可能赴美，且很快成行。德克會在某個時間點離開烏茲堡。對所有了解籃球的人來說，這件事勢在必行。不過，只有少數人認為他有可能離歐赴美，大多數人認為這想法很瘋狂。蓋許溫德納說雖然德克的母親難以說服，但她會是關鍵人物——向來都是。

「是的，」他回答：「這是我們唯一的機會。」

一九九八年三月二十四日凌晨，德、蓋二人驅車一個半小時，到達法蘭克福機場。他們幾乎沒有交談隻字片語。當他們一開口，就是談耐吉籃球峰會。在這場一年一度的賽事活動中，前景最為看俏的美國球員將對戰世界各地的球員，但他們沒有談到這對德克職涯的潛在發展性。蓋許溫德納再次從機場致電位於烏茲堡的德克母親，獲得最終許可。於是兩人上了航班。

德克爸說，烏茲堡的每個人都處於緊繃狀態。這座城市的人，腦海裡想的是晉級賽，而不是接下來的光景。他們正在考慮手頭的任務，而不是未來。當地報紙《美茵郵報》（*Main Post*）批評德克的應對風格，並質疑他的「品格」。蓋許溫德納被稱為「美國秘密任務的主謀」，他偏離了常規、製造了利益衝突，帶來對未來的另一種想法。《美茵郵報》想要球隊升上甲級聯賽，而德、蓋二人想要與世界上最偉大的球員一起打籃球。

德克的父親很糾結。他了解到烏茲堡晉級比賽的重要性，這對他也很重要，不過運動歸運動，品格歸品格。但是，或許問題真的和品格有關？當時的他並不確定，但回首過往，此時的他在游泳池中載浮載沉，撈出夏末的落葉，已經能笑看一九九八年春天舉棋不定的那段日子。

在德克消失的那一天，不可能知道球隊陣容只要有加列特、格林和納基奇，就足以贏得升級比賽；也不可能知道，這從來不會是個非此即彼的情況：沒有人能料事如神，預測到留在國內升至甲級和赴美打拼後的發展情況。他所錯過的這場比賽，只是蒼白的記憶；在大多數書籍和報紙報導中，沒有提及對手的隊名，也未提及比分；本書在此正式紀錄一下：對手是ＳＳＶ魏森費爾斯（SSV Weissenfels），比分為一百一十三比八十三。

當烏茲堡怒火中燒時，諾威斯基和蓋許溫德納正坐在航經格陵蘭上空的飛機。當他們抵達達拉斯時，沒有人等候迎接。他們走上高速公路進城，此時已筋疲力盡。旗幟飄揚，廣告牌上主打的是美式足球達拉斯牛仔隊（Cowboys）。當地氣溫比烏茲堡更溫暖。二十年後，當我問他們這件事時，他們無法肯定當時進城時的談話內容。他們也不記得當時是搭計程車還是租車。也許他們從商業街（Commerce Street）的高速公路下來，並經過約翰·Ｆ·甘迺迪（John F. Kennedy）遇刺的白色十字架，也許他們會轉向南休士頓街（South Houston Street）。天際線倒映的樣子，實際上看起來像在某部電視劇的片頭字幕一樣，那是諾威斯基一家人和全部德國人在八〇年代觀看的那部劇（德克記得字幕的黃色大寫字母，他仍可以哼唱主題曲）。他們開車經過達拉斯市中心一棟棟紅磚建築、一個個褪色的字體，以及一間間公司的名稱。他們沿著緬因街（Main Street）行駛，這是德克初次踏足這座有一天將屬於他的城市。

他們住在凱悅飯店，就在獨行俠隊比賽的留尼旺球場旁邊。場館很舊，籃球在這座城市並不那麼重要，當時獨行俠隊是聯盟中最差的球隊之一。達拉斯是美式足球之都，是「美國隊」的主場——也就是全球最有價值的體育隊伍達拉斯牛仔隊。

當天晚上，世界選拔隊將與義大利教練桑德羅．甘巴（Sandro Gamba）在高處第一次會面，地點是重逢塔（Reunion Tower）塔頂的旋轉餐廳（即所謂的太空球）。在達拉斯接下來的三天裡，他們會為在聖安東尼奧的比賽做準備。球員們都同齡，但來自世界各地。英語是他們的通用語，但沒有人說得流利。其中多數人沒有帶教練來。現場有來自阿根廷的路易斯．斯科拉（Luis Scola），以及來自立陶宛的達留斯．宋加拉（Darius Songaila）。當德、蓋二人走進餐廳時，他們被告知只有德克可以來，因為「僅限選手」。

德克在塔頂與球隊共進晚餐時，蓋許溫德納在大廳閒逛。突然，唐尼．尼爾森從電梯走了出來。他當時三十六歲，身高和體重一般。唐尼．尼爾森擔任球探和助理教練；他在歐洲有很好的人脈，未來幾天將管理世界選拔隊的訓練營。他有看到蓋許溫德納被請出來的樣子，決定請他吃晚餐。唐尼．尼爾森是相處起來很愉快的人，懂得與人交陪。「就是要這樣做，」多年後，他在辦公室向我說明：「只要不是冷血動物，都會這樣做。」當然，這並非完全沒有私心。唐尼．尼爾森也是策士；哪裡有機會，他就會發現。對於這種場合，他像是裝了雷達般敏感，立刻就感覺到對諾威斯基這位年輕球員來說，那位穿著伐木工風格襯衫的傢伙想必是個人物。雖然以前聽說過德克，但在凱悅飯店初次看到他時，他對德克的實際體格感到驚訝。唐尼・尼爾森十分了解，哪怕德克的速度只有眾人口中的一半，也會是很有意思的球員。

唐尼・尼爾森和蓋許溫德納大聊特聊全球的籃球狀況。雙方比較雙方的願景，並立即知己知彼。對德克的未來而言，這場邂逅的重要性，高於在塔頂舉行的任何球隊會議。

世界選拔隊在達拉斯的往後數天內，準備了與美國球員的比賽。他們在貝勒・湯姆・蘭德里中心（Baylor Tom Landry Center）的獨行俠隊訓練場地內訓練。甘巴是教練，唐尼・尼爾森是其助手之一。獨行俠隊的總管奈利（也就是唐尼・尼爾森的父親）坐在訓練場地的辦公室，透過百葉窗凝視著。他應該如何是好？天時地利都有了，他幹這行也好多年了，現在眼皮子底下看到的，正是他所看過最有天賦的球員（至少奈利日後如此形容）。

一切因緣匯聚，既已盡了人事，也有天命的巧妙安排：如果獨行俠隊準備工作沒有在達拉斯進行，沒有在奈利窗前的訓練設施中；如果尼爾森父子沒有那麼開放和創新；如果德克的母親沒有同意，並無視德克父親的疑慮；如果蓋許溫德納沒有冒險展開這段旅程；如果唐尼・尼爾森和蓋許溫德納沒有外出晚餐；如果他們對現代籃球沒有英雄所見略同——那麼所有事情的發展都可能完全不同。

不過，一九九八年三月十九日，德克・諾威斯基踏上阿拉莫足球場體育館（Alamo Stadium Gymnasium）的籃球場，位於聖安東尼奧，代表世界選拔隊出場。看台上座無虛席，主要是球探和大學教練。喬治・瑞佛林和耐吉的人馬也在那裡。攝影機已經架好。美國球員將美國國旗贈予對手，以表歡迎。最好的高中球員在美國隊，他們已經習慣於被追求和吹捧。當中有艾爾・哈靈頓（Al Harrington）和拉沙德・路易斯（Rashard Lewis）；他們往後的ＮＢＡ生涯很穩健。站在鏡頭前，讓記者撰寫報導，這些對他們來說並不是什麼新鮮事。他們多數人已經獲得名門大學的入學許可。他們習慣贏球，也習慣用適合電視播放的簡單短句來談自己的勝利。他們知道自己的才能會為他們賺進大把鈔票。他們從未聽說過對手陣營的任何球員，這支球隊實際上被稱為「美國境外隊」（Rest of the World）。

德克不太是如此冷酷漠然的人。當球隊穿過足球場的巨大停車場，進入小型的附屬體育館時，他很緊張。他正是為了這些時候才打籃球的：他觀察對手熱身，檢查他們的體型和性格，然後出去、展示自己。蓋許溫德納一直提醒他要時刻注意自己能做什麼，而德克知道這一點。從今天的電視畫面中，可以看到蓋許溫德納凝視著球場，動也不動，高度專注。可以看到伐木工風格的襯衫已換穿為針織毛衣，幾乎像是他為這個場盛裝打扮了一樣。瑞佛林已安排蓋許溫德納可以直接坐在板凳區後面。在德克的世界隊暫停期間，他會用德語吼出他的看法，有時甘巴教練會不悅地看著他。他不知道這些看法來自何方神聖，也不知道這個人在他的板凳後雙臂交叉著在做什麼。

美國隊在比賽開始時繼續進攻。很快地，比分來到十比四。他們進行全場壓迫，並從「美國境外隊」手中搶到球權，並持續這樣的攻防成效。諾威斯基是先發五號位；他是隊上最高的球員。對手猜到對位者會是長人，但不把德克放在眼裡，畢竟德克太瘦了，但隨後德克在右邊側翼拿到球，此時看管他的是傑森・卡佩爾（Jason Capel）。德克在最擅長的進攻位置拿到球，探查場上情況。當他看到卡佩爾預料他傳球時，德克無所猶豫、毫不畏懼地選擇下球過人，飛速衝破防守者，在過了罰球線一、兩步的地方收球過人。蓋許溫德納已經指示德克，不應該軟軟地切入，所以德克全力衝向籃框，但在以雙手準備演出雷霆萬鈞的灌籃時，同時遭到卡佩爾和傑倫・拉許（JaRon Rush）犯規。他們設想過對手的很多球路，但一名身材單薄的德國孩子試圖在他們眼前把球直接塞到籃框，可是他們想也沒想過的。德克兩罰全中，這是他和蓋許溫德納討論過的另一件事：讓對手對自己犯規，站起來，然後罰球——罰球拿到的兩分也是紮實的兩分。

比賽拉鋸。美國球員運動能力更出色，並主宰上半場，但世界選拔隊在下半場展開應對，並吹起無情的反攻號角。德克站上罰球線二十三次，他讓防守球員疲於奔命，一再賺到犯規機會。防守德克的球員很驚訝，他們的教練感到棘手。如果他們逼近身邊，德克會從他們身邊快速穿過；如果他們給德克空間，他會從三分線後面投籃，所以他們在下一次球權轉移時會前去嚴加看守德克。當美國隊在後場施壓，而「美國境外隊」的後衛難以將球傳過半場線時，德克會回頭來自己拿球。德克不吝於和對手接觸時展開肢體對抗，他比外表看起來更習於此道。德克利用了美國隊對他的偏見，形成自己的優勢。在聖安東尼奧舉辦的這場比賽，已經有十足十的德克風格：日後德克球風的雛形，基本上都已經在這場比賽中呈現，此外還有著更多可能性。

看台上眾球探和教練在他們的筆記本上塗寫。他們之後的報告所寫的是，他們意識到自己正在看到一種新類型的選手：一位有移動能力的七呎球員，這位七呎球員能投籃、能集中注意力，不會分心或被對方嚇倒；這位七呎球員在這場可能是他一生中最重要的比賽中，發揮了他原先準備發揮的心理素質。

如果看今天的比賽錄影，最引人注目的事是德克的名字經常拼錯成「諾威茨基」（Nowitzski）。在開場的幾分鐘裡，電視球評仍然完全相信他們自己國家的球員哈靈頓和劉易斯，但隨後他們先是懷疑，然後不禁驚訝，最後轉為熱情。媒體要求德克接受賽後採訪，這機會原先都是保留給勝方表現最出色的球員。德克以小學生程度的英語，靦腆地說他想證明歐洲人也可以打籃球，他們可以的。最後，場上記者稱蓋許溫德納為「霍爾格教練」，好似認識多年一樣。

尼爾森父子看比賽時，一同觀看的還有其他ＮＢＡ經理階層、大學教練，但尼爾森父子決定不談論德克，而是默默利用他們所擁有的小小優勢。他們不僅看過德克打球，還看德克練習。而且不止一次，整整三天。「我不知道會發生什麼，」尼爾森說：「我們當球探的有一句話：外表會騙人。訓練的第一天，你看到一名七呎長人動作流暢。你覺得還不錯。但到了第二、三天，我開始清楚了解到，那不是幻象。」

尼爾森父子認為德克是「真功夫」，他結合了身體能力和創造力，以及慣例和創新。他們認為德克可以成為球員、不折不扣的球員。而且最重要的是，他們還與蓋許溫德納交談過，甚至共進晚餐。因此，他們知道細節，他們希望盡量不透露內情。

＊　＊　＊

史蒂夫．奈許在電視上觀看該場賽事，不久之後就忘記了德克的名字。麥可．芬利在報紙上讀到比賽的報導。史考特．湯林此時正服務於肯塔基大學的體育室，不到兩週後，該部門邀請德克參觀校園。大鳥柏德之後回放錄影，回憶起他的青春歲月。里克．皮提諾看比賽，決定嘗試將德克帶到波士頓塞爾提克隊。來自柏林的斯維蒂斯拉夫．佩西奇和來自勒沃庫森的德克．鮑爾曼在諾威斯基的答錄機上留言。在烏茲堡那邊，加列特聽說比賽結果，聽到他的朋友表現亮眼，鬆了一口氣。在機場，蓋許溫德納買了一份報紙，證明這次赴美是成功的決定：「國際隊電翻美國隊」登上頭條。他說，這次赴美是值得的：「這是他唯一的機會。」

當德克返回烏茲堡時，已經事過境遷。球隊在沒有他的情況下擊敗了魏森費爾斯。但時至今日，蓋許溫德納仍會談論針對他們兩人的強烈情緒。「他們強力抨擊我們，」他說：「他們真的很生氣。說我是毀了年輕人的人。他們大力抨擊我們。」蓋許溫德納遭指控將個人利益置於團隊利益之上。這當然沒有說錯，但接下來幾十年將證明當時是正確的抉擇。赴美結果將證明當初選擇的正確性，而往後種種，也證明了他的宏大眼光。蓋許溫德納日後逐漸成為德克的管理人，他們複雜的關係進一步發展出各種頭銜、不明確的角色，以及深厚的友誼。

球隊在該賽季毫無意義的最終賽比賽中，以九十五比八十八的差距，戰勝了弗萊堡（Freiburg），這次德克有上場。球場座無虛席。德克拿下二十六分，並全場獲得隊友攻防支援；他們告訴我加列特和格林也是如此，他們輪流彼此照應。

諾威斯基家的餐桌上堆滿了大學招聘信，每次回家，答錄機的燈都在閃爍。蓋許溫德納寫了一封封友善但態度堅定的信，要求對方要有耐心。

兩人五月再次赴美了解這個國家，並冷靜考慮德克的下一步：他會在歐洲成為一名職業球員嗎？他會去美國讀大學嗎？哪些大學課程會讓他繼續發揮這種非傳統的球風？還是他會留在故鄉，為德國籃球聯賽的烏茲堡隊效力？

他們參觀了蓋許溫德納最喜歡的柏克萊和史丹佛大學，在大峽谷健行（單日往返，對德克來說是一種心理耐力測試），並在拉斯維加斯周邊漫步。肯塔基大學邀請德克前來，向德克推薦其課程和校園。之後蓋許溫德納宣布德克參加NBA選秀。在耐吉的籃球峰會之後，德克有望躋身前十大新秀。行情似乎看俏，機會的大門敞開：如果德克願意，他可以成為美國國家籃球協會的職業球員。他兒時的夢想可能成真。

後來，德克不記得他們何時取消了上大學的選項，或者何時將留歐從計畫中抹除。據推測，尼爾森父子和獨行俠展現出足夠具體、熱切的興趣，他們對德克勾勒出清晰的願景，足以讓其他選項相形見絀。尼爾森父子和蓋許溫德納很可能兩人咬耳朵，而且他們可能有自己的共識。這種情境對於德克這樣的球員來說是完美的：教練喜歡冒險，助手聰明伶俐，球隊輸多贏少，但長遠來看，會變得更出色。他們可以給德克很多上場時間，因此有很大的發展空間。

尼爾森父子制訂了使德克成為「獨行俠」的一項計畫。他們在一九九八年的選秀中擁有第六順位，但唐・尼爾森想要的不僅僅是德克。他想將獨行俠隊打造為奪冠陣容。德克一宣布參加選秀，尼爾森就開始尋找可能的交易對象。獨行俠隊聯繫了擁有第九順位的密爾瓦基公鹿隊。

公鹿隊迫切需要有爆發力的長人球員，一名大前鋒。幾個月來，他們一直在關注密西根大學的羅伯特・特雷勒（Robert Traylor）。他的綽號是曳引機，他的球風也像一台曳引機。儘管位置相同，他與德克截然相反：高大、沉重、兇猛。公鹿隊擔心特雷勒不會在第九順位選到，所以獨行俠隊應該用第六順位選擇，之後兩隊將進行交易，達拉斯將獲得另一支選秀權作為交易談判的籌碼。這很冒險，但冒險可是尼爾森的嗜好。兩隊都提前宣布了交易，一九九八年六月二十四日選秀日，一切都按計畫進行：獨行俠隊得到諾威斯基，用第十九順位選中派特・蓋瑞提（Pat Garrity），然後將他交易至鳳凰城太陽隊，在這個交易包裹中，同時加上布巴・威爾斯（Bubba Wells）和馬丁・穆爾賽普（Martin Müürsepp），換來了史蒂夫・奈許。結果皆大歡喜。

唐尼・尼爾森在鳳凰城的時候就認識奈許，並且對他評價很高。他看著奈許在鳳凰城的訓練，知道太陽隊未能給予他足夠的上場時間，而當太陽隊給了奈許夠多上場時間，卻又不懂得善用他。奈許在鳳凰城的投籃數不足，他的傳球能力也未充分發揮。尼爾森父子認為他可以做得更出色許多，而也一如尼爾森父子所擘劃的願景，奈許儼然非常適合獨行俠隊的比賽。

在烏茲堡，德克以他一貫的精準性和耐力展開訓練。他的友人看到的是一項抽象的想法具體成真。顯然如果德克願意，他可以去達拉斯，但第二天，他們又回到了拉特爾多夫的小體育館練習。

尼爾森父子和球隊老闆小羅斯・佩洛特（Ross Perot Jr.）於次日抵達烏茲堡，向德克推銷自家球隊。他們一整個晚上坐在蓋許溫德納家的後院，喝啤酒、吃香腸。第二天晚上，他們前往烏茲堡當地歷史悠久的餐廳貝約弗勒（Backöfele），與德克的家人共進晚餐。他們喝醉了，用蹩腳的英語和德語交談，然後最終宣誓永遠的友誼；對於德克爸J-Dub來說，他總是在酒吧談到生意，這對德州人來說也是如此。這支獨行俠代表團邀請德克再次造訪達拉斯；選秀四天後，德、蓋二人在另一個航班上。

這一次在達拉斯沃思堡機場，對方費盡心思在歡迎德克一行人：有掛德克海報、有歡呼聲、有接駁車服務，並提供更好的飯店，準備完美到位。德克往後才發現，他以為是球迷的人，實際上是球隊的員工。獨行俠隊迫切希望在達拉斯見到德克，他們擁有將德克簽入ＮＢＡ聯盟的權利，但這權利不保證德克會簽約。如果諾威斯基想留在歐洲，達拉斯便沒有與他簽約的機會。

德、蓋二人在獨行俠隊的訓練場館訓練，顯然比德國的體育館更漂亮、更豪華。其他幾位球員也在那裡。他們讓德克與大前鋒薩馬基・華克（Samaki Walker）進行一對一的對抗。沃克此時進軍ＮＢＡ兩年，而實際上德克仍效力於一支關注度沉寂的德乙球隊，但他卻打得很出色。

「四個禮拜，」德克氣喘吁吁地對蓋許溫德納說：「然後我就能搞定。」

「和我的想法完全一樣。」蓋許溫德納說。

在一家男裝店，德、蓋二人穿著典型的一九九〇年代西裝。然後唐・尼爾森匆匆召開一場記者會，介紹奈許和諾威斯基。他講了幾個善意的笑話，而德克似懂非懂，因為他太緊張了，無法思考笑話內容。電視影片可以看出他的不適。這些畫面後來成為他在達拉斯第一年的典型樣貌：新好男孩（Backstreet Boys）樂團的風格髮型、左耳上的耳環、版型方正寬大的美式西裝，以及沒有安全感的微笑。

在達拉斯的最後一天晚上，獨行俠隊邀請德、蓋二人到唐・尼爾森家，來一場德州燒烤大會。之後將於德克新生活扮演重要角色的人，都於此齊聚一堂：尼爾森父子；獨行俠隊的球星麥可・芬利，往後成為德克亦師亦友般的角色；麗莎・泰納（Lisa Tyner），獨行俠隊的會計兼神仙教母；留著刺蝟頭、新延攬加盟的史蒂夫・奈許。每個人都向德克擔保大家會很開心，未來幾年會很順利，大家將一起取得許多成就。

其中的前提是——沒錯，如果德克決定來達拉斯。德克與他們握手，用他不含酒精的飲料碰大家的酒杯，聽著，沉思著。

其他客人都離開，只有德克和霍爾格留在尼爾森家的游泳池裡，天空繁星點點。只聽得背景蟬鳴，他們反覆討論所有正反論點。這一天，是他們在達拉斯的最後一晚；他們明天返回。霍爾格原先計畫其實是來達拉斯確認狀況。他原本只打算向德克展示美國，以及美國帶來的可能性。而且，他想把德克・諾威斯基介紹給美國。他想向美國人展示，一切幾乎都是有可能的。赴美回來後，他曾想過再留歐兩年，讓德克為旅美做好準備。也許會去巴塞隆納或米蘭。然而，一切都發生得如此之快，一切的進展都超乎預期：耐吉籃球峰會、與唐尼的晚餐宴、獨行俠隊的選秀策略等等，天時地利人和到齊，現在是做決定的時候了。

夜晚的泳池畔，錢不是問題；他們更關心運動相關的問題。德克可以去任何地方。大型的歐洲俱樂部？勒沃庫森或柏林這兩大德國球隊？關鍵在於友誼和家庭，以及自信和遠見。他能承受這裡的壓力嗎？能承受這裡的緊迫與嘈雜嗎？他能滿足期望嗎？這個體系適合像德克這樣的人嗎？德克的父母會怎麼說？他老家的朋友呢？這是千載難逢的機會嗎？

「讓我們開始吧，」當蓋許溫德納累到無法繼續思考時，德克說道。「來吧，可是你必須幫助我。」

＊　＊　＊

回到德國，泳池之夜很快就彷彿一段遙遠的、不真實的記憶。烏茲堡隊為在德國籃球聯賽的第一個賽季做準備；與此同時，針對球隊老闆和球員之間的薪資分配問題，NBA正陷入激烈的勞資糾紛。只要紛爭沒有擺平，就禁止練球和比賽，球員停工，甚至會禁止球隊官方人員與球員交談。德克已經做出決定，有朝一日會成為NBA球員，但目前這一步往後延了。在球員工會和球隊老闆達成協議之前，他的夢想擱置中。

德克在早上追蹤談判進度，並像往常一樣與他的人手練習。來自漢堡的馬文·威洛比在此期間加入了烏茲堡隊。德克的好朋友們已經發展成為一支極具潛力的球隊，這在德國籃球界是很少見的。現在每個人都大了一歲，變得更強壯、球商更高。一九九八年九月四日，德克、格林、加列特和威洛比在德甲籃球聯賽首場比賽中，和ALBA柏林隊交手，對方陣容一堆德國國手。他們以一〇八比七〇的分差遭擊敗，但德克得到十七分。此時的他可是甲級球員。

過去這幾週，所有的目光都集中在他身上。烏茲堡對陣布倫斯克、班貝格和波昂。德特勒夫·史倫普夫是德國籃球界的燈塔，是唯一真正在美國球界取得成功的德國人。許多人懷疑德克是否能成為下一個史倫普夫；外界給予某種無情的審視，有嫉妒和幸災樂禍。德國籃球界仍然是原始、粗魯的。

一天晚上，諾威斯基在輸掉客場賽事後，坐在體育館的地上，一旁是友人布克哈德·斯坦巴赫。身處在一只只運動包包和一箱箱水之間，他們談論失敗的挫敗感。此時一位年輕的球迷站在德克面前。「我打得沒有那麼好，」德克後來說：「我大概拿了十分、十二分。那是我進入德甲的第一年。我當時大概十八歲、十九歲。然後那位年輕球迷來找我。」這名少年比德克小幾歲。他已經不記得那孩子的樣貌或打扮，但他完全記得那孩子說的話。

「嘿，」他說：「我還以為你更厲害。你永遠不會進入NBA。永遠不會。」

德克在聯賽一共出戰十八場比賽，場均二十二點五分、八點一個籃板。然後，一天早上，他打開電視，看到文字轉播，提到球員工會和球隊老闆達成協議。標題下著：「賽季有救了」。德克和球隊又練了一、兩次之後，收到獨行俠隊的官方傳真：「向達拉斯告知結果。」德克收拾行囊離開。

拜倫大道和德雷克塞爾路的轉角處

二〇一八年夏天

打從初次造訪達拉斯以來，我的手機就一直留著計程車司機海爾的號碼。某天週日，沒有比賽，也沒有和人約見，我決定開車四處走走，在諾威斯基打完職業生涯的這座城市，看看所有的地方，看看他在這裡待了多久，以及他與這座城市的連結程度。我撥了海爾的號碼，看看他是否會當我的嚮導，但他的號碼已不再使用。也許他現在的東家是Uber或Lyft等叫車公司。

自從德克一九九八年來到達拉斯，很長時間過去了，很多東西都變了。前留尼旺球場的舊址現在是荒地和停車場。有一座巨大的會議中心、高速公路橋樑和鐵軌。德克第一年球涯艱困，當初的場館已不復在——那座觀眾當初噓他和奈許的球場，那座德克有時整場比賽坐冷板凳的球場。

留尼旺球場有一座面積十六平方英尺的小型舉重室。德克曾跟我說，他還記得有時賽後會騎飛輪，這樣起碼有做一些運動。每當奈利教練參加記者會時，他都會從在飛輪上努力的德克身邊走過，然後拍拍他的背。德克回憶道：「一個人騎飛輪。孤孤單單的。球衣大概也還沒換掉。心情很沮喪和失望。那是我在留尼旺球場那一年的回憶。」

我把租來的車停在一間大型來愛德（Rite Aid）藥局的停車場，就在德克早年最喜歡的「怪客酒吧」（The Loon）所在地，這間酒吧目前已經不在了。德克、奈許和芬利過去經常在這家酒吧用餐。這間店服務態度好，且容易造訪，也是當年冠軍慶祝活動的地方，但不久後就拆除了。

那些年，他的公寓是在科爾大街（Cole Avenue）上的大樓建築群內，在更北一點的地方。儘管是星期天，街上仍摩肩頂踵。街正對面是一個熙熙攘攘的步行街，裡面有咖啡館和餐館。該建築群仍兀自矗立著，外觀是一層米白色的灰泥建材，無特出之處。建築物的院子裡有一座公共游泳池。起初，他的隊友奈許是鄰居，後來成為了朋友，無論是在訓練設施練到很晚，或是在沙發上看電視，幾乎所有空檔都在一起。直到母親和蓋許溫德納來搭起一張像樣的床之前，德克住在科爾大街的頭幾天，都打地鋪，睡床墊上。

德克從不煮菜，隊上的人總是外食或叫外賣。有時他們的鄰居中國前鋒王治郅會作東，邀請他們過來。多年來晨練之後，當時年輕的德克會驅車前往位於羅林斯街（Rawlins Street）附近橡樹坪大街（Oak Lawn Avenue）的義大利熟食店Eatzi's，購買義大利麵和沙拉，而且是每天。這間店還在；一位穿著圍裙和Eatzi's制服的歌劇歌手在週末的整點仍然唱著詠嘆調。蓋許溫德納仍然喜歡來這裡，坐在店前的長凳上，與鴿子群共進午餐。工作人員仍然熱情地談論德克——多年來他每天都來，只有在每頓飯前十五分鐘必須簽名時才停下來。「我們都會為德克那孩子準備餐點，」三明治櫃檯的女士說：「每一天。」

我往南走，這個星期天下午，高速公路上空無一人。重逢塔就在前方，可以看到那顆太空球，也就是當初德克與「美國境外隊」共進晚餐的地方。右邊是獨行俠隊新引進的最先進訓練設施；獨行俠隊為德克第三賽季建造的球場，在我的左手邊。高速公路向東蜿蜒，我開車穿過冷清的低發展區域，駛往蒂普艾倫區（Deep Ellum），那裡有著著名的德克壁畫，是全球球迷的朝聖地。其中有德克伸長手指投進三分的冠軍賽壁畫。泰勒街（Taylor Street）上的壁畫是德克張開雙臂的樣子，詮釋出喬丹風格，這可能是達拉斯內拍照最多的藝術品。我開車經過不遠處一間外觀平坦的倉庫建築，數十年來作為獨行俠隊總部，位於泰勒街二九〇九號。諾威斯基過去就是在這裡，每週有幾次會停車幫人簽名。在這裡，麗莎．泰納教他如何帶領一個新的國度、一個新的世界。原先沉悶的倉庫正面，現在被漆成了光可鑑人的藍色。會計、票務和管理階層的人員過去在這裡工作，現在則是獨行俠電競隊的總部。

這是我第一次見到麗莎．泰納的地方。她見證了這一切的展開。她一直擔任獨行俠隊的會計師，後來服務於德克的基金會。她第一天就去機場接德克，並直接幫助德克處理好紙本程序。「他又高又瘦，頭髮也太長了。」這是麗莎第一次見到德克時的想法。她有幾名子女與德克同齡，總是讓德克有安全感，不會見外。

麗莎說了一個故事，她曾注意到德克沒有存入他的支票，還把球迷信件和財務信件給搞混。她就是在這個時候「收編」德克。她讓德克養成習慣，每週來她的辦公室一次，坐在她的小隔間裡，簽名簽幾個小時。麗莎讓德克學到對籃球的承諾，以及對球迷的承諾有什麼意義。麗莎告訴他要認真對待人們，要平易近人，態度尊敬，並且腳踏實地。麗莎送給德克他人生第一支夏比牌麥克筆。直到今天，麗莎還是德克的朋友兼紅粉知己；而麗莎的桌子上也掛著德克和他家人的照片。我尋思，如果麗莎沒有在德克的生活中扮演她的角色，諾威斯基是否還會成為達拉斯的寵兒。

「當德克在美國時，」麗莎在我們於泰勒街第一次見面時笑說：「我是他的監護人。」

從蒂普艾倫區出發，我沿著I-35向北行駛，午後的陽光透過市中心的摩天大樓窺視。一九九八年籃球峰會的那個達拉斯，現在變成了不同的城市，變得更加開放和友好。而德克也搬到了達拉斯境內更好的地區。在德克確立了自己的球員身分，簽下了第一紙長約之後，以及在好友奈許離開達拉斯返回鳳凰城之後——諾威斯基開始尋找一間體面的房子。那時他擁有一輛體面的汽車，且經常有訪客。二〇〇四年，他二十六歲。他需要車庫和空間。而那間房子是我今天的最後一站。

我開車經過南衛理公會大學校園，沿著知更鳥路，只見沿途的房子愈來愈大、愈來愈別緻。德克購買的第一個家，活脫脫像是繪本中跳出來的住宅區：大學公園（University Park）。德克宅邸的尺寸中型，由刷白的磚頭砌成，住宅掩映在橡樹、楓樹、巨大的梧桐樹和美國國旗之間。松鼠在樹上爬來爬去。每隔一條車道就有一座籃球架。德克的房子位於拜倫大道（Byron Avenue）和德雷塞爾路（Drexel Drive）的路口，地址是五三一一號。隔壁有一所高中。龜溪（Turtle Creek）在房子後面流淌，而德克能記得小孩子們最後都開始在回家路上，開始敲他廚房的窗戶，大喊「諾威斯基！」和「德克！」在回家的路上。他職業生涯多數時光，都是在他住在拜倫大道時發生的。他總是在大型比賽、艱難訓練和慘敗後回到這裡。我四處走動、四處詢問。很容易想像德克住在這棟房子時，他成長為成熟球員，這座城市也開始將德克視如己出。無論你在城市中走到哪裡，人們都會分享關於個人遭遇、相互認識和重要時刻的小故事。以二度分隔來比喻，大家其實彼此都有所交集。

德克不再住在大學公園的房子裡；他搬到了北方距此數英里的地方。那是一棟有新故事的新房子。不過，人們仍然會在這裡談論他，談論德克這位名籃球員，那位住在龜溪的好鄰居，就在拜倫大道和德雷克塞爾路的轉角處。

骯髒三人組

二〇一八年二月四日

這一天是超級盃週日，我和一個人有約。相較於曾和諾威斯基一起打球的兩百多位隊友，我對這個人的興趣還多於那些隊友：那個人就是史蒂夫．奈許。之所以興味盎然，不僅是因為他充滿驚奇的生涯、球風的精妙，也不僅是他的MVP獎項、投籃命中率，更不僅是他那既狂野又精準、能突破防守漏洞的地板傳球——這些表現固然都令人著迷，但仍無法解釋我的興奮感。奈許是傑克．麥卡勒姆（Jack McCallum）著作《最多七秒》（*Seven Seconds or Less*）的主角之一，這本書探討的是鳳凰城太陽隊單一賽季。其中的故事揭開了奈許對細節鑽研的痴迷、一絲不苟的準備，以及他在場上逛大街般、旁若無人似的球風。我對奈許的記憶不亞於對諾威斯基的記憶；我對比賽的許多理解，與奈許有關。對於奈許來說，籃球既是體力勞動，也是智力訓練。他的球風挑戰了物理學和體格上的不可能，也挑戰了刻板印象和外界偏見。他儼然是在另一個層次上思考和打球的。奈許退役時，離開的是最後一位比我年長的偉大球員。

然而，更讓我信服的是奈許的場外表現。奈許關切政治，他表達自己的觀點時能言善道，是勇於發聲的左派；他坦率、投入，既有諧趣的一面，也時而慍怒，卻自有其道理。職業運動是猶疑、謹慎的，而奈許是個例外。我記得他是如何在二〇〇三年亞特蘭大全明星賽上抗議波斯灣戰爭：他熱身時，T恤上寫著「不要戰爭。為和平而投籃」（No War. Shoot for Peace），我還記得體育記者、政治家，甚至是對手球員有多想要封住他的嘴。球評斯基普・貝勒斯（Skip Bayless）還生氣地說：「把嘴巴閉上，好好打球。」奈許已經高掛球鞋，但他儼然從超級球星轉變為社會行動者。他與所屬的製作公司一起製作紀錄片、管理他的基金會，並用他的聲量和方式為自由平等而戰，為少數群體和弱勢族群而戰。此外，二十年來，他一直是德克・諾威斯基的摯友之一。

德克和奈許在達拉斯一起度過了六個賽季，但現在他們只是偶爾見面。兩人都有子女。德克三個，奈許四個。德克還在打球時，奈許經手成千上萬的工作計畫。明天是獨行俠隊比賽，今天是難得的休息日，所以兩位老朋友決定在球隊飯店見面。

偌大的麗思卡爾頓酒店位於洛杉磯市中心，我們在酒店大廳見面，這裡緊鄰作為湖人隊和快艇隊雙主場的史坦波中心（Staples Center），傑瑞・威斯特（Jerry West）、韋恩・葛瑞茲基（Wayne Gretzky）、卡里姆・阿布都—賈霸（Kareem Abdul-Jabbar）、魔術強森（Magic Johnson）和俠客歐尼爾等眾運動界傳奇人物的雕像也赫然在列。奈許穿過大廳，身材瘦削，露出曬黑的膚色，穿著Vans休閒鞋和喀什米爾汗衫，四十多歲的大男孩，像是玩衝浪或溜冰的。他走路姿態穩健、泰然自若，與我的預期大不相同；我原以為他會輕微不良於行，畢竟他因為背部問題而必須結束職業生涯。奈許看起來像是在日出時邊做瑜伽，邊俯瞰太平洋的那種人，也像是會吃生食，然後溜著滑板去雜貨店的人（這些或許他都幹過）。自從二〇一〇年加入湖人隊以來，他一直和家人住在曼哈頓海灘，今天他開車去市中心見德克。每當他們會面時，大都是在洛杉磯或舊金山的球隊飯店，有時在紐約（奈許在大蘋果有一間公寓），有時在達拉斯。一有機會見面，他們就不會放過。

奈許到達後做的第一件事，就是點兩杯啤酒：一杯給他，一杯給我。我驚訝地看著他。很多退役的運動員在沒了場上的掌聲和腎上腺素之後，見面一喝醉就會聊起許多故事，但奈許似乎不是如此。他露齒一笑，這一天是超級盃週日。這些啤酒是個例外。女服務生放下酒杯時，他說：「我們從頭說起吧。」

奈許很可能已經講了數百次關於德克的故事，但他似乎很喜歡坐在這裡談論他的這位朋友。他今天來到這裡，是因為他想錄他新一集的播客（podcast），而一同錄製的對象就是德克，節目主題是卓越。而奈許也有問題要問。

他第一次看到德克，是一九九八年在聖安東尼奧舉行的耐吉籃球峰會。德克打得很好，尤其是在罰球方面，但奈許並不認為他很出色，只覺得又是一位天賦異稟的高中球員，和其他人一樣。比賽結束後，他關掉了電視，忘了德克．諾威斯基，直到幾個月後他親自見到德克。獨行俠隊和密爾瓦基進行選秀日交易，得到德克，並將奈許從鳳凰城帶來。「球隊是在達拉斯同一場記者會上介紹我們的，」他回憶道。「德克當時頂著暴牙，還有令人難以相信的蘑菇頭和耳環。我之前把頭髮染成了白金色，到了記者會時有一半的頭髮長回原來的顏色。」奈許記得他坐在講台上一直在想，他或許該先去髮廊。「我們看起來像一個男孩團體，」奈許說。：「團名就叫NSYNC什麼的。」（當德克和我談論這一刻時，他使用了完全相同的措辭。）他們當年穿著糟糕的西裝，以尷尬的坐姿拍照，這些照片也成了往後職涯的長期揶揄素材。

奈許說，德克是個害羞的男孩。「他還必須習慣在這個世界上七英尺代表什麼，」他回憶道：「他身體不舒服。他有自覺。一個遠離家鄉的長人少年，他躲不開。他沒有好好處理外界的關注。」

「他們過去常在學校把他叫做『骷髏』，」我指出。

「像是《太空超人》裡面那些藍色的傢伙嗎？」

「因為你能看到他的骨頭。」

「我今天要這樣叫他。」奈許笑著舉起酒杯：「敬骷髏！」

奈許仍然記得最初幾個月的複雜情形。首先是封館，然後突然宣布賽季在幾天後開打。一切都發生得太快了：德克不熟悉美國、美國的風俗習慣和語言，而且他的身體還不夠強壯。他因為封館而錯過了訓練營。他活像是某天被人從德國體育館裡「拆下來」，然後隔天就「移植」到NBA球場似的。期望愈高，失望愈大。「奈利之前宣布德克將成為年度最佳新秀，」他說：「然後德克有時只坐板凳。」

對奈許來說，一開始的事情也並不容易。球迷們看到的是一位瘦長的控球後衛，投籃次數不足以將糟糕的獨行俠隊變成優秀的球隊。馬克．斯坦在一九九九年三月的《達拉斯晨報》中寫道：「你必須對國際球員保持耐心。」在對上火箭隊的比賽中，奈許連續九次失投，球迷的噓聲愈來愈響。獨行俠隊的實驗似乎以失敗收場，但隨後奈許運球到前場，面對噓聲和叫喊，跑動中投進了三分。靠！他投進了第十球。德克後來記得他多佩服奈許的大心臟。他想說：「那傢伙有膽識。」並打算效仿奈許。

身在麗思卡爾頓酒店大廳裡，奈許說，他可能在德克早年生涯中扮演類似大哥的角色，或者說至少前半年是如此。他當時已在聖塔克拉拉大學（Santa Clara）打過大學籃球，並有了兩年職業生涯的經歷。他可以面對美國文化。「我心態很開放，」奈許說：「我馬上就喜歡上德克。」兩人初來乍到這座城市，都有著奇怪的髮型和詭異的幽默感，而且都明白他們可以很快互相幫助。他們兩人總是有空另外訓練。他們晚上在訓練設施裡度過，玩「H-O-R-S-E」花式投籃賽，一次又一次地投籃，練習擋拆，也展開一對一的對抗。奈許對德克來說速度太快，而德克對奈許來說身高太高，但雙方互相進入了對方的領域，並從中學習。當時獨行俠隊最出色的球員麥可．芬利看到這個光景，開始和他們一起練習。他是很少見的那種會和他人共享光環的球星。當蓋許溫德納在城裡時（他也經常在達拉斯），他們三個人會開始一起練習，儘管這些練習完全不同於芬利和奈許在大學裡的經歷。之後，他們會附近找間店喝一杯，說說笑笑。

住在科爾大街、入主獨行俠隊、赴美發展——德克慢慢調整這一切。儘管困難重重，但他對最初的幾個月有著美好的回憶。「我欠奈許和芬利很多人情，」德克往後告訴我：「史蒂夫在我們經過的每座城市都有朋友，他總是帶我一起去，他會說『走，我們去吃點東西。』『我們去看電影』和『走，我們另外再練』。他會確保我不是只待在飯店裡想家。」

奈許啜飲一口飲料。此時稜角分明的獨行俠隊加拿大長人中鋒德懷特．鮑威爾穿過大廳。鮑威爾跳起來像顆彈力球，想事情時又像教授般地深思熟慮。他認出奈許後走了過來，兩人握手和擁抱，鮑威爾向記者點了頭。奈許目前的眾多工作之一是管理加拿大國家隊，而鮑威爾是國手之一，所以兩人閒聊了幾分鐘。奈、鮑二人說話時的開放程度顯而易見，他們交談風格是出乎意料的坦率。這也看得出來奈許當時如何影響德克，也說明為什麼鮑威爾是德克最愛搭配的隊友之一。執教儼然是奈許的未來工作。

鮑威爾道別的話音剛落，奈許便從方才話題中斷的故事重新開始，也就是一九九九年的事。奈許當年立即意識到德克可能成為非常出色的球員。「對於射手來說，他的體格驚人，」奈許說：「他不強壯，但身體上具有宰制力；他不是最快的，但是很協調；他很高，他可以運球，他可以跑動，並且總是可以到他最喜歡的位置上。如果他願意努力，我知道他可以走得很遠。然後當我看到他訓練自我的方式時，我就知道了：他日後會成為我們對手的一大難題。我知道他會非常傑出。」奈許舉起酒杯，彷彿在為年輕的德克乾杯，也恰似那手裡的麗思卡爾頓ＩＰＡ（印度淡色艾爾啤酒），化身為一九九九年怪客酒吧的一罐啤酒。

最初，德克的前景之所以黯然失色，是因為他謙遜和害羞的天性使然，是壓力和期望使然，是因為外界的目光都集中在他身上，因為他是外國人，是因為他孑然一身。他必須自己折衣服，自己組裝家具，自己處理郵件、帳單、支票。不過到了賽季快結束時，他的生心理狀態開始能應付。奈許說，改變的契機不是某個特別的時刻、某一場比賽或某一波攻防（或者至少說他印象中沒有）。德克就只是開始不讓別人在場內外駕馭他。

縮水的賽季快到尾聲時，獨行俠隊顯然這一年又無法打進季後賽；此時，奈利教練把德克拉到一邊。德克作客邁阿密時上場三分鐘，對上金州勇士隊打了四分鐘，然後尼爾森把他丟進先發五人名單，告訴他盡情打球。「壓力沒了，」他說：「所以，就打球吧。」三天後，他在和馬刺隊比賽時上場三十二分鐘。他在面對太陽隊時出場四十四分鐘，斬獲二十九分。「我永遠不會忘記那場比賽，」德克後來說：「那二十九分對我的自信心有莫大幫助。」他再次與目前效力於休士頓火箭隊得巴克利交手，這與兩年前在多特蒙德的比賽不同，這一次的比賽可是認真的較勁。而德克拿到了二十二分，是非常紮實又使人信服的表現。「過去幾個禮拜超級重要，」他說。「我意識到這實際上行得通。」

「那個時候，他訓練了他心理層面上的肌肉，」奈許說。德克將他訓練的願望變成了競爭的願望。「突然之間，他明白了：我屬於這裡。**我很出色**。從那個時候開始，他不再掛心其他人的事；他想與他們對抗，他開始相信自己。」我們所認識的現在的這個德克．諾威斯基，身為球員的諾威斯基，就是在那陣子誕生的。「因為他有身高又有機動性，所以在場上總是能獲得很開闊的視野，加上投籃又非常出色。他脫離撞牆期，變得非常有競爭力。」

奈許談到德克時，話語會很有節奏感，幾乎聽起來像是在朗誦一首詩：「他很會跑動，會處理腳步，他總是會找到自己的位置，總是站好位後做出好的投籃選擇、總是會在任何球員跟上之前把球高舉護球；他會運球，而且他在任何情況下都能投籃。」奈許拿起我放在我們倆中間桌上的錄音機，直接對著機器說：「那個時候，我就知道他會成為偉大的球員。」

奈許停頓了一秒。現在正是時候談論他們同隊的美好歲月，但蓋許溫德納進入了奈許的視野。他穿著皮夾克和他的招牌格襯，臉比幾個月前更消瘦。我們所處的空間淨是標準化設計理念和工業大理石、休息等候區和中庭，他看起來不屬於這裡，卻又無法讓人視而不見；他既能融於所有地方，卻又無處不適合。

奈許舉手，蓋許溫德納看到我們，就過來了，臉上露出淘氣的笑容，隨興地點了頭。兩人擠出一些零碎的記憶和名字，一下說甲，一下說乙，不太容易理解在講什麼。

＊＊＊

奈許和諾威斯基一下就能聊起來兩人那些年的隊友歲月：第一年ＮＢＡ賽季結束之後的夏天，德克的行程馬不停蹄。賽季結束後，他匆忙離開達拉斯，之後隨德國國家隊參加在法國舉行的歐錦賽，結果與參加雪梨奧運的資格失之交臂。失敗壓垮了他，他覺得「很殘酷」。他返美時，參加了加州和猶他州舉辦的夏季聯盟，為獨行俠隊效力。天道酬勤，德克此時得以應付體能上的要求，成了不同以往的球員，更具有宰制力。

顯而易見的是，第二年賽季開始時，德克的身體素質更強，而奈許也是。德克在歐洲最高層級的籃球中獲取經驗，這時在達拉斯也結識了夠多的人，所以不會感到孤獨。他整個夏天都在和蓋許溫德納訓練，身體狀態很好。球隊有自己的訓練設施備賽，當德克大前鋒位置的主要競爭者蓋瑞・川特（Gary Trent）大腿肌肉撕裂時，德克是四號位最好的球員。「我真的很幸運。」他之後說道。他取代了前一年新秀入會儀式煩他的球員：讓德克撿球、提行李袋或買甜甜圈的那位球員。現在這球員不可能超越德克了，德克是第一選擇。德克的上場時間增加，籃板數和場均得分也翻倍。

「接著就很清楚了，」他回憶著：「訓練奏效。」

二〇〇〇至二〇〇一賽季中期，獨行俠隊易主。小羅斯・佩洛特將球隊賣給了球迷兼網際網路億萬富翁馬克・庫班。起初，所有球員和教練都擔心自己的工作，但很快就發現庫班想和球隊在一起，並參與其中。庫班會在比賽期間坐在板凳上，大肆宣傳比賽，咒罵裁判、歡呼加油。最重要的是，他改變了獨行俠隊的基礎，以及外界對球隊的認知。在達拉斯，人們開始討論獨行俠隊，態度熱烈。獨行俠隊突然搭起私人飛機，他們建了一座新球場，有了豪華的更衣室，以及最好的醫療服務。庫班會一邊在接受賽前採訪，一邊使用 Stairmaster 健身器材，用得大汗淋漓。有時，當德克和奈許走進球場時，庫班已經完成了他的固定投籃活動。庫班對籃球很認真，他也關心他的球員。有時候，他們會一起出去喝酒。不過最大的變化在於：獨行俠隊開始贏球。

拜和芬利、奈許齊心協力之賜，德克的比賽提升至另一層次。他們三人野心勃勃，但並不自命不凡。他們願意投入工作；他們很有競爭力，但他們不會固執或缺乏靈活性。奈許以德克和芬利從未見過的膽識和控場力，擔任場上的指揮官。他們使擋拆搭配更加完善；晚上，他們會在空無一人的訓練設施中研究擋拆的打法（由諾威斯基拉開一些空間，奈許趁勢而入；奈許會穿透對手，並引起對方對自己的注意，但防守球員無法離開諾威斯基去協防：而奈、德二人均有隨時隨地拔起來投籃的能力，藉此使防守球員在身心理方面失去平衡；兩人的擋拆所帶給對手的麻煩，如同使對手在兩碗毒藥中硬選一碗）。如果觀看奈許職業生涯的精彩片段，會如同看到一位正舞動指揮棒的音樂指揮家。引人注意的，是奈許在罰球前舔指尖的方式、當他被困住時將球甩給空檔隊友的方式，以及他每次從絕望賽況中掙扎脫困的方式。史蒂夫・奈許是悖論般的存在：他有本事在儼然束手無策時找到答案。

早年的這些時候，獨行俠隊打球打得很開心。當時的球風和配置像當年的烏茲堡隊，也許這正是德克在那陣子所需要的：也就是能在場外成為真正朋友的三人組，而也因此在場上，他們會花更多的時間在一起。他們是二〇〇〇年代初期最有意思、最具天賦的團隊；他們的熱情具感染力，喚醒了對籃球感到絕望無力的整座城市。獨行俠隊的三巨頭之所以如此出色，或許是因為他們彼此信任。對於那些年的球隊氛圍，奈許描述為完全非典型的職業球隊。「我們像是大學球隊，」他說，思考了一下下，笑了起來。「我們像是一支高中球隊。」也許這就是早期的獨行俠隊沒有一同奪冠的原因：也許他們不夠頑強、不夠精明，或是不夠專業。也許三人組認識得太早了。

球隊在德克的第三年賽季首次打進季後賽。經過一番苦戰，在首輪交手猶他爵士隊時，追平了對方原本的二比〇勝場差。德克稱「猶他」為「糟糕的城市」，此番言論無意中使爵士球迷心生怨恨。德克往後都被噓得很大聲，但獨行俠隊以三比二贏得系列賽。「我們是在和猶他對戰的時候成長的，」芬利說：「尤其是德克。」

他們的第二輪對手，是擁有提姆・鄧肯（Tim Duncan）和大衛・羅賓遜（David Robinson）雙塔陣容的聖安東尼奧馬刺隊。獨行俠隊以十四分和十六分的分差，輸了前兩場比賽。德克在第三場比賽前嚴重嘔吐（因食用不新鮮的魚而食物中毒），並在第四場比賽中遭泰瑞・波特（Terry Porter）肘擊，但他打落牙齒和血吞，帶著流血的齒縫和瘋狂的笑容繼續奮戰。系列賽的第五場，獨行俠隊背水一戰，最終以一〇五比八十七的分差敗下陣來，但德克砍下四十二分，抓下十八個籃板。我還記得很清楚，我當年是在漢堡國家圖書館（Hamburg State Library），用所謂的「網際網路終端機」讀德克的比賽數據。「太瘋狂了，」我對我的朋友托比（Tobi）說：「托比，你看到了嗎？這是諾威斯基！太瘋狂了！」

三巨頭的成功歲月始於二〇〇二年季後賽，這也是「骯噁三人組」的光輝歲月：「齷齪芬利」（Michael “Filthy” Finley）、「噁心奈許」（Steve “Nasty” Nash）、「骯髒德克」（Dirk “Dirty” Nowitzki）。多年後，甚至是數十年後，籃球迷仍然會猜測，如果當年芬利、奈許和諾威斯基沒有拆夥，會發生什麼事。如果三人一起成長和成熟，如果奈許和芬利沒有先後在二〇〇四年和二〇〇五年離開（均為經濟因素）離開，如果達拉斯獨行俠隊從未成為德克的球隊，會發生什麼事。

＊＊＊

蓋許溫德納道別，而奈許還有更多的故事要講。球員拿著外賣袋，穿著人字拖，穿過大廳，隨隊運動作家走了過來，還有教練、電台廣播員查克．庫博斯坦（Chuck Cooperstein）和奈許的高中多年死黨艾爾．惠特利（Al Whitley）也都走了過來。多年前離開以後，奈許仍是團隊的一員。每隔一段時間，他就會看看手機，等德克的電話，但諾威斯基還在物理治療師那裡。

「心理層面的肌肉？」我問。

奈許說起故事有條不紊，他沒有忘記剛剛說到哪裡，直接從在我們被打斷的地方繼續講。「某些時候，德克非常出色，」奈許說：「他可以在重要的時刻挺身而出，一次又一次。看到德克完全掌控自己的身體和心理，令我感到驚艷。

「這其中天分占了多少？」我問：「意志占了多少？」

「你有什麼本事？你能學到什麼？這正是我在今天播客（podcast）節目中想問他的問題，也是老舊的辯論題目：先天相對於後天。德克絕對有堅持自己和繼續前進的意願，他沒有讓自己分心，他不放棄。他從不猶豫，也不讓自己被嚇倒。這些大部分是與生俱來的要素。如果能應付困難，克服障礙，那麼就會感到有力量，這是對本身能力的一種非常特別的信念。德克可以自行決定重要時刻的賽況，他可以主導比賽如何進行。如果不使用籃球術語來描述的話，會很複雜。德克會描述發生的內容、時機和方式。他會判讀他的防守球員，知道誰會來協防，他知道……」

奈許滔滔不絕地談起自己。也許出於熱情，也許因為當天是週日下午，也許因為他已經為與德克的談話做好準備。他試圖為德克的獨一無二找形容詞，而我試著把奈許的話全部寫下來。時鐘一直滴答；半小時延長為整整一小時。我們倆都在期待德克的電話。

在我們面前的杯子已經空了，我問起奈許他在達拉斯的生涯尾段。奈許笑了。「對。」他說。他完全記得，當骯噁三人組的時代落幕時，當時的他在哪裡：就在他的車上，正驅車前往達拉斯機場。庫班給了他不錯的合約條件：四年，四千五百萬美元。接著鳳凰城太陽隊專門為奈許飛來，給了他一個奈許不太能拒絕的優渥報價。奈許被告知要立即決策，不能賭博、討價還價，也不應將報價金額告訴庫班，而是要等待新議價。不過他開車時，他致電庫班，把金額告訴庫班。奈許概述了情況，並再次向庫班說明說他真的很想留在獨行俠隊，沒有在開玩笑。太陽隊提供了六年、六千五百萬美元的報價，比母隊硬是多了兩千萬美元和兩年。老闆庫班猶豫了一下，然後決定他不能冒險。多年後，奈許入選名人堂，而德克打完生涯最後一役時，庫班說那可能是他買下獨行俠隊以來最糟糕的決策。「他當時大概害怕我的身體以後會報銷吧。」奈許說。奈許說：「我當年是三十歲的控球後衛，身體還能應付很多上場時間，充滿活力，能在球場跑動，來來回回，還能……」奈許看著我。「當然，這評價非常合理。」

「身為沒有不得交易條款的NBA老將，無法拒絕一份合約期間更長、金額又高得多的合約。」奈許說明：「如果你出於對球隊的忠誠，選比較少的錢，兩個月後你還是可能被交易。那時候怎麼辦呢？」他說，重點不僅在於在聯盟打球的忠誠度，也在於金錢。奈許知道，這種評估不會每次都獲得認可，尤其評估方還是球迷和運動理想主義者的時候。「但如果你被交易了，你會一直問自己，到底為什麼要留下來。」

他記得他是如何在車上致電德克的。「這很為難，」德克說。奈許記得清清楚楚，而多年後，這些話聽起來比他們當時的感受還更加清醒得多。「這很難，」他說：「但你只能離開，你拒絕不了那個報價。」

因為奈許快抵達機場，所以雙方對話很快結束。不過德克後來傳訊息給他，表達過去共同作戰的日子對他有多大的意義。奈許說，他並沒有常問自己，如果他留下來會發生什麼事。他說，這種猜測毫無意義。「如果怎樣，我們就能可以一起實現什麼」的想法沒有意義。奈許用手在空中畫了爆炸、炸開或炸裂的樣子。砰！奈許是現實主義者，對於拆夥儼然不感到後悔，而我在德克身上也注意到相同態度。奈許在鳳凰城待了七年，榮獲兩屆聯盟MVP，而德克續留達拉斯，獨行俠隊此時正式成為他的球隊。「我當時就知道，換隊的變化不會影響我們的友誼，」奈許說。

奈許被德克的電話打斷了。他從桌子上拿起電話，看著螢幕，然後給我看。

「*Schwachkopf*。」上面如此寫著，意思是「傻瓜」。

「是他。」奈許說。

我盯著螢幕。我知道NBA球員在保存彼此的電話號碼時會使用代號，畢竟擔心電話可能遺失，聯絡人清單會被挖出來，然後電話會突然響起，另一端是完全陌生的人。德克告訴我這些事情。有一段時間，他必須不斷更改號碼，以保護自己的隱私。前未婚妻可麗斯多．泰勒的八卦風波就是從這樣一通電話爆開的。有暱稱、假名、字首縮寫和各種比喻。科比用「曼巴」代表，姚明用一個漢字代表，卡萊爾用「教練」代表。

而我的手機接到德克．諾威斯基來電時，畫面會顯示「了不起的蓋茲比」（The Great Gatsby）。暱稱就是暱稱。一九九〇年代，當德克還是在德國體育館打球的烏茲堡隊年輕球員時，以及邁入二十一世紀前後，當奈許和諾威斯基在美國的場館相遇時，幫別人取的名字很少會政治正確，大都是：「白痴」、「蠢蛋」、「賣弄肌肉的義大利佬」以及「傻瓜」。奈許智慧型手機螢幕所記的名字，已經與其含義脫節，而「*Schwachkopf*」（傻瓜）這個綽號，也只是自以為所向無敵、實則中二無腦的那個年紀所取的名字。要換作今天，他們會給彼此取不同的名字。奈許站了起來。

「德克好了，」奈許說：「他要來接我們。」

有時你會輸給壓力，有時壓力會輸給你

攝影師提洛．維登索勒（Tilo Wiedensohler）拍攝了一張照片，照片中可以看到德克承受的壓力。這張照片拍攝於二〇〇八年七月二十日，地點是雅典奧卡球場（OAKA Arena）的更衣室。就在幾分鐘前，德國國家隊在幾乎空無一人的座位前，以九十六比八十二的分差擊敗波多黎各隊。兩隊已有秩序並符合運動家精神的方式道別，但德國隊難掩欣喜若狂：這是德國國家籃球隊自一九九二年巴塞隆納奧運以來，首次獲得奧運參賽資格，這也是職業籃球員第一次獲准參加奧運。那是十六年前的事。這一年，由喬丹、皮朋、巴克利和大鳥柏德組成的第一支夢幻隊成軍，這組史上最強陣容也啟迪了全球對籃球的熱情。當年，與德克同輩的德國國手都還是坐在電視機前的孩子，其中多數人都發誓以後要當奧運選手。

波多黎各隊從雅典的球場上黯然離開，德國隊在內圈尖叫並擁抱，陣容有斯文．舒爾茲（Sven Schultze）和派翠克．費默林（Patrick Femerling）、史蒂芬．哈曼（Steffen Hamann）和康拉德．維索基（Konrad Wysocki）、楊．雅格拉（Jan Jagla）和教練鮑爾曼，他們跳起來大喊大叫，揮舞著拳頭。諾威斯基抱住舒爾茲，舒爾茲卻是一臉不解地盯著他：「怎麼了？」後來，諾威斯基只記得，他一開始並不明白舒爾茲的意思。然而，他隨後意識到有什麼東西從他身上爆發出來，一種壓倒性的、被深埋了很久的東西。「這從未對我造成如此沉重的打擊，」他說：「這很艱難。」諾威斯基把毛巾扔到頭上。他想隱藏自己的臉，不讓全球觀眾看到，並與失敗球隊一起消失於球場。

不過比賽在歐洲進行，比賽期間更衣室總是鎖住的，德克不得不坐在門前的地上五分鐘。「沒有半個人經過，」他說明。「他們都還在外面慶祝，我坐在更衣室前哭泣。當終於有人來的時候，我直接走進了物理治療室。」

維登索勒的照片顯示，諾威斯基躺在整復床上，筋疲力盡，全身無力。你無法認出他的臉，因為治療師延斯．約皮希（Jens Joppich）俯身靠向他。他正在用毛巾擦乾眼淚，也許說著一些安慰的話，但這也看不到，畢竟他背對著維登索勒的相機。房間氣氛沉悶，倒還是可以提供功能，有黃色的塑合板牆，以及那種歐洲更衣室都可以看到的灰色瓷磚。可以看到有位隊醫使用膠帶切割器；照片背景中，有個拖把靠在牆上。說來詭異，國家隊喜迎久違的勝利，他此時卻身在此處。

與波多黎各一戰，賽況比分差所能看出的更膠著。兩隊都已經摩拳擦掌，想獲得北京奧運的參賽資格，實現奧運夢這個重大夢想。對手陣容有德克的達拉斯隊友ＪＪ巴瑞亞（J. J. Barea），兩人儘管在ＮＢＡ同隊，一起披掛上陣無數次，最後還是只有一人能留下來：德克。

諾威斯基從十幾歲開始就在德國隊打球，而在打這場比賽的時候，他以最優秀球員之姿效力德國國家隊以來，已經大約十年了；德克基本上將國家隊一肩扛起，一扛就是十載。德克帶領眾國手在二〇〇二年印第安納波利斯世錦賽上進帳銅牌，在二〇〇五年塞爾維亞歐洲錦標賽上主宰比賽，但在決賽中對上希臘時，和球隊一同敗北。在那場比賽快結束前，德克被換下，整座貝爾格萊德球場的人起立鼓掌，讚揚他的表現。席間有希臘人、有塞爾維亞人、有德國人——三國終於可以在某種事物上達成共識。德克是二〇〇六年日本世錦賽的最佳得分好手，在過去十年裡，每當談到德國籃球時，都會提及諾威斯基和他的球隊。

隊上大肆歡慶，而約皮希意識到這種如釋重負的感覺，很可能會使諾威斯不知所措。約皮希認識德克多年，了解他的身體和他的想法，他了解德克周圍的人，他知道這一刻對德克代表什麼，他腦子裡在打轉著什麼。約皮希知道當年十四歲的德克，看著德國隊在巴塞隆納輸給了美國隊。他知道德克有多欣賞皮朋和巴克利、柏德和喬丹。他也認識蓋許溫德納，他聽說過有關一九七二年慕尼黑奧運的故事，有關著名角力選手威爾弗里德・迪特里希（Wilfried Dietrich）的故事，迪特里希有「希弗施塔特起重機」（Crane of Schifferstadt）之稱；也聽過田徑明星海德・羅森達爾（Heide Rosendahl）的故事，以及選手村精神的故事。他知道德克已經吸收了蓋許溫德納對奧林匹克運動的熱情。約皮希還知道，德克以某種方式獲得了一九九六年亞特蘭大的門票，得以在喬治亞巨蛋（Georgia Dome）觀賞澳洲隊的比賽，比賽的看頭是球星安德魯・蓋茲（Andrew Gaze），而且他也知道在德克想像過有一天在下面打球的樣子。他知道德克和德國隊與二〇〇〇年雪梨奧運的參賽資格失之交臂，而二〇〇四年雅典奧運也是。

德克不會忘記這樣的事情：「二〇〇三年，在瑞典的北雪平（Norrköping），我們輸給了義大利，接著要打包回家。當然，在去機場的路上，我們必須開車經過將要最後一輪資格賽的球場。我坐在車內面向球場的一側。我還記得開車經過其他人比賽的地方。我想著，**奧運又要開打了**。」

德克從十、十一歲起就開始從遠方觀看奧運比賽，而他的球隊從未能進軍奧運過。

維登索勒照片所捕捉的這一幕，正好是德克清楚意識到的那一刻，他意識到的是他終於實現了過去總是失敗的事情。「我一直都有兩個夢想，」德克後來告訴我：「奧運和ＮＢＡ總冠軍。」通常，他的思考單位是比賽與比賽之間、練習與練習之間、以及投籃與投籃之間，但在這些思維的背後，總是會有這兩項大目標，兩大目標徘徊在一切之上。

德克此時身處雅典，躺在更衣室黃色隔間內的整復床上，剛剛達成了他努力了二十多年的目標。他了解「努力」這個字的涵義，都不需要花上二十多年的時間。德克看起來像是卸下了重擔。那是巨大的壓力。他像洩了氣的橡膠玩具一樣，躺在那裡。

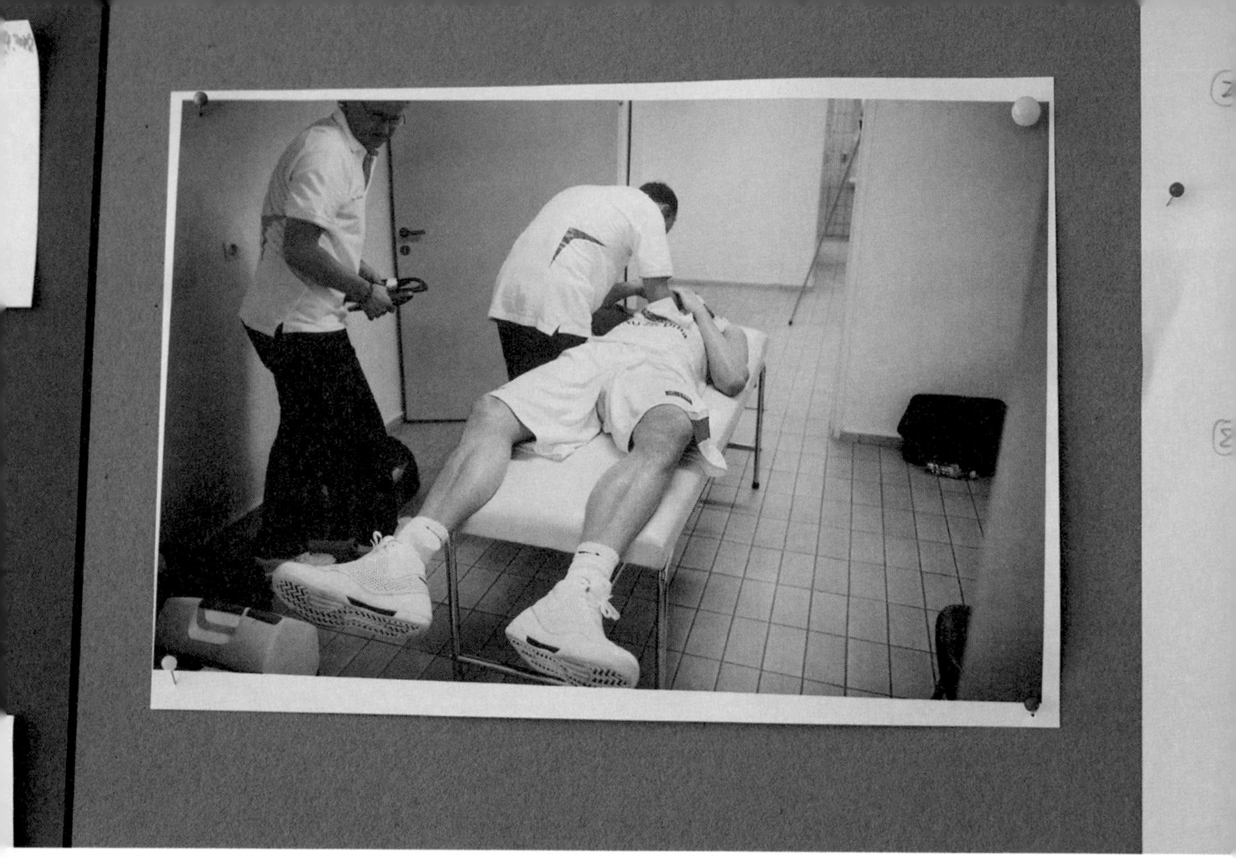

* * *

壓力是運動員生命中的一種複雜現象。壓力是動力，也是負擔；壓力來自外部，也來自內部，使許多事情成為可能，同時也阻斷了其他事情。壓力來自自己對自己的期望，也來自他人對自己的期望；來自忠誠和愛，也來自恐懼和欲望。俗話說，鑽石是在壓力下誕生的，但壓力往往會粉碎夢想。

德克居然在雅典的比賽中，在這幾秒內崩潰了，但這並不令人感到震撼。他的隊友們都知道他是個愛開玩笑的人，他是團隊領袖，也是總能在關鍵情況下跳出來的球員。他得到三十二分，並在今天迎戰波多黎各的比賽中獲勝。他主導了比賽的各層面：傳球、抓籃板、投三分，以及宰制籃下。他可以慶祝，但他卻躺在治療用的床上哭泣。

當我看到維登索勒的照片時，我納悶在那幾秒內，德克身上背負著什麼壓力。不可能是人群，因為幾乎沒有人到現場。只有幾百人偶然進了球場，有幾位球迷和一些狂熱者；這場比賽算是閉門進行的。

是責任嗎？來自「諾威時期」（Nowe years）的德國國家隊是一支向心力強的隊伍；大多數人從青年球隊開始就認識了。這可能是有史以來最強的德國隊。大家都形容德克人很和善，但最重要的是，大家知道德克從不迴避重要的比賽和情況，知道大家可以依靠德克，大家知道德克喜歡這種強度。大家來這裡，只是因為他們可以依靠德克。

大家也知道，每當德克失敗時，他都能將失敗視為過程的一部分。德克會短時間低著頭，感到悲傷，但隨後回到體育館繼續練習。他練得還不夠，他可以做得更好。

德克能應付外界的壓力，他能應付失敗的可能性，但不僅如此：他對達拉斯全隊負有極大責任，這點體現在球隊收入方面，也體現在認同方面，畢竟數百名員工的生計仰賴德克的成功，仰賴德克投籃的那隻慣用手。這種壓力在當時的雅典是抽象的、無形的；整個體系上上下下也都得益於他的表現。不過，也不能這樣說，畢竟他多年來一直都這樣做，不斷滿足他人的期望。壓力絕非來自外部。

德、蓋二人相遇時，兩人幾乎從一開始就開始模擬多種承受壓力的場景，並彙整所模擬的情境。他們多年來一直在練習預想這些虛構情境；他們有自己的策略，用於在賽前保持正確的心態。德克每次練習結束時，都模擬自己是比賽的贏家——他模擬自己在關鍵比賽中，命中決定性的投籃。兩人一直努力培養德克的自信，培養自信的基礎在於不斷的重複，在於即興發揮的自由，也在於對自己身體的信任——這些在在都是應對拉鋸賽況時的工具，在遇到抵抗或是不守規矩的防守球員時，能派上用場。他們意識到贏球是可能的，也意識到身心都蓄勢待發。

德克．諾威斯基的職業生涯是一個內在壓力穩定升高的故事。諾威斯基對自己的期望超越了個人比賽，特別是勝利和失敗。他的期望不斷上升。大多數運動員都是這樣：他們從希望和遙遠的夢想開始，然後在真正實現目標的窗口慢慢關閉之前，朝著這些目標努力。

當諾威斯基在一九九七年披上德國國家隊戰袍時，他知道自己的職業生涯還很長。他向來努力培養這種信心和自我意識。在第一次練習中，亨寧・哈尼施和亨利克・羅德爾（Henrik Rödl）輪流防守他。當時，他們是德國國家隊最出色的球員。在天賦、紀律和優勢等方面上，德克經常被拿來和哈尼施比較，當然，他們已經聽說過諾威斯基。他們想向德克證明誰實力最強。他們都不記得何時何地，但他們都知道德克・諾威斯基的優秀之處。「我們努力防守他，」羅德爾說明：「我們想看看他會做出什麼反應。」

「你和他一起練習的時候，」哈尼施回憶：「你會注意到：他有更多的潛力，他會變得非常出色，但他還沒有達到那個境界。而身為老球員，你的技巧已經到頂了。」他和羅德爾給諾威斯基施加一切防守壓力，他們想挑戰並測試德克。他們祭出的防守強度之高、被裁判吹哨的次數之多，好像德克有如傳奇球星一般，但德克可不會讓自己被嚇倒。

「我知道你們的把戲，」他告訴哈尼施和羅德爾，兩人完全記得德克說這句話時的措辭和臉部表情：「我的時候會到來的。」

從一九九九年至二〇〇二年中間，德克幾乎馬不停蹄，不間斷地打球：夏天，他在德國訓練，然後在夏季聯賽和國家隊打球，接著遠赴美國效力獨行俠隊，度過秋天、冬天和春天。在這三年裡，新秀變成了帶領球隊參加二〇〇二年世錦賽的球星。「從新人到世界級球星，只用了三年，」羅德爾說。「他有身高、運動能力和天賦，但這些都是達到這個水準的基本條件。最重要的是，德克的態度和專注力使他與眾不同。他有那種『我會繼續精進自我，然後一次又一次做透』的心態。他會學習東西，然後學以致用，而這本身就是一種巨大的天賦。我和很多人共事過，但只有德特勒夫・史倫普夫和德克的技巧達到這個水準。」

德克是印第安納波利斯世錦賽的得分好手和MVP；他在這樣的世錦賽舞台上，繳出身為德國籃球員所能繳出最高水準的表現：場均二十四分、八點二個籃板、將近三次助攻。大家都感謝德克，而德克知道他從球隊中獲得什麼。

在美國，諾威斯基的老搭檔奈許於二〇〇四年，離開達拉斯，前往鳳凰城；芬利一年後加盟聖安東尼奧。從此之後，德克獨自扛起獨行俠隊，他也欣然接受這個責任。他想為自己的城市贏得總冠軍。

德克第一個危機之夏在二〇〇五年到來。於貝爾格萊德舉行的歐錦賽迫在眉睫，由德克組成的德國國家隊可能是德國隊史上最出色的陣容。他們有機會拿下勝利。諾威斯基在NBA賽季結束後，立即飛往歐洲。他想要與蓋許溫德納合作，並儘可能做好準備。不過，在一個初夏的早晨，稅務調查員敲響了蓋許溫德納的門，並把他帶走。他們還叫醒諾威斯基，拿走文件和文件夾。指控的罪名是：逃稅。蓋許溫德納被關押數週，不允許任何人探視，甚至他的搭檔或德克也不行。牽涉金額達數百萬，有瞞天過海的可能，有潛逃的風險！顯然，他們在開始合作時簽訂了一份合約，當時德克還是個孩子，但他們從未使這份合約生效。顯然，蓋許溫德納在文書處理上很隨便。顯然，檢察官無法想像有人會和超級球星一起工作，而不從他身上賺錢。調查人員搜遍了所有地方：蓋許溫德納的辦公室，以及兩人在美、歐的贊助商總部。

德克要求在監獄中與蓋許溫德納一起訓練，但這根本緣木求魚。所以他只得一個人練球。有時候是他懷孕的姐姐幫他抓籃板，有時是他的表弟幫忙；有時是他的老朋友負責傳球工作。與此同時，他為蓋許溫德納試籌到令人難以置信的高額保釋金，達數百萬之譜；當德克終於湊齊時，他的這位籃球導師在錦標賽開打前及時出獄。

儘管那年夏天很煎熬，但德克再次成為國際籃球的黃金標準。德國擊敗來自西班牙、俄羅斯和斯洛維尼亞等強權，晉級冠軍爭奪戰。他們輸給希臘，獲得銀牌，但賽後留存人心的是德克在比賽結束前不久被換下的畫面，整個賽場都起立鼓掌，長達一分鐘，來向他告別。

比賽結束，他榮獲錦標賽MVP，以及觀眾對他的尊重，他和他的室友米特．德米雷（以及其他幾個人）坐在他的飯店房間裡，突然有人敲門。洲際酒店飯店（Interconti Hotel）的大廳裡擠滿了人，叫喊和歡呼聲不絕於耳，全都是想收藏簽名的人。德克認為敲門人是偷溜進來的。他走到門口，但打開門時，看到的是他的隊友馬爾科．佩西奇（Marko Pešić），旁邊站著一名中年婦女。「我介紹一下，」馬爾科說：「這為是德拉任．彼得羅維奇（Dražen Petrović）的母親。」德克立即立正站好，握了這名女性的手，此時的他幾乎是鞠躬的姿態。

彼得羅維奇是籃球運動中的絕對傳奇人物，如果他沒有在一九九三年因車禍英年早逝（過世時年僅二十八歲），外界會更將他和德克大肆比較一番。在那些日子裡，貝爾格萊德一直在爭論不休，探討誰是有史以來最偉大的歐洲球員，而二十八歲的彼得羅維奇和現在的諾威斯基是一直聽到的唯二名字。

「孩子，我想恭喜你，」德拉任．彼得羅維奇的母親在貝爾格萊德的球隊飯店對德克說。馬爾科翻譯時，她握著德克的手。「自從我兒子去世後，我沒有見過一個球員這麼受人喜愛。你讓我想到我的兒子。你打籃球的方式是對的。」

其他人擦了擦眼角的幾滴淚水。費默林、斯蒂芬．阿里巴布（Stephen Arigbabu）、德米雷和佩西奇站在德克旁邊，此時的德克得到了歐洲籃球界最盛大的一番讚美，那不啻於一種騎士身分，一種偉大的遺產。那裡沒有攝影機或觀眾，多年後佩西奇記得這一刻。「這次相會，」他說：「確實證明了德克的身分，以及他對我們的意義。」

德克不僅扛起了他的球隊和他的國家，也扛起了整個歐洲。這種特許的權利，這種負擔，將繼續存在。歐洲任重道遠。「那是我收到最棒的讚美，」德克日後回想起，微笑說道：「這個讚美，來自德拉任．彼得羅維奇的母親。」

二〇〇六年，諾威斯基帶領獨行俠隊首次打進ＮＢＡ總決賽。他在每一項數據統計的類別中，表現都是獨占鰲頭，他的防守球員不再能夠解讀德克的打法。德克無所不能。獨行俠隊在季後賽首輪擊敗曼菲斯灰熊隊，然後在第七戰延長賽中擊敗宿敵聖安東尼奧馬刺，拿下第二個系列賽；馬刺陣中有提姆．鄧肯、東尼．帕克（Tony Parker）和麥可．芬利。接著，他們擊敗了鳳凰城太陽隊，以及德克的摯友奈許。

在總決賽等待他們的，是邁阿密熱火隊。這是一支與達拉斯完全不同的球隊：他們聲量大，尋求關注。達拉斯拔得頭籌，贏了前兩場比賽，並於第三場大幅領先。每個人都指望獨行俠隊奪冠，冠軍唾手可得。遊行路線印在報紙上，庫班宣布他將在頒獎典禮上穿泳褲。但是突然之間，一切都變得不順。第三場比賽結束前，德克失投了一顆決定性罰球，宛如囊中物的勝利從他們的指尖溜走，於是熱火占了上風。獨行俠隊分崩離析；他們的教練很緊張，將球隊移到了羅德代堡（Fort Lauderdale）的一家廉價旅館，以減少干擾。獨行俠隊於系列賽中崩盤，連輸四場比賽，邁阿密奪下冠軍。

德克宛如被擊敗的拳擊手偷溜進更衣室的照片，烙印在籃球界的記憶中。我們肯定的是，再也不會有如此獨特的機會了。

諾威斯基對輸球負起責任。想當然爾，隊伍太自負了，勝利大遊行言之過早，但讓自己心神渙散的人就是德克自己，他請太多客人來家裡，聊了太多天，他失去專注力。

他向自己承諾，要將冠軍帶到他的城市──總有一天。

對熱火系列賽後的那年夏天，他是日本世錦賽的最佳球員，但他的球隊只拿到第七名。諾威斯基回到達拉斯，決定改變他的飲食，並展開更加精實的訓練。他的志向擴及生活各層面；專注和欲望，主宰了他所有的思維。

二〇〇六／二〇〇七賽季，德克打出了可能是他一生中最好的例行賽季，但獨行俠隊在季後賽首輪輸給金州勇士隊，引起譁然。德克在賽季結束兩週後，獲評為聯盟最有價值球員，但他連獎盃都不看一眼，他高興不起來，更別說把獎盃放在自己的獎盃室了。「有時你會輸給壓力。」他說。

＊＊＊

德克日後告訴我，在他稍稍冷靜下來後，他的父親就來到雅典場館的更衣室。當時他正要起身，回到賽場上和其他人一起慶祝，接受採訪，但德克看到父親時，一切又湧了出來，他無法自己。德克在更衣室裡，坐在父親身旁，那光景好比他小時候於一九八四年洛杉磯奧運、一九八八年首爾（漢城）奧運、一九九二年巴塞隆納奧運期間，在電視機前坐在父親身旁那般。

身為運動員，德克一生中一直懷有兩項願望。顯然，其中之一此時將會實現，他因此落淚。

至於奧運本身，比賽是一種實質上的獎勵。德克將體驗到蓋許溫德納先前一直在談論的事物：奧運選手村，以及其他運動員。在奧運舉辦的數週內，事情不是圍繞著他轉，而是圍繞著大家。德克有幸掌旗，將德國國旗扛進了北京鳥巢；在照片中，德克的欣喜之情溢於言表。天氣太熱，德國隊在附近的體育館內站了幾個小時，接著又站在溫度過高的場館地下層，大家都汗流浹背，但他們都在某個時刻開始唱〈讓我們看國旗〉（Wir wollen die Fahne sehen），德克站在地下層，搖晃旗幟。

德克遇到了德國桌球選手蒂莫．波爾（Timo Boll），兩人談論了彼此運動之間的相似之處，以及對運動的專注和專心。德克觀看羅傑．費德勒的比賽。他觀看手球比賽，這是他以前從事的運動，而德國中樞克里斯蒂安．施瓦澤（Christian Schwarzer）穿著象徵德克的四十一號球衣。當然，大家認出德克，但不打擾他。而德克結交的友誼將持續一生。從北京回到達拉斯時，德克成了不同的運動員：他更有知識和自信。

此外，他還有未竟之業。

＊　＊　＊

另一種壓力，在於別人嘴裡說了什麼，他們腦子裡想什麼，以及如何持續掌控關於你的報導。多年來，對於每場賽後和每次公開亮相後接收到的評論和批評，德克都是保持著健康的距離。他將讚美和歡呼保持在一定距離之外。不過，那也是他必須深刻學到教訓的東西。

二〇〇九年五月五日，德克的私人生活突然被公諸於世。有一位真名最初不明的女性，在他家被捕；最初所知道的名字有可麗斯多．泰勒、可麗斯多．安．泰勒（Cristal Ann Taylor）、可麗斯多．朱莉．惠靈頓（Christian Julie Wellington）等，而《達拉斯晨報》後來列出了二十四個化名。此時獨行俠隊正在丹佛打季後賽，所以當警察停車，試圖與據稱德克家裡的女性交談時，德克不在家。警方已收到情資。他們提出疑問，但據報導指出，該女子不想回答。她有任何形式的身分證明嗎？她是警方一直在尋找的人嗎？在兩個不同的州，有未執行的逮捕令嗎？她自稱的身分正確嗎？德克知情嗎？

這位女性要求警方允許她更衣，然後和警察一起來到車站——至少，報紙如此歸納那一次的特定警方行動。警方有充分理由相信，她是一名通緝犯，當她試圖從浴室窗戶逃跑時，警方已經要求支援。隨著事情進展，有人一直在監聽備用電話，此舉合法或非法，誰又知道呢？甚至在支援警力到達前，攝影機和鎂光燈已經在那裡，還有一台直升機。

幾年前，他們兩人因為一通隨機打來的電話認識。當時是誤撥號碼（如果你相信），但他們幾年後才交往。不過，在某些時候，德克的內圍社交圈出現了懷疑。有些事情似乎並不完全正確。她就是不去歐洲──老是有藉口，老是沒說清楚在忙什麼，老是藏著蹊蹺。

針對NBA球員展開的標準審查沒有得出任何結果。在她使用的名字下，沒有發現任何可疑之處。德克的世界是一個大幅以真實性、信任和親密為基礎而建構的體系。然而，對該女子的懷疑論揮之不去，於是展開進一步調查，進而在德克的世界裡發現了一些儼然完全荒謬的東西：這名女子顯然有多重身份，正遭警方通緝。起初，諾威斯基不敢相信他聽到的內容，這似乎有其道理。如果我說這對他來講完全是毀滅性的，那可能會更準確，這會全面打擊德克。有好幾天他沉思，憂心忡忡，接著獨行俠隊在丹佛打二〇〇九年季後賽的第二輪賽事。

過去很長一段時間，德克一直與該名女子有感情關係。關於她的名字和過去，有很多版本和猜測。這可能是德克．諾威斯基職涯中最公開、最受到臆測的階段：兩人之間是什麼樣的關係？持續了多久？有多「認真」？這段感情有多重要？「德克陷入場外肥皂劇，」《達拉斯晨報》如此寫道，德國週刊《明鏡週刊》則評為「假愛」。很明顯，在外界敲鑼打鼓之下，加上環境特殊，兩人的這種關係分崩離析。

今天能找到的報導，主要由猜測和八卦小報素材拼湊組成，其中很多都是虛構的。基本上，電視媒體和報紙報導、雜誌或八卦小報上的所有內容，都發生在德克和獨行俠隊坐在飛機上返回達拉斯的時候。當從直升機上拍攝德克的房子時，還有從灌木叢中拍下照片時，都無法聯繫他本人。

德克在丹佛登機時關掉了手機，幾個小時後他在達拉斯降落時，已經有了一個新的電話號碼，以及一個新的電子郵件信箱。德克的房子才剛遭到侵擾、拍攝影片和相片，德克沒有回到他的房子。德克直接搬進了庫班的花園洋房。除了最親近的人之外，沒有人知道他身處何方。德克完全隱蔽在視線之外。

他唯一的公開露面是在球場。金塊隊系列賽以二比〇落後，而德克和金塊隊交手，繳出令人難以置信的季後賽表現，他在前兩場比賽的得分能力獨占鰲頭。然而，他有史以來第一次中斷了記者，因為他看到新聞工作人員和社會線記者在練習現場站成一排。他用五分鐘回答了關於金塊隊、季後賽和他的對手肯揚・馬丁（Kenyon Martin）的問題，但隨後眾家記者變得不耐煩。「很明顯，我的私生活正在經歷一段艱難時期，」他說：「沒什麼好補充的。」他不得不重複「不評論」兩次、三次，然後莎拉・梅爾頓和史考特・湯林中斷了這波提問。

那陣子，只要踏上球場，他就只有幾個小時的平靜。「球場是自由的，」德克回憶起來：「我可以做我一直在做的事情。沒有人問問題。」身處這場肥皂劇的德克，在第二戰砍下三十五分，然後在下一場比賽中斬獲三十三分和十六顆籃板球。儘管面臨這一切，達拉斯的民眾還是為他加油。第四戰，德克面對金塊隊極其強悍、身體激烈對抗的防守，拿下四十四分。

開車往返球場時，德克有時會打開收音機，然後聽到在講他的私生活。德克從未想過這些被媒體拼拼裝裝的內容對別人來說會很有趣。德克在車上，知道了別人口裡描述的內容。

固然困境重重，但從統計上來看，德克仍是打出生涯最佳的季後賽成績。就像十年前在福爾卡赫一樣，他沒有掌控權；無法控制他人對自己的報導，無法控制外界對自己的認知。當年，他只是軍中的無名小卒，如今卻能在報紙上讀到他自己的想法和感受，可是當他進入球場時，這些都不重要了。他仍然是德克・諾威斯基，那位穿著四十一號球衣的球員。球場上的規則仍是一樣。「籃球一直是自由的一種形式，」當他日後回想起這段期間時，他如此說道。

對金塊的系列賽結束，球隊未能晉級後，德克離開城市和鄉村，與家人在克里特島（Crete）度假數週。他坐在陽光下，跳入水中；他退出新聞報導的中心，一直等到報導熱度慢慢降溫，直到德克的故事只是無數報導中的一個，人們屆時只能依稀記得，卻無法確切說出事情發生的內容和時間。那名女子在獄中接見記者，並聲稱自己懷孕了。她沒有懷孕。然後八卦小報的素材和採訪對象都用完了，嘲諷變成同情；人們對德克產生憐憫。他們會說：「這樣的故事可能發生在最優秀的人身上。」那是有趣的報導，情節不明朗，有爆點。這故事不會消失，但有趣的是，這故事足以證明德克是人類，德克也是凡人。

獨行俠隊聘請了經驗豐富的保全人員，並研發了連線完善的保全系統。來自倫敦的德瑞克・厄爾斯（Derek Earls）一生都在倫敦警務處總部保護國家元首和易成為目標的名人，而德韋恩・畢曉普（Dwayne Bishop）是出身達拉斯的隨扈，經驗豐富。兩人與德克成為好朋友；十年後仍然提供服務。德克回到德國，舉行記者會，並快速解釋所發生的事情，內容簡單扼要。這是正式的記者會，供大家聆聽、提問，客問主答，就是這樣而已。德克・諾威斯基再次掌控了自己報導的敘事權。

如果今天你和德克討論到這個問題，已不會再讓他感到困擾。可以肯定的是，這是關於背叛和欺騙的故事，但從這樣的事情究竟有多震撼，難以為外人道。對德克來說，這是過去的故事，一個有著不幸結局的愛情故事，許多人都經歷過，只是一般人的情節通常不會出動警用直升機、電視轉播車和躲在籬笆內的記者罷了。「和那名女性之間的事。」他現在如此稱呼這段經歷。德克找到了應對的方式。不過，這段經歷想必在二〇〇九年造成了巨大壓力，形成一個破口，一個可能讓一個人類崩潰的時刻。

＊　＊　＊

維登索勒於雅典更衣室拍攝的照片中，不難看出對於處於最高層級的運動員來說，應對壓力和期望是多麼嚴苛的挑戰——這些壓力和期望來自大眾，也來自自己；這些壓力和期望始終存在，而且五花八門。

這種現象在德克・諾威斯基的職業生涯中一直有複雜影響：運動面的壓力、經濟面的責任，以及道德面的要求。德克有他自己的內在動力、他的願望、他的夢想、他正在努力的方向。外界也對他所期望。對許多人來說，德克比人生更重要，宛如一面螢幕，為許多人投射夢想和願望。你可能因為來自四面八方的壓力而崩潰，但你也可以接受，並努力克服。

「有時你會輸給壓力，」德克・諾威斯基日後在二〇一九年如是說，那是一切都畫下句點好一陣子之後的事情。那時，他將知道自己成就了什麼。

「有時壓力會輸給你。」他說。

德克和奈許在洛杉磯市中心

NBA
PLAYOFFS

老將比賽

奧克蘭甲骨文球場

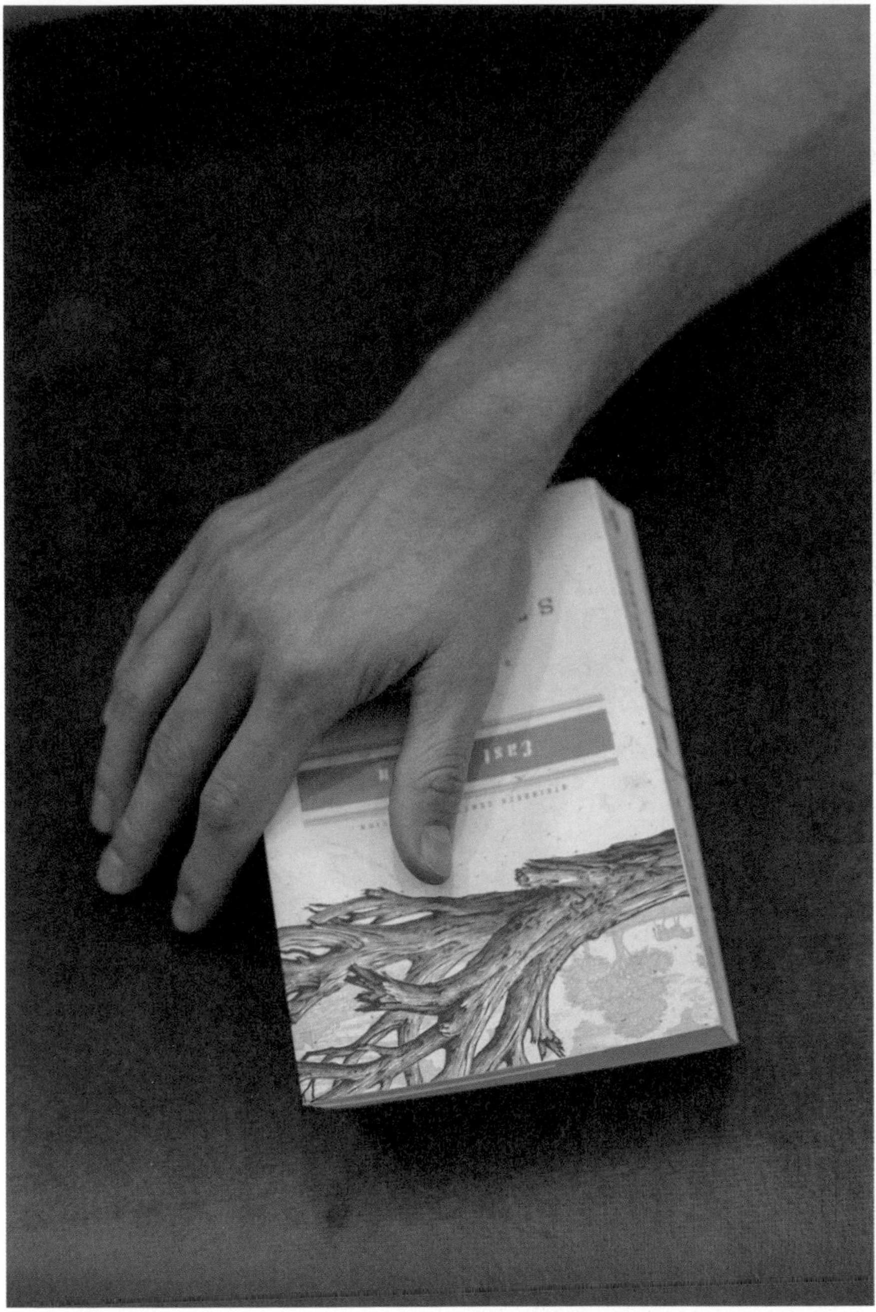

《伊甸園東》

舊金山聖瑞吉酒店

星條旗

達拉斯獨行俠隊作客奧克蘭，對上金州勇士隊

HAWKS 98
MAGIC 100
F
Warriors
CACHE CREEK
CASINO RESORT
ZTE
thrive
TISSOT
GOLDEN STATE WARRIORS
ARENA

洛杉磯史坦波中心球場

奧克蘭甲骨文球場

StateFarm

蓋許溫德納於太平洋帕利塞德住宅區的湯瑪斯・曼故居

TALKING STICK
RESORT ARENA

二〇一八年，聖安東尼奧馬刺對鳳凰城太陽

3. 後仰跳投

「孩子，在這座城市，你車愛停哪裡就停哪裡。」

後仰跳投

德克上一次在德國度過夏天的時候，是從法蘭克福開始的。初夏的兩天，是德克稱之為「動物園日」的兩天。在德克贊助商的法蘭克福總部前已經架好看台，數百名球迷坐在烈日下。如同德克每年夏天的例行公事，他隆重登場，德國球迷和媒體為之振奮。德國國家隊教練克里斯・弗萊明（Chris Fleming）也在場。這一年，歐洲錦標賽正在柏林開打，在座的每個人都不約而同地默默希望今年能像一九九三年那樣成功，當年德國將歐洲冠軍留在自己的家鄉，這也是久遠以前的事了。

當諾威斯基上台時，巨大的揚聲器響起賈達基斯（Jadakiss）的〈冠軍來了〉（The Champ Is Here）。叫喊和擊掌此起彼落，諾威斯基與主持人法蘭克・布施曼聊起上一個ＮＢＡ賽季，聊了第二次當父親的感覺，還聊了他的骨骼和關節。觀眾汗流浹背地等待著，關鍵問題的答案還是未定之天。這一天早上，還不清楚德克是否會再次效力國家隊，但德克沒過幾秒鐘就會告知大家。他會最後一次披上德國國家隊的戰袍嗎？

從早到晚都是訪談和議定好的會面行程，諾威斯基說真的不愛這樣的日子，但他到頭來還是了解此舉有其必要，所以他塞滿行程，盡快完成任務。舞台上的德克表現出色、引人入勝；他客氣有禮，又風趣幽默，但你自始至終都知道的是，他曉得這一切本質上都是荒謬的戲碼。以一個下午的時間演出這樣的秀，其中劇情只圍繞著他的個人和他的決定——這對他來說是詭異的事。這是一個悖論：他坐在舞台上，向記者說明對他來說最重要的是他與親友難得共處的時光、他的空閒時間、沒有人提出問題的日子，以及沒有問起老梗報導的日子。有時，他會有點難以置信地看著觀眾。在「動物園日」裡，誰是觀察者，誰是被觀察者，這從來都不是很清楚。蓋許溫德納站在場邊，再次引用尼采：「當人會『與自己溝通交流』時，便擺脫了自己；當一個人『已經坦誠感受』時，就會忘卻。」

德國國家隊和德克之間，有著特殊的關係。對於多數職業籃球員來說，國際賽是他們職業生涯高峰；但對於德克來說，情況要複雜得多。自從他加入國家隊以來，他一直扛起國家隊，每次他上場時，大眾的關注幾乎都集中在他身上。德米雷和佩西奇、加列特和威洛比、費默林和約翰尼斯・赫伯（Johannes Herber）等其他戰友都記得球隊飯店前的大排長龍，記得眾人起身鼓掌，而行政人員也還記得他們必須在英國保險交易市場「倫敦勞埃德保險社」（Lloyd's of London）以德克的左腳踝為承保項目，支付令人難以置信的保險金額。二〇〇八年在雅典和北京、二〇〇五年在貝爾格萊德、二〇〇二年在印第安納波利斯：其中德克向來是主力，在隊上的得分能力無人能出其右，是德國國家隊史上最偉大、最出名的籃球員。自一九九三年以來，德國籃球界可以說是靠諾威斯基一夫當關，沾上國際舞台的邊。這前後的時間跨距，可是橫跨了四分之一個世紀。

當諾威斯基最終宣布他想在這一年夏天出賽時，好消息不脛而走，立即轉推和擴散出去。他說，他一直樂於為國家隊效力，但對於德國籃球來說，他的參與意義遠不只於此：這一天下午，大家的期待突然成真，體育記者和運動高層相互擁抱，大家的希望化為熱情。法蘭克福的球迷向諾威斯基伸出了他們的筆，德克簽起名來。這是德克所屬時代的最後機會，畢竟先前奪銅鍍銀的國際賽世代中，德克是碩果僅存的出賽球員。他已經枕戈待旦。

柏林是下一站。諾威斯基造訪此處的一間新球鞋用品店，在西柏林宣傳球鞋，夜裡稍晚則現身東柏林的一場籃球比賽。小睡片刻後，一大早就迎來漫長的報紙、廣播和電視採訪，行程滿檔，時間排得緊湊。諾威斯基坐在一間像輕工業風的會議室，位於時尚的二十五小時飯店（25hours Hotel）。他回答窺探性的私密問題；他傾聽媒體的個人報導。你會感受到德克對媒體的意義。光是坐在那裡，就讓人頭暈目眩，讓人逐漸不知身處何方，所為何來。我們在哪裡？他跟誰說話？我剛才不是聽到了嗎？我剛剛這樣想嗎？「動物園日」像是萬花筒般，匯聚了各式各樣的繁忙活動；各類人事物也齊聚一堂，形形色色地有如馬賽克磚：和不同的人會面，搭機飛來飛去，穿梭於各飯店大廳和電梯之間，面對一架架的麥克風，還有訪談時對方脫口而出的問題。

午餐時分，諾威斯基消失在眾人面前，跑到對面華爾道夫飯店（Waldorf Astoria）的健身房，開始有氧運動和肌力的菜單。即使在這樣的日子裡，他也不能鬆懈，否則他需要幾週的時間才能恢復狀態。這些時間對他來說是神聖的，即使在媒體日，當他跑步和舉重時，便能在所有的喧囂和忙碌中，找到平靜的避風港。諾威斯基此時三十七歲了，而大家從昨天開始就知道他這一年夏天的計畫。

當他行程一一完成後，我們在柏林動物園（Berlin Zoological Garden）上方的飯店露台上坐下，隱藏在棕櫚樹後面的最後一處角落。這一天晚上，歐洲冠軍聯賽的總決賽將在奧林匹克球場（Olympic Stadium）舉行，FC巴塞隆納大戰尤文圖斯都靈（Juventus Turin），上演梅西（Messi）對上皮爾洛（Pirlo）的戲碼。耐吉邀請了大家，所有的體育巨星都共襄盛舉。園內可以聽到孔雀咯咯的叫聲聲，從下方傳來猴子的叫聲；我們所處的上方這裡則是杯盤叮噹作響。我們點了當天特調飲品，加了黃瓜和馬達加斯加柑橘。夏天才剛剛開始，德克這一天的媒體公關已經結束，雖然此時才正應該要放鬆，但他很難關掉腦內的自動駕駛模式。他看上去很累；我們都很緊繃。我問問題是為了說點什麼，但我說的每一句話聽起來都像在採訪。

「當德國決定在柏林舉辦錦標賽時，我知道我無法擺脫這件事，」德克說：「我沒有問蓋許溫德納，因為他老是想讓我打，我的父母和姐姐也是。」我問是否有針對國家隊出賽一事，再次和獨行俠隊展開複雜的談判事宜。諾威斯基說，長期以來都能明顯看出教練里克．卡萊爾的態度，老闆庫班這一年也未持反對意見。「他說『當然，去吧，這是你得來的榮耀。』」德克說：「到頭來，我只和我老婆討論過，但潔西卡知道，如果歐洲錦標賽在母國舉辦，這對運動員來說有多重要。柏林是一座籃球之城；場館很驚人，這會是重要的決定。」

一位緊張的服務生打斷了我們，只見他手裡拿著一本巨大的人造皮留言簿。他問德克是否想在裡面寫點什麼——德克會是第一位。「好啊，」德克：「拿給我！你想要我寫什麼？一首詩？」

我問他為什麼又要讓自己那樣。忠誠度在其中扮演什麼角色？「重點是我真的很想打。這種事如果我沒有完全投入，我就無法做到這個。」他環顧所有著名的運動員和名人。「球迷、家人、教練和整座球場都在鼓勵我。不過到頭來，必須做好準備的人還是我自己。」德克翻閱著空白的賓客留言簿，拿起筆，想了一想，然後放回桌上。

還有愛國心？「我一直很喜歡代表自己的國家出戰。從青少年開始。我們比賽過的地方！法國、波蘭、義大利，那對十四歲的孩子來說太瘋狂了。我一直很清楚如果身體允許，我會永遠為國家隊效力。」

諾威斯基看起來沉思片刻。太陽低低地懸掛在蒂爾加藤（Tiergarten）的上空，可以聽到掠食動物爭先恐後的聲音，有些發自喉嚨的嘶啞，或是在假裝低沉。德克住在達拉斯，他的父母住在烏茲堡，他的妻子是有肯亞血統的瑞典人，他的護照看起來像童軍的集郵冊。目前還不清楚在德克的職業生涯之後，他們是否會住在美國、瑞典或德國。他們會追尋家的感覺，成為世界的公民。

「在北京奧運擔任掌旗官，這太棒了，」諾威斯基攔住自己的思緒，脫口而出：「那是我有過最興奮的感受。」在這個感人的時刻，他不得不微笑；他手中的筆按了又按。「用歐洲錦標賽來為我的國際賽征戰生涯畫下句點，不錯吧？」

諾威斯基的幾位朋友陸陸續續進來。一些著名的足球選手快速打了聲招呼，其中有馬里歐・戈梅茲（Mario Gomez）和米羅・克洛澤（Miro Klose），大家都來城裡共襄盛舉。對話的主題慢慢轉移，原本散發的採訪味道終於消失。有些事情比體育更重要。我們的對話變得聽起來很笨，又笨得樸實：因為我們討論要在留言簿上寫什麼。一首歌嗎？一句名言？還是一首詩？「可惡，誰懂詩啊？」

沒多久，有人吹哨，貴賓被趕到場館，我們其他人只好在電視上看比賽。留言簿留在桌子上；在第一頁，諾威斯基借用萊納・瑪利亞・里爾克（Rainer Maria Rilke）那首著名的「疲累的籠中豹」一詩，以德文潦草地寫下詩的變體，署名如下：「於柏林動物園，四十一號萊納・瑪利亞・諾威斯基筆」（Im Zoologischen Garten, Berlin, von Rainer Maria Nowitzki, #41）。

比賽結束後，人群移往大道（Avenue）俱樂部，位於前身為莫斯科咖啡館（Café Moscow）的地下室。在這個時尚的場地，門禁嚴格，大排長龍，但我們從所有等待的人身邊溜走了。FC巴塞隆納在這裡慶祝勝利；球員們在絨繩的另一邊向人群中噴香檳，音樂震耳欲聾，杰拉德・皮克（Gerard Piqué）點燃民眾熱情，現場氣氛炸裂。我們面前的桌子上放著一個嬰兒浴缸，上面擺了冰塊和貴得離奇的酒瓶；飲料在我們眼前由一位衣著暴露的調酒師混合調製。感覺就像我們在一艘船上，漂浮在使人振動、抽搐的雷雨風暴之中，像遊行，又像嘉年華：大夥高喊：「我們是冠軍」，音樂「sha la la」地。我被夾在克洛澤和諾威斯基之間。西班牙足球員扯掉他們的上衣，他們隨行的一位女士在我們之間的桌子上展露熟練的舞姿。她不小心踢翻了一些玻璃杯，然後為此笑著。服務生立即擦拭並調製新的飲料，那位女舞者微笑著說了些什麼，接著舉起雙手表示歉意，我們點頭，但我們一個字也聽不懂。我對歐冠贏家如何慶祝勝利，有了個模糊的概念。這一切都如我所想。我們過了一些時候離開俱樂部，於黎明時分的柏林，站在卡爾馬克思大道（Karl-Marx-Allee）上時，克倫茲說那位跳舞的女子是夏奇拉（Shakira）。我們笑鬧大喊著——我們居然沒有認出夏奇拉！然後接駁車來了，把德克和他的人員直接帶到泰格爾機場（Tegel Airport）。「動物園日」結束，現在場景回到體育館。九十一天後，錦標賽開打，就在那些房子後面，就在太陽升起之處，離這裡不到兩英里。

＊　＊　＊

不到一年前，我和德克的物理治療師延斯．約皮希與蓋許溫德納共進晚餐，地點是北達拉斯普萊斯頓路（Preston Road）的希爾石餐廳（Hillstone）。他們煞費苦心地對我明白指出，以我的年齡來說，我的體重太重了。我們吃了該店著名的嫩肋排，細火慢燉至骨肉分離的地步，也喝了海尼根啤酒。「在這裡，」他們說，捏著我的手臂和肚子，又說「這裡」和「這裡」。我的體脂率是勉強合格的，他們笑了。只是勉強笑罷了！蓋許溫德納做了個鬼臉。約皮希解釋，聯盟中有些球員的體脂率只有百分之五。德克雖然有了年紀，但以他三十多歲近四十的年齡，在聯盟中仍處於平均水準；而即使是他，也不得不在基本功上投入愈來愈多的工夫和韌性，以保持身體素質。「他的狀態比他想像的要好，」約皮希說：「但他甚至還在打，這真的很了不起。」

蓋許溫德納開了個玩笑，但這些玩笑的核心是不可否認的事實：體脂率隨著年齡的增長而增加，心臟功能下降，其他如肌腱的穩定性、肌肉張力和骨骼彈性也會減少，變得更容易斷開和撕裂，變得既硬又軟。運動本身已不足以維持人的身體狀況。「在某些時候，你需要拓展運動的範圍，」約皮希：「需要的努力會大幅增加。」

與蓋、約二人交談後，我回到飯店房間，站在體重計上，決心親自看看如何才能在四十歲時保持運動員的身體素質。德克必須讓自己的身體維持狀態，好讓他和年齡只有他一半的對手競爭。儘管許多事物和投入的事項使他分心，儘管有子女，德克還是做到了。我想看看如果我開始認真訓練，會發生什麼事，對身體有什麼意義，對我的日常生活有什麼意義。我希望能夠評估諾威斯基所做的努力。

所以我展開一場自我實驗：我開始跑步，跑得更加嚴格、更有規律；我舉重，做瑜伽。我發誓戒酒數月，並反覆嘗試嚴格的營養計畫：我仿效德克，採用原始人飲食法和間歇性禁食。我開始上附近一家健身房。夏天時，有幾個禮拜我每天早上會在家人醒來之前，騎著自行車去健身房，然後完成了我經常觀看蓋、德二人實行的訓練計畫（空蕩蕩的健身房，就是實現可能性的殿堂）。晚上，我會在室外球場投籃，直到太陽下山。

進展很快：幾週後，我的中距離跳投變得相當穩定（沒有人防守我），我變得更輕，狀態更好，我在相當不錯的完賽時間內，跑了半程馬拉松，甚至報名參加了全程馬拉松。為了這場馬拉松，我以系統化的嚴謹方式做好準備，如果我三天前沒有重感冒，本來可以參賽的。人生充滿了各種可能、各種如果、各種應該。我整個冬天都在跑步，強迫自己在跑道上跑步，或者去健身房（至少偶爾），我甚至在除夕夜堅持喝礦泉水。我下定決心要在隔年補跑全馬。已年屆不惑的我，仍然認為自己的身體狀況很好。

＊ ＊ ＊

在柏林那晚之後幾個禮拜，大家更加認真起來。德國國家隊已著手歐錦賽的集訓，但諾威斯基還在獨訓。我們應該在離烏茲堡不遠的蘭德薩克見面，因為對於這場很可能是德克最後一次的重大國際比賽，我想看看他如何備戰。一般情況下，他是不會又獨自訓練一個月的。當我沿著美茵河畔跑步時，我收到了德克的訊息：

「帶你的運動鞋來，我需要你幫忙抓籃板球。」

幾個小時後，我們站在SG蘭德爾薩克爾（SG Randersacker）的舉重室健力組區。裸牆上掛著一張張表彰的證明，櫃檯上方擺著一座座獎盃，還有當地勇猛球員的照片。諾威斯基舉重、跳繩、在跑步機上全力間歇跑；有時，他會衝上體育館後面的山坡，或是在跑道上跑步。我則做我的半鴿式和下犬式這些使身心穩定的瑜伽練習，我認為我在跑道上比他快；畢竟，我已經在體育館內做了好幾個禮拜、好幾個月的間歇衝刺。我們談到德克有多討厭跑步，但以我而言，我最擅長的就是跑十到十二公里。德克的訓練必須針對籃球，而我從我的訓練體系中獲取細節，並儘可能以簡單的方式訓練，一腳接著一腳，一步接著一步。德克是個專家，而我樣樣通，樣樣不精。

德克的運動防護員傑瑞米・霍索博（Jeremy Holsopple）在達拉斯，向德克寄了一份訓練時間表。其中有各式練習、嚴謹的重複訓練，以及執行練習的說明。德克的手機就放在他旁邊，一直在播放音樂；他時不時地看著運動計畫，那是一張落實一流練習理論的備忘錄，但他心中實際上什麼都知道。霍索博隔週會來確認德克的狀態，在那之前必須完成訓練的苦活。二十多年來，德克一直維持職業水準，每年如一：他熟悉每年新賽季初期的痛苦。時間過去，這不會更加容易。

當我們走向球場時，我們偶然發現了正在玩泡泡足球的女子球隊，這是一種穿著透明充氣服的比賽，看起來很有趣。我們要等待，所以我們看著這群女子玩得跌跌撞撞，縱情大笑。沒有人注意到我們。「我必須在兩個禮拜後與國家隊會合，」諾威斯基說：「而體育館因為泡泡糖球而關閉。」

當這群女性玩完後，諾威斯基為室內訓練課程設置了一些錐體和標記，然後在整個訓練過程中，往前面、旁邊和後面衝刺。我遵守要我報時和喊叫的指示。「還有十下！」我一邊喊著，一邊對於此時擔任德克的訓練官，感到有些好笑。「還有五下！」我大叫：「四、三、二、一……」他喘著大氣，稍稍不耐地看著我。他不需要鼓舞人心的命令；多年來，他一直自願這樣做。

當我看著德克在蘭德薩克訓練時，當我遵行他訓練中的時間規定，並把球傳給他時，我再次見證我一段時間以來的理解：他的紀律有多徹底和嚴格，達到瘋狂的程度。他的身體之所以能長期維持，是因為他對訓練毫不妥協，並且因為他擁有完美的基礎設備來達成：為了一夜好眠，他委託最優質的育兒照顧；他聘請出色的廚師，為他準備適合的餐點，還有教練和物理治療師隨時為他服務；他聘請專業的運動心理學家唐・卡爾克斯坦（Don Kalkstein）。同時，他能拒絕誘人的邀約，當其他人都外出時，他待在家裡；他盡量多睡，而不是只在環境允許時睡覺；他會長時間將手機關機，取消所有不重要的事情；當其他人都在喝紅酒時，他堅持喝水；他能力抗時間流逝，精進自我。

我現在了解到，為什麼我一直都沒有成為出色的運動員。當我和德克一起訓練時，答案對我來說變得更加清晰。秋天將至，白晝將短；在十一月的某個下雨天，我已經很難有氣力在夜色中慢跑。我會設法做到個三、四次之後，允許自己破例，然後例外成了常態。總會有人打電話約我出去午餐，討論重要的計畫；總會有一些值得慶祝的事情：出版書籍、生日、劇院開幕等等。我的小孩會發燒，保姆會生病，我不得不待在家裡。我的小孩每天晚餐都想吃加了奶油和起司的義大利麵，而我沒有時間為自己烘烤特製的堅果麵包。食物裡總是加糖，淋上特製的糖霜和額外的奶油。我的孩子想吃冰淇淋；每次閱讀後，桌子上都有紅酒。我因為膝蓋疼痛和感冒而偏離訓練軌道，我的物理治療師正在度假，當肩膀突然出現問題時，無法解決問題。為了趕上交稿期限，我伏案太久。我放著文章，打算春天時重新開始。我會意識到我向來知道的事：我是個有家庭和工作的中年男人。我意識到我再也不是二十三歲了，我再也無法以一小時二十三分二十二秒的時間跑完半馬，那是二〇〇三年美國史泰登島半馬賽（Staten Island Half）的紀錄。我再也無法雙手灌籃，但這或許也不再重要。哪怕如此，我時時刻刻從頭開始，繼續前進。

兩週後，諾威斯基仍在巴伐利亞訓練，蓋許溫德納陪同。他的運動教練來了又走了；他很高興。「最後我幾乎不能走路，」諾威斯基說：「我就是做到這種程度。」他話更少，似乎變得更加專注，身體狀態優於兩週前。距離歐洲盃不到三週。德克不想說，只想做。他一次又一次練投：右邊投籃、左邊投籃、三分球、罰球。只見蓋許溫德納傳球，諾威斯基投籃；又見蓋許溫德納傳球，諾威斯基投籃。雙方不發一語，只聽得球咻咻咻地，刷進籃網。或許這就是德克的特別之處：他也知道最終會發生的事情，但在那之前，他會繼續前進。

＊＊＊

一週後，二〇一五年歐洲錦標賽將在柏林開幕，這是德國二十多年來首次舉辦的大型國際賽事。即使球員努力讓國家隊看起來是當下可能徵召的最強陣容，充其量也只是過渡性的球隊。諾威斯基和亞特蘭大老鷹隊的丹尼斯．施洛德（Dennis Schröder）是其中的大牌球星，但他們的不同之處在於：諾威斯基從德國體育俱樂部起家，施洛德最初玩滑板。前者處於職涯尾聲，後者正要開始，兩人分別出生於一九七八年和一九九三年，隔了十五年。無論是球風、體型、社交圈還是膚色，兩人幾乎在所有方面都存在根本差異。大家都希望兩人盡量相輔相成，而大家都知道這並不容易。

實際上，比賽本來應該在烏克蘭舉行，而非在德國，後因戰爭而移師德國。國家隊失去許多球員，而國家隊教練正要去NBA擔任助理教練。大家說，這場比賽對諾威斯基來說時機太晚，對施洛德而言卻又太早。儘管如此，德國籃球界仍是抱有強烈期望，強到不理性的地步。

情況可能好轉時，德克一如往常開了消遣性的玩笑，不過他仍然抱有希望。在某場於斯特拉斯堡（Strasbourg）開打的友誼賽之前，德克的德國隊球衣因為太短，必須修改。他們加了二十公分的布料，這似乎只是象徵性的補救之舉。德克隊友的年齡和經驗都只有德克的一半，他們沒有機會對抗東尼·帕克領軍的法國隊。不過諾威斯基想再次體驗這一切。他已經為這場在德國觀眾面前上演的大型賽事苦練近三個月。蓋許溫德納不預期有好結果，但德克用笑話沖淡壞氣氛。

他只想再打比賽。

開賽前，場上可以感受到狂熱的欣快感，眾人的希望又更高了。我記得在一九九三年的歐洲錦標賽，當時德國國家隊陣容有亨寧·哈尼施、麥可·傑克爾（Mike Jackel）、漢西·格納德（Hansi Gnad）、史蒂芬·貝克（Stephan Baeck）和教練斯維蒂斯拉夫·佩西奇，國手一起在慕尼黑贏得冠軍。那是很久以前的事。我記得全家人坐在電視機前，品嘗甘草麥芽啤酒，和叔叔、阿姨、表哥安德烈亞斯（Andreas）一同觀賽的光景。我記得當德國控球後衛凱·南伯格（Kai Nürnberger）吸引兩名俄羅斯球員的防守，並將球傳給克里斯蒂安·威爾普（Christian Welp）時，威爾普隨後在兩名俄羅斯球員的防守之下灌籃得分，並以罰球完成三分打，讓比數來到七十一比七〇。德克當時十五歲，他也和家人一起看電視上的比賽轉播。

十年後，「諾威斯基世代」在印第安納波利斯世錦賽上獲得銅牌，在二〇〇五年在貝爾格萊德獲得歐洲錦標賽銀牌，並於二〇〇八年揮軍北京奧運，但德國國家隊從未有機會在德國國內打過大型的冠軍錦標賽。球員和球迷引頸期盼這一天的到來，而多數人先前是放棄希望的。

二〇一五年九月五日。當錦標賽開打，相較於德克三個月前在法蘭克福場上的期望，一切都事與願達。對上冰島拿下開門紅，但比分沒有如預期拉開：七十一比六十五。隔天將對陣塞爾維亞，賽況更加嚴峻。

二〇一五年九月六日。與塞爾維亞隊一戰打得難分難解，等到比賽還剩下零點九秒時，德國以六十八比六十六落後兩分。裁判將球交給施洛德。決定性的時刻，震耳欲聾的叫喊，最後的機會，德國隊開始跑他們的攻防，設置掩護，而施洛德正在尋找諾威斯基：「德克在哪裡？」諾威斯基擺脫防守球員，「傳球，傳球」！他經常在關鍵時刻最後一擊，拿下必要的兩分，但施洛德決定直接來顆致勝三分球，於是將球傳給矮小的後衛海科・沙法茲克（Heiko Schaffartzik），沙法茲克在左側底角接獲傳球，他有空檔，又無法擺脫塞爾維亞長人，球出手短了，結果塞爾維亞隊獲勝。諾威斯基眼睜睜看著這一幕，感到震驚。

二〇一五年九月八日。諾威斯基話不多。在這樣的錦標賽中，沒有犯錯的餘地。成功與失敗之間的距離不過幾天、幾小時，甚至幾秒鐘，而隨著決定性時刻的到來，德克將分心事物的影響降到最小。德克已經提醒過我。「到時候我不會說話，」他說：「除非有必要。」

從第一秒開始，與土耳其隊的比賽就是一團難以理解的混亂，團隊盡顯猶豫不決，亂成一鍋粥。場上的氣氛和比賽本身一樣荒唐。一切成了災難的象徵，一切都讓人搖頭，配合沒有默契，使人瘋狂。比分從九比零……十六比四……來到三十一比十一。諾威斯基為隊友們設下一次次的擋拆機會，但接到球的時候為時已晚，只得作為不得已的最後手段；在第四節開始時，他被換下，坐在板凳上搖頭。有人遞給他毛巾、飲料、水和電解質。攝影師將鏡頭從比賽轉向他。

二〇一五年九月九日，這一天對上義大利。在歐錦賽中，每一場比賽都是不同的，每一天都是新的一天，比賽不會在乎過去。義大利球員正在熱身，陣容有安德烈亞・巴尼亞尼（Andrea Bargnani）、馬可・貝里納利（Marco Belinelli）和達尼洛・蓋里納利（Danilo Gallinari）。環顧賽場，每個角落都能看到球員的妻子、球員的子女、球員的父母。他們坐在包廂裡，也坐在場邊。祖父母、朋友以及朋友的朋友等親友團也來助陣。他們從全國各地來到柏林；德國籃球界請了一天假來看諾威斯基。

比賽開始時，緊張氣氛高漲。整座球場的人都站著觀賽。半場結束時，四十二比四十二平手，之後德國隊打出一波攻勢，突然以五十五比四十五領先。義大利隊手感冰凍，但之後卻克服頹勢。

義大利隊的策略很簡單：他們在防守端放棄兩分，因為他們知道自己可以在進攻端拿到三分。義大利隊知道他們最終都能再拿下分數，因為貝里納利、蓋里納利和巴爾尼亞尼生涯分別在義大利聯賽、在國家隊，以及在NBA場上，都是得分好手。他們有足夠的經驗和耐心守株待兔，等待投籃機會，穩穩拿分。

施洛德屢次上籃都能成功，看起來倒像是義大利隊在恭請施洛德上籃似的。諾威斯基盡其所能，他抓籃板、推動進攻，發揮長人的優勢在低位和對手對抗周旋，但當天比賽再次清楚看出，這種德式打法行不通。德克在進攻初期拿到球時，效率很高；他從來都不是角色球員。

義大利隊有四名射手；他們攻擊火力遍地開花，攻勢不斷，分數一直往上加。加里納利投進三分，將比賽帶到延長賽。在延長賽中，義大利隊誘使施洛德衝向籃框，就像施洛德整場比賽的進攻模式。施洛德命中一次，然後兩次掉球：其中一次，裁判未判對方犯規。倒地的施洛德在地上很久，嘴裡抱怨著，此時貝里納利把球帶走，場上形成五名義大利球員對決四名德國球員，兩次快速傳球之後，一下後，一下前，只聽得「*bam*」、「*bam*」的聲響，然後他又投進一顆三分：八十九比八十二，就這樣。

德克．諾威斯基低著頭，從側邊出口消失了。我想這只是一場比賽，但我們知道下一場可能是他最後一場。

二〇一五年九月十日。我們都保持沉默，沒有人在準備告別之詞。如果說這幾十年來我們在體育館內學到了一件事，那就是在重要比賽之前，不要談論未來。這一天，德國可能會被淘汰；這一天，我們可能見證德克．諾威斯基的最後一場國際賽。每個人都希望還會有下一場，如果德國在當天擊敗西班牙，加上義大利或土耳其輸球，那麼就有下一場，不過這不太可能。每個人都有期望，當然也有劇烈的情緒起伏、起身鼓掌、流下淚水，但我們不說話。

這一天對上西班牙，輸球的隊伍將打包回家。安德烈亞斯．維特（Andreas Witte）是傳奇球評，過去也打過籃球。這一天，我們一起坐在維特位於場邊的工作區，兩人近距離觀賽，這裡享有個人視角，而直播畫面將傳到數百萬台電視。維特擁有全場最好的位置：在場中央，座位又稍高，視野一覽無遺。

維特從一九八四年開始轉播籃球比賽，從一九八七年開始轉播國家隊，然後轉播一九九二年奧運和一九九三年歐洲錦標賽。他一路走來見證一切，現在他開播前走進賽場，沒有多說什麼，他話不多，播報的聲音卻很有歷史。

我們談論與義大利的比賽，以及戰術上的細膩之處，我們談論緊張的情緒，以及他戒了多年的香菸。維特的電話響起。他說：「等一下。」打來的是助理教練亨利克．羅德爾（Henrik Rödl），兩人認識很久。談話很短，主題明確，他們談到先發五人、戰術計畫，前一天比賽的情況，還有：諾威斯基呢？

在比賽開始的跳球前不久，我們坐在我們的頭等席上。我們面前是兩個螢幕：一個顯示電視轉播畫面，另一個顯示統計數據。這裡看得比教練還更清楚。擺在我們面前的是球員的簡歷，已加上註記和醒目標示，有趣的事情則以粉紅色和鮮黃色標記。沒有關於諾威斯基的筆記，維特對他的一切瞭如指掌。我問他是否樂於參加這場大型賽事。我問他是否為可能被淘汰做好了準備。

維特倒是準備好了，而我沒有。

比賽即將開始。諾威斯基與隊友站成一排，低著頭。這可能是他以球員身分最後一次聽到德國國歌，大家想法相同，所以都唱得有點太大聲。德國隊向西班牙隊致意，態度尊敬。也許德國隊是出於恐懼，畢竟他們此時此刻正在為生存而奮鬥，是很詭異的事情。如果西班牙隊奪冠，沒有人會感到驚訝。維特戴著耳機，正在與球迷交談，但在場上聲音太大，聽不懂他在說什麼。時不時地會有一小段電視聲音通過。「那可是大危機，」我聽出來他這樣說。「諾威斯基，」他一遍又一遍地說：「諾威斯基。」

比賽開始時，場上聲音太大，讓人無法思考。我試著把注意力集中在德克身上，記住他的每一次動作、他設置的每一個掩護、他的每一次傳球、他所命中的每一顆三分球。今天的球場感受是真實的，一萬四千人到場，主場的殿堂，承載著眾人的期望，上演著一波惡性循環。

維特坐在螢幕前，焦慮地扭擰著雙手，捶打桌子，再交叉雙手。他用食指劃過螢幕，彷彿在分析一幅畫。當諾威斯基在低位拿球時，首先有一批球迷站了起來。他運球三下，一吋吋地向前推進，每一次運球，觀眾都有如被遙控一般起身。德克長期效力德國國家隊，而現場觀眾可能會看到德克最後一次金雞獨立式後仰跳投，又或者觀眾知道德克會得分，當德克得分時，觀眾就會炸裂。比分來到三十六比三十五。

籃球是獨特的運動。下半場易籃再戰，此時西班牙隊比德國隊更卓絕堅定。塞爾吉奧．魯爾（Sergio Llull）和塞爾吉奧．羅德里格斯（Sergio Rodríguez）已經見識過數百次這種背水一戰的情況。比分來到六十比四十八，對西班牙隊來說，比賽似乎已經結束。維特對著螢幕畫面禱告贏球；在暫停期間，他會打開場邊的麥克風，聽一聽教練團對球員傳達的內容。

籃球是了不起的運動：突然間，比賽進展順利；突然間，德國隊將先前的生澀拋在腦後；突然間，年輕的後衛毛多．洛（Maodo Lô）投籃命中，這是他整個賽程期間都無法做到的事，還使出一記提姆．哈德威（Tim Hardaway）般的換手運球過人。維特說：「這就是未來。記住這個年輕人！」

施洛德投進三分，

洛投進三分。「現在每一次進球都變得好重要！」

保羅．吉普索（Paul Zipser）灌籃。

諾威斯基投進三分，

洛投進三分球，七十三比七十二，只差一分，西班牙喊暫停。

維特在桌子上敲他手裡的寶特瓶。「看看球場那邊，」他吼道：「現在場上音量來到最高點！難以置信！我的耳朵都快掉下來了！」整個球場都起身叫喊，看著球員進入暫停：施洛德、吉普索、羅賓．班辛（Robin Benzing）、洛，以及偉大的諾威斯基。

德克為德國國家隊出場一百五十三場，總共得到三千零四十五分。我們記得所有偉大的時刻：再次想起二〇〇二年的印第安納波利斯，再次想起二〇〇五年貝爾格萊德，再次想起豪爾赫．加瓦霍薩的投籃（他目前坐在西班牙隊板凳上；他和諾威斯基同齡，早就退休了）。二〇〇六年在廣島和安哥拉交手時，拿下四十七分；我們記得二〇〇八年北京奧運時，德國國旗和德克因汗濕透的服裝。球場對這一切記憶猶新。過去十八年是德克的時代。

此時施洛德推進球，德國落後三分。施羅德向前衝刺，跑動投三分球時遭到犯規。如果三罰全中，就能扳平戰局。看台上的觀眾懇求球進之情溢於言表。諾威斯基做好搶籃板的準備，施羅德正在投籃。他投進了第一、第二顆罰球，第三顆罰丟。我盯著我眼前的筆記本。

接著比賽結束。德國遭淘汰。

在其他日子，觀眾都會起身前往出口，表達沮喪，咆哮並且抱怨，但是今天沒有人離開。

諾威斯基站在底線，進行最後一次電視採訪，像是一種離職訪談，我們聽不見，但每個人都在等他。即使在採訪期間，他們也會高呼德克的名字。然後諾威斯基踏上空無一人的球場地板，朝他家人的方向拋了一記飛吻。每個人都起身；人群不停歡呼。德克站在下方，環顧四周。他享受這一切，然後深呼吸，然後落淚，又或者只是汗水。他舉起雙臂，垂下目光，向觀眾鞠躬，肅穆、真摯。我和記者站在座位上，高舉雙手，每個人都感受到真誠，每個人都動容。

維登索勒再次按下快門，為諾威斯基的這一刻拍下完美的照片：可以看到的是，德克獨自走過球場的走廊。霓虹燈、塑膠地板、電纜架。他低頭看著地板，筋疲力竭。幾位西班牙隊的官方人員站在一旁，盯著他們的手機。沒人理會。德克對他自己和他從事的籃球感到十足的自在滿意。此時他脫下德國的國家隊球衣，用右手拿著；戰袍上寫著他的名字：

Nowitzki 14（十四號諾威斯基）。

「我永遠不會忘記那一刻，」日後他說：「這一直是一項榮譽。」

我討厭籃球

二〇一六年夏天

愛，有時會使我們做出魯莽的事。以傑克．馬奎茲（Jack Marquez）為例。我們在奧克拉荷馬市，時間是二〇一六年四月二十五日，我和我的記者同行馬蒂亞斯．畢雷克（Matthias Bielek）站在唯一一間還在營業的酒吧櫃檯前，酒吧名為「女狼俱樂部」（Coyote Ugly）。喝醉的人在我們周圍搖來晃去，這群醉漢多數身穿奧克拉荷馬雷霆隊的球衣。他們正在慶祝今年季後賽首輪，雷霆隊以四比一的勝場差擊退達拉斯獨行俠隊。女侍衣著清涼，又在櫃檯上跳舞，又把酒倒在醉漢的喉嚨裡。「雷霆，加油！」大夥叫喊，聲音透著一點一滴歡騰的滋味。

不過，傑克對這些事都興趣缺缺：他對酒吧內的女人興趣缺缺，他對歡慶鼓舞興趣缺缺。傑克想和我們談談德克。傑克愛德克。傑克穿著德克的四十一號球衣，諾威斯基在衣服上心臟的位置潦草簽名，他仍然知道德克在簽球衣時所寫的確切字詞。和這裡的大家一樣，傑克以德克的名來稱呼他；傑克五歲起就一直在看德克打籃球。

幾個小時前，德克低著頭消失在切薩皮克能源球場（Chesapeake Energy Arena）地下層。獨行俠隊使出渾身解數，儘管勝場差是四比一，比分是一百一十八比一〇四，實際戰況倒是更加拉鋸，但也不足以拿下系列賽。上一次擊敗雷霆時，德克比現在年輕五歲，那是二〇一一年，而當時獨行俠隊的冠軍陣容球商更高、更有天賦，也更有凝聚力。凱文・杜蘭特和羅素・威斯布魯克那時還是孩子，現在兩人晉身超級球星。獨行俠是這一年西區的第六種子，戰績四十二勝四十負，而大家心中都暗自覺得會在季後賽提早出局。最起碼，當看到球隊的向心力和球風時，會有這種感覺。達拉斯對前鋒錢德勒・帕森斯（Chandler Parsons）寄予厚望，但事實證明他受傷太頻繁，態度不夠認真，結果令人失望。季後賽期間，他甚至沒有上場。年長的球員已經過了巔峰期，年輕的球員又經驗不足。德克三十七歲，但他是本賽季至今獨行俠隊最好的選手——單就此點而言，就足以說明球隊的失敗。

說到底，對於獨行俠隊而言，雷霆隊的運動能力太強，板凳又深（至少在整個系列的季後賽是如此）。德克當晚得到二十五分，他從自己的身體掏出一切，貢獻比賽。而這還不足以力挽狂瀾，德克面無表情地溜進更衣室。獨行俠隊每位工作人員都站在狹長的走道，看著他經過。大家感受到一種悲傷，一種時代已經結束的預感，沒有理性的預感。

這將是德克最後的季後賽系列。

當他淋浴出來時，只見眾家記者好似向日葵轉向太陽般，相機和麥克風捲成一團。問題重點是比賽；諾威斯基一如往常，以熱情、專業的態度回答，但臉上可以看出他已極度疲勞、難掩失望。德克為了他的獨行俠隊，又犧牲了一年，他付出一切，再一次證明，單憑他一己之力並不足扛下勝負。「本來可能就這樣退休的。」當德克步履蹣跚走出更衣室時，其中一位隨隊記者說了這句話。他們這句話掛在嘴巴上已經好幾年了。此時的他以這副皮囊在世界上最好的聯盟中，打了一千四百八十五場比賽，超過十八個年頭；他見過近兩百名隊友來來去去；他看過無以數計的運動作家、電視台人員和攝影師；他看過數十座球場、更衣室、飛機和飯店——但德克並沒有不告而別。他和記者碰拳頭，拍了更衣室服務人員的肩膀。在去球隊巴士的路上，諾威斯基甚至回到了空無一人的球場，祝福雷霆的保全人員在接下來的季後賽中工作順利。

這是在「女狼俱樂部」的最後一輪酒，傑克．馬奎茲再次告訴我們為什麼德克是他的英雄：他的跳投！他的品格！他對弱勢和窮人投入公益！大哥，還有他的冠軍！那座獨一無二的、令人驚艷、美麗絕倫的冠軍！我們知道這些故事，他的朋友也知道，但現在傑克正在酒吧內向兩個人說這些故事。一位穿著凱文．杜蘭特的球衣，另一個穿著格子襯衫。

「冠軍耶！」傑克說：「你們拿過冠軍嗎？」

大哥們正在用水杯喝龍舌蘭酒。其中一位對傑克說：「狗屁。」另一位說：「給我閉嘴。」憤怒和酒精掩蓋了他們的聲音。傑克對德克感到非常興奮，興奮到他不明白何必要隱藏自己的熱情。只見他無止盡地侃侃而談、歡呼雀躍，那純粹的熱愛使他誤判場面，現場氣氛轉僵。當我們離開這個地方時，球衣男和格襯男正在外面等我們。我們沒料到對方會大小聲。球衣男對傑克吐出不堪入耳的詞彙，但傑克並未放棄他的熱愛，他甚至沒在想這回事。

「德克是最偉大的，」他說：「你想說什麼就說什麼。」

他的熱愛，讓格襯男備感緊張；有個什麼東西突然在他體內產生變化，有個什麼東西破裂，他把襯衫從身上扯下來。他不是單純脫衣服而已，他從前面撕開衣服。因為格襯男還拉個好幾下，所以看起來有點彆扭。然後他半裸站在奧克拉荷馬市的步行區，他的身材精瘦，帶有刺青。他的襯衫鈕扣彈到人行道上的遠處。這個流氓抓住傑克的喉嚨，發出叫喊，把傑克抬到半空，然後把傑克扔到牆上。他揮出幾拳，但沒有打中。打赤膊的他把傑克的頭扣在一個花盆上，然後我和畢雷克、其他客人，還有酒吧保安都在現場。他們似乎一直在等待這一刻。格襯男被帶走了，他的朋友在他身後，拿著那件無扣襯衫。傑克、他的朋友，還有畢雷克和我在夜裡發抖，但傑克對著我們微笑。

「各位，」他說：「告訴德克，他還是最偉大的。」

＊　＊　＊

數週後的達拉斯化身一座烤爐。克里夫蘭騎士隊和金州勇士隊正在爭奪冠軍，兩隊的系列賽令人血脈賁張，但德克只隨意觀看剩下的季後賽。奧克拉荷馬於次輪擊退馬刺，之後於西區決賽面對勇士隊，先是取得三比一的優勢，接著近在咫尺的勝利從指縫溜走。德克帶孩子們上幼兒園，有時還打網球；兩週後，他也開始恢復訓練。這座城市慢慢變得過於炎熱，有時甚至超過華氏一百度，諾威斯基一家人準備飛往瑞典和德國。還有一個約會：德克英雄名人棒球賽（Dirk Heroes Celebrity Baseball Game），這是他的年度慈善棒球比賽。

德克邀人，總是會相聚個兩三天，期間眾人齊聚一堂，有運動員、名人、德州石油大亨和要人。大家一起吃喝跳舞，大家交換名片和企劃想法，大家捐款和募款。最後，大家都在座無虛席的觀眾面前，在炎熱的夏日之下，打了一場糟糕卻又精彩的棒球賽。歡迎來到慈善的世界。

前一年龍捲風席捲街上時，每個人都坐在達拉斯市中心朱爾飯店（Joule Hotel）的頂層房間內。大家都關在房內，也慶幸自己在那裡。這一年六月，德克．諾威斯基於比賽前一天晚上，進入西達拉斯的一間倉庫。這座建築物專門為當天晚上改造成一間俱樂部，名為「第四十一號俱樂部」（Klub 41）。塗鴉藝術家在牆上噴漆，大加讚賞：超級明星、傳奇人物和天縱英才。這間俱樂部是德克職業生涯的聖地，就像一座聚集了三、四百人的教堂，匯聚要人、超級球迷、獨行俠隊、遊騎兵隊（Rangers）、牛仔隊等達拉斯的英雄。現在諾威斯基是他們的大家長，當德克進入會場時，他受到熱烈歡迎，眾人敬酒，並獻上熱舞。

不用說，這裡的大家都會觀看德克的比賽，對他的成就了然於胸。這是一種家人的感情，大家看著德克長大。達拉斯牛仔隊四分衛東尼．洛莫（Tony Romo）與諾威斯基合影留念，兩位傳奇人物衣衫濕透。他們彼此熟識；這兩位重要的運動員身處同一城市，成為兩人的交集。洛莫比諾威斯基小兩歲，但多年來一直苦於傷勢。

隔天下午，諾威斯基開在高速公路上，往北駛向佛瑞斯柯（Frisco）時，他很累但很開心。在這樣的重要晚上，都是由他的隨扈開車。如此一來，在路上聊天很容易，所以我也坐在德韋恩．畢曉普的廂型車裡。我們喝雙倍和三倍的濃縮咖啡。漫漫長夜，這一天將上演重頭戲。佛瑞斯柯勇騎兵隊（Frisco RoughRiders）場館的球票前一陣子便已售罄，屆時有一萬兩千名觀眾到場。想到要在烈日下打棒球，德克發出哀號。他寧願在有空調的訓練設施內，為即將到來的賽季做準備。「畢曉普，會有多熱啊？」他問這位隨扈老大哥兼司機。「華氏九十五度。」畢曉普答道。

在高速公路上，我們談到身體因為NBA賽季所要承受的強度。德克說：「開季前準備多少，開季後身體就會給你多少。」他知道長人球員所面臨的特殊風險。德克說，若未適當訓練，首先是心臟出問題。幾天前，烏茲堡的老隊友詹姆士．蓋特伍德就是死於心臟病。為表達哀悼，德克整天都試著聯絡蓋特伍德的遺孀。德克在達拉斯的第一年時，一起打球的尚恩．路克斯（Sean Rooks）最近也去世了；去年夏天，死神也找上了他的國家隊友克里斯蒂安．威爾普。德克說：「高個子必須小心。」德克為此做好準備，德克諮詢過凱西．史密斯（Casey Smith）這位健康暨運動表現的指導者，以及防護員傑瑞米．霍索博。德克知道他短時間內無法停下來。他已經做好準備，儘管剛結束的賽季不會是他的生涯最終賽季。他身為球員打球的生涯還在繼續。當我們在佛瑞斯柯下高速公路時，我們右手邊有一家宜家家居（IKEA）。德克放棄陷入長考，不談論未來，而是和我們說他老婆的事情。他老婆都會為了聖誕節，開車去佛瑞斯柯買瑞典肉丸，以及「那種裝在管子裡的魚漿」，也就是瑞典文的「köttbullar」和魚子醬。畢曉普和德克笑個不停，然後我們到達場館。比賽在三個小時後開始，但德克在後門就簽了當天的前五十個簽名。

下午稍晚，德克站在胡椒博士球場（Dr. Pepper Ballpark）的草地上，身穿全新棒球球衣，手放在心臟位置藍白相間的圖樣上。每個人都來共襄盛舉：有麥可．芬利，有德克最愛的隊友布萊恩．卡迪納爾，有他的冠軍陣容中鋒泰森．錢德勒（Tyson Chandler），有高爾夫球選手喬丹．斯皮思（Jordan Spieth），有牛仔隊的外接手德茲．布萊恩特（Dez Bryant），還有歌手、演員、喜劇演員。只聞到木頭看台上飄著熱狗和爆米花的香味，只看到有維多利亞風格的柱子和門廊，只聽聞啤酒罐的嘶嘶聲。三架螺旋槳飛機在場館上方排成一列，機身後是彩色煙霧形成的雲。座位區球票售罄，人群站起身來，唱著〈星條旗之歌〉和〈帶我去看棒球〉（Take Me Out to the Ballgame），他們手裡拿著帽子，目光投向了紅白藍各色煙霧繚繞的天空。

讚嘆之情隨煙霧消退，此時諾威斯基抓起一支麥克風。他是東道主，也是大多數人來此的原因。德克向大家打招呼，表達誠摯感謝，並談論幾句針對低收入家庭孩兒童的公益事宜。之後活動展開，下午的氛圍緩慢、慵懶，這是非常美國的活動。諾威斯基以棒球員會有的模樣坐在休息區：棒球帽高高戴著，口裡咀嚼著葵瓜子。年紀較大的一些人口腔內嚼著煙草，把汁吐到空的開特力杯子裡。

諾威斯基偶而戴著手套去守一壘壘包。哪怕步態笨拙，每次他走過球場時，都會揚起狂熱的歡呼。

過去幾年，我見證了很多達拉斯的樣子，也試圖深入了解這座城市對他的愛：我在飯店門口和謝恩．雪萊喝咖啡的次數不計其數，我們談論籃球；最後，我們也開始一起看比賽，我知道他今天下午會來球場。藝術界的人也大駕光臨，有達拉斯藝術博覽會（Dallas Art Fair）負責人布蘭登．甘迺迪（Brandon Kennedy），他坐在本壘板後面的第三排；還有書商暨出版商威爾．伊凡斯（Will Evans），他坐在一壘側，沐浴在傍晚的陽光下。我和普雷斯頓谷社區第四十一號消防站的消防員一同度過下午，和他們聊了德克的事。為了快速撲滅可能引發的火災，這群消防員了解德克的房子的每一種建材：木片刨花、玻璃纖維、橫梁、膠合材料和石棉板。德克是大家都認同的人。看台上的觀眾年齡層廣泛，背景豐富，有拉丁裔、有共和黨人、有畫家、有建築工人、有諾貝爾獎得主，也有調酒師。球迷有各色人種、各式身材，有人遠道而來，有人刺青，有人打扮入時，有人欣喜若狂，甚至有幾位德國人。

當我在比賽期間慢慢穿過場館，我清楚感覺到的是，達拉斯的人看待德克的方式，完全不同於美國的其他地方和世界各地：德州人對他的愛堅若磐石。而場上的每個人，都有著自己的德克數據：二〇一一年的NBA冠軍、二〇〇七年的MVP、十三次入選全明星隊。他們知道德克的投籃命中率和籃板數據；他們對無數的致勝球記憶猶新。他們甚至願意來看德克打棒球的糟糕樣子，看德克的外行表現，看他的自嘲模樣。德克和大家融為一體。綽號「皮膚」的主播傑夫・韋德從德克抵達德州以來就一直陪伴著他。他說：「如果你忠於我們，我們就忠於你。」乍聽是漂亮的客套話，但在這樣的下午，身處德州佛瑞斯柯，倒是所言不虛。

有一個場景惜未剪進《完美投籃》紀錄片的最終版，這個場景完美地總結德克和達拉斯之間的關係。在我看到這部片的粗剪版之後，我一直納悶為何導演沒有剪進這個場景：德克開車去阿靈頓（Arlington）看達拉斯牛仔隊的比賽，在停車場的入口處停了下來。他搖下車窗，詢問可停車的地點。停車場的服務人員是身穿綠色制服的老黑人，他認出了德克並微笑著，眼神流露出彷彿為人父的驕傲。「孩子，在這座城市，你車愛停哪裡就停哪裡。」老黑人對德克說。

球賽來到最後一局，夕陽西下，煙火齊放。德克、布萊恩・卡迪納爾（Brian Cardinal）和我並排坐在休息區，我們就著轟隆低沉的背景音和燈光飲用啤酒，而在眾人「哇」、「啊」的讚嘆聲中，諾威斯基逐漸沉靜下來。他和大家一樣，凝視著夜空。好幾分鐘都沒有人注意他。「你看那個，」他說。看著煙火的他，微笑得像個孩子。「我一直都很喜歡煙火。」

比賽結束後，眾名人（和小點名氣的人）消失在休息室；只有諾威斯基就著淡藍色的照明燈，在球場上待了整整一個小時，並在球迷能通過安檢的所有物品簽名：有門票、有球衣、有相框、有球，還有玩具車。他在場館各處簽名，簽了幾千個名。這一年夏天，我又比以前更常親眼看到這種令人難以置信的耐力。有位球迷叫傑森・昆道（Jason Quindao），這一天開車五個小時去看德克。當諾威斯基的簽名遊行繞了一圈，終於來到昆道的身旁時，他的臉上留下喜悅的淚水。頃刻之間，諾威斯基也為對方的快樂感到不能自已，他擁抱了這名年輕人。畫面背景中，有名工友正在將煙火的殘留物從場上清除。當我們到達休息室時，披薩已經冷掉，但諾威斯基允許自己吃了一片。原本在這個季節，他是永遠不會碰披薩的。電視還在播放NBA總決賽的第四場，騎士對勇士。

開車回程途中，一切的喧鬧結束，迎來片刻的安靜。史考特・湯林坐在廂型車的前座，布萊恩・卡迪納爾和德克在後座，畢曉普開車。我們好幾分鐘不發一語。

「我想跟你說謝謝，」廂型車開上高速公路時，德克突然對湯林說：「沒有你，這一切都不可能發生。」

「骯髒德克，別這麼說，」湯林說著，望向窗外：「是你讓我們的工作很順利。」

卡迪納爾開始大笑。

「哪有，我認真的，」德克說：「我是說，這是我私人的事情，而你們……」

「大家是為了看你才來這裡的，」湯林說。「我想要說……兄弟，謝謝你。」

畢曉普打開音樂。「啦啦啦啦，」他唱起歌來。

「別這麼說，」德克說，「不過沒有你，沒人會知道……」

「夠囉！」卡迪納爾一把抓住德克的衣領，說：「再來是不是要求婚了。」

＊＊＊

我們來到希爾石餐廳用晚餐，這裡有著名的烤肋排佐高麗菜沙拉。我們坐在餐廳後方角落的桌子，藏身於在橫梁、雕塑作品和《鐵達尼號》的巨大木製模型之後。德克在達拉斯有一張餐廳的口袋名單，都是他用餐時可以不受打擾的店。德克有偏愛的座位，有熟識的服務生，服務生知道德克的喜好。在這些餐廳的賓客會向德克點頭示意，不會和德克聊得沒完沒了，而賓客也對自己的低調作風引以為傲。不過這一天晚上，當主菜的七人份熱呼呼肋排上桌時，有一名中年男子鬼鬼祟祟地從服務生中間擠過去，說出在座所有人都害怕的那句話。

「我不想打擾你，」他說：「但我可以為我的女兒要一張照片嗎？」

男子看著我們盛滿食物的盤子，都還沒有動過，他看著酒保手中的飲料，他看到德克困在最裡面的座位。

「先生，真的嗎？」湯林問：「你是認真的嗎？」

「我的女兒會高興到很誇張的地步。」男子答道，揚起手來表示歉意。「我的寶貝女兒，她會自豪到很誇張的地步。」

《明星大整蠱》（*Punk'd*）是用隱藏攝影機拍攝來賓的美國電視節目。其中有一集是德克與麥可・芬利、艾爾・惠特利在一間餐廳共進晚餐。眼前此情此景，幾乎如出一轍。節目中，有位男孩在德克正在用餐時要求簽名；德克簽了，然後繼續默默吃飯，但男孩帶著球衣和球回來，要求更多的簽名。德克再次簽了。同桌的人知道這個玩笑的梗在哪裡，雖然不相信男孩是認真索取簽名，倒也接受。當男孩又帶著一袋又一袋的垃圾（球棒、其他球隊的球衣等）回來時，大家似乎要爆炸了。諾威斯基趁機問起是否真有必要。餐廳經理快速現身，生氣地要求德克別再來這間餐廳。整人秀落幕！

這檔節目於二〇〇五年播出，但這樣的場景對於德克而言司空見慣。他這一天已經簽了數千個簽名；他拍了數百張照片，並在每張照片中，都露出真誠、友好的微笑。傑森．昆道心滿意足地開車回家，其他二千九百九十九人都有精彩的新故事可以講，分享「我遇到德克．諾威斯基的那一天」。

而眼前站在我們桌前的人沒有要走的樣子；服務生神情緊張，互相使了眼色，因為他們沒能阻止這種情況。每個人都看著德克。

「好，大哥，來拍吧。」

德克放下餐巾紙，動作尷尬地從角落裡爬出來，這代表每個人都必須起身，手裡拿著餐巾紙尷尬地等待。幾位服務生還端著盤子、酒瓶站在一旁。弗洛里安．克倫茲喝了一口沛黎洛氣泡水（Pellegrino），英戈．紹爾很生氣，湯林和卡迪納爾露齒一笑，因為他們記得《明星大整蠱》那一集的事。當德克站在那名男子旁邊時，男子開起玩笑：「你那邊的空氣新鮮嗎？」然後從口袋掏出手機。

「你女兒呢？」德克問起。

「哦，對了，」男人說。他匆忙溜過餐廳轉角，穿過餐廳。我們等到他帶著全家人回來，有他的老婆、他的兒子、他的女兒，全都面露尷尬的微笑。他兒子先是被安排在德克身旁拍照，然後是妻子，然後是男子本人，最後是女兒。女兒大概十歲，一臉對什麼事情感到非常羞愧的模樣。她盯著地面。

「你叫什麼名字？」德克問道。

「嗯。」女孩說。

「我是德克，」德克說。德克微笑，看著男子的相機。女孩做了個鬼臉。

「我是艾莉森（Allison）。」艾莉森說。快門響起「喀擦」、「喀擦」的聲音。

「合照。」父親說著，然後把一家人安排在德克身邊拍照，好似一群獵人圍著一頭大象。他把相機放在紹爾手裡。「大家笑！」

「好了，艾莉森，」德克說：「妳最愛的球員是誰呢？」

「我討厭籃球。」女孩說。

＊＊＊

這一年的夏天，很多活動對德克來說是最後一次舉辦，起碼這時德克有時會在別人問及生涯尾聲時，開口談論相關話題。在達拉斯的棒球賽之後，德克八月在梅因茲（Mainz）德國聯賽場館舉辦他的德國公益足球賽，名為「慈善冠軍賽」（Champions for Charity）。現場有兩萬名觀眾，他用夏比牌麥克筆幫大家簽名繞一圈所花的時間，還比賽事本身更長。

前一天，德克決定與獨行俠隊續約兩年，這件事還沒有人知道，但前一晚他和蓋許溫德納完成談約，為期兩年，每一季五百萬美元。這可能是這種薪資規模的最後一紙合約。接下來數週，德克將再次在烏茲堡、蘭德薩克和拉特爾多夫度過。為求能安靜訓練，他會穿梭交替使用三、四間體育館。此時德克開始倒數，計算賽季開始前的日子；他每天早上會量體重，並堅持飲食。這一年的飲食重點是無糖的間歇性斷食。

在德克訓練的最後一天，《南德意志報》（*Süddeutsche Zeitung*）現身烏茲堡，為德克拍攝〈什麼都別說〉焦點訪談系列節目。受訪者只能用手勢和面部表情來回答問題。德克感到很驚訝。蓋許溫德納在這之前已經告訴記者，他們直接來體育館即可。德克事先並不知情。德、蓋二人完成訓練後，還有半小時的拍照時間。

「傻瓜。」德克說。

「這種事情如果德克先知道，」蓋許溫德納說：「他的表現就會非常不好。」

記者提問，德克做了個鬼臉，最後他也樂在其中。而當攝影師最後問到有導師帶領的感覺，蓋許溫德納光著腳丫走進攝影布景，然後德克跳到蓋許溫德納的背上。蓋許溫德納背著他，兩人對著鏡頭大笑。

這就是亦師亦友的蓋許溫德納和德克。

＊＊＊

九月初，諾威斯基來到華沙管理大學（Wyższa Szkoła Menedżerska）的大學體育館裡，他瘋狂爆汗。我們來到這裡，是因為這次DiBa的新廣告正在波蘭拍攝。傳奇不會只來一次；傳奇總是不斷發生。

體育館的窗外，秋天的金黃色彩大鳴大放；陽光打在鐵皮浪板上；隔壁的游泳館裡滲來氯氣的味道。紅色塑膠座椅、牆架、厚重潮濕的空氣。諾威斯基的T恤一件一件因汗濡溼，當所有的T恤都溼透後，德克把衣服擰乾，從頭開始用。籃框太硬，球太軟，球皮太黏。諾威斯基必須做他這個年紀的ＮＢＡ球員必須做的事情。在華沙的行程褓母叫卡羅爾（Karol），此時被叫去買毛巾。

窗外的光景是一九六〇年代蘇聯統治時期建造的組合屋式公寓單元、世紀交替前後所蓋的舊公寓大樓，以及非常、非常古老的鵝卵石步道。體育館是新建的。世易時移，政權更迭，諾威斯基感到一股懷舊的古味。記分板上寫著「*Gospodarze*」和「*Goscie*」字樣，波蘭語指「主隊」和「客隊」，德克那一天狂用這兩個字。他不斷說這兩個字。他得分時會叫出「*Gospodarze!*」代表投進一球；「*Goscie!*」代表又再進一球。波蘭文會在某個時間點讓德克回到了往昔的日子，回想起往昔的故事，好比他在比賽中面對馬爾欽・戈塔特（Marcin Gortat）一樣，而體育館是敵人的地盤，好比他在打一場比賽非常重大的比賽。「*Nowitzki zdobywa trzy punkty!*」（諾威斯基投進三分球）他喊道，只見球嗖嗖地穿過搖晃的籃框。「今年夏天最後的比賽贏家！」德克喊叫著，然後站在場邊喘氣。「我真的覺得很懷念。那可能是我最後一次夏天訓練。我之所以整個夏天能撐下去，就是因為想到這可能是我最後一次必須這樣做。」

當蓋許溫德納一如往常，在場邊重新調整德克的脊椎骨時，他們想起來一篇舊文章，探討二〇〇三年那支擁有多元文化的德國國家隊。撰稿人是麥克・葛羅瑟卡斯歐弗（Maik Grossekathöfer）。這篇報導討論有著波蘭姓氏的德克、膚色較深的非裔德國人，以及「史上最強德國國家隊」陣容中所有擁有不同血統和出身的球員。

「霍爾格，你再說一次文章標題是什麼？」德克問。

「波蘭人……」蓋許溫德納說。

「……和巧克力，」德克突然想起來，給個促狹的笑容。「那是在瑞典舉辦的歐洲錦標賽之前。那個時候，我在布倫斯克對法國的預賽中嚴重扭傷腳踝，然後我們在第二輪被淘汰。我們錯過雅典的資格賽。我仍然記得開車經過場館時，大家都還在比賽。那一年是二〇〇三年，對吧？」

「十三年了，」蓋許溫德納說：「〈波蘭人和巧克力〉（The Pole and the Chocolates）。」

「好可怕，已經十三年了？」德克搖起頭來，難以置信地看著窗外的公寓、栗子樹和美國椴樹。「當年我二十五歲。」他哀叫著，從地板站起，將沒了氣的球踢到場地的另一端。

「天啊，」德克．諾威斯基說：「我好想次回到二十五歲的時候。」

＊　＊　＊

我十月和諾威斯基再次會面時，可以明顯看出他自華沙回來後，一直在以有系統的方式訓練。起碼我的想像是如此。他看起來更瘦，他的投籃似乎比以前快了個幾分之一秒，又更精準了幾毫米。此時獨行俠隊位於第三十五號州際公路旁的新訓練中心才剛落成，聞起來有新鮮油漆的味道，而從高速公路的另一端，可以看到球隊的主場。未來的路已經開展，人們的期望很高，畢竟球隊總是處於新賽季的開端。

與數週前相比，諾威斯基說的話更少，也似乎更專注。球隊簽下有爆發力的前鋒哈里森．巴恩斯（Harrison Barnes），以及經驗豐富的澳洲中鋒安德魯．波加特（Andrew Bogut），但對諾威斯基來說，其他一切都沒有變化。在德克的第十九個賽季，他仍然是球隊的核心。

獨行俠隊在印第安納波利斯打了該賽季的第一場比賽。台下觀眾中，有兩名球迷穿著超級英雄的服裝，以及諾威斯基的球衣。德克立即在左側低位單打，只見他拿到球後，進行新賽季的第一次出手，但未投進。比賽進入延長賽。德克得到二十二分，但獨行俠隊輸球。

這可能是他最後一個賽季的開始。獨行俠隊來到休士頓踢館，獨行俠隊作客猶他爵士。球隊輸掉了開季頭五場比賽，和公鹿交手時於延長賽贏球。德克有一點傷病，他的右腳有問題。達雷爾．阿姆斯壯（Darrell Armstrong）稱德克為「大木乃伊」，每個人都覺得好玩。即使德克穿著西裝坐在板凳上，即使在客場比賽，大家也會喊德克的名字。傑克．馬奎茲和傑森．昆道在往後的日子，也是驕傲地穿上他們的四十一號球衣，他們在美國的一間間酒吧內，誓死捍衛對德克的支持。「告訴德克，他是最偉大的球員。」牛仔隊的東尼．洛莫之後由達克．普雷斯科特（Dak Prescott）取代。普雷斯科特更年輕、速度更快。職業運動就是如此。儘管職涯告終、球員換隊、賽季目標落空，但這座城市對德克的愛永遠不減反增。怎麼說呢？我問謝恩．雪萊這個問題。是因為德克的人格？還是拜他的忠誠度所賜？

謝恩回答時，沒有猶豫半秒。

「二〇一一，」他說：「就因為二〇一一。」

4. 目標

「然後，事實上我對自己已經看夠了這座山，感到很滿意；我將內心的眼神轉向自己，自彼時起，直到我們再次走到山腳，沒有一個音節從我的雙唇吐出。」

——法蘭西斯科・佩脫拉克（FRANCESCO PETRARCH）

登山者眼神中的樣子

二〇一一年初夏

二〇一一年，達拉斯獨行俠隊和邁阿密熱火隊展開一系列的總決賽，其中有一個特別的諾威斯基時刻。那一天是六月二日，獨行俠隊第一場比賽敗下陣來，在第二戰最末節還剩七分十四秒時，他們落後十五分。比分來到八十八比七十三。

從那以後的幾年內，我觀看這最後的七分十四秒的次數，想必有數十次之譜；我還記得比賽當下我身在何處：在偉大的派翠克・費默林宅邸客廳裡。我記得我當時篤定獨行俠隊無法拿下這場系列賽第二戰，並認定球隊將身陷泥淖，士氣大受打擊。我肯定的是，二〇〇六年的賽況又會重演，但在體育運動中常見的是：你希望勝利，卻又得承認你的愛隊不太可能得償所願。當你落後的時候，你卻仍然相信一切都有可能，就因為時間足夠，就因為分差不大——就因為現在開始將打出比之前更好的表現。然後可能性慢慢變小，分差擴大，時間慢慢消逝。現在，理性的評估和非理性的希望兩者漸行漸遠，最終你所渴望的成為泡沫。那時候，你知道你已經輸了，但你無法承認這項事實。你不想接受事實。你一直抱持希望，時間到了，最後的哨聲響起。接著你坐在那裡，盯著比分，看著對方慶祝，感到完全的空虛和愚蠢，這就是事情會發展的樣子。我如此以為著。

比分是八十八比七十三，以勒布朗・詹姆斯、德維恩・韋德和克里斯・波許等一干超級球星為中心組建的邁阿密熱火隊勝券在握。韋德剛投進三分，在獨行俠隊的板凳區前自己小小慶祝了一番。大家都肯定的是，這一顆三分是決定勝負的關鍵球；整座球場的球迷都身穿白衣。比賽時間剩七分十四秒；熱火隊沒有理由不會延續好表現。熱火隊一直對獨行俠的射手群祭出完美防守，而獨行俠隊在前四十分鐘的比賽時間內，只得到了七十三分。按照這樣的進攻速率下去，最終比分會是一〇五比八十六，熱火隊高奏凱歌。

不過，實際賽況並非如此，獨行俠隊喊了一個暫停。在這幾秒鐘內誰說了什麼，都沒有人能回想起來了。大家都看到韋德剛剛的炫耀；每個人都對不尊重的舉止感到生氣。球隊必須指引一些戰略，但接下來的賽況不是說計畫就能計畫的。此時的賽況**無法事先**計畫，基本上也難以想像，所有打過比賽的人都知道這一點。

獨行俠隊的暫停結束，德克將球傳給傑森．泰瑞，泰瑞底線跳投命中，比分來到八十八比七十五。接著熱火隊投丟一球；傑森．基德迅速搶下籃板，並傳給泰瑞，泰瑞輕鬆上籃得分，比分來到八十八比七十七。比賽剩五分四十五秒，熱火隊總教練艾瑞克．史波斯查（Erik Spoelstra）迅速暫停，聚集球員。這是很一般的暫停，每位教練在球員鬆懈之前都會採取的那種暫停，目的是提醒球員保持冷靜。

獨行俠隊從暫停回來後進入專注狀態；泰瑞剛才剛投進兩球，此時巧妙地讓自己遭到犯規。他冷靜地罰球，兩罰全中，比分來到八十八比七十九。熱火隊於下一波持球時失投；尚恩．馬里安使出他那常見的奇妙投籃，拜此之賜，不到十秒後球又回到了籃框（馬里安的投籃總是能快於防守球員的預期）。

比分來到八十八比八十一。

比賽還剩三分五十九秒，諾威斯基在左邊側翼接球，探查情況，擺出要投籃的架式，然後假裝從底線切入；說時遲，那時快，對方另一名防守球員來幫烏多尼斯．哈斯勒姆（Udonis Haslem）協防，畢竟他知道獨行俠隊此時必須為其他隊員製造空檔。基德的站位，僅相當於練球時所設置一個傳球點的距離，而諾威斯基面對包夾，將球大力傳了出去。基德是場上指揮官，他洞察一切，了解每一個動作。當球到他手上時，他知道必須零秒出手，所以他立刻投籃，也成功進球。

比賽到了剩三分五十秒的時候，比分是九十比八十四。賽況與三分鐘前天差地別。在籃球場上，六分的差距可不算什麼。

比賽還剩三分十七秒時，上演了幾乎相同的攻防：波許和哈斯勒姆包夾諾威斯基，德克傳球給基德，但基德的防守球員吸取上次的教訓，導致基德這一次沒有空檔，所以他傳球給泰瑞，而泰瑞在右邊側翼面對馬利歐．查莫斯（Mario Chalmers）的防守，吃掉對方，全速煞車，來一顆中距離的急停跳投。此時還有四分差要追。

熱火隊再次暫停。邁阿密這一次暫停，出於緊張，出於害怕，出於困惑。

接著，諾威斯基覺醒了。熱火隊暫停後，波許立刻失誤掉球；之後九秒的時間內獨行俠隊進行兩、三次傳球後，德克持球，就在熱火板凳區的面前，命中一記中距離投籃，九十比八十八。「**Puts it up, puts it in!**」（球出手，球進！）邁克．布林（Michael Breen）的英文轉播用語，之後成了進球時的經典短句。

兩隊你來我往，撞牆整整一分鐘，沒有人投籃命中。諾威斯基失投，東一個失誤，西一個失誤，勒布朗也投丟兩記三分球；接著獨行俠隊展開一連串精采防守，展現出球隊的精神韌性。有四、五次兩隊機會各半的待爭搶球，是由獨行俠隊掌握到的，而最後球落到泰瑞的手中。獨行俠隊此時展開平常的三打一快攻。泰瑞傳球給馬里安；德克先是有一些跟不上，然後接到球，儘管中指受傷，還戴了副木，仍是全速擦板上籃，球落入籃網：比分來到九十比九十，平手，邁阿密喊了暫停。

這是驚慌失措之下的暫停，是熱火隊不知所措之下喊的暫停。

德克慢慢走到獨行俠隊的板凳區，全神貫注。他走起路來彷彿勝券在握。德克大步走過，身後是沮喪的熱火球迷，他們身上的應援上衣形成一片白茫茫的背景。德克嘴巴微張、拳頭上揚，臉上沒有一絲情緒，像是一副面具——沒有人戴的空面具。這麼說倒也不全對，因為如果你在這時後看德克的眼神，會覺得他知道最終結果。蓋許溫德納稱呼這種體驗為「未來的過去」，當時間就只是依序排列時，時間的順序就不會再依循。彷彿德克一絲一毫無惑無疑。就在這幾秒鐘的當下，他感到所向披靡。

當球隊暫停結束，球迷在尖叫，但德克不在意他們的喊叫。熱火隊所設計的攻防徒勞無功：進攻計時器的時間慢慢流逝，最後是韋德投三分球，未進。

德克搶到籃板；基德帶球在場上推進，然後將球傳給左側的泰瑞。泰瑞移動到中路，錢德勒針對防守德克的波許設下一個聰明、堅實的掩護。錢德勒清楚他的盤算：他小小地冒了個險，把波許釘在錢德勒的理想位置。如果掩護很乾淨，不會有裁判吹哨。波許無法突破，德克有三分球的空檔。

這一投，或許是他職涯中最重要的一球。

德克成功了：比分來到九十三比九十。「他們打了很漂亮的籃球。」轉播人員傑夫．范甘迪（Jeff Van Gundy）吐了口氣說道。哪怕卡萊爾教練平常總是沉穩、睿智的模樣站在場邊，此時此刻也是握緊拳頭。德克舉起手，露出中指、無名指和小指，比出三分的手勢！

被嚇到的邁阿密喊了個短暫停。

只見隊友拍了德克的後腦和胸口，只見德克伸出雙手擊掌，他的表情依然沒有改變。當德克與卡萊爾展開討論時，當所有球員準備下一波防守時，德克的表情也沒有變化。德克用右手拉扯他的球衣，有種抽動的感覺，他讓自己站直，蓄勢待發，然後勒布朗準備發邊線球。

勒布朗有五秒鐘的時間發邊線球，他先讓一些時間走過。每位防守球員都知道在這樣的時刻需要做什麼：他們知道必須阻止的傳球類型，以及必須防止的切入類型。球員也知道對手可能會採取的戰術。好幾天以來，獨行俠隊已經準備因應策略，他們從裡到外都了解熱火隊的戰術，他們已經看了好幾個小時的錄影，以觀察熱火隊曾經如何解決這樣的問題。在這個關頭上，大家對於彼此的一切心知肚明。勒布朗等了又等，熱火隊照計畫展開進攻，就在詹姆斯不得不投球的時候，泰瑞彷彿睡著了。他試著阻斷勒布朗傳球給韋德，韋德常在這種情況下接獲傳球。如實際賽況發展，韋德沒有拿到球，但泰瑞也沒看管好他應該防守的球員。然而，查莫斯還在勒布朗的視野內，他在獨行俠隊的板凳區前有個大空檔。勒布朗將球大力傳到球場的另一端，球落到查莫斯投籃的慣用手。他蓄勢待發，三分命中，扳平了比賽。他當年在二〇〇八年美國大學體育總會（NCAA）冠軍賽時也是站出來做出同樣的貢獻。查默斯締造了奇蹟！

比分來到九十三到九十三。

達拉斯喊了暫停。泰瑞表現沉寂，但諾威斯基的神情不露激動或驚慌。先前的賽況不再重要，重點是目前比分扳平。最後的二十四點零五秒，德克將贏得比賽。二十四秒半相當於一次持球進攻加半秒的時間。邁阿密還有一次犯規空間。這就像和蓋許溫德納一起回到拉特爾多夫—費格魯貝—蘭德薩克的時光：

「平手，一次持球進攻，剩一次犯規空間的話呢？」

「要等，然後再等一下，不過也不要等太久，因為他們會在投籃前犯規，然後我們還是需要足夠時間，在犯規後拿到一次好的投籃機會。」

「如果他們不犯規呢？」

基德耐心等待了十秒，然後時間還剩十四秒，泰瑞假裝掩護，德克在三分線外拿到球後，來到罰球圈頂端的區塊。這一次，德克直接面對防守球員。

「他們用波許防守諾威斯基。」范甘迪說。

這就是我們都想看到的場面：平手，最出色的球員單打他的防守球員，時間剩最後幾秒，比賽正要見真章，雙方一決雌雄。

當德克接到地板傳球時，他將軸心腳放在三分線內側，準備進攻，並讓波許處於德克想要的位置。儘管面對波許這位防守球員，面對命中率的不確定性時，沉退後投三分會是比較簡單的出手選擇，但德克決定切入這點，可清楚看出他不退縮。相反地，他看到一條通往籃框的直線。德克把球放在頭部上方，調整他的非軸心腳——一次，兩次。德克不漏掉任何場上的風吹草動：他察覺到眼前那塊紅黃雙色的禁區，他察覺到側翼的所有防守球員，他察覺到所有人的目光都集中在他身上。德克看到泰瑞、基德和馬里安，也看位於籃框側底線區域、被哈斯勒姆看管的錢德勒。往右攻行得通，左邊也可；右、左，所有的熱火隊防守球員都在等待他的進攻決策。

德克選擇向右。他一次、兩次運球吸引了防守者，但隨後他轉身運球，並短暫停頓——正是這一個停頓動作讓波許失去平衡。在那電光石火之間，波許期待用犯規讓德克罰球，但德克的靈動破壞了波許的節奏，波許被轉身甩開。熱火隊本來可以犯規的，但此時開始向籃框移動，這一波比預料來得要早，比期望來得要晚。這恐怕是熱火傲慢的最後一口氣嗎？所以他們既不犯規，也不包夾德克？

布林說：「諾威斯基有七秒可以進攻。」

錢德勒在防守球員身後做好籃下的苦工。德克小碎步過人，導致波許的速度慢了個百分之一秒，而當德克從左邊越過波許時，波許離德克太近，僅幾英寸的距離。波許的手被德克的短褲拉到，看起來他試著遏阻德克，但德克正在衝往籃框。

為了截斷德克的投籃，防守錢德勒的球員哈斯勒姆在籃下阻止德克，或者至少讓德克更難投球。不過，此時包含觀眾、球隊和裁判在內，大家都盯著諾威斯基，錢德勒得以在沒有人注意到的情況下，將手放在哈斯勒姆的背上。錢德勒輕輕推了哈斯勒姆一下，那是難以辨認、難以察覺、無法吹哨的一推，當德克用左手擦板上籃時，哈斯勒姆跳起防守，距離差了數吋。

此時比分為達拉斯九十五，邁阿密九十三。熱火用完了所有的暫停。他們必須在三點六秒內，將球帶過整個場上投進最後一擊。勒布朗傳球給韋德，韋德面對諾威斯基，單腳跳起，使出騎馬射箭式的拋投。當韋德看到自己的失投時，他抓著自己的鼻子，好像遭到犯規似的，但最後進攻的韋德未被犯規：就算裁判吹哨，也只會記上一次犯規。比賽結束。

有一則故事，主角是詩人法蘭西斯科·佩脫拉克，他在一三三六年春天和兄弟一起攀登法國普羅旺斯的旺杜山（Mount Ventoux）。在這座「多風」的山，山頭白茫茫的，綿羊在山坡上吃草，山頂沒有植被，兩旁是綿延數英里的田野和葡萄園，但在樹的生長線以上，沒有人類從事活動。據說，在那之前沒有人登上那座光禿禿的山頭，或者說至少沒有人回來通報山頂看到的樣子。山頂過去是人類無法接觸的神聖空間，但佩脫拉克和他的兄弟直接登頂，環顧四周。之後下山，佩脫拉克在信上寫下了他所看到的景色，寄給弗朗西斯克·迪奧尼·迪·博爾戈·聖·塞波克羅（Francesco Dionigi Da Borgo San Sepolcro）：「右手邊是里昂附近地區的山脈，左邊是馬賽灣，以及大力沖擊艾格莫爾特（Aigues-Mortes）海岸的水域，儘管所有這些地方都很遙遠，需要幾天的路程才能抵達。隆河（Rhône）就在我們眼前流淌。」佩脫拉克描述他如何開始得以專注於與自然、繁星和宇宙融為一體的感覺。對他來說，爬山是一種宗教體驗，或者至少是一種靈性體驗。接著，佩脫拉克必須為從未有過的詞語尋找措辭。

在這場比賽之後，在這個沒有人認為可能發生的瘋狂時刻之後，每當我觀看德克的影片時，我都會想起佩脫拉克。德克的隊友一個接一個，用手拍他的後腦、胸口和雙手。泰瑞、基德、馬里安、莎拉·梅爾頓、史考特·湯林、里克·卡萊爾、布萊恩·卡迪納爾、佩賈·斯托亞科維奇（Peja Stojaković），他們都在德克身邊跳來跳去，碰拳的碰拳，撞胸的撞胸，頭髮弄得亂七八糟——但德克眼神中的樣子一直沒有變化。

德克獨自待在山頭。

我不得不想起我初見蓋許溫德納時，他將諾威斯基比作偉大的喜馬拉雅登山家萊茵霍爾德．梅斯納爾（Reinhold Messner），以及攀爬高海拔地區的極限登山者，他們身心接受極端考驗，自高山回到我們的世界後，不發一語。

多年後，蓋許溫德納非常興奮地向我分享《赤手登峰》（*Free Solo*）。這部紀錄片描繪艾力克斯．霍諾德（Alex Honnold）在沒有繩索或安全確保的情況下，從「順風車」路線（Free Rider）攀登酋長岩（El Capitan）的成就。片中描繪了他的專注、攀岩的艱鉅性質、期望，以及應對風險的方法；影片描也繪了攀岩體驗的獨特性。

佩脫拉克被認為是登山之父；梅斯納爾則完登全部十四座海拔八千米的山峰；而霍諾德征服了酋長岩。他們的雙眸望到幾英里以外，但當他們回到地面時，他們會無法言語。德克在賽後的幾秒鐘，就有著登山者的樣子。

當記者朵莉絲．柏克（Doris Burke）賽後訪問時，德克似乎才回到自我。朵莉絲問德克獨行俠隊如何逆轉。德克肩膀抖了一下，身子彎向麥克風，對比賽最後幾分鐘展開完美的分析；他講起一波波攻防、戰術執行，以及球員的即興發揮。**什麼都逃不過德克的火眼金睛**。系列賽一比一，雙方扳平；要拿下冠軍，僅三勝之遙。

＊＊＊

十個月前，獨行俠隊最成功的賽季才剛剛開始，當時德克在庫班的客廳內，與德克簽了一紙新約，價值四年八千萬美元。諾威斯基大可以拿到更多薪資，確切來說可再拿一千六百萬美元，但對他來說，更重要的是他身邊要安排一位有運動能力和對抗能力的長人球員。他要有好的團隊；他要有願意做德克自己做不來的工作的球員；他要有能截長補短的球員，和德克相輔相成。續約後，獨行俠隊從華盛頓引進比德克更壯碩厚實的球員布蘭登・海伍德（Brendan Haywood），以及來自夏洛特的泰森・錢德勒，後者以容易傷痛著稱。這些延攬動作不讓人驚艷，但倒是深思熟慮之舉：錢德勒似乎在各方面，都與德克是兩極的存在。每次防守成功後，他都會跳上跳下，叫喊捶胸。錢德勒很吵，而德克很安靜，並以身作則。錢德勒之後被稱為「球隊的心臟和靈魂」。儘管兩人看起來完全不同類型，倒是有同樣的幽默感。

其餘的隊員都是稱職的選手，大家的年齡都稍微大於一般的NBA球員。其中有七人有十年以上資歷，但沒有一人拿過冠軍戒。在德克時代之前，傑森・基德這位無所不知、洞悉一切的控球後衛已經效力達拉斯好幾年，而他職業生涯多數在紐澤西和鳳凰城度過。二〇〇六年輸給熱火隊時，傑森・泰瑞曾與德克同隊，他是敏捷的射手，也是很愛惡作劇的開心果。在佛羅里達州的季前熱身賽後，舉行過一場烤肉趴，席間泰瑞將賴瑞・歐布萊恩總冠軍賽獎盃紋在右手臂的二頭肌上，顯示他對贏得冠軍有多志在必得。也許，他只是為了做一些瘋狂的事情，讓其他人發笑罷了。

小前鋒是尚恩・馬里安，他是全方位的籃球天才，可以提供球隊所需的一切：籃板、抄截、必要時得分，還有用不完的體力。二〇〇六年以來，小個子控球後衛JJ巴瑞亞一直效力於獨行俠隊。卡隆・巴特勒（Caron Butler）是稱職的小前鋒，有膽識、會爆氣，而德尚恩・史蒂文森（DeShawn Stevenson）則是攻防系統的執行者，是場上給對手威迫壓力的狠角色。還有速度很快的法國球員羅德里格・博布瓦（Rodrigue Beaubois），以及他的長人同鄉伊恩・馬辛米（Ian Mahinmi）。賽季中期，獨行俠隊從明尼蘇達簽下身形細長的防守專家寇瑞・布魯爾（Corey Brewer），並從多倫多延攬佩賈・斯托亞科維奇；斯托亞科維奇可以說是NBA有史以來最偉大的歐洲射手。

德克最喜歡的隊友是大前鋒布萊恩・卡迪納爾；對於球隊支付過高薪資，卡迪納爾總是對此感到糾結，所以一直比其他人更努力。卡迪納爾是勤於逗人開心，是球隊的黏著劑；哪怕球隊需要的是叫喊、用力犯規，還是適時的搞笑，他都知道球隊需要什麼。他有個「管理人」（The Custodian）的渾名，因為他會清掉一切：清掉混亂的情形，並保持現場正常運轉。

簡單來說，二〇一〇／二〇一一賽季的獨行俠隊是一支經驗豐富、渴望奪冠的球隊，他們夠專業、球商也夠高，可以走得很遠。不過，沒有人對他們抱有任何期望，畢竟諾威斯基、基德、馬里安和泰瑞在爭冠時每次都失利。球隊的板凳深厚，幾名球員具有特殊的個人技能。他們有個奢侈的問題，就是得讓所有老將上場。

這座城市以為會一如往常，提早被踢出季後賽。所以他們降低期望，以免失望；或者說，起碼謝恩・雪萊這位我的停車場服務人員朋友記得的是，季初時他是刻意保持悲觀心態的。他也沒指望奪冠。

例行賽的表現符合這些期望。球打得還可以，勝多於負，得分低，氣氛和心情有變化，也有不和諧的時候，運作一如往常，球隊以九十三比九十二敗給紐奧良後，卡萊爾教練稱他所帶的球隊「軟弱」，想藉此激起球員的自豪感。巴特勒的阿基里斯腱斷裂，為了季後賽而瘋狂地努力復出。由於膝蓋問題，諾威斯基缺席數場比賽。錢德勒在一場面對老東家的比賽中，打到了愛噴垃圾話的克里斯・保羅（Chris Paul），他讓卡萊爾和大家看到：獨行俠隊並不軟弱。諾威斯基和基德思忖球隊的機會，並針對剩餘的球賽設定目標。卡萊爾一般所扮演的角色是在場邊指揮攻防的教練，他在賽季中期將更多的責任交給基德，原因是這位三十八歲的老將總是做出正確的決定。當泰瑞因為JJ巴瑞亞幾次糟糕的傳球而責罵他時，球隊召開了一次會議。諾威斯基後來稱為「賽季的轉折點」。總的來說，這一年是極為正常的ＮＢＡ賽季，但這一年的獨行俠隊，畫下了一個不同的句點。球隊的例行賽戰績是五十七勝，以西區季後賽球隊來說是第三種子，首輪對手是波特蘭拓荒者隊。

* * *

在季後賽之前，哪怕是排名前面的種子球隊，多數也比較想和獨行俠隊交手。畢竟自五年前熱火系列賽以來，獨行俠以季後賽表現糟糕著稱：達拉斯是面對壓力就會崩潰的球隊。相比之下，沒人想當拓荒者的對手：拓荒者隊員高大、強悍、運動能力強。他們陣容有拉馬庫斯・艾德里奇（LaMarcus Aldridge）、傑拉德・華勒斯（Gerald Wallace）、尼可拉斯・巴圖姆（Nicolas Batum）、布蘭登・羅伊（Brandon Roy），以及球商高、狡黠的安德烈・米勒（Andre Miller）——還有一群高分貝應援的主場球迷。對德克和獨行俠隊而言，拓荒者隊是棘手的對手，但獨行俠隊在本身表現不出色的情況下，於主場贏了系列賽前兩場。諾威斯基和基德是唯二有穩定稱職表現的球員，其他人則起起伏伏，但倒也足以贏了兩場：一次是八十九比八十一（諾威斯基得到二十八分），另一次是一〇一比八十九（諾威斯基得到三十三分）。

然而，獨行俠隊作客波特蘭時賽況生變。獨行俠原先儼然有機會以自信和紮實的表現拿下第一個系列賽，但面對大聲喊叫的波特蘭球迷，贏球機會更加困難。他們輸掉了第三場比賽，而當一支球隊領先系列賽時，當一支球隊安全感和自信感爆棚、站在陌生的舞台，又被對方球迷以尖叫問候時——通常都會輸球。經驗再多，也無法防範這種情況。第三戰比分是九十七比九十一，拓荒者贏球。錢德勒面對艾德里奇時失利，而經驗豐富的控衛米勒無情地吃掉身體素質較差的巴瑞亞，卡萊爾教練也未能充分應對這種錯位防守。巴瑞亞繼續上場，拓荒者獲勝，達拉斯的領先縮小到二比一。

卡萊爾教練後來稱第四場比賽「令人作嘔」，是「會被刻在歷史上的災難性崩潰」。現實會賞你一巴掌。獨行俠隊的比賽開局良好；一切都按計畫進行：德克得分，泰瑞投籃，基德掌控一切。第三節結束時，他們以六十七比四十四領先，這可是很穩的領先優勢，但隨後一切付諸流水。

「我沒做好。」據報導，卡萊爾於賽後球隊會議上如是說。布蘭登．羅伊前三場表現極為糟糕，之後爆發，他僅在下半場就砍下十六分，而卡萊爾並未就此準備因應計畫。艾德里奇在內線面對錢德勒時再次取得優勢，而衛斯理．馬修斯（Wesley Matthews）則是完美的互補拼圖：他在外線得到二十四分。拓荒者隊的第四節命中率超過七成，而且沒有一球失誤。不過，如果基德和泰瑞在最後幾秒投中三分，達拉斯仍然可以獲勝。「這是我的錯。」卡萊爾說道。他讓球員休息一天；這一天是復活節。他說：「不用做太多，隔天來球場然後準備好就好。」

球隊在第五戰賽前集合時，德克似乎比在波特蘭時更加專注，且準度更高。大家都知道當晚比賽的重要性。獨行俠隊這一輪仍有很大機會勝出，兩隊系列賽二比二平手。儘管戰況的崩潰令人沮喪，但一切仍有可能；德克於比賽當日早上進入賽場展開投籃訓練時，每個人都注意到他的氣場有了變化，但要說是什麼變化，卻又說不上來。

多年後，卡萊爾教練仍記得當德克進入更衣室時情緒如何變化。卡萊爾在波士頓效力過幾年，當時大鳥柏德為首的塞爾提克隊正處於巔峰時期。卡萊爾喜愛比較柏德和諾威斯基。比較的項目倒不是兩人的體型、膚色或髮色，而是卡萊爾所謂「激烈的競爭力」，也就是那股無條件的獲勝欲望。「只要像賴瑞這樣的球員展現出那種樣子，他們永遠都不會輸，」卡萊爾往後說道：「而德克有著柏德的樣子。」比賽的重要性和強度在德克的臉上不言可喻，卡萊爾日後說這也可以從德克的每一道手勢和每一句話看出。而每個人也都感受到了那股強度。

這場比賽至關重要。要是輸了，就仍會是那支老在壓力下崩潰的球隊，其中每位球員仍是殘兵敗將。「老樣子的獨行俠，」泰森・錢德勒說：「總是沒變。」要是贏了，他們就能破除這項障礙，徹底改變外界的認知。據稱，德克在從波特蘭返回的航班上告訴基德：「他們休想進入我的主場然後贏球。我們會三比二領先，然後飛到波特蘭，拿下這個系列賽。」

第五場比賽開始時，整個團隊都像德克一樣專注。錢德勒已經和教練討論過球風，要降低精打細算和被動的程度；錢德勒想更依照本能去抓籃板。德克的專注也鼓勵了泰瑞和基德。德克通常不會發表勵志演講，那種「只要努力就可以做到」的鼓舞不是他的風格。德克的態度通常是悲觀。

不過，此時球隊可不是那支「老樣子的獨行俠」。沒有人在笑，每個人都志在目標。錢德勒搶下二十個籃板，拿下的十四分全在籃下，每一次進球都伴隨著震耳欲聾的吼聲。而異於尋常的比賽強度，也幾乎造成了一場危機：整個系列賽中，面對身體更強壯的安德烈・米勒，ＪＪ巴瑞亞屈居下風，在進攻端有一次糟糕的投籃選擇，之後在防守端也出現嚴重失誤。易籃再戰時，德克跑過卡萊爾教練並大聲喊叫，聲音大到所有的球員、教練和球隊官方人員都聽得到他的聲音：「他不能打這場比賽！」德克複述：「他不能打這個系列賽。」

卡萊爾後來說他從未見過德克如此激動，情緒如此高昂。德克甚至在下一次暫停時開始抱怨。卡萊爾在賽後與基德交談時，才完全了解狀況：德克從未如此談論別的隊友，但他想向自己和其他人說清楚的是，他們不會輸。他不會**讓球隊**輸球。

在這種情況下，團隊可能會分崩離析。巴瑞亞可能遭到激怒，球隊可能會分裂成兩個陣營。「他不能打這場比賽。」教練恐怕會失去權威。但是球隊並沒有分崩離析，而是慢慢地，大家都意識到獨行俠隊今年確實有機會。卡萊爾正確地解讀賽況：他諮詢基德，並與巴瑞亞交談。（「不管怎樣，巴瑞亞還是會繼續做他所做的事情，」卡萊爾說：「就是巴瑞亞。」）而德克是他唯一不需要交談的人。

幾年後，卡萊爾在他的辦公室向我談起這場比賽，當然這時候他知道比賽的結局。他談到「困境」和「緊迫感」這些字眼時，他是切入勝利者的視角說話。如果已經克服了障礙和困難，回頭談起時，就更不費吹灰之力。卡萊爾書桌後方有一張照片，畫面是在邁阿密更衣室慶祝冠軍，前景是裝滿香檳酒的冰桶，全隊在香檳酒瓶的圍繞下慶祝。巴瑞亞和諾威斯基並排站著。

不過，這時候還沒贏球。二〇一一年四月二十五日，獨行俠隊拿下第五場對上波特蘭拓荒者的比賽，比分是九十一比八十二。巴瑞亞沒有出賽，米勒吃不到防守錯位的便宜。德克得到二十五分，但他只投進了一顆三分球。他不停往籃下猛衝，讓自己拿到犯規罰球；蓋許溫德納在十三年前就說過：「不要讓對手使你感到氣餒。」德克和錢德勒主宰了比賽，兩人將系列賽的基調轉而對己方有利，然後飛回波特蘭，按照原先的承諾，結束系列賽。這一次，拓荒者隊的加油氣氛沒有嚇倒他們：獨行俠隊以一〇三比九十六獲勝。拓荒者的球迷甚至為他們鼓掌，並祝獨行俠隊後續順利。這一輪系列賽艱難，但打得很公平。德克每場比賽都是二十分起跳，他喚醒隊友，帶領他們。不過最重要的是，德克保有大鳥柏德鼎盛時期的樣子。「我們在這個系列賽的第五場比賽中，就成了冠軍，」卡萊爾說：「因為德克在那時候就奠定了基礎。」

＊＊＊

洛杉磯湖人隊是聯盟的衛冕隊伍。從歷史上看，湖人隊屬於魔術強森、卡里姆・阿布都—賈霸，以及俠客歐尼爾。他們是帶給觀眾「表演時刻」的湖人隊（Showtime Lakers）陣容，也是傑克・尼克遜（Jack

Nicholson）會坐在第一排觀賽的陣容。球場前有一尊傑瑞・威斯特的雕像，他的剪影是NBA標誌的基底。湖人隊連續三年打進總決賽，有兩年最終贏得冠軍。他們旗下擁有科比・布萊恩，科比可以說是聯盟中最出色的球員，是紀律、野心和力量的典範。他們的前場有西班牙球員保羅・加索（Pau Gasol）、年輕長人安德魯・拜南（Andrew Bynum），以及拉瑪・歐登（Lamar Odom）。做髒活的是史蒂夫・布萊克（Steve Blake），以及強悍、不按牌理出牌的隆・阿泰斯特（Ron Artest），他之後在二〇一一年秋天正式更名為「慈愛・世界和平」（Metta World Peace）；湖人隊有經驗豐富的球員德瑞克・費雪（Derek Fisher），最重要的是，湖人還有聯盟史上最成功的教練菲爾・傑克森（Phil Jackson）。湖人陣容身材太高壯、球風太剽悍、打法太精明，獨行俠隊難以致勝。在兩輪季後賽之間的那一週，在媒體的筆下，獨行俠這支拓荒者系列賽的獲勝球隊成了下一輪的砲灰：獨行俠隊太老、太慢、太弱又不穩定。兩支球隊在例行賽時已經有過碰撞：有推擠，有小型衝突，有技術犯規，也有驅逐出場。據稱，傑克森說：「這不過是小菜，還有更多菜要上。」

在兩輪季後賽之間的那一週，蓋、德二人無論如何，每天都會落實訓練，不管怎樣。首先是在達拉斯主場的練習設施，之後是在洛杉磯訓練。沒有人在看；他們訓練的時間，沒有其他人在訓練；一樣的訓練菜單，一樣的訓練路線，一樣的訓練動作。「細節才是最重要的。」蓋許溫德納說道。德克收到第一批公關票的請求，一群朋友想過來看湖人系列賽，但他開始不接電話。

在系列賽第一場，一切一如所料。湖人隊的比賽策略奏效，他們在半場結束時以五十三比四十四領先。下半場開始，湖人打出七比零的小高潮，領先分差來到十六分。

不過，之後卡萊爾把寇瑞・布魯爾擺到場上。前一輪面對拓荒者時，布魯爾幾乎沒有上陣。卡萊爾必須做一些調度，避免遭到擊潰，引發士氣低落。布魯爾來到達拉斯的時間沒有很長，也不會待太久，這位精壯的防守球員一到場上，又是祭出幾記抄截，又是在底角送上遙遠的三分祝福，使球隊士氣大振，所展現的瘋狂強悍使對手感到不安。

基德和史蒂文森使科比的命中率持續低落。拜此之賜，獨行俠隊在第四節將湖人隊的得分控制在十五分。諾威斯基罰球命中，基德罰球命中，獨行俠隊以兩分領先進入最後幾秒。

卡萊爾日後還記得，他們隊裡的影片分析師在情蒐湖人隊發邊線球的戰術方面，表現得非常出色。他們確實料到賽況會如何發展，但科比一如既往地接球、投三分，然後沒命中。獨行俠隊以九十六比九十四的分數險勝。「我們打得很好，贏球需要的運氣也站在我們這邊。」

「現在看來，這是值得一看的表現。」德克說。

第二場比賽，又是巴瑞亞。波特蘭系列賽時，拓荒者擺出米勒來對付巴瑞亞，巴瑞亞討不了好；但面對湖人隊時，巴瑞亞倒是搖身一變，成為球隊的利器。巴瑞亞上場的時候，獨行俠隊維持小分差的領先，巴瑞亞一開始的時候犯了些錯誤，引來德克大聲批評。不過這時候該做什麼，倒是很清楚了：巴瑞亞留在場上，德克也留在場上，他們在不到兩分鐘的時間內，打出十比零的高潮。湖人隊愈來愈繃緊神經，獨行俠隊以九十三比八十一的分差獲勝，取得二比零的勝場差優勢，回到達拉斯。

湖人隊的真正敗退始於第三場。蓋許溫德納坐在獨行俠隊板凳區後方座位，觀察著一切。他觀察基德如何在第四節接手防守科比的工作。「要從頭到尾防守這些傢伙，我守不動，」這位三十八歲的球員幾週前如此告訴德克：「不過要守個幾分鐘，倒是還好。」

蓋許溫德納日後和我談到這場比賽，他說這一節恐怕是他見過的最激烈籃球賽。防守科比的基德，付出了他日益衰老的身體所必須付出的一切。基德應用了他在聯盟十六年學到的收穫，他應用了他所有的想法和直覺，而柯比也做出了回應。他們兩個面對面站著，就像蓋許溫德納的一九六〇年代愛片《狼城脂粉俠》中，基德．雪林（Kid Shelleen）對上提姆．斯特勞恩（Tim Strawn）——劍拔弩張，乒乒砰地。「裁判甚至不再吹哨了，」蓋許溫德納憶起：「大家只是心生敬畏地看著。」

基德阻止科比拿到球，在與科比之間的對壘佔上風；而當柯比確實拿到球時，也已因為筋疲力盡，投籃時缺乏必要的勢頭和準度。基德甚至成功阻攻，擋下一顆三分球。在二〇一一年與科比．布萊恩的較勁中，這是了不起的壯舉。兩人的對決是比賽的重頭戲，但獨行俠隊處於更好的優勢得以應對。湖人隊分崩離析，而獨行俠隊仍是一支團隊。

第四場比賽精采絕倫、不同凡響，原本不可能發生，但確實發生了。首節結束後，達拉斯僅領先四分，之後贏了湖人隊。更貼切的形容是：這支獨行俠隊贏了那支湖人隊。二頭肌上有獎盃紋身的泰瑞，三分球十投九中。這樣的命中率，通常是他在無人防守的練習時才可能達到的數據。斯托亞科維奇三分球六投全中——僅這場比賽的表現，就表現出他的合約價值。這場比賽就是所謂的「現代籃球」，因為三分球已經是不可或缺的戰略工具，是不可忽視的武器。

洛杉磯湖人隊——這支衛冕隊伍，這支聯盟最貴的隊伍，這支奪冠的熱門隊伍，都不是這群獨行俠的對手。拜南和歐登在最後一節非常憤怒。巴瑞亞切入時，在空中被高他十五英寸的拜南打到，同時歐登也賞了諾威斯基一記肘擊。兩人都遭逐出場。獨行俠隊以一百二十二比八十六獲勝，將衛冕隊橫掃出季後賽。

＊　＊　＊

面對湖人的這一輪以四場比賽結束。獨行俠隊迅速處理掉紫金大軍，他們要等一個星期多才能迎來下一場對手（確切地說要等上九天）。自去年夏天以來，他們還沒有休息過這麼久。時值五月初，達拉斯開始變熱。另一個系列賽的組合是雷霆對灰熊，當時才打完前三場，之後兩隊可是會打滿整整七場比賽。對於日益老化且必須對體力運用精打細算的隊伍來說，這代表可以休息一個多星期。於是獨行俠隊進行練習、接受治療、恢復健康；他們蓄勢待發，努力不鬆懈。這段期間並沒有談很多話：庫班有一次沒有對媒體講話，德克惜字如金，卡萊爾教練本來就不必多說。每個人都知道當下的關鍵是什麼。

德、蓋二人常在普雷斯頓谷社區的房子內獨處。德克希望盡量不要有人來訪；他記得二〇〇六年的混亂情形，當時由於期望獲勝，反而無法專注處理眼前的要務。今年他想採取不同的處事風格，他想把事情做好。德、蓋二人做好例行工作，專心致志，日復一日。獨處不代表孤獨，而是代表不受干擾。要務必須親力親為，就只是於專注於技藝本身。不要歸納，不要預測，不要下結論。不要閒聊，不要八卦；不要自話自說，不要喋喋不休地解釋作為。邁出踏實的一小步，一步又一步邁進：該睡就睡，該吃就吃，該投就投，投出「*tak tadamm*」的節拍，該打籃球就打籃球——然後拿座冠軍。

多年後，蓋許溫德納將這種情況與《赤手登峰》的霍諾德類比。霍諾德必須自行處理事情，必須挺過去，並忽略所有的雜音。在這幾天的期間，德克可能是世界最強的籃球員；他比以往任何時候，都能更清楚看到山頂。

系列賽於五月十七日在達拉斯開打，是世代之間的戰役。奧克拉荷馬雷霆隊年輕，陣容堅強：有凱文．杜蘭特，有詹姆士．哈登，有羅素．威斯布魯克，個個都是日後幾年將主宰聯盟的未來超級球星。而一年後的雷霆隊，資歷和球季將有長足進步，足以擊敗獨行俠，但此時還沒有到達那一步。當在二〇一一年西區決賽中遇到達拉斯時，已因為前一輪系列賽與灰熊打得難分難捨，戰力受到折損。

達拉斯這座城市利用系列賽前的長時間休息，接納自己，也接納自己對德克．諾威斯基的熱愛：他們的愛長時間以來都是無條件的，但會隨著每一場勝利而繼續成長。他們一同經歷很多事情：年年被掃出季後賽，以及五年前總決賽對上熱火時的慘敗。德克上了八卦小報，發生那場可麗斯多．泰勒風波時，他們對德克的情感只有更強。畢竟那種事可能發生在任何人身上！德克也是凡人。而現在他們在看德克如何準備，集中心神。這座城市嗅到了奪冠的機會。報紙幾乎每天都對德克的讚賞。有些在分析他的忠誠度，有些則專門探討籃球的技術面和事實面，《達拉斯晨報》則為獨行俠隊、達拉斯市和球星之間的關係下了註腳：「相信德克。」報導如是說。

系列賽開打沒幾秒鐘，就能清楚看出在這場比賽和系列賽中打球的德克．諾威斯基，是史上最強的德克：是空前，也是絕後。那是登頂的德克，在各處盡顯神通的德克。如果你看第一場比賽的精華剪輯，就會清楚知道諾威斯基過去的宰制力有多強。多麼偉大，多麼異於常人。當我再看一次上半場的影片時，我記下了自己「以非記者身分的那個自己所感受到的興奮」。也許這一場對上雷霆的比賽，是德克史上表現最出色的一場。

打從開賽的跳球時就能看出，系列賽開打前的那股專注力已轉移到了場上。比賽的前十二分鐘內，德克六投全中；他在雷霆板凳區前面拿出各種看家本領：高出手點的後仰跳投、底線轉身過人、翻身跳投、金雞獨立式跳投，空手切上籃——德克絕招盡出，讓雷霆討不了好：起初，防守諾威斯基的球員是瑟吉．伊巴卡。伊巴卡具有高強的運動能力和優秀的防守能力，但縱使他防守出色，德克連續三次單打伊巴卡時都吃掉他。值得注意的是，德克投出的三分球之中，球都未碰到籃框，所有球都完美、漂亮地唰過籃網。

整場比賽中，雷霆隊安排五名不同的防守者來看管諾威斯基：伊巴卡、尼克．柯利森、肯德利克．柏金斯（Kendrick Perkins）、杜蘭特、薩波．塞福羅薩（Thabo Sefolosha）——而五人之中，沒有人能阻止諾威斯基在場上予取予求。德克只有在遭犯規時球才不進。防守球員又拖又揮，又是扯手臂，又是把手放在德克的眼前。伊巴卡在諾威斯基的鼻子前揮動雙手，但德克耐心等待對方揮手時的最小空檔，接著迅速刺探後投進。德克共被犯規十八次，這足以讓整個雷霆前場球員陷入犯規麻煩。他走上罰球線，在場上兩萬兩千名觀眾和電視機前數百萬名觀眾前，投中所有二十四次罰球：他的罰球一球未失。面對所有的期望，他一共出手三十九次，命中三十六次，命中率為百分之九十二。

「球出手，球進！！」球評大喊：「他現在手感熱到會燙傷人。」

「太扯了！」

「瑟吉·伊巴卡應該把他的兒子取名叫做德克。」

賽後，據稱佩賈·斯托亞科維奇表示，他從未見過自己的隊友有過如此精彩的比賽：「這是我見過的最好的表現。」鮑伯·斯特姆（Bob Sturm）在他的冠軍日記《這一年，不一樣》（*This Year Is Different*）中寫道：「善於打季後賽，打出嶄新高度的殘酷、無情、冷血。」

獨行俠隊拿下第一場比賽，對手險勝第二戰，接著西冠系列賽轉移陣地，來到奧克拉荷馬，獨行俠隊在當地兩役均贏，取得三比一的勝場數。德克繳出了符合所有人期望的所有表現。攻防的水準和專注度令人難以置信，獨行俠隊的防守和打法既勇敢，又展現出高球商。每場比賽也都有不同球員站出來：先是基德，然後是泰瑞，再來是馬里安、錢德勒、巴瑞亞或斯托亞科維奇……不一而足。

這一輪系列賽每一次贏球，民眾對球隊的看法都會產生變化，他們對諾威斯基的看法也發生變化。電視上的專家最初發言保守，但突然之間，他們都成了球迷。魔術強森在電視上說：「也許我們必須改變自己的心態。」獨行俠隊不是由昂貴球星打造的超級球隊。他們打的是團隊籃球，而不是單打；他們話不多，他們做實事。他們最喜歡的攻防叫做「流動」，身處其間時，他們會在基德的指導下即興發揮。獨行俠隊的比賽充滿了一股獨特的懷舊情懷。他們帶出團隊精神、效率和忠誠度這一類價值觀。

德、蓋二人日常訓練時通常把門關上，沒有人在看，沒有人使他們分心。不過在客場比賽時，此舉並非總是可行，因為場館沒有另給多餘的時間。場地是主場球隊優先，而看台需要組裝，地板也需要鋪設。由於沒有其他場地可用，他們兩人在球場的場地上訓練，而攝影組則同時安裝他們的器材。一名攝影師「不小心」錄下了整個神秘的訓練過程，那是許多人聽聞過，但場外從未見過的訓練。電視轉播人員在中場分析時，將諾威斯基的賽事精華剪成分割畫面，並與其獨特的訓練場景進行比較。觀眾可以看到德克在練習中如何運用軸心腳、如何下球、如何表現「*tak tadamm*」的節奏，以及在最高層級的NBA賽事中面對兩位防守球員時，如何做出如出一轍的動作。令人驚訝！德克．諾威斯基他那非常規的動作是有在練的！

畫面顯示分割影片時，德克似乎很生氣。對於別人看到他如何準備比賽，他感到不舒服。「德克總是偏好秘密訓練，」蓋許溫德納多年後對我說：「所以他可以在比賽中表演『奇蹟』。」蓋許溫德納得安撫他，說：「藏不住的。」他們多年來一直在練，他們知道與其說是練球，重點更偏向執行時的準度和信心。「你還得把練習的內容轉化為場上的表現。」

獨行俠隊在達拉斯主場，以一百比九十六的分差拿下這場雙方比分互咬的比賽。賽前，卡萊爾教練告訴觀眾不要鬆懈、大聲加油、氣氛不要冷下來，而球迷也有所回應，球場震耳欲聾，大家專注應援。整座球場的人都想贏球。年輕的雷霆隊富有年輕活力和運動能力，面對他們，獨行俠隊挺住了；杜蘭特、哈登和威斯布魯克在此役繳出精彩表現，面對他們，獨行俠隊也挺住了。他們三位是統治聯盟未來的球星，不過在此時，獨行俠隊的球商、準度和專注度都更形出色。

賽後的頒獎儀式上，獨行俠隊榮獲西區冠軍獎盃。這是他們多年來第一個冠軍頭銜，有帽子和T恤，但德克只能享受片刻。在莎拉．梅爾頓要把德克帶到攝影機大軍和麥克風的前面時，他已經消失，前往更衣室。德克本來應該站在講台上回答記者朵莉絲．柏克的問題，但是他已經在更衣室內。他已經專注在下一場比賽。他們會對決哪些球員，還是未定之天；他們會前往哪座城市，也是尚未明朗。熱火和公牛仍在廝殺，搶奪進軍總決賽的機會。唯一清楚的是獨行俠隊將是冠軍爭霸的隊伍。德克稍後能接受採訪。

第二天晚上，德克和友人在他位於海峽路的家中，他們坐在電視機前，觀看邁阿密熱火隊對上芝加哥公牛隊的關鍵第五戰。來訪的有史考特・湯林和妻子艾比（Abby）、德克與他未來的妻子潔西卡・歐爾森（Jessica Olsson），以及其他幾位朋友。湯林日後跟我說，輸掉二〇〇六年總決賽的回憶，像一朵烏雲籠罩整個晚上。他記得有披薩（諾威斯基慶祝勝利的方式：披薩、紅酒、回家路上買個得來速）。大家都支持公牛隊。現場起碼有湯林一直在思考獨行俠隊當年是如何浪費對熱火的領先優勢，然後坐在更衣室直到凌晨，因為輸球而傷心難過。他再也不想經歷這檔子事，所以他幫公牛加油。

德克多數時間都在默默觀賽。他幾乎沒有吃東西，當邁阿密熱火隊拿下這場比賽，以及這一輪對公牛的系列賽時，他站了起來，抓起遙控器。「邁阿密。」他說著。他的臉上沒有一絲懷疑，沒有憤怒，沒有報復或補償的欲望。沒有恐懼或是猶豫。他只是看起來像是早上要上班的樣子。「我們走吧。」他說著，並關掉電視。

* * *

下一輪系列賽開始前，獨行俠隊還有六天的休息時間；他們甚需休息。對於一把老骨頭的基德和身體緊繃的德克來說，沒有繁重工作的每一天，都是美好的一天。兩人此時的出賽量都顯著高於例行賽時。德克在場上跑動，和最優秀、最強悍的防守球員對壘；其中沒有人會讓他好過，他們都追求同一目標：擋下德克。德克每一次都為了他的位置而戰；他扛著比賽，也扛著責任。這也是為什麼在漫長的球季後，每一天、每一小時的睡眠、每一分鐘的內心平靜會那麼重要。

二〇一一年的邁阿密熱火，不同於二〇〇六年的邁阿密熱火。韋德仍在邁阿密效力，但今年吸引目光的，倒是不受歡迎的熱火隊。開季前，勒布朗．詹姆斯在一檔令人驚嘆的電視節目中宣布他決定投效熱火。「小皇帝詹姆斯」當時的措辭是：「我要把我的才華帶到南灘。」這句怪異的表述，已經被刻在籃球的歷史上。對於純粹主義者和體育浪漫主義者來說，《世紀決定》（*The Decision*）象徵著籃球界的一切癥結：爆炸的薪資、對個人球員的關注、超級球隊的風潮。與其說是為了整場賽事的轉播，熱火彷彿是為了精華片段的觀眾、為了智慧型手機、為了剪接和特寫鏡頭所打造的第一支球隊。熱火隊甚至用與詹姆斯《世紀決定》轉播一樣浮誇的方式，展示他們的球隊：賽季還沒開始，就在用五彩紙屑和彩帶。

總冠軍賽初期，隨處可以感受到對熱火的厭惡，以及對獨行俠的同情（甚至在德國）。這是非常主觀的感受，沒有事實支撐，混雜了嫉妒，以及對於一再奪冠產生的厭煩。就好比兩派思想針鋒相對：團隊合作與個人主義對壘，老派與新潮互鬥；一邊是泥土路，一邊是粉紅世界。波許、勒布朗和韋德是超級球星，日後將贏得冠軍（了解籃球的任何人都知道這點），但我們就是希望那不會是這一年。我們當下所堅定支持的，是光芒將消退的事物，在籃球方面也不例外。

系列賽第一戰，兩隊互相感受對方，試著解讀對方。總決賽首戰中，熱火隊和史波斯查看穿了獨行俠隊（也是冥冥之中自有安排，熱火隊教頭艾瑞克．史波斯查數十年前曾在德乙籃球聯賽中，效力圖斯賀騰隊〔**TUS Herten**〕）。他們看到之前諾威斯基和泰瑞是如何執行擋拆；他們從之前的季後賽系列中知道獨行俠隊在比賽的關鍵時刻時會如何處理。勒布朗既壯如馬，又快如貓；他兼具身高、速度、球商和強壯度。再說，搭配烏多尼斯．哈斯勒姆後，詹姆斯可同時防守傑森．泰瑞和德克．諾威斯基。系列賽首戰，史波斯查的所有想法都按照設想的方式落實。熱火隊以九十二比八十四獲勝。來到下一役，但真正令人不安的是，德克在一次攻防中防守波許時，左手肌腱撕裂。他的左手不是投籃的慣用手，但令人擔憂的是，他必須在剩餘的總決賽戴上塑膠副木。沒有人知道這項問題到底有多嚴重。德克似乎並不擔心；就算他放在心上，也不會拿出來談。

一切都還沒有結束，但這不是好開頭。

第二場比賽，獨行俠隊似乎沒有完全醒來，或者似乎還沒來到場上。他們投籃缺乏準度。然而，這場比賽有很長一段時間比分緊咬。熱火第四節開局打出一波十三比零的高潮，要是換作其他對手，這波攻勢能撲滅任何氣焰。熱火在不到三分鐘的時間內，讓領先的分差來到十五分，而獨行俠讓熱火得分簡直予取予求。熱火隊灌籃，也在轉換攻守時使出輕鬆上籃。韋德在獨行俠隊板凳區前投進一顆三分球，為熱火這波攻勢錦上添花。此時，卡萊爾教練不得不喊暫停。

獨行俠隊會輸。如果他們輸球，系列賽勝場數將以二比零落後。而無論哪一隊以二比零落後，都無法贏得系列賽。從統計數據來看，機率將不到百分之十。比賽還剩七分十四秒，獨行俠隊看著韋德慶祝，聽到白衣球迷的歡呼；球員集合。「沒有人喜歡耀武揚威！」據稱，泰瑞如此喊叫道。

然後，正如我先前的形容，諾威斯基覺醒了，他顯露出登山者眼神中的樣子。

比賽結束，朵莉絲．柏克最終站在德克身邊訪問。此時朵莉絲將她那寬慰人心的手放在德克的背上，彷彿想輕輕引導德克，讓他回到這個世界。當德克朝向麥克風，對比賽展開完美的口頭分析時，對於德克那看似空洞的凝視背後所存在的全神貫注，朵莉絲的感受儼然是幾乎驚訝的地步。九十五比九十三。德克使獨行俠隊絕處逢生，此刻一切皆有可能。

＊＊＊

系列賽第三戰也很拉鋸。兩隊此時已經深入這個系列賽；從骨子裡到表面上，彼此互相熟悉。熱火隊顯然一直重看獨行俠隊的所有季後賽比賽，他們確定泰瑞、基德和德克通常是在關鍵時刻出手並進球的人。在第三戰中，熱火隊針對外圍投籃的防守更優於先前的表現。最末節雙方互有領先，獨行俠甚至獲得最後一投的機會（那是蓋許溫德納和德克多年來一直在計算的東西：比賽剩多少秒？合幾次攻守轉換？多少分？）。哪怕德克的計算正確，獨行俠隊讓這些計算成為現實，德克仍然必須投進最後一球。暫停後德克拿到球，還剩四秒；他面對哈斯勒姆就位，玩了一場德克通常會贏的心理遊戲：先縮的人就輸；你退縮，你就會迷失，但哈斯勒姆保持冷靜，沒有退縮，而德克失投。達拉斯再次以二比一的勝場差落後。

兩天後，德克半夜醒來，出現發燒、發冷、流鼻涕的症狀。他渾身是汗，感到不敢置信：為什麼偏偏是現在？就在重要系列賽的關鍵戰之前？為什麼所有人之中偏偏是他？他傳訊給凱西．史密斯。談到身體問題時，德克總是會發訊息給史密斯。史密斯是生理問題的緊急熱線聯絡人；他照顧德克，就好比頂尖技師在照顧賽車一樣。兩人度過了一個絕望的早上，他們先是在醫生診間，然後來到訓練場地，一直在演出「媒體看著時一切都正常」這種令人疲累的戲碼。德克吃了一大堆感冒藥，讓自己下午得以睡上一覺，但不可能從事運動，更別說打職業運動賽事了。德克的體溫來到華氏一〇二度；他深感無助。

當德克早上練習時咳嗽，球隊感到深深的恐懼，並且什麼也沒說，接著立即和史密斯一同離開。不過大家都得三緘其口；球隊不允許任何人談這件事。德克生病，海伍德受傷，獨行俠隊元氣大傷，卡萊爾教練與其助手群努力思考如何應付第四戰。然而，沒有人抱怨，大家只是保持沉默。

賽前，蓋、德二人像往常一樣在訓練場地熱身，雖然他們的訓練比平時更短，強度也更低，但沒有人心生疑竇。達拉斯老七號俱樂部（Old No. 7 Club）用餐的少數球迷有權隔著玻璃，從最好的座位觀看德克的熱身秀。即使是他們，也都沒有產生懷疑。一如往常進入更衣室前，德克向球迷比了個手勢。而當德克進入賽場時，他必須咬緊牙關才得以完成熱身。觀眾會認為德克那固定的凝視眼神，是一種專注。「德克最重要的任務是不露出馬腳，」蓋許溫德納說：「他是誘餌，是稻草人。」實際上，獨行俠隊成功讓熱火隊到開打前都認為一切沒有問題。

卡萊爾將ＪＪ巴瑞亞放在先發五人名單，如此一來，他就不必依賴外線射手。有時候在防守端上，巴瑞亞在對抗身體強悍的對手時，可能會是弱點，但在進攻端上，他會像一根針扎進氣球一樣突破防守，環繞著更高大、身體素質更強的防守球員，藉此創造出投籃空檔；若沒有巴瑞亞，獨行俠的射手可是得不到這些空檔。這是卡萊爾和助手群想出的計畫。

比賽開始前，媒體的討論主要集中在教練的陣容決策。有人向媒體偷偷說先發名單沒有史蒂文森，有巴瑞亞。卡萊爾最初對此不高興，但後來發現到放出關於巴瑞亞的風聲，反而更容易隱藏德克生病一事。整隊都知道他們今天需要為了德克挺身而出。比賽開打，德克整個第一節都喘著大氣，吸著鼻子。他三投三中，但之後沒有其他斬獲，接著換其他人接手。

比賽快結束時，腎上腺素發威。德克在最末節攻進十分，幾乎像是有人在遙控他的身體。獨行俠隊以三分球攻勢拿下這場艱苦的比賽，最終比分是八十六比八十三。賽後記者會上，諾威斯基邊咳嗽邊回答問題，湯林比平常更早中止媒體時間。儘管德克又是發燒又是流鼻涕，但熱火隊無法擊敗德克和獨行俠隊，這是南灘軍團必須思考的事情。最重要的是，這場勝利讓獨行俠隊重新找回先前的贏球心態，也就是前三輪面對拓、湖、雷時的心理素質：韌性、冷靜的頭腦、熱情、信任，以及自信。

＊＊＊

兩隊之間也變得更加劍拔弩張。德尚恩．史蒂文森和勒布朗對壘，泰瑞像往常一樣噴垃圾話，而勒布朗和韋德在下一場比賽當天走路前往投籃練習時，取笑德克生病和發燒一事。韋德又咳又笑，勒布朗又笑又咳。兩人在比賽當天早上於鏡頭前做出這種行為，一番訕笑引起了騷動。

儘管韋德打出超高水準的表現，甚至搞定了他自己那煩人的傷，但德克是第四戰賽後唯一的談論焦點。這場比賽甚至可與麥可．喬丹在一九九七年那場著名的流感戰相提並論。他的隊友皮朋說：「他有那個樣子，他進入了自己的領域。」這番比喻，恐怕是籃球界的最高榮譽。韋德這樣的得分後衛，似乎靠著別人的認可而茁壯，對他而言，前述比喻意義重大。而比喻的重點在於偉大、意志和韌性。

對這些事，諾威斯基彷彿全不掛懷。燒個兩天後，他的狀態好多了。第五戰賽後，「咳嗽門」的影片在社交媒體上流傳，但德克只在飛往邁阿密的球隊航班上用iPad看到。獨行俠此時剛以一百一十二比一〇三拿下第五戰，距離總冠軍只有一勝之遙。「我不喜歡那個，我不高興，」德克日後憶起：「不過生氣嗎？我不會這麼說。我沒有生氣。我是說，那沒有給我更多的動力。我們進入了NBA總決賽。我處於絕對的巔峰狀態。再一場，我們離我的夢想只差一場勝利。我不再需要更多動力。我沒有去想『從現在開始我要加倍努力。』這種事。」

這檔事為媒體提供了有意思的報導素材；第六戰賽前的休息日，各種瘋狂猜測湧出，倒是沒有真的讓諾威斯基感到困擾。「我覺得那有點幼稚，有點無知，」他在接受採訪時說：「我在這個聯盟打滾十三年了。我從來沒有假裝受傷或生病。」

「就是這樣，」多年後他跟我說：「我和球隊不想小題大作。我說出了我的感受，事情就畫下句點。我們非常專注在這場比賽，而且要贏得比賽。那樣的事情在這樣的時間點並不重要。」

＊＊＊

籃球隊在季後賽時總是上緊發條；他們總是保持警惕。如果輸了，他們會夜不成眠，想著如何才能贏得下一場比賽；要是贏了，他們也會因為有著不能失去優勢的壓力，以及飄飄然的情緒，導致無法入睡。他們不想給對手任何希望。

上車前往場館打第六戰時，獨行俠隊身著黑衣，彷彿要去參加葬禮一般。他們想將這個系列賽畫下休止符。接著，他們就到了那座沐浴在亮晃晃白色光芒的球場。熱火想抓住最後的機會，他們想回到達拉斯，他們想從德克與其隊友身上獲取信心，以及用來呼吸的空氣，就在此地，就在此刻。這場比賽不折不扣地，是熱火隊的最後機會。

我記得非常清楚，大家是如何在柏林的夏夜中，站在磁鐵酒吧（Magnet Bar）前觀看比賽的。謝恩．雪萊身處德州，坐在電視機前，喝著他的淡啤酒。海爾已經停好他的計程車，正在愛田社區附近的7-11看比賽。德克的父親正在烏茲堡的一間俱樂部看比賽。羅伯特．加列特可能正在魚島（Fischland）的一家海灘酒吧看比賽。沃爾夫．萊布尼茲叫醒他的老婆，這樣他們就可以一起用他的電腦觀看比賽。蓋許溫德納坐在邁阿密美國航空球場的看台，位於獨行俠隊的板凳區後面；如果德克有需求，蓋許溫德納會向德克發出訊號。儘管比賽在邁阿密舉行，但達拉斯美航中心球場已座無虛席。這場比賽對他們來說意義重大。

我們都看了一場德克投籃不若以往的比賽。「也許我試得太用力了，」他日後說道。壓力龐大，他的期望以及別人的期望也是。「大概是我太想要勝利。」比賽開打，德克十二投僅一中。

我們觀看的比賽，正是籃球純粹愛好者在這樣的時刻所希望看到的比賽。我們看著德克的隊友接手。我們看到巴瑞亞在油漆區迂迴跑動，德尚恩．史蒂文森挺著胸膛，昂首闊步穿過球場一片白的球迷；他的手勢和三分球刻入熱火隊的記憶之中，揮之不去。我們看著馬里安、錢德勒、馬辛米、斯托亞科維奇、布魯爾上場。我們看到泰瑞在上半場砍下十九分，一舉卸下德克的得分重擔。我們看著布萊恩・卡迪納爾如何在比賽中發揮作用，並在防守的功能和強度上都有稱職表現。卡迪納爾毫不妥協，用力犯規，擋住韋德的路，投進了非常漂亮的三分球。在最需要的時候，卡迪納爾會鼓舞他的朋友德克。他會在ＮＢＡ這個全球最大的籃球舞台上開玩笑。

「我愛死了！我愛死了！」據稱，他對德克這如此說。

「愛死什麼？」德克問道。

「上半場沒有投進？」卡迪納爾說。「太好了！下半場的精華影片也不用剪你的部分了！」

「你瘋啦。」德克說著也不由自主笑起來了，起碼笑了一秒鐘。

下半場，德克投進數顆關鍵球。他不去想過去發生的事情，也不想未來的可能發展。他就是打他的球。

我們看著德克在終場響哨前兩分二十七秒時，完成一記艱難的後仰跳投，使比分來到九十九比八十九；我們看著泰瑞在比賽還剩一分五十五秒時投進一顆中距離，比分來到一〇一比八十九；我們看著德克完全意識到這樣的領先優勢，無法在只有五次的攻守轉換下逆轉；我們看著泰瑞和德克互相擁抱，雖然才短短的一秒；他們受到感動，那股感動是貨真價實的。他們知道他們一起取得重大成就。

我們看著在剩二十九秒時，德克左手再次上籃，球輕巧地彈開籃板。

我們看著德克的手指順過他的頭髮和臉，他突然**認真**思考起當下和從前的不同：他展開比較，試著釐清一切，他身在何處？眼下是什麼情形？似乎都突然一清二楚。我們看著比賽結束前不久，德克跳過記分台，跑進更衣室的通道。

那天晚上，我們著實看著德克逃進更衣室，雙臂舉過頭頂，球衣沒有紮進球褲（走廊裡的攝影機之後幫我們捕捉到這一切），但我們沒有看到史考特．湯林追著他朋友德克的模樣。湯林之後說，他們兩人一起坐在更衣室裡，德克的身子掩在毛巾下，湯林一身西裝領帶。給我三十分鐘就好，德克如此說道，湯林給德克的答覆是，他可以給德克的也許是兩、三件上衣。頒獎典禮即將開始，他需要德克在場。他已經拿到冠軍了。德克身子不動，而是凝視著眼前的空間。這是肩頭擔子卸下的時刻——過去的那些賽季、那些時刻、那些投籃，在在化為甜美果實。「如果大家拿獎盃的時候你不在場，你總有一天會後悔的，」湯林跟德克說：「骯髒德克，你會想要出去的。」

司儀站在門口，敲著手錶，由於時間緊迫而感到慌張。時間一分一秒、滴滴答答地過去。接著德克一言不發地起身，骯髒德克和綽號為「機車史考特」的湯林（Scott “Scooter” Tomlin）走回球場。

有一段影片是從看台另一側拍攝，略顯模糊，是用一台手持設備拍攝。這段影片中，你可以感受到對於德克來說，贏得這個冠軍的意義是什麼，以及這讓他付出了什麼代價。可以看到德克從隧道出來，進入球場，德克在過去幾週變得消瘦。如果你知道湯林的事，會注意到德克的眼睛稍微泛紅。當德克慢慢走進球場時，攝影機將他的鏡頭縮得更近。身為登頂的登山者，他一直和自己與自己的過去經驗獨處，現在他慢慢下山，爬回這個世界。

眾隊友向德克打招呼，就好像他從未離開過一樣。有人遞給他一頂冠軍帽，他穿上冠軍T恤。德克和他的隊友一一擊掌，一開始是被動的，但後來慢慢地愈發主動，一個接一個，他們用雙臂摟住他，抓他的脖子，捶他的胸，每一次都是很原始、發自內心的碰觸。德克褪下了他的一些負擔。

德克的臉變得清晰，登山者的神情轉化為疲憊的笑容，然後德克笑了起來。當他走到舞台中央時，臉上露出大大的笑容。他和他的夥伴站在那裡——德克日後形容，那些是他的「兄弟」。他看著賴瑞・歐布萊恩總冠軍賽獎盃遞給獨行俠隊的第一任老闆唐・卡特（Don Carter），戴著他的白色牛仔帽。接著德克看著獎盃遞向他，當獎盃終於在歷經這麼多賽季、數千小時的訓練、如此多困境和挫敗，最後到達克面前時，他抓住了獎盃，將獎盃舉到空中。

＊　＊　＊

後續數週是整天滿檔的旋風式行程，大量拍照，事情多到無法好好處理，過程卻是快樂的：德克從偉大的比爾・羅素手中接過總決賽MVP獎盃，造就了經典時刻。蓋許溫德納落下感動的淚水。贏球後幾個小時，邁阿密楓丹白露（Fontainebleau）的LIV夜總會（LIV Nightclub）傳來喧鬧聲。德克戴著伊恩・馬辛米的牛角框眼鏡，喝著貴到嚇死人的大酒瓶內盛裝的香檳。搭乘航班飛回達拉斯時，在飛機地毯上，斯托亞科維奇和德克兩人中間擺著獎盃。德克和庫班帶著他們的獎盃通過走道。之後，遊行隊伍穿過城市，成千上萬的人走上街頭；然後在美航中心球場的露台上，德克用相當沙啞的聲音唱著〈我們是冠軍〉。這一年的夏天將很漫長。在洛杉磯舉行的ESPY最佳運動員頒獎典禮上，拜其極為精彩的體育表現之賜，德克獲選為年度最佳運動員。德克飛往德國，成千上萬的人為他歡慶。歐巴馬總統邀請獨行俠隊造訪白宮。有好幾個禮拜，大家都會提起德克．諾威斯基的名字，大家都為他感到高興，並將這些夏天的回憶刻印在他們的記憶中。德克日後被稱為「籃球界最有行銷價值的人」，但他卻與家人一起去度假。

＊　＊　＊

當我與湯林談論二〇一一年那個瘋狂的夏天，並且詢問他的記憶時，他在我們兩人之間的桌上放了一本剪貼簿。湯林晚上筋疲力竭地回家時，他的妻子艾比收集了季後賽數週以來的所有榮耀紀錄。她拍下照片，將紀念品收藏起來。

湯林打開書，告訴我一個看似不可能的場景，但確實發生在冠軍賽忙亂得不可開交的那一陣子。贏球摘冠、飛回達拉斯、封王遊行、忙完所有儀式和官方活動之後，團隊再次相聚。地點是怪客酒吧，這是「齷齪芬利」、「噁心奈許」、「骯髒德克」三人組早年常聚會的無窗酒吧。

庫班帶來獎盃，並放在櫃檯上。德克和湯林正靠在吧台上，頭上的電視突然開始播放第六戰。是的，完全是偶然。整場第六戰就這樣開播。

這光景很荒謬，湯林和德克盯著螢幕。他們在現場目睹——湯林這位球隊的公關和他的主角德克是當年激鬥的見證人。而哪怕獎盃此時就立在酒吧的一角，哪怕他們知道自己最後贏球，他們的腦中卻仍然認為，有可能只是自己捏造一切。他們還沒有在百忙之中抽空分析和了解比賽內容，而現在他們倒是站在電視前目瞪口呆。德克和湯林緊盯螢幕；說來非常詭異，他們仍然擔心輸球。

在湯林剪貼簿的一頁上，有五張當晚在怪客酒吧拍攝的照片。湯林和德克已經脫掉他們的制服（一位穿西裝，一位穿球衣），他們穿上普通的T恤。德克把太陽鏡推到額頭上，左手中指還戴著副木。德克最近幾天常在外面，皮膚顯棕色。在一張照片中，史考特困惑地抓著頭，表情顯露貨真價實的擔憂。另一張照片中，德克指著螢幕，好像他發現了他從未見過的某個東西。右下角的照片中，他們邊笑邊拍手。

那個目標，已經達成了。

二〇一八年，姚明和德克於上海

上海外灘

長江

二〇一八年，上海麗思卡爾頓酒店

上海靜安區玉佛寺

「上海愛你」

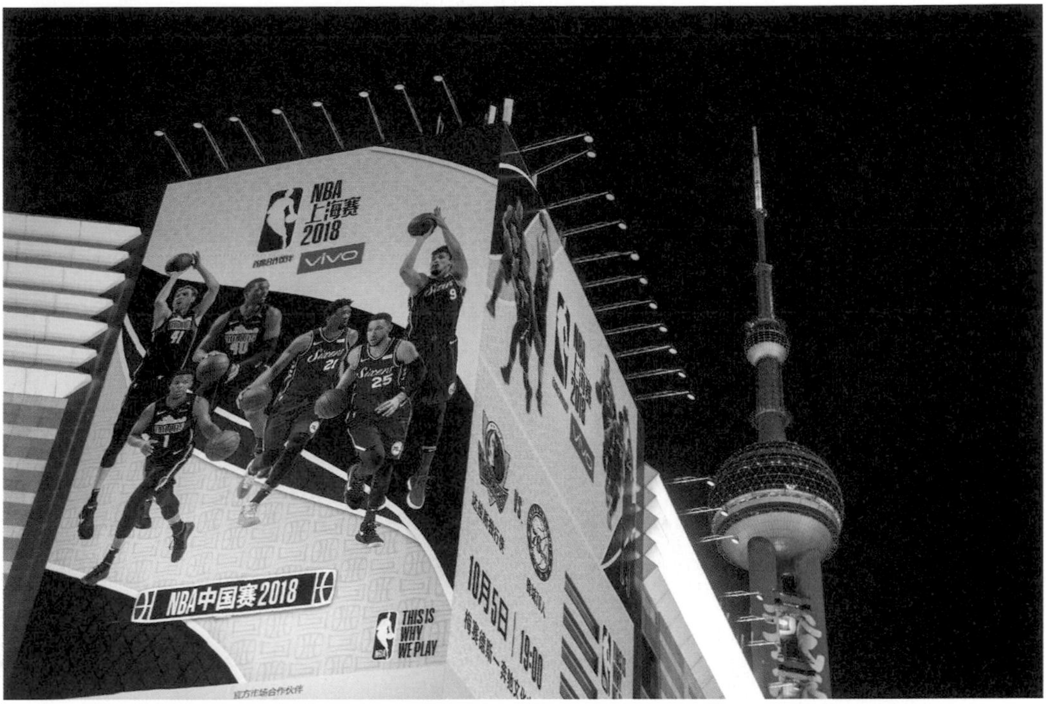

浦東東方明珠塔

上海梅賽德斯—賓士文化中心

「鼴鼴芬利」和「骯髒德克」

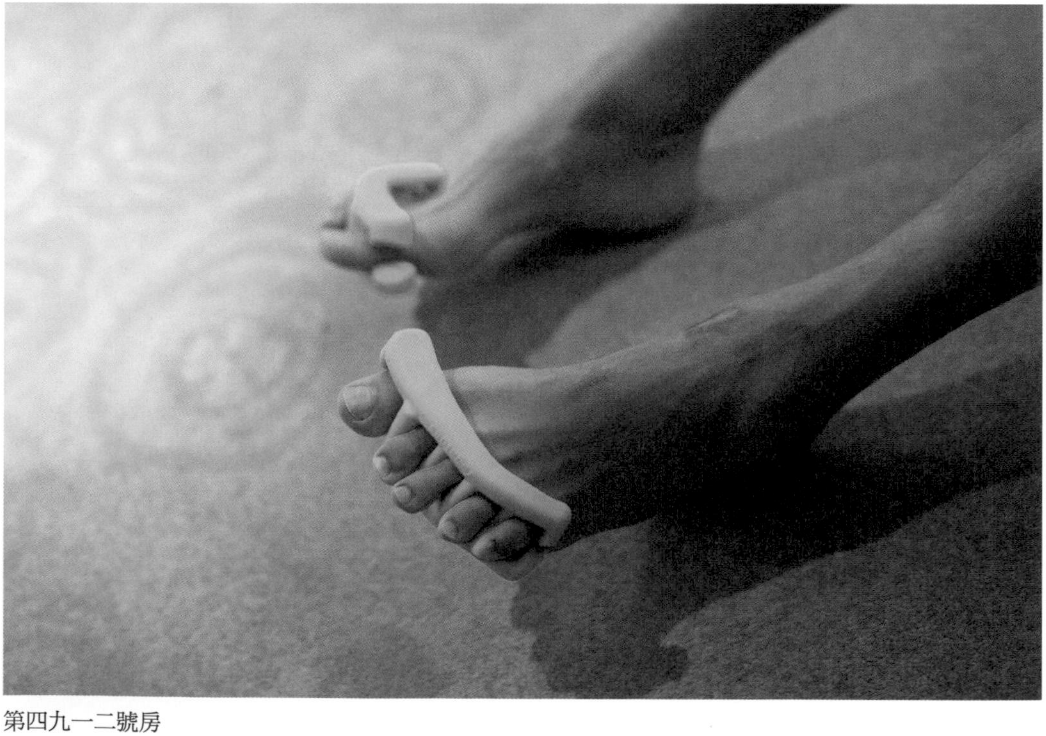

第四九一二號房

二〇一八年，中國賽事上海場

二〇一八年，浦東機場接駁車

5. 簡直是馬戲團

「來了！經典的投籃，造就這個經典時刻！他達成了，三萬分！」

——體育主播馬克·法洛威爾（MARK FOLLOWILL）

Sigma 40

二〇一七年三月六日

這些年我當隨行記者時，曾有過一個美好的時刻，當時是週一早上，德克和我在獨行俠隊的訓練場地會面。我們從後門離開建築；他的車停在一些破舊的垃圾箱旁邊，停車處可以看到遠方的重逢塔。空氣飄來像啤酒花和酵母的氣味；社區釀造廠（Community Brewing）公司就在隔壁。修理人員正在敲敲打打，釘上一些二乘四吋的木料。沒有什麼跡象會讓人想到有支職業籃球隊正在牆的另一邊練習。沒有告示，沒有圍欄，也沒有安檢。沒有人注意到我們。美國記者會守規矩，總是走前門；只有德國人有時會被發現在這裡埋伏。

時值流感季節，諾威斯基也中標。孩子們睡得不好，瑪萊卡吸著鼻涕，麥克斯（Max）咳嗽，德克的喉嚨也沙啞起來，情況很糟。儘管如此，他還是完成了當天第一輪功課：以團隊練習開始這一天，然後與蓋許溫德納一同投籃一個小時，再來是伸展運動和物理治療，以及生理上為了跟上他人腳步的必要項目。德克的跳躍能力不能屈居下風，德克要讓自己的身體隨心所欲地動作——起碼要接近隨心所欲。

我們乘坐德克新買的特斯拉Model X。這輛車非常適合德克，因為他只在達拉斯的市區行駛，高速公路限速七十五英里。若是其他地方，他都搭飛機。德克一踩油門，車子加速讓他興奮得像個孩子，愛駒很快就從零加速到六十。我們聽著九〇年代的嘻哈音樂。特斯拉記得他的音樂品味，像是探索一族（A Tribe

Called Quest）、野獸男孩（Beastie Boys）這些團體。

德克的第一台車是租來的豐田掀背車，他為此受到很多批評。他之後開了十年的Mercedes-AMG，這是另一個時代的車。行李放在後面，車一開就出發，沿著高速公路吼嘯，來到四百八十馬力，這是他曾經年輕的象徵。那輛汽車的年代，是車上立體音響仍配有CD播放器的年代；當隊友和他同齡的那個年頭，他開什麼車是一件很重要的事。那個時候，他還沒有小孩，阿基里斯腱沒有問題，也還沒拿到世界冠軍。

NBA球隊的停車場，如同展露自我的畫廊。美國社會的文化中，展露自己的成功，是完全正常且可接受的事情，而汽車對球員來說，便有自己獨特的象徵意義。德克的車很低調，有羅斯科（Rothko）的風格，還有安藤忠雄的風格。看到特斯拉時，沒有人會轉頭，但如果你知道那是什麼，那麼你就會點頭，表示贊同。德克的車外表看起來像標準的中型轎車，但車內發動機組的通常位置那邊，有空間讓德克擺放雙腳。沒有多餘的裝飾、金邊或迷彩塗裝。德克的車牌完全是一般的車牌。

不是CH4MP2K11（二〇一一冠軍）。

不是BIGDIRK（偉大德克）。

也不是SWISH41（得分好手四十一號）。

我們行駛時，我的耳膜嗡嗡作響。這台車會產生輕微的壓力，使細菌和毒素無法進入車內。我們在一輛輛皮卡和一輛輛卡車的轟隆聲中停車，但隨後紅綠燈號改變，車子輕聲駛動，並在下一個十字路口煞車，同樣悄無聲息。汽車總是知道自己的狀況：還剩多少電？真正重要的是什麼？一開始，你不會注意到這輛車有多聰明。

德克經常得看醫生，有時他也會藉此機會聊天。時間寶貴。對他來說，這就像把他的身體帶到車庫。如果邊說邊等，等的時間會過得更快。這一天早上，他在德州運動高壓氧治療中心（Texas Sports Hyperbarics）有個行程，那是一間位於他家附近小型購物中心盡頭的私人診所。喉嚨沙啞可能會演變為感冒，而一場感冒可能會導致在NBA這個最高級別的聯賽中缺席十天。只要幾晚睡不好，只要幾天心情不好，就會導致賽況糟糕，那不是他和球團想要的結果，所以德克會試著做點什麼來避免。而我坐在他的旁邊。

在候診室，我和一位健談的糖尿病患交談，這位患者已經退休；他談論德克時，沒有因對方的球星身分而心花怒放。牆上掛著在這裡接受治療的運動員的照片，地板上的線條，使地板像是蘭德薩克的體育館地板。這名男性老病患說他每週來這裡兩次。他今年八十歲，截肢兩次，一次是右腳前端，一次是左腳的一些腳趾。總而言之，他精神很好。這位退休人士還解釋了治療的原理：療法可改善組織修復和再生，使血液富含氧。在高壓下為患者提供純氧一小時，藉此大幅改善組織修復。這位退休人員說，如果沒有這種療法，他可能早就死了。

「你怎麼懂這麼多？」我問。

「我以前是獸醫。」他答。

許多運動員也使用高壓療法，提升自己的備戰狀態，並可使身體承受極端壓力後更有效再生，俠客歐尼爾、麥可・菲爾普斯（Michael Phelps）都是例子。「其實這是為病人和老人研發的技術，」當德克從更衣室出來和他握手時，這位退休人員說道：「不適合你這樣的年輕人。」

「先生，謝謝你。」

競技運動員的身體就像汽車，他們需要不斷的維護和保養，以及偶爾的維修。德克在職業生涯的初期，德克喝無酒精飲料的量以公升計，他會吃任何擺在他面前的東西。而現在，他只喝水，並遵循最先進的營養指南。他每天花幾個小時健身；他躺在物理治療師的整復床上，讓受損的四肢得到伸展和按摩。隨著年齡增長，他的身體變得更需要維護，這代表需要投入更多的時間、精力和知識，才能讓他的表現維持同樣水準。

汽車一喻，說明了德克與我這類業餘運動員之間的根本區別：德克似乎將他的身體視為一台機器，那是有別於他本身的某種東西。他擁有並駕馭這個身體，就像他駕馭他那台特斯拉一樣。他定期將身體送去維修，並在車輛修護時進行觀察，他對自己的身體狀態樂觀以對。至於我，我的印象是，我的身體是一九九八年式的福斯Passat Kombi，里程數二十萬英里——顏色是暴風紅，車體殘破。當我把車子帶到車庫時，我不是很有自信，我在檢查過程中顫抖，想著車子（和我自己）愈來愈接近垃圾場（我看待這輛車的態度，近乎醫學上的「疑病症」）。簡而言之，我缺乏職業運動員似乎擁有的那種與身體之間的距離。

戰績最出色的ＮＢＡ球隊一個賽季可能會打一百二十場比賽，他們的日程安排包括航班，以及變來變去的時區和地點。有些球員會比其他球員更善加處理這類壓力。要一直有好表現，球員要有大量的紀律，以及良好的技師和機械工。近數十年來，人體科技大幅發展。壓力檢查的血液測試成了標準項目；營養師和高度專業的醫生隨侍在側，協助運動員維持狀態。對自己的身體、疼痛耐受性、心率、必須混用的維生素和蛋白質，運動員了然於胸。運動員的身體是他們的工具，也是他們的器材。哪怕是在漫長賽季接近尾聲時，有時候也很難想像某些球員的爆發力有多大。

ＮＢＡ是充滿體能怪物的聯盟。看一些球員，他們的二頭肌和胸部肌肉輪廓分明，雙腿長度得像棵樹，一般人很難相信當中沒有疑點。創新和違法往往相距不遠。方法產生變化，限制也有所調整。科比．布萊恩飛往德國，接受濃厚血小板的血漿注射，藉此加速膝蓋的癒合；另一方面，自體血液療法是禁止項目。可能性的界線會不斷變化，有時候會碰到隨便畫出的界線，這些界線又決定了允許的範圍。

不過，由於NBA是獨立運作的企業，聯盟制訂了自己的法規。自二〇一二年封館以來，控管措施綁得更緊，變得更加嚴格。禁藥和成癮藥物問題只有反覆異常後，才會公諸於世，但如果去聽記者和內部人士的說法，偶爾會聽到謠傳，說甲在服用類固醇、乙吸食過多大麻、丙在用藥後繳出最佳表現。

進階規定適用於國手，另有更多的突擊檢查，以及更嚴格的罰則清單。德克幾乎整個生涯都在德國國家隊的名單上；他無數次被叫下床，在有人監看的情況下在杯子內排尿。他打球從不依賴肌力和爆發力；現在他打起球來，也沒有任何真正的速度。德克比賽的一切重點都在於技巧和專注，以及對比賽的解讀和了解。他也會利用科學和醫學。畢竟到了德克的這個年紀，也別無他法。如果沒有德克的基礎資源網絡，也沒有科學界的集體知識，他可能沒有辦法再打球。他是實用主義者，喜歡瑜伽、整骨療法和人智醫學（anthroposophical medicine）。他偏好從長遠的格局切入，這也包括他對退役後自己身體的看法。

在採訪中，德克一再指出，他出色的統計數據也是來自於他沒有嚴重受傷過。NBA球員平均只在聯盟待三個賽季；嚴重的傷病和身體問題使得許多球員的職業生涯畫下句點。能打超過十年，已經是卓越成就，德克的職業生涯很長，絕對是個例外。「我才剛打了很長一段時間的籃球，總是要把一些得分和籃板數加總起來看看。」他說。而對於「倖免於難」未受大病痛所苦的人來說，小傷病的清單倒是令人印象深刻。摘錄如下：

腳踝（左右）：一九九四、一九九六、一九九七、一九九八、二〇〇〇、二〇〇二、二〇〇三、二〇〇四、二〇〇五、二〇〇七至二〇一〇、二〇一二、二〇一七、二〇一九。

門牙被往後推：一九九七（來自布克哈德・斯坦巴赫練習時意外肘擊）。

掉兩顆門牙：二〇〇一年（來自泰瑞・波特的肘擊）。

牙橋被打掉：二〇〇四年（與隊友傑森・泰瑞相撞）。

咬到舌頭：二〇〇八年。「二〇〇八那年，我們在雅典奧運資格賽八強戰中，面對強悍的巴西隊。」他說：「當時，他們在籃下有一些大個子——提亞戈．史普利特（Tiago Splitter），是非常優秀的球員。我當時在防守，我集中注意力的時候，會把舌頭伸出來一點。然後，靠，他把我的下巴往上推，我咬到我的舌頭。當時系列賽打得正火熱，我的舌頭正中間破了一個洞。我好幾天不能吃任何東西。我得在每一次餐前使用阿斯匹林，否則我什麼也吃不下。那幾場是我職業生涯中最重要的比賽，然後我的舌頭上有個大洞。醫生看著那個洞說：「不會喔，我們不會縫起來，我們會讓它重新長出來。」口內黏膜再生速度非常快，但很痛。現在我還是能夠感覺到那個腫塊。就在這裡。」

肘部撕裂傷。「那場比賽的對手是火箭。卡爾．蘭德里（Carl Landry）在防守我。我想從他的右邊過人，然後用我的左手上籃進球。不過當我從他身邊經過時，我的手臂碰到了他的牙齒，結果我的手肘開了一個大洞。你看，問題是蘭德里的牙齒和一般人不一樣。他是陶瓷牙齒，還是鋸齒狀的。我的法氏囊裡有瓷片。那是我經歷過最痛的經驗。之後，醫生在我的滑囊內挖了半個小時，有時只用他的手指。他在我的手肘這麼深入操作，從我的手肘挖出瓷片。很強烈的痛苦。我永遠不會忘記。」

左手中指的伸肌腱裂開：二〇一一年，邁阿密。

膝蓋：二〇一二年（多次穿刺和關節鏡檢查，缺賽二十七場）。

阿基里斯腱發炎：二〇一二／二〇一三。

左腳踝骨刺和關節病：二〇一五。

……等等。

房間中間是巨大的玻璃管，厚度一英寸，塗漆的金屬外殼邊緣稍微泛黃。那是Sigma 40。德克穿著醫院拖鞋和淺藍色手術服進入房間，手術服背後是敞開的。院方告知其他織物會在管中迅速焚燒。他身上不能帶手機、平板電腦、書、手錶。什麼都不能。只有德克、壓力和氧氣。

醫療助理是保加利亞人，曾經在索非亞（Sofia）當過醫生，這位助理笑著迎接我們，他們兩人已經很熟了，德克躺在鋼製的欄杆上，醫師連接監測脈搏的纜線上，然後慢慢引導德克進入巨大的管子內。對於德克這樣的巨人來說，這台機器也是夠大了。醫師闔上蓋子，然後把管子關上，然後慢慢讓氣體流入。機器嘶嘶作響；壓力增加。保加利亞籍助理說，病患會像是身處在純氧海面下六十五英尺的地方。「不過我不能離開，」她說明：「有些人在狹窄空間和有壓力的時候，會恐慌發作。這真的會很危險。你不能直接中止治療。如果壓力下降得太快，血液中會形成氣泡。這可能會致命。」可是以德克來說，他不會發生這種事，她笑著說。德克善於應對壓力。

玻璃太厚，無法進行任何形式的直接溝通。德克和我必須透過一個古老的對講機系統交談。我用傳統撥盤式電話提問，德克回答的聲音透過劈啪作響的喇叭，從房間裡呼吁而過。後來，當我聽到我們談話的錄音時，我幾乎一個字都聽不懂。我問起他那接近四十歲的身體，他那必須常常由物理治療師檢查的身體。我還問起當天稍晚等待他的籃球史上的偉大時刻。他搖搖頭，好似不知道我在說什麼。

我們聊起各種電視劇、嘻哈和整個音樂；我們聊起蒙福之子樂團（Mumford and Sons）。數週前，來自數烏鴉合唱團（Counting Crows）的歌手在美航中心球場的音樂會上，演唱了他的熱門歌曲〈瓊斯先生〉（Mr. Jones），聽起來截然不同，幾乎認不出就是那首歌。單是如此，他便能擺脫單調，不至於老是演出重複。我問起交棒給年輕人的問題，我問起德克的身體，以及逐漸衰老的問題。

這是一場很失常、很詭異的對話。德克談到他綽號的由來，他的朋友和隊友仍在使用這個綽號；聲音傳過時劈啪作響，漸大然後漸小；我們也談起他在獨行俠隊早期（一九九九年至二〇〇五年）關於「齷齪芬利」、「噁心奈許」、「骯髒德克」的事。其他人早已退休。「骯髒德克」是那個年頭至今碩果僅存的現役球員。

就只剩「骯髒德克」。

保加利亞醫師一度要求我們保持安靜，因為她要撥打一通緊急電話。我和德克幾秒鐘之內沒有任何問答。德克一動不動地躺著，既不能說任何話，也不能做任何事。這裡沒有尖叫的小孩，沒有電話，也沒有教練的白板。我坐在管子前等待。我一下看筆記本，一下看牆壁。那位保加利亞人在背後講話。德克起初保持微笑，但幾分鐘後眼睛就閉上了。保加利亞人和我點頭。即使德克聽不到我們的聲音，我們也不說話。我小心地將手機掛在手機架上，並記下金屬架那醫材會有的奶油白色。只聽見通風裝置發出安靜的嗡嗡聲，以及保加利亞人的窸窣耳語。德克在玻璃後面打瞌睡，他彷彿一隻泡在甲醛中的極罕見動物，一件獨一無二的奇特博物館標本。「像一件達米恩・赫斯特（Damien Hirst）的藝術品。」我在筆記本上寫道。《生者對死者無動於衷》（*The Physical Impossibility of Death in the Mind of Someone Living*）。感覺像是我們多年來一直這樣看著他。

夏比牌麥克筆

二〇一七年三月七日

在那場重大比賽的下午，我與潔西卡・諾威斯基有約，但當我現身普雷斯頓谷社區的房子時，德克打開了門。

「你又來啦？」他說：「大哥，進來吧。脫鞋。」

潔西卡還沒回來，她和小孩還在外面，她們去幼兒園或外面辦事情什麼的，德克和女兒瑪萊卡一個人在家。德克說：「等一下。」然後我就穿著襪子，站在那偌大的開放式廚房，環顧四周，但身子一動也不動地，因為我不想看起來像是在窺探。這裡的光景，泰半看起來就像是一個有小孩的普通人家：餐桌上有耳藥水和生日賀卡、高腳椅和氣球、彩色筆和蠟筆——沒有任何跡象看得出來這裡住著一位世界聞名的籃球員。或許，所有東西比一般人家稍微大一點；或許，某處有一區藝術藏書以更細緻的方式陳列著。德克在隔壁房間裡轉來轉去。他正在清理某些東西，或有其他東西掉在地板上。「啊，」他喊道，但當他回到廚房時卻笑了。他拿著兩瓶水，把水放在冰箱裡。

「這裡是好地方。」我說。

「你第一次進屋子嗎？」德克問道。

「以前只在後院。」

「我帶你參觀，」他邊說，邊往孩子的杯子裡倒了些水，然後關上冰箱。「潔西卡還沒回來。」

我們踏進客廳。「這是客廳。」德克用導遊般的語調說，然後直接走向牆上的展示櫃。裡面是穆罕默德．阿里在二〇一一年冠軍賽後送給他的親筆簽名拳擊手套，以及由他的助手所寫的真品證明書（畢竟阿里已經無法寫清楚字跡）。上面寫著：「你是最偉大的」。房間中央是卡萊爾教練在奪冠後送給德克的鋼琴。德克說：「然後有時候他會來彈。」在一個又拿來辦公又拿來放衣服的房間裡，牆上掛著一件簽名並裱框的賴瑞．柏德簽名球衣。大鳥柏德這位偉大的波士頓塞爾提克前鋒一直是德克的燈塔，因為他是有三分投球能力的高個子球員，且心理素質堅韌，競爭力極高，同時也因為外界總是將德克和大鳥柏德相提並論（即使當德克還只是烏茲堡的少年時）。通往二樓的樓梯間是滾石合唱團吉他手基思．理查茲（Keith Richards）的簽名吉他。

在走廊盡頭的昏暗燈光下，掛著一幅畫，畫的是三個橢圓形（不然無法定義）：像是變形蟲，顏色是粉紅色，還發著光。「那是藝術，」德克邊說明，邊露出調皮的笑容。這張照片是潔西卡挑的。「那個我本來也有本事畫得出來，」他說：「或是瑪萊卡也行。」他笑了，因為他知道並非如此。

我們進入獎盃室，這裡像是有撞球桌和收藏家所有長年戰利品的殿堂。這裡是德克．諾威斯基的私家名人堂。架子上是德克重大比賽中的用球，已略為消風；每一顆球的球皮已經移除，取而代之的是有浮刻文字的球皮，紀念著生涯五千分、一萬分、兩萬五千分等事蹟。二〇一一年總決賽MVP獎盃放在稍微蒙上灰塵的一只木箱上。有二〇一一年ESPY最佳運動員獎。有魔術強森獎，此獎表彰應對媒體公關的榮耀。有特曼—史托克斯年度最佳隊友獎（Twyman-Stokes Teammate of the Year Award）。只見一座座獎盃上，又堆著一座座獎盃，有贏得二〇〇六年三分球大賽的獎盃，和一雙訂製的耐吉球鞋。美中不足缺少的是二〇〇七年的MVP獎盃，這一座獎盃的頒發時間是二〇〇七年，當時球隊首輪最終於奧克蘭遭受歷史性挫敗。這座獎盃放在烏茲堡的德克父母家中（那一年，德克沒有任何美好的回憶）。

我們在一張拼貼的照片前停下來，照片囊括所有偉大的NBA球星的親筆簽名，只見麥可・喬丹旁邊是查爾斯・巴克利、哈基姆・歐拉朱旺（Hakeem Olajuwon）、史考提・皮朋和史蒂夫・奈許等人赫然在列。聯盟挑了某個時間拍了這張照片。所有球員都簽了名，照片中的大家家裡都掛著類似的拼貼照片——這群史上最偉大的球員，各自位於照片的中央。有塊燙衣板靠在角落裡。德克的獎盃室對於許多其他球員來說，可能是房子的亮點，但對於諾威斯基而言，幾乎就像是儲藏室。「你說得對，那些東西到頭來都堆在這裡。」德克沒好氣的說，但隨後就笑了。他的生活重心不再是球和獎盃，不再是他身為偉大球員的回憶。他似乎不認為這是卓越成就。

離開獎盃室，我們在有斜度的屋頂下彎腰，來到一座類似劇院的場所，裡頭擺了十張皮椅。對於想獲得名利的每一位年輕籃球員來說，這是夢寐以求的空間。這是可以在名人私宅紀錄片《名人豪宅秀》（*MTV Cribs*）播放的房間，是奢華的象徵，一座個人劇院，就像麥可・喬丹有一間家庭健身房，就像有一間專門放鞋的收納室！不過，在諾威斯基家劇院的一排排座位之間，放著一只只紙箱，還有成箱T恤和秩序冊，以及德克・諾威斯基的搖頭娃娃。諾威斯基為雜亂無章的收納道歉。「我們幾乎沒在用這個房間，」他說：「我們想看什麼，都會在樓下的客廳看。」

孩提時代那絕對奢侈的夢想，在當了三寶爸後，現實生活變成以務實為主。劇院，不過是去遊戲室途中會經過的垃圾室。只見螢幕旁邊的門打開，傾瀉出輕柔的音樂，有叮噹聲、有嘎嘎聲、有啾啾聲。

「瑪萊卡，」德克喊道，然後矮著身子，進入愛女遊戲室的窄門。「妳的水。」

同一間房子，不同的視角：當潔西卡・諾威斯基回到家時，她在我們中間的客廳桌上，放了兩罐義大利汽水。她坐下來，雙手平放在桌上。她剛剛去美容店，不過現在回來了。「Aranciata Rossa紅橙氣泡飲，」她說，打開汽水罐，喝了一口。

「有什麼我可以幫忙的嗎？」她問。

當你坐在潔西卡．諾威斯基的對面，她那顯而易見的友善態度，以及她吸引人的自信會立即讓你印象深刻。她會直視你的眼睛，她會傾聽，她會提問。她的行程很緊，但是她說會來時，她就會來。潔西卡說到德克的身分時，會說是她的先生，而不是超級球星。潔西卡談論他們的生活、他們的家庭、他們的目標。潔西卡知道他們的身分。

潔西卡負責這棟房子和房子的風格。德克之前會穿過房子去拿他的球衣和收藏紀念品，潔西卡則在空間設計和照片的懸浮收納上花了很多心思。「當然，」當我問她這件事時，她說：「我六、七年前搬進來。德克從未真正在乎過設計，」她說：「他需要的只有沙發、床，或許加個電視吧。他沒有太多時間，而且他有別人幫忙打理這些事情。不過後來我接手了。我想設計出讓我們兩個都感到自在的空間，」在畫廊工作多年的潔西卡說：「然後這間房子的牆壁真的很棒。」

她的母親是肯亞人，父親是瑞典人，一位工程師暨建築愛好者；而潔西卡是家裡的創意總監。家中有一對雙胞胎兄弟，都是英格蘭職業足球運動員。潔西卡談到她的母親，會講到擁有一座充滿色彩、雕塑和長袍的開放式房子；而談到那位北歐的父親時，會提到父親偏好的清晰線條。她和手足便是在這種文化激盪之中成長。她笑著自我消遣：「在這種混亂之中。」

潔西卡起身穿過偌大的客廳，方便她開始解說雕塑。「陳列櫃裡的這兩個，」她說：「是我媽媽送我的結婚禮物。黑檀木製。兩位非洲馬賽戰士，一男一女，戴著馬賽珠寶和馬賽長袍。她還送我們牆上的那些雕塑。」她和德克於二〇一二年在肯亞結婚，當年禮物太多了，他們還得專門安排貨運來送回家。

我問起潔西卡她接觸藝術的契機。「誤打誤撞，」潔西卡說：「我當時想在畢業後從事旅行業。簡單

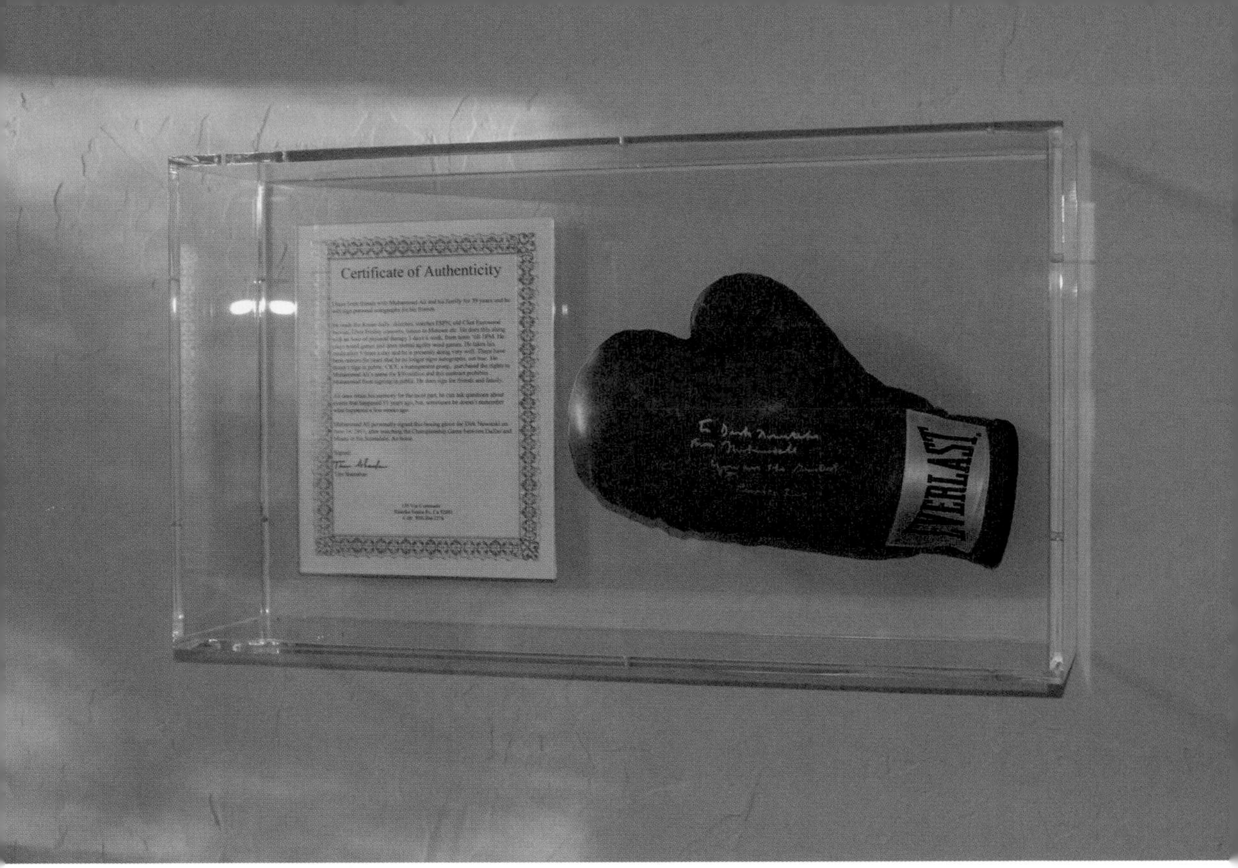

說，我主修經濟學，副修旅遊管理，然後在法蘭克福—哈恩（Frankfurt-Hahn）擔任瑞安航空（Ryanair）的空服員，為期一年，之後收拾行李，完成在夏威夷的學業，拿到商管學士。畢業後，不想直接回歐洲，當時還有簽證，就開始找工作了。」

「因為這樣到達拉斯嗎？」

「我對這座城市一無所知，只知道我媽媽總是看電視節目。」潔西卡笑了，因為她知道許多歐洲人也是如此。諾威斯基一家也愛看電視。達拉斯，這座牛仔隊、仙人掌和尤因家族（the Ewings）的城市。她說：「我在普萊諾（Plano）市有親戚，所以來這裡。來這裡第二個禮拜，我去了一家臨時機構，看看有沒有什麼方向。有哪些工作，有哪些領域。然後那個機構的一位女性說：『等等，我這邊有一份工作，系統裡面都還沒輸入。這份工作在一間藝術畫廊。才剛進來的新工作，那間畫廊甚至還沒開放耶。這會適合妳嗎？』我說：『太棒了。』天時地利都到齊了。那位女性打電話給畫廊，然後我沒有特別打扮，直接去面試了。那間畫廊當時要和國際藝術家合作，展出當代英國藝術，他們有很宏大的計畫和宏大的想法。一開始我在辦公室的工作內容很一般，不過後來工作範圍擴大。」

潔西卡說話時，不時會切換語言。她說德語是出於禮貌，說瑞典語是來自於和孩子交談時的習慣——這反映了諾威斯基家的生活語言。潔西卡和子女說她的母語，這群孩子們有肯亞的名字，會和父親說德語，和保姆說英語。「請問要咖啡還是茶呢？」她問話的方式，像是多年前還在當空服員時。

潔西卡從原本辦公室的工作升職為畫廊經理，並在畫廊於二〇一〇年改為基金會時留任。她的工作是支持年輕藝術家並物色人才，並管理高斯—麥可基金會的收藏品。她環遊世界，參觀藝術博覽會和博物館，和藝術家與畫廊經營者會面，但在瑪萊卡出生時放下工作。

這一天，我問潔西卡她與藝術的關係。她說她不再像遊客那樣去博物館了。相反地，她會去看她關注多年的藝術家。「我去博物館，不是為去而去。」她說，她想在畫廊和小型博物館內挖掘藝術家。她觀察藝術界；潔西卡的工作與那些遠離大城市的大球場、坐在小體育館內觀察年輕球員的球探沒有什麼不同。「最近，我對繪畫非常感興趣，」她說。「自從我母親去世，去述說黑人女性魅力這件事對我來說變得更重要，例如米卡琳．托馬斯（Mickalene Thomas）。她畫出這些一九七〇年代半裸黑人女性——非常自由、非常美麗、非常立體。她也用非常個人化的筆觸，描繪這些女性。」

潔西卡和德克相識的場合，是女方為ＮＢＡ非洲組織（NBA Africa）所籌辦的一場慈善拍賣會。當然，潔西卡以前就聽說過德克，而奈許先前也會光顧畫廊。不過雙方第一次見面是在拍賣會上，德克還買了一幅畫。

我問起兩人各自的領域——潔西卡的藝術領域，和德克的籃球領域。我也問起他們來往的契機：答案是阿里的手套，以及非洲馬賽戰士；二樓是諾威斯基畫廊，一樓是掛毯作品和繪畫。「藝術會永遠在那裡，」潔西卡邊說邊起身。「而對我來說，籃球是非常當下的。」

「跟我來，」她說：「我給你看個東西。」

她說，她理解德克為何如此熱愛籃球。她也是一名運動員——她和德克還在第一次約會打網球。她明白德克為什麼愛去體育館，這讓他有多開心。她說，德克是一種習慣的產物。他需要秩序。她說，他找到了自己的使命。「不過，當然，他的職業某些方面，我沒有非常了解。這有點像黑盒子。有些事情只有他才理解。就算他想，我不完全確定他能向我說明。」

「德克是更偏悲觀的人，」她說。而看德克打球的時候，她能清楚地感受到德克的狀態、德克的感受。她看到德克對隊友的不滿、德克對失誤的懊惱；當德克的情緒達到臨界點時，她也注意到了。「我看著他做他的事，我幾乎可以解讀他的想法，」她說：「但我永遠不會介入。這是他的工作，他做得非常好。我會看著他，但我不會在旁邊叫，我也不希望他管我的工作。」

潔西卡說她永遠不會獨自坐在電視機前看ESPN。潔西卡之前說：「籃球是非常當下的。」她只和德克一起看球，有時她的印象是德克沒有總是意識到他對籃球的影響。「偶而才會這樣，」她邊說，手邊指出方向給我看：「有時候，當我們坐在電視機前一起看籃球，凱文．杜蘭特做出德克的後仰跳投時，德克的臉上會露出微笑。」潔西卡打開二樓的燈。「這對他來說就像是一個小頓悟。『哦，哇喔！這招是我想出來的，現在KD的武器庫裡面有這招。』德克從來就不說什麼，不過他知道。我也知道。我們不用說出來。」

我們的腳步停在德克之前消遣的那幅畫前。「這裡，」潔西卡說：「凱瑟琳．柏恩哈特（Katherine Bernhardt），她是來自紐約的畫家。她畫肖像畫，還有流行文化的消費品和手工藝品。這幅畫有塗鴉的元素，波普藝術的元素，也有霓虹燈畫和噴漆畫。起初德克不太喜歡這張畫，不過幾天前他問我，為什麼掛在這裡，不掛在樓下？」潔西卡盯著這張畫，上面有三個變形蟲狀的東西，看起來像變形蟲、陰莖或保險套，但既不是這些東西，也不是德克能拿來消遣的玩意。潔西卡端詳著這張畫。

「這張畫，」潔西卡說：「描繪的是我們的生活。色彩繽紛，充滿活力，描繪了三支夏比牌麥克筆。夏比牌麥克筆在這間房子內到處都是，畢竟德克常常要幫人簽名。『這張畫其實在畫的是我們的生活。』我這麼認為，畫倒是很有意思，帶有一股幽默感。我關注這位藝術家很長時間了，但她最近才開始愈來愈有名氣。」潔西卡把燈關掉。她結束導覽的速度，不輸給導覽開始的時候。我在想，諾威斯基一家似乎是個現代家庭，夫妻倆有兩種職業，他們的領域又重疊又互補，雙方又都是各自領域的專家。「她會在春天的沃思堡現代展（Fort Worth Modern）展出，」潔西卡說：「你去過嗎？沒有嗎？你要去啊。」

我們回到廚房，此時德克把小孩子要吃的食物在桌子上擺好，並且正在訓誡他們。「不能只吃脆餅喔，」他對麥克斯說：「也要吃魚喔！」潔西卡拿起桌子上的汽水罐，把罐子扔進回收箱。德克起身。「換妳可以嗎？」他問，因為他得告辭，也已經打包好了。這一天有比賽，湖人隊等著與他們交手。這是將創造里程碑的一天，將見證奇蹟的一天。「好戲開始！」德克說。「到時候見。」

簡直是馬戲團

這一天總是要來的。德克・諾威斯基（Dirk Nowitzki）可能生涯累計三萬分的那天早上，美航中心球場的十幾名員工正在撕開巨型紙箱，這些紙箱裝滿由中國運來的T恤。場館空無一人，空調嗡嗡作響，遠方某處有台收音機在播放。眾員工不發一語，機械般地將灰色T恤放在座位上，同樣動作一遍又一遍，我們觀察他們如何打開、攤開，然後細心地把衣服放好。上衣的灰色好像不太適合我。球場上方的大螢幕黑暗、沉靜。衣服整理軍團慢慢地一層一層往上面的看台移動，最後到達最上方。二〇一一年總冠軍的旗幟在那邊懸掛，一旁還有羅蘭多・布雷克曼和布萊德利・戴維斯的退休背號。獨行俠隊這一年後來沒有打進季後賽，但這一天或許是體驗重要時刻的難得機會——對德克來說，是偉大的創舉，也是整座球迷拿到紀念T恤的時刻。

我延長時間，在這裡多留一週，畢竟不可能確切預知這時刻的確切時間點。德克的工作一如往常，但媒體這陣子三天來都只談這件事。德克的賽季場均得分十二分，職業生涯累計兩萬九千九百八十分——還剩二十分。不過，大家都希望發生預料之外的事。因為球隊目前打的籃球是二流水準，體育作家會感謝有不同於日常內容的報導素材可以寫。記者對德克隊友提出的問題，不再和比賽本身有任何關係，他們關注的一切都是德克的歷史里程碑。

當德克看到練球場地所有座位都擺著灰色的「三萬分」（30K）T恤時，他希望立即把這些衣服丟掉

——因為太浮誇了。他開玩笑道。這場歡鬧的盛會獲得太多的關注，抹上過多個人的色彩；他今晚要打的正常比賽被賦予過多層意義。這一天早上，他開著平常會說的小玩笑，完成平常的訓練內容；不過，這一天晚上，他應該會寫下歷史。或者說，起碼大家都如此期望。

木已成舟：T恤上印好了這一天的日期，寫著「獨行俠對湖人特別版，二〇一七年三月七日」（Mavs vs. Lakers Special Edition, 3.7.17）。湯林試圖讓德克冷靜下來：一切就只是因為當週是德克週，有德克漢堡，有德克德國香腸，有三萬分紀念搖頭娃娃（週五），週日時，有新秀德克搖頭娃娃，髮型是當年他那男孩樂團風格的中分頭，以及九〇年代的西裝和耳環。「如果不是今天的話，」湯林笑了，畢竟他知道如果三萬分不是在今天達成，他還得再忍受幾天德克的咆哮，以及媒體對這主題的愛不釋手。

「德克德國香腸？太亂來了！簡直是馬戲團！」

「不要有壓力，」湯林說：「如果不是今天，也會是禮拜五或星期天。」

在比賽期間，湯林和莎拉・梅爾頓坐在板凳後方的桌子前。艾爾・惠特利坐在其設備旁邊的地上，鮑比・卡拉拉（Bobby Karalla）的電腦後方，只看得到他的半身。《沃思堡星報》的杜韋恩・普萊斯（Dwain Price）和提姆・麥瑪宏（Tim MacMahon）都在場。教練群穿著自己的西裝。賈邁爾・莫茲里（Jamahl Mosley）穿的是米色西裝，剪裁洗鍊；達雷爾・阿姆斯壯身穿藍黑色的寬鬆美式西裝。現場還有凱勒布・卡納萊斯（Kaleb Canales）、麥可・普洛科皮歐（Mike Procopio）、麥可・韋納（Mike Weinar）。整座球場的球迷穿得灰茫茫的一片。沒有人知道將發生什麼事，又是如何發生。

電視主播馬克・法洛威爾和電台廣播員查克・庫博斯坦坐在記分員桌子後方的球評座位上。庫博斯坦不能靠圖卡，他只能用自己的話語，口頭轉播賽況、動作和攻防。法洛威爾則可停下來不講話，以畫面說明即可。即使如此，兩人都以任何人會為一個偉大時刻所準備好的方式蓄勢待發：他們已經擺好他們的工

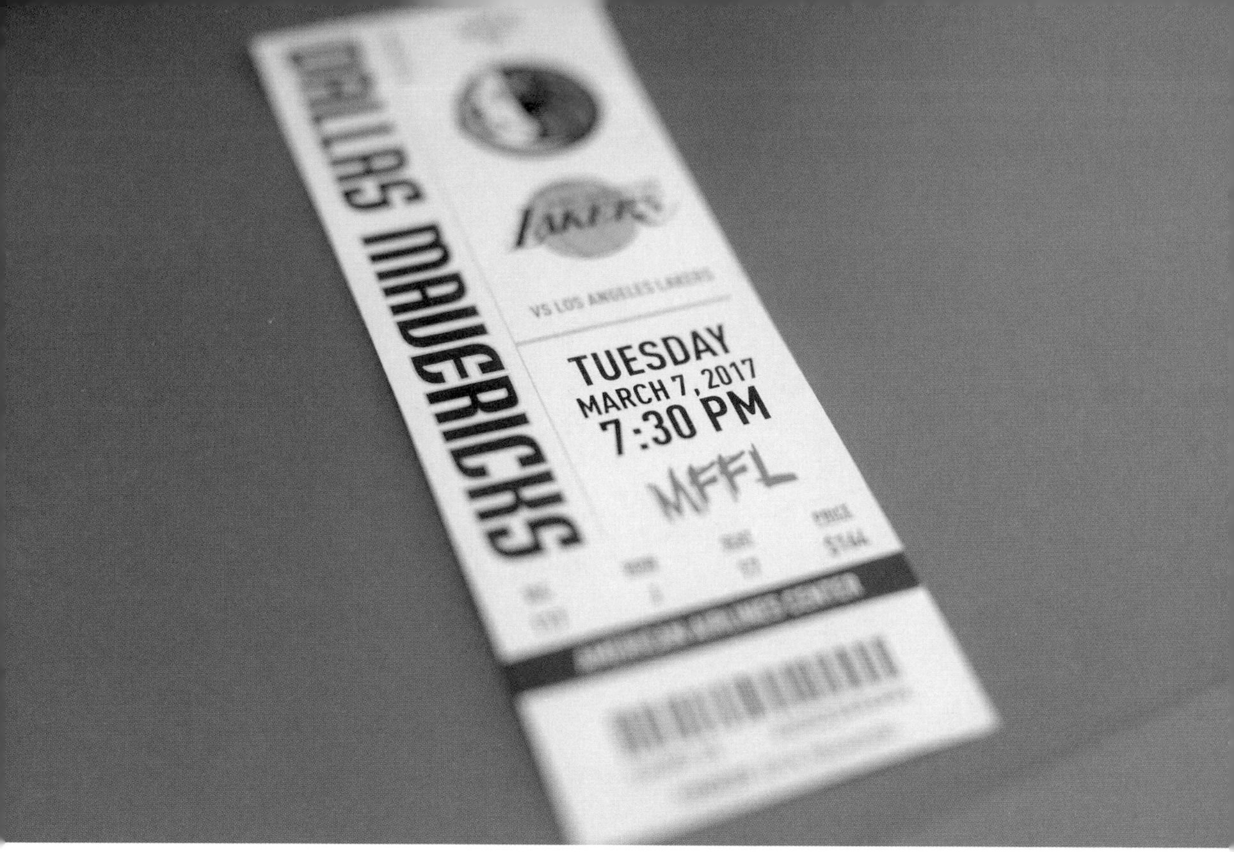

具、他們的統計數據和文字，但法、庫二人還不知道當德克達到里程碑時，他們會說什麼，他們也不知道自己會評述的確切時間點。

我坐在蓋許溫德納通常會坐的座位旁，在獨行俠隊板凳區上方幾排：一一七區，J排，十七號座位，靠走道。賽前的標準配備：紙杯裝了一杯百威Bud Light啤酒，和一袋熱呼呼的鹹花生。美航中心球場的氛圍不同於前幾天和前幾週；你可以感受到一股期待，球場傳來低鳴般的嗡嗡聲、喘鳴似的呼呼聲，以及要炸裂的砰砰聲。我從沒想過我會坐在這裡，但蓋許溫德納旁邊的潔西卡座位是空的。她坐在庫班旁邊，距離球隊板凳區不到十五英尺。我們默默地坐著喝酒、吃花生，我想起了蓋許溫德納在二〇一一那年，坐在邁阿密板凳區上方的樣子。那是比賽喊暫停時，德克總是能看到他的位子，一直在視線範圍內。而之後的冠軍獎盃儀式時，攝影機鏡頭有捕捉到蓋許溫德納的鏡頭，捕捉到這位聰明、穿著不修邊幅的男人所激動哭泣的樣子。

然後，一切來得很快。演奏〈星條旗之歌〉、介紹球隊，說明「……來自德國烏茲堡……」，只聽見低喃聲和歡呼聲明顯比平時還多，德克的臉映在球場上方的大螢幕，球員扯開運動服，護齒就位，擊掌、握手、拍後腦杓。我和蓋許溫德納靜靜坐在花生殼之間。我盡在不言中，蓋許溫德納倒是很冷靜。我們沒必要交談。

比賽策略明確：球給德克，他會果決投籃。開賽沒多久，德克就命中一記中距離跳投，並飆中他於本場的首顆三分球。他投第二顆，出手太早，在策略運用上並不高明，拿來練手感而已——這些都與一般比賽策略無關。德克想要快速完成。他想結束這一切，而球場也想見證德克的成就。

卡萊爾教練制訂接下來的攻防，約吉·費雷爾（Yogi Ferrell）和德文·哈里斯將球傳給德克，德克投籃，湖人隊則好似被凍住一般，彷彿湖人知道，今晚比賽的傳誦焦點，就只有那件事而已。面對塔里克·布萊克（Tarik Black）和小賴瑞·南斯（Larry Nance Jr.）時，德克命中兩記中距離。德克遭犯規時，也化為罰球機會，而我們頭頂的大螢幕上，也不斷顯示得分。五投五中。只見德克面對小賴瑞·南斯，快速使出招牌的後仰跳投，六投六中。

距離德克的里程碑只有五分之遙時，球迷緩緩起身。又是一顆三分，累計總得分來到兩萬九千九百九十八，再添兩分，發出期待的叫吼；下一波攻守轉換，這一刻終於到來。哈里斯帶球過半場，找到位於右邊側翼的德克。德克再次單打年輕的大前鋒小賴瑞·南斯，而南斯顯然不想成為無力防守的苦主，以免自己的照片遭刊登在隔天所有新聞快訊、推特貼文、報紙和比賽精華片段上，被當作是幫德克生涯重大時刻錦上添花的那朵花。所以，他防守了——而且守得不錯。

此時整座球場沒有人坐著，甚至在我和蓋許溫德納面前的人也是，所以我們也起身。否則蓋許溫德納是永遠不會站起來的。多數人現在都在空中舉著手機，他們想體驗這一刻，也想在以後吹噓一番；他們想要這一刻的「在場證明」。數十年前挖掘德、蓋二人的伯樂唐尼·尼爾森，此時一拐一拐地往走道前方走去。這位很有朝氣的大塊頭身穿西裝，真摯的期待和情感溢於言表。他一言不發，不過倒是朝蓋許溫德納點了頭。他希望在接下來的幾秒鐘內，在蓋許溫德納身邊。花生殼在他腳下裂開。

德克持球，背對他的防守球員十分之幾秒的時間，德克的目光從掠過自己的肩膀；在此之前，德克有無數次以這種方式快速探查賽況的經驗。他所需的時間，不用超過十分之一秒；他看到其他九名球員處於他們預先決定的位置上：德克知道他只需要顧好南斯，所以他讓南斯就位。德克展開調整，一小步、二小步、三小步，把南斯放在德克覺得舒服的位置。這一刻，一切皆有可能：切到籃下、傳球、直接投籃。德克有一百種可能性，而他演練過十萬次了。他和蓋許溫德納兩人一起演練過，他和布萊德利．戴維斯兩人一起演練過，他曾獨自演練過，他當年在雅典於五百名觀眾面前演練過，他當年在貝爾格萊德於兩萬兩千名觀眾面前演練過，他在數以千萬計的電視（和電腦螢幕）觀眾前演練過。

他的防守球員知道這一切。每一個可能進行的跑動、每一個傳球前的表情、每一個投籃前的細微動作——最有跡象的風吹草動就是不會騙人。南斯知道會來個什麼。他感覺到將會是一記中距離跳投，但他**不知道**。也可能會有其他發展。南斯也只能猜了，而德克知道這件事，南斯也知道德克知道這件事，然後德克也知道南斯知道這件事——簡直像是靈性覺醒的七大階段。德克決定採取行動時，由於南斯只能猜測，他站在一個可能有點太遠的地方。

這一切都發生在獨行俠板凳區前。我們後來回看這幾秒的影片，發現德克的隊友們已經興奮到快要倒地了，一副「攔住我！」「攔住我！」的樣子，而庫班已經在他的腦袋瓜內歡呼。你可以看到他的微笑，和他身後嘴巴張開的一排排人。我們看到德克稍微向後傾，有一半讓自己跌倒的感覺；我們看到那顆球同時以左手舉到身體上方的右側，剛好超出防守球員手能搆到的範圍，德、蓋二人稱此動作為「載入」（loading）。接著德克投球，不過幾分之一秒的時間，球就跑到防守球員的守備範圍之外。往後幾天，德、蓋二人消遣這記投籃，說純粹運氣好，只是因為球飛越的曲線太長、太平，也因為德克的眼睛盯著球，沒有看籃框云云。總之球進了，整座球場爆發、炸裂，陷入超級瘋狂的狀態。

「清空單打、在右邊底線、試探步、往上、假動作、出手命中！這位籃球史上最偉大的非美國籍得分好手生涯累計三萬分，史上第六位。」庫博斯坦在電台轉播時歡慶，法洛威爾在電視上大喊：「來了！經典的投籃，造就這個經典時刻！他達成了，三萬分！」

不過，裁判可是無法因為重要的進球而隨便喊停比賽的，因此雙方繼續你攻我守，而眾人歡呼聲益發高昂。在下一波進攻時，獨行俠隊幾乎是意外地撈到球，罰球圈的頂端附近一陣兵荒馬亂之際，德克接到球；此時反正犯錯也無傷大雅，畢竟偉業已經達成，德克成功耍弄三名防守球員後，命中一顆三分球。只見球於出手點四十七度的位置劃出完美弧線後進籃，左右沒有偏移地空心入網。雖然球場的音響系統將球刷過籃網的聲音放大為「撲通撲通」聲，但群眾欣喜若況之餘，沒有人有在聽，和當下這一刻相比，舞台效果相形失色。賽前德克只要再二十分就能載入史冊，而他在第二節開始沒多久便砍下二十三分，此時距中場時間還有九分五十四秒。沒有那麼多承諾，成績卻是超乎預期。

比賽接著喊了暫停，德克來到板凳區，眾人包圍了他。我們的座位看不到庫班如何一邊激動叫喊，一邊緊緊抓住德克，也看不到大家瘋狂擁抱德克，導致他快要摔倒在地。一秒鐘後，他站起身來，向群眾揮手致意，然後望向潔西卡和蓋許溫德納。群眾的跳動漸歇，我們頭頂的巨大四方體螢幕播放一段影片，殘酷地直擊在場所有人的內心。影片內容是德克不朽職涯的所有偉大時刻集錦：第一次投籃進球、壓哨球、無以數計的中距離投籃、生涯早期的灌籃、三分球。三萬分是很多分累積而成的。

志趣相投、交情更甚朋友的史蒂夫・奈許，在接近片尾時現身。德克的老朋友針對這個重大時刻發表幾句幽默詼諧的動人感言時，鏡頭捕捉到蓋許溫德納，他立身於紙杯、花生殼、回憶、愛和驕傲之間，他又一次拭淚，彷彿二〇一一年作客邁阿密時的奪冠光景。歷史轉了一個身，時間迴了一道圈。圖片影像在籃球界中四處傳播，如果仔細觀察，可以看到我就站在蓋許溫德納的左手邊，身穿藍色拉鍊連帽外套和淺藍色上衣；我的臉上掛著一抹略顯難為情的笑容，同時也帶著因躬逢其盛之餘，油然而生的一股不理性驕傲感。

在賽後記者會上，卡萊爾教練指出在場的媒體人數多於季後賽時。「簡直是馬戲團。」接著教練向德克獻上瘋狂的敬意。卡萊爾試圖釐清大家剛剛見證的一切，以及這一刻為運動文化帶來的歷史意義。他說：「三萬分，是很多分、很多分累積而成的。」他稱德克為「一個世代的代表性球員」和「非凡卓越的人」。卡萊爾提到賴瑞．柏德，這是因為當他必須說明是什麼讓德克與眾不同的時候，他總是會提到大鳥柏德。卡萊爾提到對於德克的隊友、球隊、這座城市來說，德克代表什麼，對於籃球來說，德克賦予什麼意義。卡萊爾還提到卡里姆．阿布都—賈霸、卡爾．馬龍（Karl Malone）、科比．布萊恩、麥可．喬丹，以及張伯倫。

而現在，位列眾偉大球星的人，來自烏茲堡—海丁斯非的德克．諾威斯基也赫然在列。

德克走上講台時，一群記者也拿出自己的手機。德克開起玩笑，說他剛剛才在更衣室喝了一瓶百威Bud Light啤酒來慶祝這個特殊的場合，並在下一場比賽中，會有一台裝滿三萬瓶Bud Light的卡車停到球場前方。

「簡直是動物園。」

比賽結束後，我和德國體育作家安德烈．沃伊特（André Voigt）一起坐在附近一間爆滿的酒吧，酒保當天最後上酒的時間已經過了。沃伊特說：「哇。」沃伊特通常是個有本事說明一切事物的人，他總是觀點清晰，見解明確。他又點了一輪。「哇，」他邊說邊舉起酒杯。

「敬德克！」

第二天下午，德克展開輕度訓練，以彌補昨晚的慶祝活動。「出一點汗。」他說。親友、隊友、教練、記者、球迷和關注他的人，接二連三道祝賀。數量成百上千。推特（Twitter）、Instagram、電話、WhatsApp、電話簡訊、電子郵件——管道五花八門。

隔天晚上於城郊的孤星公園（Lone Star Park），以季票持有人為對象辦了一場球隊活動，是太陽劇團的表演《奇思寶櫃》（*Kurios: Cabinet of Curiosities*）。聚光燈高掛在偌大的停車場上空；一眼望去，淨是德州孤星旗。球隊老闆馬克・庫班過去幾個月對唐納・川普（Donald Trump）提出批評，而支持共和黨的季票持有人對此可不滿意。此時的球隊必須關照一下球迷。這樣子的夜晚，也是職業運動員生涯的一環，德克這樣的人能使身處達拉斯的雙方達到和解。

「簡直是馬戲團。」

德克和球隊走下一座搖搖晃晃的索橋，進入馬戲團的帳篷裡，全場起立鼓掌。演出開始了，表演者飛來飛去：有蒸汽龐克風的、有肢體異常柔軟的、有機械人風的、有怪胎樣的、有身強體壯的、有小丑，有英雄。空氣中瀰漫著爆米花和噴火石油的味道，世界上最矮小的女人在德克面前走來走去。潔西卡和德克實際上是安排在中場休息前離開的，但他們都坐在舞台邊緣的座位上，看著整場秀。他們散發出萬丈光芒。

在德克獲得生涯三萬分後的第三天，潔西卡在達拉斯市中心的蜜拉朵（Mirador）餐廳設宴，向德克致敬；赴宴嘉賓人數不多，但成就非凡。席間端出凱歌香檳、納帕谷（Napa Valley）的卡本內蘇維翁紅酒（Cabernet Sauvignon）、魔鬼蛋、和牛。卡萊爾教練主持晚宴，德文・哈里斯和庫班舉杯慶祝。「我從你身上學到的，比從其他任何人身上學到的還多，」他說：「我學到當事情變得瘋狂的時候，就算有雜音，就算很混亂，要如何踏穩自己的腳步。」出席的還有達拉斯牛仔隊四分衛東尼・洛莫，他將德克形容為「達拉斯有史以來最偉大的運動員」。德克的運動防護員凱西・史密斯表示，德克會讓房間裡的每個人都覺得自己很特別，就像大家是「房間裡最漂亮的女孩」。

最後是麗莎・泰納，她站在主菜和甜點之間。當所有人的目光都落在她身上時，她幾乎說不出話來，但她慢慢開始談論德克頭幾年的種種，他們自一九九八年以來經歷的種種，他們一起挺過來的種種。她說起話來像是一位母親，彷彿拉拔兒子長大已經是久遠以前的事。她滿滿的自豪和率真，儘管想逗大家笑，卻讓整個房間的人潸然淚下。「孩子，一次也沒有，」麗莎・泰納舉起她的水杯說：「我從來沒有以你為恥過。」

6. 老將比賽

「年輕的人永遠不會變老。」

——約翰·史坦貝克（JOHN STEINBECK），《伊甸園東》（*EAST OF EDEN*）

比賽結束

二〇一七年八月

二〇一七年夏末，德克・諾威斯基站在蘭德薩克村的沙灘椅（Sonnenstuhl）運動中心，村子位於烏茲堡附近；德克正在擰乾他濕透的T恤。這座多功能體育館的合成地板是藍灰色的，彷彿外面的陰雨天，溫度是華氏五十九度，與德州的夏天風貌截然不同。德克隔天赴美，回到達拉斯獨行俠隊，展開他的第二十個賽季。德克剛年滿三十九歲，大家都預想這會是諾威斯基職業生涯的最後一年，甚至他自己也大概如此料想。他從包包裡拿出一件新上衣。夏天做訓練時，他總是換穿三、四件，喝好幾公升的水。下一件是深綠色的，上頭寫著「That's game.」（比賽結束）。畫上休止符的時間，比賽結束。該回家了。

比賽結束。

他的生涯三萬分成了遙遠的回憶。一個永恆過去了，一段漫長的夏天。獨行俠隊無緣季後賽；德克的賽季結束於四月。他僅偶爾在瑪萊卡和麥克斯睡了之後，從電視關注季後賽和總決賽。金州勇士隊奪冠的那一天，德克已經回到體育館幾個禮拜了，他持續奮鬥。

這一天早上，他已經練了兩小時：練肌力、衝刺短跑、練爆發力。他的老友西蒙・瓦格納（Simon Wagner）和他一起衝刺短跑，他幫德克計時，催他跑過塑膠錐，激勵他練習。再來，再來，來啊！瓦格納身材矮小勻稱；他也是球員。他們兩人會一起打網球，都是TG烏茲堡（TG Würzburg）隊內一員，德克還是瓦格納的伴郎。他們是一生的摯友。

蓋許溫德納走進體育館。我們點頭。換下一個訓練，球來到場上。瓦格納和我站在場邊，看著德、蓋二人展開他們的訓練。德克的肌肉現在肯定熱好機了，但他在球場上走路蹣跚的樣子，好像他已經退休多年似的。瓦格納邊看邊微笑。「他超重了三公斤，」他說：「每多一公斤，都會破壞他的膝蓋。」數週來，德克又開始吃得像「狩獵採集者」，原始人飲食法是他的新嘗試，用來讓身體恢復比賽狀態。不吃加工食品，不吃人工栽培穀物，不吃麵粉，只有堅果和白肉。瓦格納說，赫爾嘉斯甚至會幫他烤堅果麵包。德克和瓦格納從前常在外面喝啤酒，現在他們倒是在體育館互相追逐。

德、蓋二人慢慢完成他們的例行訓練。瓦格納已經離開，我坐在合成地板上做筆記，觀眾就我一個人。多年來，我一直看著同樣的內容以同樣的順序進行：靠近籃框處投籃、中距離投籃、右側和左側三分線後的投籃、大風車轉身過人、從罰球線側步橫移、跑動時投籃，蹲極低時投籃、蹲下轉身向內線切入、左手投罰球，接著右手投罰球。今天的心情不同，一方面愚蠢，一方面卻也憂鬱。也許是因為德克明天要去達拉斯了。潔西卡和孩子們回來了。只聽到德克哀號、喘息、痛罵。蓋許溫德納看到德克的哀號，大聲笑了起來。「你看，」德克對我說：「你沒看過我們這樣。」他們還是老樣子，起碼看起來如此。

訓練開始時，他們先是交談，德克向蓋許溫德納說起英格蘭的事情，談到他和潔西卡在前往烏茲堡的途中停留倫敦，探望潔西卡的手足。當時，她家的雙胞胎兄弟馬丁（Martin）在英超聯賽踢球，效力史旺西（Swansea）足球俱樂部；馬庫斯（Marcus）則在德比郡（Derby County）足球俱樂部擔任左後衛。彼此有一段時間沒見面了。在英格蘭，人們認出他的速度不像是他在其他籃球國度那樣。他說英國人不會要求簽名。德克可以去看足球比賽，然後和利物浦安菲爾德路（Anfield Road）的其他球迷一起走出球場。沒有人會讓德克寸步難行。他只是個「高個子」，僅此而已。

潔西卡和德克趁此機會，帶子女拜訪英國藝術家達米恩・赫斯特。多年來，潔西卡一直與赫斯特保持聯繫。「你認識他？」德克在體育館大叫：「赫斯特？那個把鯊魚像肉凍一樣保存起來的傢伙？」

「他是用甲醛。」蓋許溫德納說。

「好像是聖經梗還什麼的。」德克說。

「那是金牛犢（The Golden Calf）那件收藏。」

「我沒學過拉丁文。」

赫斯特的房子很瘋狂，德克邊說邊接球，然後下球，一個「*tak tadamm*」的節奏；他彎曲膝蓋，站起來，投籃並進球。房子入口很奇怪，之前德克進去幾秒鐘後，才意識到赫斯特想必買下整座墓場。語畢，德克再來一個「*tak tadamm*」。整層地板由放在地上的大理石、花崗岩以及石英墓碑組成。這些構造的下面，是幾百年來所累積的數百個名字和數千個日期，以及無以數計的拉丁語銘文和家族格言，這些銘文和格言磨得整齊俐落。

「怪胎。」德克說著說著，又投中一記三分。

瑪萊卡在那裡的時候，還想把赫斯特著名的鑽石頭顱之一捧在手上。這玩意可是貴得離譜，是世界上最昂貴的藝術品。之後，瑪萊卡和赫斯特一同創作了幾幅旋轉繪畫，創作的方式是將紅色、藍色、黃色和綠色潑灑在轉動的畫布上。「*tak tadamm*」。又是一記三分球，然後以右手完成三個罰球，以左手完成三個罰球，然後一切都再次從頭開始。「赫斯特，」德克在投球的空隙之間說道：「看來我今天得好好誇讚自己了。」

幾天前，德克又看到了一張自己三萬分的紀念照片。別人不斷問他這件事，現在他想再次分析整個賽況。蓋許溫德納好似個天文學家一般，說德克當時頭抬得太早了。他跟著球，跟著球的軌跡。

「那個投籃很糟糕。」德克說。

「*tak tadamm*」。

球咻地落入籃網。

「對。」蓋許溫德納說。「你投得太早了，曲線太平、太長了。」

「*tak tadamm*」。

砰。

「還是進了。」

球咻地落入籃網。

「你也知道，我們這樣不是為了好玩。」

「*tak tadamm*」。

球咻地落入籃網。

「你可能會想說『他生涯累積三萬分；到了現在，這一切都只是例行公事』，」德克說：「不過你必須每天為這個目標努力。」

過去幾年來，關於他們練習的每個環節，我已經看過數十次。我在冬夏兩季看過，在達拉斯和拉特爾多夫看過，在盧比亞納和很多地方看過。模式都一樣：先是談話，然後是純粹的動作。兩個人漸漸盡在不言中：句子成了單字，單字改為手勢，手勢也化為數字和投籃。

「現在看好，」德克說。「二十連投。」

「二十五。」蓋許溫德納說。

他們將德克的投籃拆解成個別環節，然後一個不落地仔細研究。我無法看出差異，但德、蓋二人的語言之中，有著細緻的差異和精妙的細節。「我一次只能專注一件事，」德克說道，然後蓋許溫德納笑得比預期大聲。

德克計算命中數，蓋許溫德納計算失誤數、命中數，再來又算失誤數，但他們從不將投籃以十投幾中為計算單位。他們這樣做是為了在練習時，擺脫西方以小數為單位的思維，因為西方思維會在心理分門別類，計算十分之幾，計算百分點和勝算比，計算勝負，去分別非此即彼。他們這樣做是為了讓德克在比賽中永遠不會開始計算，得以永遠避免成為心理弱點。「第十一次投籃不進的次數高得不成比例。」蓋許溫德納跟我解釋。「因為你會對自己的成就感到高興，或是感到不高興，而不會去專注在機制上。」

觀眾和媒體為了更了解籃球而熱衷的量化和評估，不應該在德克打的籃球中有一席之地，在重大時刻更是如此。不將失敗量化的人不會失敗，不失敗的人可以一直打球。自一九九四年以來，德、蓋二人一直保持這種非比尋常的思維。這次訓練的目標是投進下一顆球，把這顆要進的球當作是唯一重要的一顆球。之前發生的事情，無關乎之後可能發生的事情。「你想投進下一顆球，」蓋許溫德納說：「只進下一顆球。」

對於這種訓練機制的動態養成，我發現每次都會打動我的內心。看著一個人全神貫注在他做的事情，有一種冥想的作用。一個確實精通某件事物的人，一個嚴格落實行為模式的人，會是完全自由的，並且臨於當下。

二〇一七年八月的這個夏日，十一點四十一分，也就是十一點過了四十一分鐘時，德克．諾威斯基投出了一顆失去平衡、金雞獨立式的三分球。球以幾乎完美的弧線劃過空中，彈出籃框前緣，然後越過籃板。球在籃板的框上彈了三、四下，結果卡在大家的頭頂上。我們盯著球看。諾威斯基、蓋許溫德納、我都盯著球看。德克喘著大氣，德克來到籃框側的底線，打開他的水瓶。

「好了，」他在啜飲之間說：「那可能是最後一次練習。」

我有聽錯嗎？我僵住了一下。自從我認識他以來，德克．諾威斯基向來都會開玩笑，消遣他的年齡，他那嘎吱作響的骨頭，他衰退的靈動性、下降的速度和彈性。多年來，我看著他在夏天訓練時，他都會哀號。他老是會說，這是他繼續訓練之前的最後一次訓練。不過，這次當真如此？這實際上是夏天的最後一次訓練嗎？這是和蓋許溫德納的最後一次訓練？在這間他們待過好幾個夏天、孕育好多想法的體育館內，所進行的最後一次訓練嗎？返美航班已訂，德克T恤上寫著「That's Game」（比賽結束）。

德克本來早就可能退休，但每個可能是最後的賽季，之後都接到下一個賽季。他向來拒絕滿足運動員生涯的典型期望，從來不會聽從善意的建議、那種「他一定很痛苦」的反射、那種高峰時急流勇退的普羅必備智慧。獨行俠隊奪冠，已經是六年前的事。當年那支球隊的陣容早就散了，從那以後，獨行俠隊再也沒有通過季後賽首輪。籃球已經產生變化：變得更快，更強調進攻。德克目前速度變慢了，但他持續打球。如果他是在這一刻決定停下來，那會是驚天動地的事。

「最後一次訓練？」我問：「真的嗎？最後一次？」

德克吐口水在地板上，然後用球鞋抹去。他的鞋底在合成地板上發出吱吱聲，我們看著蓋許溫德納將卡住的球點出籃板的框。德克露出笑容。他不走庸俗的路線。「開玩笑的。」他一邊說著，一邊把水瓶扔到角落。蓋許溫德納把球丟向我們，德克則繼續練，彷彿沒說過半句話。

這時候，他們讓球順勢而行，水到自然渠成：德克下球，準備投籃時球舉到半腰處，球的動能與身體的力量相輔相成，表現出「*tak tadamm*」的節奏。身體和球一起向上彈，就像我們在哈根、達拉斯、拉特爾多夫、紐約、北京、洛杉磯等各地比賽時看了好幾千次的那樣。他們稱之為「滑下」（slipping under）和「載入」，以此演繹出「*tak tadamm*」的節拍。

接著，一些細節如下：德克應該有「感覺到他的最後兩根手指放在球上」，是指尖部位；他應該有多張開食指和中指；他應該有睜開眼睛、抬頭，做出「*tak*」的節拍，做出「*tadamm*」的節拍，眼睛望向籃框前面，而不是望著球，然後看那超過四十七度入射角、乾淨俐落、彷彿完美計算過的弧線；曲度完美，沒有瑕疵。他的眼睛應該有盯著目標，而不是未來；只聽見球咻地落入籃網。他沒有二十五投二十五中。我留著一張統計表（我只是旁觀者）：二十五投之中，有一次二十三中，三次二十二中，七次二十一中。

過去二十載，無數的教練、球員和隊友觀看了德、蓋二人的訓練，許多人大膽認為秘訣一定在於訓練本身。如果複製德克的練習，概念上會變得像他一樣。「但重點不於重複做這些練習，」蓋許溫德納向我解釋：「重點在於重複之中的最微小變化。」他們兩人稱為「例行修正」，相較於投籃，更關注的是關注節奏、音調和直覺。這些例行修正的重點是執行的微小細節。如果沒有練個幾百萬次，也要練個好幾千次，這些細節才能在不斷練後仰跳投、罰球和三分球之後才能察覺。柔軟的音感、一個鍵音的細膩差異、鼓手的一段擊鼓演出、薩克斯的一段獨奏：

「籃球是爵士樂。」

蓋許溫德納在說明他對籃球的想法時，經常會談論藝術和音樂。不過，如果與德克談論這些細膩之處，他會搖頭微笑。就算他理解這樣的比喻，他也認為這「有點太過了」。似乎其心理面的重要性還不足以讓他討論。他現在管蓋許溫德納叫「傻瓜」。「傻瓜。」他們兩個人就是這樣說話。當你對某人彼此非常了解時，當一切都已經說完時，你們就是會這樣說話。

德、蓋兩人練投結束後，會用指尖做伏地挺身，接著蓋許溫德納站起身。球滾進了體育館的遠方角落。德克在場邊讓自己的身體折來彎去，蓋許溫德納則像伐木工人般動著巨大的身軀，一次又一次將長腿伸向德克的頭部。諾威斯基仰躺，哀號著。然後翻了個身，臉朝向積著灰塵的地板，蓋許溫德納沿著一個個椎骨，再次調整德克的背部，從下背部到頂部，然後再次向下，直到一切都在對的位置。

「你年紀和我一樣大的時候，你可以隨心所欲地伸展，」德克哀號道：「不過明天，你得重新再次來過。」

「如果你不這麼做，」蓋許溫德納說：「整個『馬戲團』沒多久就會收攤。」

諾威斯基逐漸從地板起身，蓋許溫德納已經不見人影，往淋浴間去了。對於我們這個年齡的人來說，諾威斯基非常靈活。他站立時，雙手可以很順地在地上攤平，頭伸到膝蓋處。半鴿式瑜珈？下犬式？即使他超重三公斤，即使他快四十歲，這些也難不倒他。他慢慢地從地板把上衣撿起來，收回球，然後眼光巡過無人的體育館。比賽結束。他在這裡待了四個多小時，使用這裡以來，已經二十多年。外頭是藍天，德克盯著籃框和籃板；陽光照在木製籃板和合成地板的時間，稍微長於平常所需的時間。之後我的筆記上寫著：德克．諾威斯基，看起來很累。

「天啊。」他邊環顧四周邊說。他似乎在道別。就在這一秒，看起來他就決定好，他再也不會回到這裡。

再一次、兩個人

二〇一四年夏天

當我第二次見到厄尼・巴特勒時，閃耀的陽光灑落巴伐利亞，淡藍、鮮綠的色彩盡入眼簾。我們在慕尼黑南部的史查斯拉赫（Straßlach）約見，位於伊薩爾河上游，巴特勒在那裡生活了幾十年。我想聽厄尼和蓋許溫德納剩下的故事，他們認識多年後的故事。我們走進「往野生動物園」（Zum Wildpark）這間當地旅館時，立即找了靠窗的桌子坐。好一個熱烈的歡迎：有人沒問過，直接就將兩杯啤酒放在我們面前那張鋪著方格餐墊的餐桌上。食物未點先到。厄尼啜飲一口，擦了擦額頭的汗水，想了一下，從音樂打斷我們的地方接著講。

「好，」他說：「霍爾格。」

在德甲籃球聯賽的第一年，MTV吉森隊便拿到第一座德國聯賽冠軍。時間是一九六五年，地點是在海德堡的一間高中體育館。當時蓋許溫德納傳球給厄尼，厄尼在四十英尺處投進關鍵一擊，比分六十九比六十八。當年還年輕的蓋許溫德納拿下十六分。多年後，《籃球雜誌》（*BasketballMagazin*）一篇文章中形容其為「投石器般的投籃」。

往後數年，吉森和蓋許溫德納成了德國籃球界的標杆。他們隊裡有德國國手克勞斯・「德尚」・容格尼克爾和柏恩・列德，以及教練拉斯洛・拉克法爾維（Laszlo Lakfalvi）；他們是總決賽的常客，拿過兩座冠軍和一座德國盃，並在國際俱樂部比賽中，與西門塔爾米蘭（Simmenthal Milan）隊交手，面對旗下的比爾．布拉德利。布拉德利這位牛津大學學生如同「兼差」的超級球星，後來成為紐約尼克隊的傳奇球員。他們打過特拉維夫（Tel Aviv）籃球俱樂部，他們打過皇家馬德里（Real Madrid）籃球隊。蓋許溫德納首場比賽取得二十六分，第二場拿下二十七分。他在吉森修數學和物理（但從未畢業），打籃球比賽（勝多敗少），在城市裡打滾的他，曉得哪裡好吃、好玩、好看，他是天生的邏輯專家兼荒謬大師。比賽結束後，球隊在蓋許溫德納父母的地下室舉行狂歡派對。對手也獲邀；大家都互相認識。籃球界很小。

一九六八年，歐洲錦標賽和一九七二年奧運的候選名單公佈。一九七一年，蓋許溫德納換隊，搬到奧運舉辦城市慕尼黑。這是務實並經過計算的行動。他想親臨當地。

厄尼此時已經三十六歲了，在當年已是籃球界的骨灰級球員，但他仍然繼續打球。同時，厄尼也在慕尼黑。他們的球隊節奏很快，專注於進攻，就像蓋、厄二人的偏好風格。「這球隊一直跑動、一直跑動、一直跑動，」厄尼回憶道：「但總得拿到球，才能發動攻勢和跑動，所以我們瘋狂防守。」蓋許溫德納跳躍，幾乎如同飛躍；他防守、抓籃板，然後就是投、投、投。

如果今天要談論蓋許溫德納與他的老隊友、教練一起打球的日子，他們所分享的，會是那些大膽、不羈、非傳統球風的小故事；他們會分享自由的故事，以及冒險的樂趣；他們會分享蓋許溫德納在某次國家隊比賽中一波沒有爭議的快攻時停下來，對教練喊叫，他喊說這太容易了。因為他當時沒有選擇輕鬆上籃，而是跳投，球也進了。他們談論失敗的勇氣；談論他如何全面抗拒平庸和常規。談論他不斷尋找運動面和頭腦上的挑戰。蓋許溫德納從不慌張，在比賽重要性上遇強則強：在歐洲時如此，對抗世界頂級球員如此，在客場比賽時也是如此。有人說：「不受教。」也有人說：「太扯。」但他們談著談著都笑了，充滿懷舊之情。他們談論蓋許溫德納的自信和才華、技巧和即興創作、驚人的跳高能力、驚人的控球能力、驚人的精算能力、在戰略上和智識上對比賽的理解深度，以及早就化為己身哲學思維的洞察力。

一九七一年，厄尼不打球了，開始執掌兵符，但他仍然忠實於自己對籃球這項運動的理解：他在訓練中做好他的工作，比賽開始時，他就是讓球員打球。「教練不應該一直干預；否則，球員會感到受限，」他說：「球隊必須做必要的事情。籃球是自由的，就跟爵士樂一樣，獨奏是事先計畫不來的，你只能現場發揮。」

自那時候開始發生的故事，有成千上萬個可以講，厄尼無一不知：像是布隆明頓的洪水和蓋許溫德納下背痛的故事；像是孩子們如何非得在他的背上踏腳，脊椎如何調整；像是他們在印第安納州戶外球場比賽的故事、「老總管」（Ye Olde Regulator）啤酒的故事、鋼管舞的故事。厄尼又點了杯啤酒。史查斯拉赫很小，離他家不遠。再來第二杯啤酒的幸福，故事一個又一個，講得酣暢淋漓！

一九七二年奧運在自己的國家舉行——這是不折不扣的夢想，一個重大的目標。厄、蓋二人有緣認識七〇年代位於慕尼黑的許多爵士音樂家；厄尼演奏，蓋許溫德納則和這群音樂家談論他們的音樂。他周遊世界，到哪裡都會邂逅不同的風格：芝加哥的咆勃爵士（bebop），以及紐約的酷派爵士樂（cool jazz）。他與厄尼一起前往布隆明頓；厄尼和他的伙伴在門廊演奏。多年來，爵士樂一直陪伴著他們長達數十載。

他們的道路朝著不同的方向前進。厄尼結婚了，他白天當老師，晚上開始更頻繁地演奏音樂。一九七七年，蓋許溫德納繼續移動，厄尼一家則一直留在慕尼黑，直到有人在他們的嬰兒車裡倒了機油——那是給黑人鄰居送上的黑油。有人不斷幫他們打電話，申請兒童保護的服務。他們先搬到城市的南部，再前往史查斯拉赫。厄尼女兒奈瑪與德克．諾威斯基幾乎同時出生。厄尼與蓋許溫德納日益減少聯絡，但從未中斷。每次兩人相遇時，一切如舊亦如新。

蓋許溫德納四處走跳。他修習數學和物理，參加哲學和文學研究講座，著迷於理性與藝術之間的張力。他在德國各地打籃球，足跡遍布小城鎮和大城市。他旅行。他在比賽前聽音樂，幫助調適心情。他是當時唯一這樣做的人。或者說，至少他不知道還有誰也這樣做。他喜歡長途駕駛，穿越德國的同時，一邊大聲聽收音機。他喜歡莫傑斯特・穆索斯基的《展覽會之畫》（*Pictures at an Exhibition*）和謝爾蓋・拉赫曼尼諾夫（Sergei Rachmaninoff）的第三鋼琴協奏曲。他聽到德國傳統流行樂「施拉格」（Schlager）曲風的歌曲時會大笑，然後跟著唱。他知道慕尼黑和漢堡之間的多數音樂廳，以及海德堡和夏洛騰堡（Charlottenburg）之間的當地大小酒吧。多年來，他聽的爵士樂愈來愈複雜和自由。他在德國聯賽最後一場比賽的那天，聽的是比莉・哈樂黛（Billie Holiday）〈（在我的）孤獨之中〉（〔In My〕Solitude），或是艾瑞莎・富蘭克林（Aretha Franklin）、科爾特蘭（Coltrane）、比克斯・貝德貝克（Bix Beiderbecke）、切特・貝克（Chet Baker）、鮑勃・馬利（Bob Marley）、瑟隆尼斯・孟克（Thelonious Monk）。太多了，族繁不及記憶。

「霍爾格・蓋許溫德納，」厄尼說：「是個不簡單的傢伙。」他的人生哲學太複雜，難免無意間使人不耐。籃球只是他豐富人生的一部分。他喜歡討論，討厭隨便妥協。他不想輕易放過自己。「作弊不算數。」他說。阻力最小的路，無法到達任何目的地。籃球賽季結束後，蓋許溫德納打包上路：西伯利亞鐵路、一輛穿越美國的UPS卡車上、澳洲、阿拉斯加州、喀爾巴阡山脈、中國、火地島和阿富汗。他帶回來的旅遊故事聽起來像小說。他的朋友戲稱他為「愛臭蓋」的蓋許溫德納（Geschwindl），來自德語的「*schwindeln*」，意思是「說小謊」。他旅行時攜帶輕便的行李，通常只帶他的兩只紅色皮箱。

他的旅行故事千變萬化。格爾格・肯德爾聲稱，蓋許溫德納摔落阿富汗的峽谷後還健在，只是僥倖罷了。「每次他跌倒的時候，」他說：「他會像貓一樣跌倒，他都用腳著地。」其他人則說，蓋許溫德納轉身爬了回來，後來還得照護他那脫皮的手掌好幾個禮拜。或者說，蓋許溫德納一開始只想攀繩子爬到另一邊，但後來決定放棄，畢竟他不想尋死。又或者：峽谷並不是真正的峽谷，而更像是河流的淺水處。又或是說：當時的時間地點是一九七四年的哈里河，而不是一九七八年。當我問他這件事時，他在日記中查到那天是一九七八年六月十九日，是德克的生日，他住在班貝格附近的小木屋裡，屋內沒有暖氣，他的室友是一頭名叫布魯諾（Bruno）的豬。

＊　＊　＊

事物之間的連結如下：一九六四年，厄尼斯特．巴特勒（二十九歲）在吉森遇到霍爾格．蓋許溫德納（十八歲）。他們發現了籃球和爵士樂之間的相似之處，他們發展出獨特的籃球概念。三十年後，蓋許溫德納（四十八歲）在舒韋因富特的體育館遇到德克．諾威斯基（十五歲），他們將那個籃球概念轉化為具體的方法。一九九七年，厄尼在他們位於施坦貝格湖的首場訓練營演奏薩克斯風，提爾．布羅納（Till Brönner）也共襄盛舉，蓋許溫德納的訓練團隊隨著節拍舞動、運球。

體育和音樂無處不在，而且始終存在。蓋許溫德納能清楚看到相似之處，但只有當他開始和諾威斯基一起訓練時，他才真正理解那些年來所想過和活過的一切。蓋許溫德納說：「對於自己所知道的事物，如果不得不加以正當化和說明，總是要等到以後才會有建設性的解釋。」

蓋許溫德納不是受過傳統訓練的教練。他的認知來自他本身的經歷；他的方法基於他對以下事物的喜愛：音樂、數字和計算、旅行和閱讀、在更衣室訓誡、打拉鋸的比賽。他會放棄任何沒有效用的東西。而「籃球是爵士樂」這句厄尼的格言就是該思想的核心。

二〇〇五年，蓋許溫德納在他最愛的班貝格書店裡入手一本專論的書籍，書店就在穆勒咖啡館（Café

Müller）對面。書名是《音樂這樣教才聰明》（*Intelligent Music Teaching*），這本標準教材的作者羅伯特·A·杜克（Robert A. Duke）是教育家暨音樂學家。該書中，蓋許溫德納找到了他多年來的想法，並加以落實。他把書交給他訓練營裡的人：「來，讀這個！」長期以來，德克向來是世界級球員，他的朋友馬文·威洛比、德蒙德·格林、羅伯特·加列特都是經驗豐富的國手。對於厄、蓋兩人的概念所構築的領域，他們讀了這本書後，成了見證人。

二〇一八年，我坐在慕尼黑音樂與表演藝術大學（University of Music and Performing Arts Munich）的演講廳寫筆記，參加名為「藝術進行式」（Art in Motion）的研討會，研討會對象為音樂家和演員，探討藝術教育的卓越性。大會所給的官方介紹中，談到了「實踐策略」、「持續學習」和「促進創造力和靈活性」，並且提到「效率和效力是不夠的。」

這一天早上，蓋許溫德納來機場接我。他說，他和厄尼當天的談話內容很一般，但你可以清楚感受到他的興奮之情，因為他們的想法和工作得到認可。他在會議手冊中的頭銜是「應用式廢話研究所，霍爾格·蓋許溫德納」；演講名稱為「籃球是爵士樂：從跨學科實驗中學習」。蓋許溫德納可愛死了在大學校園內講廢話。他把車停在禁停區，這一天被開罰單也沒啥大不了，他說：「管他的。」這一天的慕尼黑又是個炎炎夏日，他倒是穿著深色西裝，這套西裝只有在特殊場合才會從小手提箱中拿出來。

觀眾之中，有學生和教育工作者、教授，以及兩、三位文化記者，但多數是擅長各種音樂形式和樂器的傑出音樂家。他們的夏季上衣都別著名牌。看不到籃球員的身影，這一天早上只有格爾格·肯德爾從施坦貝格開車過來。三名較年長的男子站在一邊，喝著紙杯內的咖啡。

研討會的第一位講者是羅伯特·A·杜克。厄尼和蓋許溫德納坐在第一排聆聽。杜克清楚說明他的想法，內容是以有效、聰明的方式進行音樂教育，以及一種具有語言和技巧準確性的教學法，與藝術自由相輔相成——這很容易應用於運動領域。

對於杜克來說，馬友友的巴哈大提琴組曲、畢卡索的《格爾尼卡》（*Guernica*），以及麥可・喬丹的球賽表現都是一樣的，這些都是藝術，而不僅僅是技術（杜克的技師修理他的Volvo汽車所展現的能力也是如此）。這些在在需要獲取極為複雜的訊息，這些訊息必須獲得評估、分類，然後結合無數高度專業化的潛在解決方案，以精準實現其中一種可能性。現在我用我的話轉述演講內容。

根據杜克的說法，要成為音樂家，過程必須積極。要學鋼琴，必須做一件事：彈鋼琴。老師永遠不應該阻止學生享受樂趣，永遠不應該強迫他們進行準備練習和重複練習；如此一來學生有一天才能演奏出「好玩意」。學生必須一開始就接觸到「好玩意」，否則可能會在到達那個階段之前就放棄、幻想破滅。「如果我們想讓學生學習成為一位歷史學家、數學家和鋼琴家，我們需要讓他們從一開始就做歷史學家、數學家和鋼琴家所做的事情。」

那就是蓋許溫德納的基本心法：比賽不是用「講」的，而是用「打」的。「別咯咯地叫，要下蛋」（Don't cluck, lay eggs）這句話寫在他位於班貝格訓練場館的牆上。

許多人認為這樣的教案過於複雜，過於依賴師生之間的個人關係。實際上，其主要關注內容是實用性。從做中學。第一項要求是全面理解物件（object）與其系統。教師必須知道教學的「其然」（在教什麼）與「應然」（該教什麼）。接著，將所有教學內容分解為學生可有效率地理解和練習的單元。「曾經和霍爾格一起訓練過的每一個人，都大讚他對細節的關注。」前德國國腳約翰尼斯・赫伯在他的〈蓋許溫德納的子弟兵〉（Geschwindner's Boys）一文中如此寫道。大家都讚嘆「他能剖析每一個籃球動作，並做出必要的修正。」

重點在於將動作分解為小單元；重點在於例行內容，並將情境視覺化；重點在於學習的進程，以及動作之間的流動；重點在於將壓力正常化，並重新編碼為成功的時刻；重點在於抓住樂趣的時刻；重點在於不害怕，有勇氣犯錯；重點在於找到準確描述這些事情的字詞，找到對的共鳴；重點在於對籃球的熱愛；

重點也在於德、蓋二人所說的語言。必須有獨特的詞彙，因為好的老師應該用他們的話語，為教學和實際行動服務——老師不應該只是講課和指導。如果關係順利，師生之間會對能完美表意的常用詞句達成共識，那是只屬於他們的清晰，方法是用不留任何誤解空間的話語，因為所說的與所要表達的完全一致。於是師生一起創造「能指」（signifier）和「所指」（what's signified）。蓋許溫德納的成果基礎是運用圖像和類比：他會說球「載入」，身體「滑下」；他有時會混入德國黑森邦的方言，說成「*drunnerschluppe*」，或是說球被「包起來」，並在「軌道」上引導。他會說肘部是「瞄準裝置」，說投籃命中是「射門成功」（畢竟，德克和蓋許溫德納的母國是一座足球國度），命中籃框時會用德文的足球射門成功來表達：「*Tor!*」（進了！）

在杜克的演講中，厄、蓋二人在座位上點頭。有時候他們的頭會湊在一起，竊竊私語。半個世紀以來，他們思考、探討這些想法。這一天的這一場講座，彷彿為他們的成果下一個註腳。杜克演講結束後，厄、蓋二人微微彎身，走上舞台，這兩位老友兼永遠的大男孩熱情談論著他們的生活，以及讓他們感到興奮的事情：籃球、吹薩克斯風、教學，以及永無止盡的學習。

講座結束後，蓋許溫德納與一些學生交談，厄尼在大學的大廳為他準備一張椅子。他看起來很滿足，幾乎是開心的狀態。窗外鳥兒啁啾，學生在我們周圍吱吱喳喳，某處有位鼓手在練鼓。

過去幾年，我曾多次見到厄尼。有在史查斯拉赫的旅館，有在施坦貝格湖的岸邊，有時在這，有時在那。我們談論音樂和奈瑪，談論籃球和德克，談論蓋許溫德納和他的故事。這些年來，厄尼一直是德克體系的常客。他打從一開始就在。他的教學法是一種開放、關懷學員的教學形式：有唱歌、有擺動；趣味盎然，流動不死板。他的教學不僅僅是工作而已。

此時，厄尼坐在陽光下。已是老人的他，步伐早就放慢，他的嗓音沙啞而優美，目光炯炯有神。我們談論今天的演講，以及演講對蓋許溫德納的意義；我們將音樂和籃球互相比較。我們談論球四處移動的罕見樂趣，當傳球到達目標時，當球落下時，當你呼吸並跑動、跑動並呼吸時；當節奏引導你，當節拍、旋律……當你……

當你……

當我聽厄尼說話時，我明白諾威斯基所打的籃球，不僅僅是一項職業或商業活動。而是節奏和旋律、文化和友誼、自由和流動。

厄尼微笑著，他說起他曾經在今天這樣的夏日，沿著伊薩爾河河岸往南方跑步所帶來的莫大快樂。他跑過海拉布倫動物園（Hellabrunn zoo）；他記得身後地方的氣味，他踩在白色礫石和乾草上的腳步，當空氣呼嘯作響，清水流過身邊，大鳥低飛，降落在地面。「然後你沿著河邊跑，你會看到幾隻天鵝。」厄尼說，他的眼睛閃閃發光，也許是因為大廳裡刺眼的燈光。「然後你**化身**河流，你**化身**天鵝，你千變萬化。」

老將比賽

二〇一八年二月，沙加緬度

NBA賽季從秋季到初夏。連續八十二場比賽，每兩、三天一場，戰績出色的球隊到了季後賽，甚至可能累計打一百場。這些比賽中，有一半是客場比賽；球隊一直在移動。一名NBA球員的世界中，組成要素有二十九座球場、二十九間飯店、二十七座機場、自己家裡的床，以及賽季交替間的夏季住所。不過，即使球員在家中，躺在自己的床上，他的行李箱也總是裝得很滿。球隊永遠不會在同個地方待超過一週。NBA球員是游牧民族，但他們這支游牧民族，對所遊歷的世界知之甚少。

下面這些地方，都有異曲同工之妙：飛機降落時，球員俯視城市、街道路網和河流彎道，然後接上聯絡道路，此時能看到車窗另一端的城市天際線。他們在一間間宴會廳用餐，在往往和以前屬於同一連鎖企業的飯店睡覺。他們會忘記房間號碼，會在飯店走廊閒逛，會站在電梯裡放空。他們會在大廳簽球衣，會開車去球場，然後又回來飯店。喬治布希國際機場（George Bush International）、史坦波中心、美國航空球場（邁阿密）、美航中心球場（達拉斯）——這些地方的名稱開始變得模糊。有時，球員會在餐廳的包廂和隱密的用餐區內用餐。有時，球員們會去俱樂部，在天鵝絨的繩子後方，喝著軒尼詩和可樂。在他們的單人房內，球員們凝視窗外，看著日落，或是日出。他們打電話回家，然後睡覺，直到客房的起床服務響起。諾威斯基的生活已經二十年如此。他熟悉那種悲戚、那種與世隔絕的感覺。

看到沙加緬度的日出，我來得太早。獨行俠隊的航班當天下午才抵達，我有一整天的時間可以消磨。從飯店到河流再到探索公園（Discovery Park）的距離，似乎沒那麼遙遠。我穿上跑鞋，開始跑動。客場比賽時，我通常會朝著比賽場館，跑出一個大弧線。我想對我剛到達的城市有一個印象，對我身處的地方有一些了解。在休士頓，我跑向豐田中心（Toyota Center），在太空人隊比賽的美粒果公園（Minute Maid Park）外圍跑一圈，然後沿著水牛沼溪（Buffalo Bayou）跑步，再穿過薩賓公園（Sabine Park）。我跑進亞特蘭大皮德蒙特公園（Piedmont Park）的住宅區，一路下到飛利浦體育館（Philips Arena），跑上延伸至高速公路另一側的橋樑，穿過危險的社區。我跑了數英里，穿過印第安納波利斯的足球場和班克斯人壽球場（Bankers Life Fieldhouse）周圍的大型停車場。我跑過奧克拉荷馬切薩皮克能源球場後面的棚屋和車庫，穿過曼哈頓中城麥迪遜廣場花園周圍人滿為患的街道，以及布魯克林巴克萊中心（Barclays Center）的低吹雪（drifting snow）。我沿著一處處河岸和聯絡道路奔跑，在一間間加油站和一座座倉庫之間奔跑，我跑過一個個停車場，經過所有的裝卸坡道。

然後，這一天來到沙加緬度。坐落在沙加緬度（Sacramento）和美國河（American River）的兩岸，這座加州首府或多或少面積很大，或多或少魅力迷人，也是作家瓊·蒂蒂安（Joan Didion）和電影導演葛莉塔·潔薇（Greta Gerwig）的故鄉。沙加緬度是中產階級和無家者的家園，也是該市唯一大型職業運動隊伍沙加緬度國王隊的主場。由於沒有美式足球隊或棒球隊，籃球在這裡非常重要。我跑過兩間室外球場，但一大早沒人在打球。我跑過鏡面的政府大樓；高大的棕櫚樹映在天空的樣子像一張張剪紙，只聽得屋頂上嘈雜的渡鴉叫聲。每一處角落，都有街友。一九七〇年代，美國精神病學界面臨危機，無數診所關閉，個人診所本應接受病人求診，但自從該醫療系統崩潰以來，許多有求診需求的人被迫流落街頭。

加州氣候溫暖，執法寬鬆。我沿著美國河兩岸，經過一頂又一頂帳篷，還有購物車和自行車的殘骸。

只見卡在樹上的塑膠袋在飄動，距此處不到一英里處，正是潔薇電影《淑女鳥》（*Lady Bird*）片中出場的那座金光閃閃的大橋，以及蒂蒂安於《向伯利恆跋涉》（*Slouching Towards Bethlehem*）所描述的老沙加緬度。任誰都知道，美國是充滿矛盾的國度，而這種反差在美西更加明顯。國王隊的主場金州第一中心（Golden 1 Center）球場，位於這矛盾界線的中間。

我回到沙加緬度市中心，在球場周圍跑來跑去。當獨行俠隊於中午前後從達拉斯飛來時，他們將能俯視河流、田野、森林和農田，然後他們會降落、睡覺和用餐，接著通過連接飯店和球場的隧道走到練球場地。在那之後，我會見到他們。德克此時處於賽季中期，許多人認為這將是他的最後一個賽季。德克在蘭德薩克訓練，秋天回到達拉斯之後，生心理狀態極佳，但獨行俠隊在前七場比賽中只贏了一場，此時戰績三十六敗，僅十六勝。那一年是失敗的賽季，但球場還是爆滿；諾威斯基在敵對氣氛曾經甚為濃烈的場地獲得尊敬。儘管輸球多，殺進季後賽難度高，但球隊的士氣高昂，我想陪伴德克，一起參加這場一年一度的西岸客場之旅。

＊＊＊

在面對國王隊的比賽前一晚，德克戴著兜帽，帽子遮過兩旁，走過沙加緬度市中心。雖然我們斷斷續續會傳簡訊，但自從半年前在蘭德薩克訓練以來，我們便再也沒有見過面，而德克現在看起來更削瘦、疲倦。他微笑，但你可以立即看出他的心情還有改善空間。德瑞克・厄爾斯和德韋恩・畢曉普這兩位德克的長期隨扈，走在他的前後，同時蓋許溫德納在他身邊悠然閒逛。

我們步行到莫頓牛排館（Morton's Steakhouse）時，沙加緬度市中心幾乎空無一人，但走了沒幾英尺，就有人認出德克。街道另一邊有人尖叫「諾威斯基！」而我們裝得若無其事。儘管如此，厄爾斯和畢曉普還是加快節奏，畢竟如果我們以悠閒的步伐前進，我們可能永遠也到不了餐廳。我們低著頭；人群正在靠近。「我們走吧。」厄爾斯說。突然之間，五個人突然現身於下一個街角，他們穿著達拉斯獨行俠隊球衣；而再過去還有十個人。「德克！」他們尖叫：「我愛你！」當我們到達莫頓牛排館時，一大群球迷已經拿著麥克筆、照片、球衣和剪貼簿在等著我們。德克點點頭，草草寫下他的名字，微笑著。哪裡藏得了一個七呎長人，即使自己的偶像藏身於帽T之下，籃球迷也是能認出他。

晚餐時，德克點了他平常的菜單：沙拉、烤雞附酸豆、蒸蔬菜。「請給我水。醬汁放在一邊。謝謝你。」德克在這個季節所吃的每一頓熱食，幾乎都像這樣子。他避免食用紅肉和碳水化合物，禁止飲酒和加工食品。他二十年的職業運動員經驗等於二十年的身體經驗；德克在本賽季開始時的體脂為百分之十二，到季末時將只有一成。他的身體意識很強，強到第二天他的關節就能感覺到彷彿有一杯檸檬水。

畢曉普當晚挑選了一款加州黑皮諾葡萄酒。侍酒師過來開瓶。「很懂得挑。」他邊說，邊把最好的酒端到了我們的餐桌，但德克舉手向酒說不，並道謝。

上菜後，畢曉普將手機靠在桌上的水瓶。獨行俠隊接下來的三個對手，有兩隊正在我們面前的螢幕上比賽：沙加緬度國王隊和金州勇士隊。下一瓶酒到了，我們舉杯向文斯．卡特致敬，他是聯盟中最年長的球員，先前在獨行俠隊打球過，此時效力於國王隊。然後我們舉杯向佩賈．斯托亞科維奇致敬。他總是活力四射，總是穿著洗鍊。在獨行俠隊奪冠的他，此時工作是協助管理國王隊。

我們一行人邊開玩笑，邊說起自己的故事。我們把電話當營火一樣圍著，四個人（還有我）對莫頓牛排館的全部菜單和酒單了然於胸。當蓋許溫德納和德克的隨扈舊調重彈，說起他們的老故事時，德克變得愈來愈安靜。他更加專心觀看比賽，在第四節中段，他打開了聲音。八十九比八十六，賽況拉鋸。突然間，我們的唯一話題就是籃球，這是一切的真正意義，也是我們此時在這張桌子聚餐的原因。賽況發生變化，勇士隊開始佔上風時，我們在莫頓牛排館點了咖啡。明天有比賽，八點開打。對於德克來說，這代表早點睡覺。我們穿過廚房，消失在夜色中；廚師們沿著爐子排成一排，用湯匙和刀子向我們致敬。

＊＊＊

國王的球場門票本應售罄，但仍有很多空座位。甚至連季票持有人都不會每場都來觀賽，而當晚兩隊的交手，也無關乎賽季的結果。國王隊的表演很專業：超大號的沙加緬度牛鈴響起，一些球迷甚至帶來了他們的傳統牛鈴，只聽得聲音叮叮咚咚地，但一切都感覺是安排好的戲碼，有點僵化。兩隊可說都幾乎無緣季後賽了，當晚的比賽是一場純娛樂——充其量只是招待有欣賞眼光的行家，以及對德克球涯有情懷的人。

美國作家湯瑪斯・貝勒（Thomas Beller）曾為《紐約客》（*The New Yorker*）撰文，探討〈老將比賽〉（Old Man Game）之美。與用字的涵義恰恰相反，貝勒的關注重點不是老年男性，而是某些特殊球員思考和打球的方式，那是卓越的技巧組合，不會立即引起觀察者的注意，因為球員的身體素質並不出色。這樣的選手的衝刺速度和跳高能力不會高於對手；他們利用偽裝和欺敵，在球場上製造不平衡，而只有他們才能在僅僅幾分之一秒的時間看穿這種不平衡。這樣的球員能不斷耗弱對手的身心狀態。他們可以解讀比賽，他們總是站在比賽時需要他們所在的位置。這種打法無關乎球員的年齡，因為需要的只有經驗、冷靜、沉著；或者依情況而定，也可能需要超凡的天賦。

貝勒在他的文章中，讚揚安德烈・米勒的球商、凱利・厄文（Kyrie Irving）的橫向運球、提姆・鄧肯隱晦的宰制力，以及阿根廷球員馬努．吉諾比利（Manu Ginobili）的顛覆性打法——這群球員知道之後會發生什麼事；他們不跳，而是等待對手落地；他們知道屆時阻止自己會為時已晚。

像這一天在沙加緬度的比賽，對貝勒和我這樣的人來說，是一場盛宴。老將比賽的兩大前輩上演對壘戲碼：文斯．卡特，以及德克．諾威斯基。卡特此時四十一歲；他已經從「半人半神」的飛人搖身一變，成為擁有雷射般視野的球員。過去他和德克在達拉斯同隊數年，兩個家庭會一起出遊。這一晚，他們像小孩子一樣高興，再次現身賽場。

此時同樣為沙加緬度效力的還有查克．藍道夫（Zach Randolph），他從大學時代開始，球風就像是老將比賽的成員。藍道夫的身形活像是上個世紀的衣櫥，擁有像巨人歌利亞一樣的手，以及大衛一般靈活的腳。他看起來像一隻熊，但舞動起來卻像約翰．屈伏塔（John Travolta）——他的步法在聯盟名列前茅。

這三位老將值得注意的是，儘管他們不再是最快速或最強壯的，但他們的速度和肌力要在全球最好的聯盟中打球，仍是綽綽有餘。

當貝勒和我這樣的人坐在場邊觀看這些球員時，我們在他們身上看到了自己。我們也是再也不能跳了，我們也變得愈來愈慢，但我們堅持認為我們對籃球賽的**理解**，是我們的優勢。老實說，這是我們碩果僅存的優勢。「老將比賽很迷人，」貝勒寫道：「其中有部分是因為老將比賽反映了ＮＢＡ版本的『美國人對衰老和死亡的焦慮』。」多年來，德克能依靠他特殊的體能和運動天賦過活，但此時的他，是那種要根據自己不斷變化的身體調整本身球風的球員，是那種能將不可避免的事情延後幾年的球員。

說到時間的流逝，有一張二〇一一年的照片。獨行俠隊當時甫成為新科冠軍，德克坐在球隊飛機的第一排，旁邊是佩賈．斯托亞科維奇。德克戴著伊恩．馬辛米的黑色牛角框眼鏡，看上去很放鬆，但仔細一看，卻能看到他臉上的辛苦痕跡，以及左手中指上的副木。這張照片中，斯托亞科維奇以難以置信的表情看著鏡頭，好似他還是無法理解已經發生的事情。ＮＢＡ史上兩位最偉大的歐洲射手，笑起來頑皮的樣子好像順手牽羊的青少年。獎盃位於他們之間的飛機地板上。

達拉斯在總冠軍那年賽季，從多倫多暴龍隊獲得斯托亞科維奇。他一直為背部問題所苦，但在季後賽第二輪第四場比賽中，面對洛杉磯湖人隊時，他的狀態及時回復，其中在三分線外締造完美的投籃命中率。三分球六投六中。

自從我開始以德克為主題寫作以來，我一直想和斯托亞科維奇談談。他們兩人來自同一個籃球世代，經歷過極為相似的勝敗時期，如果沒有斯托亞科維奇，德克和獨行俠隊可能永遠不會奪冠。我想和他談談，是因為德克知道這一點，並且經常重複說這件事，是因為身為ＮＢＡ史上最偉大的兩名歐洲球員，他們共享了其職業生涯中最偉大的時刻。

這位沙加緬度的總管助理在和我們見面時，就像大家前一晚在牛排館的形容，一身打扮得無懈可擊。自信時尚、一絲不苟，他精通所有的領結技巧和商業操作；前者如半溫莎結，後者如雙倍預算的使用。他位於球場的比賽日辦公室內，飄著一股有體面香氣的古龍水味，他身後的牆上則掛著著名的《運動畫刊》二〇〇二年國王隊封面：克里斯・韋伯（Chris Webber）、道格・克里斯提（Doug Christie）、弗拉德・迪瓦茲（Vlade Divac）、傑森・威廉斯（Jason Williams），以及佩賈・斯托亞科維奇。照片的說明文字寫著：「沙加緬度隊：籃球本應如此。」我們的時間不多。音樂已經在我們下方的舞台上轟隆響起。斯托亞科維奇將椅子推向我，他坐在桌子後面，雙眸直視我的眼睛。

斯托亞科維奇比德克大一歲，他與諾威斯基的ＮＢＡ初次出場是同一天，都是一九九九年二月五日。兩人都被壓力壓垮，在第一場比賽中都只得了兩分。斯托亞科維奇帶著在貝爾格萊德紅星（Red Star Belgrade）和ＰＡＯＫ塞薩洛尼基（PAOK Thessaloniki）兩隊的豐富職業經驗來到ＮＢＡ，而在這之前，德克在德國聯賽只出賽十八場。在他打球的那些日子，斯托亞科維奇也許是世界上最偉大的非美國籍射手。斯托亞科維奇效力於南斯拉夫聯邦共和國的國家隊時，贏得了歐洲盃和世界盃——這是德克因為他的母國的緣故而永遠無法實現的目標。他就是做不到；德國隊就是贏不了世界盃。國王隊將斯托亞科維奇的十六號球衣退休，掛在沙加緬度的屋椽上。德克在全明星賽的週末贏了一次三分球大球大賽，斯托亞科維奇贏過兩次，當話題轉到德克身上時，他仍然拿這件事來消遣。在兩人的球涯中，他們在國際舞台上以及後來的NBA交手無數次。據斯托亞科維奇猜測，一個賽季有六、七次。生涯總計超過一百場比賽，一百場比賽可不是小數目。

多年來，外界一直反覆比較兩人。誰是更好的射手？誰比較不強悍？後來的問題變成：誰是NBA有史以來最偉大的歐洲人？阿維達斯．薩博尼斯加盟時已經太晚，德拉任．彼得羅維奇英年早逝。弗拉德．迪瓦茲菸抽太多了嗎？是有四個冠軍的東尼．帕克？保羅．加索？托尼．庫科奇？是斯托亞科維奇還是德克？

連同年齡和出身在內，兩人球涯的這些項目長年比來比去，沒完沒了。雖然他們一直互相尊重在他隊的對方，但他們當隊友的時間只有斯托亞科維奇當職業球員的最後一年，而那一年他們成為了冠軍。背部的健康問題，使斯托亞科維奇的球涯畫下休止符。按照NBA標準，斯托亞科維奇是老人了，而他此時身穿量身訂製的西裝，坐在我對面，德克還穿著他的球衣。

我們談論PAOK塞薩洛尼基俱樂部那瘋狂的主場以及我家鄉哈根的伊西蘭（Ischeland）體育館，他也在那裡打過球。時鐘顯示距比賽時間還有二十分鐘，我必須解釋一下，我來這裡不是為了談論他的職業生涯，我感興趣的是他對德克的最初記憶，他對德克的印象。在這些對話開始時，我總是有點擔心，擔憂我會因為詢問的主題是德克，而不是國王隊的成就，而惹惱這位坐在我對面的人。不過與我的憂心幾乎恰恰相反的是：如同許多其他重要的運動員，斯托亞科維奇儼然鬆了一口氣，因為他不必再花半小時述說當年勇，然後詳細介紹自己的生平。他開始談到德克時，他的姿勢和眼神中的樣子發生了變化。他向後傾著身子，雙腿交叉，開始述說他的德克故事。

他第一次真正注意到德克是在一九九九年；那一年，他們兩人都來到封館後的聯盟。來自歐洲的他們面臨類似的困境：難以適應美國和複雜的NBA內部運作，因此他們早年經常交談。話題常常是上場時間和適應調整，而很久之後他才意識到德克的特別之處。「他對待生活的方式，和我們巴爾幹出身的人非常不同。」斯托亞科維奇邊笑邊說，他意識到自己在進行刻板印象的比較：德國人的可靠性和那機械般的精準度，相較之下，另一人則帶有塞爾維亞的夏季風情，盡是亞得里亞海沿岸的烤魚、李子白蘭地（Slivovitz）和無濾嘴香菸。「德克在場下總是遵循足夠的紀律來控管自己：正確飲食，做瑜伽。德克是如何成為真正職業球員的一個好例子。」

訪談有個插曲。傑森．威廉斯沒有敲門就進入辦公室。這位前控球後衛完全無視我，與他當年搭檔的小前鋒互相做一些推戳的打鬧動作。他們開起玩笑，談到外型與身材上的變化，兩人大笑。和德克一樣，威廉斯也是在一九九八年的選秀中獲選，而且兩人都奪得NBA冠軍——他在二〇〇六年時效力於邁阿密，和德克的球隊交手。威廉斯說進門就進門，說出去就出去，速度都好快，不愧是前職業球員。斯托亞科維奇看著威廉斯走向球場時，說了他的綽號「白巧克力」。斯托亞科維奇想起威廉斯那些不看隊友的傳球（no-look pass）、「腳踝終結者」式運球以及拋投——然後轉向我的錄音機。

儘管這些話聽起來像是演練過的，但我意識到他的聲音內真正的溫度。他說，當時美國人經常重複「耐心」和「努力」等一堆乏味的短句，而他和德克都不想在自己為上場時間和別人的尊重而奮鬥時，聽到這種話。他們走過相似的路徑，面對過相似的任務和困境。不過在第一年之後，他們倆都能夠接受自己的新角色和新國家。斯托亞科維奇大致述說了他們交手的重大比賽。他的眼神閃閃發光；這些比賽的偉大並沒有消逝。他們經常負責防守對方。「德克是非常特別的球員，」他說：「在賴瑞・柏德之後，這個位置沒有球員能投得這麼好。但現在每個人都在嘗試這一點——就因為德克。」

不過，不是只有這樣。

德克最初不太說話，他在場上幾乎都保持沉默，但在場下態度友善、平易近人。而有好長一段時間，斯托亞科維奇都未能真正理解德克能長期保持良好狀態的原因。「當運動員是累人的。你的心智會因為你一次又一次做同樣的事而感到疲倦。」打了最高水準的籃球近廿載，期間忍受單調和疲勞，斯托亞科維奇知道自己在說什麼。「你總是需要重新定位自己，並給自己再充電。」

他只意識到霍爾格・蓋許溫德納是那個德克當初來到達拉斯時，讓德克走上正軌的人。然而，「正軌」並不是一條直線。沒有明確定義和限制的路徑，這條路淨是迴圈、繞路和替代道路。「年輕時，很容易忘記生活不僅僅是運動，」斯托亞科維奇說：「讓你的生活更充實的東西，霍爾格從來不會讓德克忘記這些東西。他會給德克書、音樂等等。」

時鐘滴答在走，比賽快要開打，而斯托亞科維奇正在談論他們贏得冠軍的那一年，他正在談論當年獨行俠隊陣中令人驚豔的射手群：「噴射機」泰瑞、基德、巴瑞亞、德克、他自己。斯托亞科維奇描繪了烙印在他腦海的德克形象：德克在投進一次三分球後舉起三根手指，球場陷入瘋狂，歡呼慶祝。那三根手指是拇指、食指和中指。「那是你可以告訴某人你是歐洲人的方法。」斯托亞科維奇說道。美國人用不同的手指表示三個。他在辦公室，將手臂伸到半空中，講述一個又一個故事：飛機上的故事、冠軍遊行的故事、二〇〇五年德克在貝爾格萊德歐洲錦標賽總決賽的故事。國王隊的總管弗拉德・迪瓦茲，也是讓美國籃球國際化的另一位開拓者，此時路過，敲著辦公室的窗戶，吼道：「比賽開始啦！走吧！」

斯托亞科維奇從椅子上抓起他的西裝外套，用塞爾維亞語對著迪瓦茲喊了本書怨難引用的一些話語。他笑了，因為他知道每位歐洲籃球員都知道來自歐洲球場和體育館的這些措辭。他撫平領帶、點頭、開門。

「開始吧。」

我們坐電梯下來，門打開，人群分開。斯托亞科維奇一下向右點頭致意，一下往左打招呼。我們在宣布客隊的那一刻進入球場。在我們的下方，德克正步入金州第一中心球場這間沙加緬度的全新球場，他將在世界上最高水準的籃球聯盟中，進行他的生涯第一千四百四十七場例行賽。

斯托亞科維奇再次開口時，很清楚可以看出他真心真意，想為德克找到合適的措辭。對他來說，德克昔敵今友。簡稱「佩賈」，全名普雷德拉格．斯托亞科維奇（Predrag Stojaković）的他說：「德克．諾威斯基是NBA有史以來最偉大的歐洲球員。」他和我握手的方式只有巴爾幹出身的球員才能做到：既是愛的告白，也是一種宣戰。佩賈轉身離去，停頓一下後露齒微笑。「不過直到今天，」他說著，此時對德克和他長期職業生涯的掌聲在背景中響起：「我還是覺得我是更好的射手。」

德克為獨行俠隊拿下前五分，一顆二分，一顆三分。藍道夫讓他的對手在他身邊跑動和飛躍，而卡特打得神色自若。德克不常投籃，但當他投籃時，他的成功率很高。決勝節一開始，獨行俠隊跑動得活力滿點，德克也獻上一顆熱情的三分球錦上添花，最終囊括十五分、七籃板。當德克在場上，隊員都配合很順利，但卡萊爾教練在正規賽還剩一分二十七秒時讓他下場，這調度對我來說儼然很詭異。一般情況下，如果獨行俠隊以大比分領先，比賽結束時德克只會站在場邊。然而儘管比賽拉鋸，卡萊爾還是打破了他通常的調度模式。在沒有德克的情況下，獨行俠隊仍以一〇六比九十九得勝。

奈許眼中的世界

二〇一八年二月四日，洛杉磯

德克穿過麗思卡爾頓酒店的大廳，前去接他的老朋友史蒂夫．奈許。兩人沒有半句廢話，一下就聊到妻孩、身體和工作的真實情況。他們不需解釋任何事情，彼此都知道對方要做什麼。電梯到了，我們擠進去，我意識到我要和兩大籃球員一起搭電梯，兩位名人堂成員。奈許穿著退休後的一般打扮，德克仍然穿著耐吉T恤和獨行俠迷彩球衣。隔天，他們其中一人會跑到史坦波中心的球場，另一人會坐下來和妻孩共餐，偶爾透過角落裡的電視，偷偷關心比賽分數。他們之間有很多交集，但將兩人分開的是終點線。

二〇〇四年夏天，奈許離開達拉斯，離隊引起爭議。之後幾年，奈許成為了鳳凰城太陽隊快節奏球風的場上指揮者。他是總教練麥可．德安東尼那傳奇「最多七秒」球風的大腦，球隊成員包括阿瑪瑞．斯陶德邁爾和尚恩．馬里安。太陽隊的球風速度和好看程度為聯盟之最，他們開創了一種新的打法，之後將支配聯盟。一如德克一樣，奈許也為籃球運動帶來革命性創舉。

太陽隊在那些年徹底改造了比賽，他們在場上各點站位，以高過他人的速度和準度投三分球，瘋狂地打擋拆，並且以更快的速度和更精彩的創意進行傳球。他們的進攻不會超過七秒；他們在對手準備好防守之前就拿下分數。正如比爾．西蒙斯（Bill Simmons）在體育暨文化網站《Grantland》所述：「鳳凰城以奈許為中心，打造了一輛高性能一級方程式賽車。」太陽隊的得分多於對手，因為他們的投籃頻率更高；

他們之所以投籃頻率更高，是因為奈許的思考速度快過所有人。

九年來，奈許一直是場上最會穿針引線的進攻策畫者。到目前為止，他達到「五〇、四〇、九〇」的賽季數量，在聯盟史上獨占鰲頭。這項數據指的是球員的投籃命中率超過五成，三分球命中率超過四成，罰球命中率超過九成。奈許的投籃固然是精準的武器，但他本質上是組織攻防的策畫者，正如布魯斯・亞瑟（Bruce Arthur）為《多倫多星報》（*Toronto Star*）撰文時形容：「他讓隊友舞動。」

奈許的打法，為NBA奠定了一場創造性革命的基礎。於是乎，當代球員不是將對手「大卸八塊」，而是「去骨切片」。現代宰制聯盟的控球後衛，要感謝奈許為他們創造出在攻防組織上的適應能力。舉例來說，例如，德米安・里拉德（Damian Lillard）和克里斯・保羅都是身形小、速度敏捷的控球後衛，他們以奈許的風格在思考、指揮和主導比賽。奈許偶爾與史蒂芬・柯瑞（Stephen Curry）合作也就不足為奇了；柯瑞的打法以奈許為模版。奈許為籃球界建立起新標準，球風難以預期、出人意表、迅捷之至，令人眼睛為之一亮，而他效力鳳凰城時，連續兩次獲評為聯盟MVP。對於一名來自加拿大西岸、削瘦且體型低於平均值的控衛來說，這是不俗的成績。

對於奈許職涯帶給後人的遺澤，李・詹金斯（Lee Jenkins）在《運動畫刊》中有一番形容：「當熱火隊的戈蘭・卓吉奇（Goran Dragić）組織假投真切的進攻時，我們看到史蒂夫・奈許的身影；當馬刺隊東尼・帕克在同一波持球執行三次擋拆時；當拓荒者隊德米安・里拉德趁對方防守球員天真地繞過掩護之際旱地拔蔥時；當獨行俠隊拉簡・朗多（Rajon Rondo）往內線運球、繞一圈回來，然後耐心地找到一位切入球員時——我們也都看到史蒂夫・奈許的身影……這些年輕的控球後衛，都在享受著當時奈許打法所創造的自由球風。」

在鳳凰城待了七年之後，奈許於二〇一二年夏天赴洛城，希望能在新東家打出最後高潮。前教練麥可・德安東尼此時成了湖人隊教頭，奈許簽下了價值三千多萬美元的一紙合約。不過，奈許加盟新球隊後初次上場時，他摔斷了腿。奈許固然努力回到場上，但在壓力和過度負荷之下，他的遺傳性背部問題不斷惡化。「我可以每週打一場出色的籃球，」他在二〇一二年告訴比爾・西蒙斯：「但在ＮＢＡ，你必須每週三、四次有這樣的表現。」

儘管下背部的神經問題導致腿肌痙攣和持續疼痛，他還是回到場上。不過，他的合約規模掃了大家的興（起碼對球迷來說是如此）。縱使球迷自己也能認知到，身為貨真價實、活生生的一個人，九百七十萬美元無法說不要就不要，但從球迷的眼裡來看，奈許不是非要不可的球員，而且他很貪婪。

奈許和即將退休的身體展開一段長期、艱苦的鬥爭。他以極富個人色彩的方式，記錄了這場反抗運動。奈許與他的表兄弟兼商業夥伴艾茲拉・霍蘭德（Ezra Holland）擔任共同製片，製作奈許的紀錄片系列《終點線》（*The Finish Line*）。這部作品是精彩的嘗試，探討了奈許生理上的虛弱、心理上的疲勞，所有的懷疑、新的嘗試，以及人生不打籃球後的相關擔憂。

在第一集某個場景中，奈許帶著他的狗走到海灘。然後，他穿著綠色連帽衫坐在曼哈頓海灘步道的牆上。此時奈許反思球涯的這一階段對一位運動員心理狀態的影響。「每位運動員，當他們失去技能時，他們就會失去本身的一大部分，」他說：「那是他們所打造的人生中心。那向來是他們目標、自尊和身分的重大一環。所以，當技能消失時，就像死了一樣。」在《多倫多星報》布魯斯・亞瑟的訪問中，奈許說他堅信運動員會死兩次：一次是職業生涯結束時，一次是生命走到盡頭時。在某個時間點，奈許的身體為他做了決定：他的背部就是無法再承受職業運動的艱難要求。

奈許系列紀錄片共四集，最後一集的名稱是「和德克共進晚餐」，主打內容是奈、德兩人坐下來與設備經理艾爾・惠特利共進晚餐。奈許和德克有些怯生生地，他們在鏡頭前思忖能一起做些什麼事。他們思考在達拉斯的時光、彼此成為敵隊後的日子，以及畫下句點的時刻。過了一會，奈許要德克告知真實想法：「如果你是我，你會怎麼做？」鏡頭對準了德克的臉，他猶豫了。他邊說邊躊躇地微笑：「這問題很難回答。」不過，隨後他決定無視鏡頭，誠摯回答納許的問題。你可以看到這個問題對德克產生影響，他說：「兄弟，我不確定，要我老實說嗎？」

「對。」奈許說。

「你知道你經歷些什麼，」德克說：「一堆治療，進進出出的，我不知道我能不能做到。一堆復健，知道身體沒有真的好轉，然後又上場比賽，結果變更糟。我不知道我能不能做到。」

在那之後，已經三年了，史蒂夫．奈許仍在尋找述說運動的方式，那個〈奈許眼中的世界〉（The World According to Nash）。當下和當時奈許紀錄片系列該集之間的相似處不容否認。當初的拍攝地點，甚至就是這間麗思卡爾頓酒店。總是要到休息的時候，才能好好說地故事。在那之後，奈許跨過了運動員生涯死亡的階段，邁向未來：他製作電影，開發訓練用的應用程式（app），並在電視上當足球球評。奈許和他的家人住在太平洋海邊；第四個小孩才剛出生。他的背痛已不復在；他玩滑板、踢足球，每週通勤至舊金山，協助凱文．杜蘭特精進控球。幾個月前，二〇一七年時，他以金州勇士隊球員發展教練的身分，榮獲他的第一枚總冠軍戒指。他喜歡執教，他再次愛上籃球。此時，掙扎的一方成了德克。

此時，這兩位朋友這時候身處德克的飯店房間，一個穿夾腳拖，一個穿球鞋，面對面坐著；只見拉開的窗簾飾以迷人的北朝鮮風色彩組合：綠色、灰色、橄欖綠和醋栗色。奈許的表兄弟艾茲拉在校準設備和麥克風的同時，奈許和德克在討論英超足球，他們談到某次帶球瘋狂推進，穿過中場，然後驚天一踢，射進球門的左上角。

麥克風就緒，兩人停止說笑。德克聽著該系列的主題：卓越。奈、德二人都擅於應付這種情況：簡短介紹、開啟自動模式、侃侃而談。

「我向來對確實擅長本身領域的人很有興趣，」奈許說明：「我納悶這種人會不會都有什麼類似的特徵？他們的生活會不會很相似？有沒有模式是重複的？」

「你問的只有運動嗎？」德克問道：「還是也有其他領域？」

「從運動開始談吧，」奈許說：「你是我們的第一位訪客。」

「我真是榮幸！」德克說。

他們先從簡單的生平開始：父母、童年、各階段的開始、帶來啟迪的人事物。起初，德克的措辭用了他常有的重複字詞、他慣用的句子和常說的故事說話：「傾聽身體」……「和霍爾格還有我的家人坐下來」等等。他對播客（podcast）聽眾所說的話，多於對他的好友。奈許問起德克的競爭精神從何而來，以及他父母、姊姊的事情。他們談論網球和手球，以及他在TG烏茲堡球場度過的童年（就在美茵河河畔附近）。奈許一直試著讓德克談論他的非凡天賦和成功秘訣。奈許試著誘使德克，讓他為如此卓越的職業生涯給出合理的理由，但德克躊躇未決。經常有人問德克成功的秘訣，但他向來不知道如何回答。他甚至不確定有沒有秘密。

當兩人談到德、蓋初次見面的事情時，他們不用標準的採訪語氣。他們談論直覺、指尖仰臥起坐、蓋許溫德納自願展開訓練的本質，以及德、蓋二人協作關係中所帶有的高度個人色彩。奈許看過他們兩人訓練很多次；他和德克一起練習了很多年。兩人對於目前的交談內容了然於胸。

播客（podcast）節目讓他們認真展開對話，談論他們對籃球的熱愛。對於這樣水準的運動員來說，最高層級比賽那近乎形而上的體驗難以名狀。數年前，蓋許溫德納在知更鳥路的星巴克向我說明過這種矛盾——而奈許和諾威斯基兩人也都未能順利找到適用的文字和圖像。

我坐在床上，笑得像個孩子。對所有籃球迷來說，這是一場瘋狂的體驗：史上最偉大的兩位球員身處一室，努力談論他們對籃球的樂趣。兩個人都極為專精本身的領域，就好比費德勒和納達爾（Nadal）、艾瑞莎・富蘭克林（Aretha Franklin）和碧昂絲（Beyoncé）、艾爾・帕西諾（Al Pacino）和勞勃・狄尼洛（Robert DeNiro）。艾茲拉和他的音響工程師盯著負責設備上的控制狀態。房間裡唯一的噪音是相機的喀擦聲，來自我的攝影師托比亞斯・齊洛尼（Tobias Zielony）。德克和奈許討論起他們能全面掌控當下的少數時刻：那種時刻到來時，他們能所向披靡，他們能完全臨於當下，他們知道將發生什麼事（即所謂「未來的過去」）。

奈許描述了這些比賽當下對於時間有不同感知的感覺，好似其他球員都身陷困境，只有他才能迅速移動、思考，彷彿他是無懈可擊的。

德克則談到產生絕對自信的那些時刻，那些完全沒有懷疑的時刻。「我知道我必須做的是什麼，」德克說：「我知道我要做。其他人只能束手無策，那些是由我來決定的時刻。」或者，那是他內心的某種東西，某種不合理的東西。蓋許溫德納之後向我解釋了那所謂「某種東西」。

奈許：「我花了幾個月的時間，才習慣不打球。這並不容易。」德克笑了。他還不想談結束，起碼還沒有要正式談。

「小奈，節目錄多久了？」他問道。奈許笑了，他知道當德克想客氣表達結束的意願時，會用什麼語氣。

「一個半小時，」艾茲拉說。

「小奈，太長了！這麼長沒人想聽耶！」

節目錄完。奈許取下諾威斯基的麥克風，兩人雙手擊掌，拉開窗簾。下方是洛城，一切好似什麼都沒發生。有史坦波中心、幾座大型建築工地，以及地平線上若有似無的太平洋。此時下午，節目錄得其實太長了：一小時三十八分七秒，但沒人在乎。畢竟不是要符合某種標準，節目重點是要尋找詞彙，表達他們的熱情，尋找一個句點。

「節目有點尷尬。」

「不會啊。小史，做得很好。」

「只是第一集，我還得找到我的調調。」

「你應該多做幾集。」

兩人像老朋友一樣擁抱。諾威斯基身旁的奈許：精瘦、聰明，能掌控自己的身體，身體疼痛也愈來愈少。奈許是自由之身，他可以做他想做的事情。這一天和凱文．杜蘭特一起投籃，那一天在木板棧道上玩滑板。而每一天，他都要當爸爸。如果他想，他可以在下午喝啤酒。不過，他不再打球了，也無法回到球場，回到重大比賽的重大時刻，回到歡呼聲和隊友之中。室內飄盪的氣氛，混有憂鬱和樂觀。

奈許和音效工程師告別後，我們繼續留在房間。齊洛尼收起相機。德克站在窗邊。只見建築物一棟棟蔓延至地平線，球場就在他的腳下。他在那裡打了很多場重要賽事，而明天他會再次在這裡出場。和奈許一樣，德克有一個家庭，三名子女，都還是學齡前階段。職業生涯結束後的幸福歲月正在等著他。德克看起來，似乎在盯著自己的未來。

湯瑪斯・曼（Thomas Mann）故居

二〇一八年二月，太平洋帕利塞德（Pacific Palisades）住宅區

我、齊洛尼、蓋許溫德納三人下午前往太平洋。這座城市像末日電影中的背景一樣擴散開來。齊洛尼一邊像瘋子一樣按喇叭和開車，一邊引用麥可・戴維斯（Mike Davis）著作《恐懼生態學》（*Ecology of Fear*）的文字。當世界崩塌時，「終結」將在這座城市開始。蓋許溫德納笑了，他儼然樂在其中，他總是樂於聽到不同於體育界的見解。我們開上時尚區（Fashion District），沿著遊民巷（Skid Row），駛上聖塔莫尼卡高速公路。地平線上有一根煙柱，飯店工作人員曾建議我們，無論如何都不應接觸市中心的遊民，因為結核病和疥瘡猖獗，就連飯店房客帶時尚的臘腸犬沿著西八街（West Eighth Street）散步的時候，也穿著裝模作樣的小橡膠鞋。

齊洛尼不是體育攝影師，是藝術家，主要拍攝外來的人事物、黑幫、建築和植物（齊洛尼的措辭是「林下植物」）。不過，齊洛尼對運動十分感興趣，會負責本書的相片攝影。齊洛尼想在洛杉磯，看看德克・諾威斯基和他的世界。

今天是超級盃星期天；每個洛城人都坐在自家的門廊或運動酒吧，而我們正和蓋許溫德納一起開車去太平洋帕利塞德住宅區。獨行俠隊沒有比賽。我們將運動的世界拋在腦後。日落大道（Sunset Boulevard）空無一人，我們沿著海面前行，沿岸籠罩著一層厚厚的霾。著名的德國流亡者湯瑪斯・曼和利翁・福伊希

特萬格（Lion Feuchtwanger）住在海邊的山丘上；一九四〇年代，他曾在此處寫下《浮士德博士》（*Doctor Faustus*）。

蓋許溫德納心念一動，想參觀湯瑪斯・曼位於聖雷莫大道（San Remo Drive）的別墅。他喜歡藝術家和思想家過去的工作場所，這些地方孕育出他們的想法、思維、計畫和理論。我們緩慢駛經一棟棟別墅和一棵棵棕櫚樹、繡球花和九重葛。我們在沒有任何通知的情況下敲響了奧羅拉別墅（Villa Aurora）的門，然後偷偷溜進福伊希特萬格的書庫，翻閱了他作品的第一版。只聽見鳥兒啁啾，除草機在唱歌，只嗅得某處飄來烤肉的香味。德克和獨行俠球隊會在飯店看超級盃。

我們開車到此處，讓齊洛尼幫蓋許溫德納拍幾張照片。我們真的很想在一般體育館以外的地方拍他，而海邊是首選。在德國，外界常將蓋許溫德納描述為「導師」，但在美國，人們稱他為「投籃教練」，奈許則管他叫「大師級教練」。他不具有任何可識別身分的角色，他如同德克的一件全天候外衣：保護德克免受風暴、霜凍和熱氣的傷害。多年過去，他還是那個工友兼心理學家、兼經理、兼司機、兼占星師、兼公關顧問、兼預知者、兼朋友。德克的女兒瑪萊卡管他叫「阿嬤」。對蓋許溫德納來說，別人眼中的他是誰並不重要。他乃自由人。

蓋許溫德納不喜歡別人拍他，每當齊洛尼拿出相機，他都會四處走動。他會做鬼臉、轉過身去，或者學愛因斯坦伸舌頭。你拍我閃，好像比賽對決似的，我們都笑了出來。不過，只要相機放在袋子裡，我們就會談論文化和政治，談論像是湯瑪斯・曼和福伊希特萬格的其他作家、跨大西洋國際關係、川普和德州，以及德克的職涯和後續發展。蓋許溫德納在德克身上所看到的，不只是一名籃球員。對蓋許溫德納來說，德克是完美的國際大使：一隻腳在德國，另一腳跨足美國，使籃球和概念獲得共享，而不僅涉入籃球，也切入了更大的格局。

目前的狀況使蓋許溫德納感到沮喪（那場對沙加緬度的拉鋸戰），並且對隔天比賽不是那麼樂觀，對手是洛杉磯快艇隊。他根本不想談論籃球、戰術和無處不在的離別情緒，但他確實觀察到，年輕的人們此時正在思考很多關於他生涯尾聲的事情。相較之下，他正努力想像未來。

我們轉進聖雷莫大道時，有輛皮卡車擋住了通往湯瑪斯・曼故居的車道。只見裝滿水泥的袋子和木頭堆到處都是，警語條在風中飄揚，戴著頭盔的建築工人用西班牙語喊出命令。據稱，麥克・道格拉斯（Michael Douglas）和凱薩琳・麗塔瓊斯（Catherine Zeta-Jones）住在隔壁；而麥特・戴蒙（Matt Damon）和亞當・桑德勒（Adam Sandler）的宅邸也不遠。幾個月前，蓋許溫德納在《南德意志報》讀到湯瑪斯・曼故居即將出售，他竭盡全力，阻止這間別墅遭到拆除。他打了一通又一通的電話，在背後鴨子划水，我們甚至致信曼的名人孫子弗里多（Frido），但回音一直石沉大海。蓋許溫德納動用他與大使和德國外交部之間的人脈。他笑著說，若非不得已，他甚至要自己把房子買下來。齊洛尼查了房價：一千五百萬美元。

蓋許溫德納會想像在這樣的房子裡可以做什麼事，可以有什麼發想，可以付出什麼行動。「湯瑪斯・曼坐在這裡，」他說：「說了常存世間的故事。」而這和德克・諾威斯基高掛籃球鞋之間，會有些什麼關係？蓋許溫德納儼然愈來愈常在思考德克的未來。他思考著之後會有什麼發展。他對我說：「你是寫書的，寫完就再寫一本。不過對另一個人來說沒那麼簡單。」他在這邊的措辭是「另一個人」。這陣子，他有時候就是這樣稱呼德克。就好像他的天性變了，就好像男孩成了男人。他經常談論自由，而幾個月來，德克儼然一直在宣稱要有這種自由。就像蓋許溫德納先前向來會有的想像。不過，這對他來說並不容易。

藝術家和知識分子發出請願，然後數週前，這棟房子由德國聯邦政府買下，免於遭拆除的命運。德國總統數週之後為這間房子舉行落成典禮，第一批研究員也將開始修復湯瑪斯・曼故居的門廊。縱使如此，此時水池還是空蕩蕩的，油漆裂開，棕櫚樹下還有水泥攪拌機。我們在屋子四周偷偷摸摸，但因為沒有載安全帽而被送走，他們說：「戴安全帽才能進入。」蓋許溫德納翻弄湯瑪斯・曼的郵箱，然後齊洛尼拍了張照片。蓋許溫德納假扮德克，給這位德國最偉大的作家兼諾貝爾獎得主者留言：同樣位於美國的偉大德國人德克・諾威斯基在此問候。

諾威「基斯」

隔晚對上洛杉磯快艇隊，賽況完全出乎意料。全場球迷的穿著一片紅，氣氛熱烈，快艇隊的主要目標就是打進季後賽。這一天早上，蓋許溫德納在投籃訓練時說：「放棄的話就輸了。」他似乎精神奕奕，幾乎是樂天的狀態。不過話說回來，當他寧可不發一語的時候，他經常說出這樣的話。

這一天，德克的NBA出場時間將累積生涯五萬分鐘。他是傳奇人物，每個人都知道他的名字，但當他脫下熱身衣，比賽開打時，他背上的手縫字母誤拚為「NOWITKZI」（諾威基斯）。

這可不是個好兆頭。

獨行俠隊的表現倒是沒那麼糟糕，實際上小丹尼斯．史密斯（Dennis Smith Jr.）一記精彩上籃得分後，還以九十六比八十七領先。接著，在比賽還剩四分四十二秒時，比分來到一〇一比九十一。下一次暫停時，卡萊爾教練將眾老將叫回板凳。德克坐在板凳上，見證球隊打得分崩離析。

這恐怕是「終結」開始的時刻。

快艇隊愈咬愈近，領先優勢逐漸縮小、消失，隊友瘋狂反攻，但徒勞無功。獨行俠隊年輕球員猶如死水，比賽像是一拉一拖的拔河戰，但經驗豐富的快艇隊拉出一波十三比〇的攻勢，比賽畫下句點。史密斯幾次不慎失誤，馬克西．克萊伯（Maxi Kleber）抄截後迅速上籃得分。快艇隊在比賽還剩二十四秒時取得領先，他們沒有放棄，是獨行俠隊讓勝利溜走。

德克淡定地坐在板凳區的末端，穿著拉鍊運動外套，一條毛巾披在肩上。老將只能眼睜睜看著情勢分崩離析。馬修斯和哈里斯默默注視著整個過程。一般來說，他們不會讓這樣的比賽直接放掉；一般來說，他們會在場上。不過這一天，他們不被允許介入。

賽後，德克一言不發地在更衣室穿好衣服。比別人慢的他，經常在淋浴前接受物理治療師的治療。氣氛很糟，沒人敢和他說話。大家只是慢慢繞著房間中央那一大堆衣褲，幾位記者偷偷拍下這座衣物小山。這裡有行為準則。不能向赤裸裸的失敗者攀談。嚴酷的現實取代了與奈許談話帶來的歡快。大家都看到第二陣容崩潰，但看到了也於事無補。虧前一天德克還在向奈許講述他職業生涯的重大時刻，這一天倒是例行公事般的輸球。眾記者尷尬地在四周徘徊。德克終於點了頭。媒體把錄音機擺在德克面前，劈頭就問球衣上的誤拚字母：NOWITKZI（諾威基斯）。

大夥期待德克用某種打哈哈的方式圓場，但德克沒有幫大家這個忙。他冷冷地說：「我剛剛才看到，這為我們的賽季下一個很好的註腳。隊上的年輕人必須學習。他們必須經歷這種情況，才能變得更好。」「德克，這會是你在洛杉磯的最後一場比賽嗎？」「我們以後才知道。」這些關於「終結」的問題永遠不會停止。

獨行俠隊的波音（Boeing）七六七—二七七航向舊金山時，我們記者仍坐在球場座位的中間，歸納所發生的事情。在場者有幾位德國人。《南德意志報》約根．史密德（Jürgen Schmieder）、迪恩．瓦勒（Dean Walle）、齊洛尼、幾個德州人，還有我。新聞發布室的冰箱內，還有幾罐百威 Bud Light 啤酒。我們隔天早上才會隨隊，屆時將搭乘較便宜的航空公司（維珍和阿拉斯加）的早班飛機。在ＮＢＡ，比賽進行時，行李已經打包好了。當終場響哨時，就準備往下一場比賽移動。不到九個小時後，德克和獨行俠隊將現身承租的體育館，準備對陣金州勇士隊。

那場輸球感覺像是不該輸球，我們相信是本來可以避免一場失敗。球輸得很拙劣，這非常不同於卡萊爾教練所執掌的獨行俠隊。教練已經看到他的第二陣容崩潰，但沒有採取任何行動來阻止。這種狀況的某些環節讓德克感到不快，否則沒有其他理由可解釋他那冰冷的情緒。他通常能夠接受輸球，這是比賽的一環。身為一名優秀的籃球員，也代表能應對挫敗，但也不是這種輸球。

歐洲人有時很難理解美國職業聯賽的結構和心態。全稱「美國國家籃球協會」的NBA，是一間巨型企業；個別球隊是一間間公司，球員不是個別球隊的員工，而是受雇於聯盟本身。與歐洲不同，NBA聯盟中最差的球隊不會降級。相反地，最差的球隊有權利在下一個賽季之前選擇最優秀的年輕球員。箇中用意是保持聯盟的平衡和實力，每一場比賽的好看程度應該不下於其他比賽。

不過，正因為沒有降級制度，輸了就不用擔心遭降級。唯一受到牽連的只有球隊的形象和財務狀況。美國職業運動的一項荒謬之處在於，如果一支球隊沒有機會打入季後賽，也沒有機會奪冠，那麼賽季的剩餘比賽也就沒有意義。一些球隊甚至在賽季進行到三分之二時，就開始欣然接受輸球。愈是後段班的球隊，選秀時挑選最優秀年輕球員的機會就愈大。因此，輸球成了一項短期目標，而長遠來看，輸球有助於打造更出色的團隊，這種方法稱為「故意輸球」（tanking）。原則上，任何著眼未來的務實者都能利用這個漏洞。

歐洲人會感覺到這種策略是錯誤的；歐洲人堅持對於體育的純粹抱有一種理想。歐洲的職業運動俱樂部有許多嚴重問題，但可沒有故意輸掉比賽的動機。然而，在美國籃球界，管理和長期戰略是更有條理、清晰可見的。無關乎比賽或賽事規則的外部思維過程，有時可以決定比賽的打法、誰贏誰輸、哪些球員該上場、哪些球員該休息。從觀眾的主觀視角切入，故意輸球可能感覺像是利益掛帥，勝過競爭精神（或起碼是球迷眼中的競爭精神）。不過，聯盟因為要販賣每場的球票、要履行電視轉播合約，還得賣啤酒，所以嚴禁談論這種策略。如果球員、教練或球隊官方人員談論故意輸球，將面臨罰金。再怎麼說，誰會想花個一百美元，來看兩支球隊刻意輸球的比賽呢？或是看最出色的球員在關鍵時刻被冰？

對於每天繳出頂級身心表現的運動員來說，故意輸球這個想法很荒謬。這些運動員之所以成為NBA球員，是因為他們從小就不斷與最優秀的球員競爭，並證明自己。他們每天都投資自己的身體，為勝利取得一席之地。他們的人生重點向來都是成功。他們調整本身的想法，培養出高運動表現的身體，並打造具高度專業的概念領域，為的是能贏過其他全球數以百萬計的籃球員。球員想打的是「有意義的籃球」。不久之後，德克的隊友衛斯理．馬修斯表示，如果沒有努力贏球的意念，他的身體不可能支撐他打籃球。

在球場地下層的那群記者推測：自從德克到來後，達拉斯打出了會贏的籃球；會輸球的策略對他們來說是陌生的。（一位德州人插話：「也許他第一年的時候，獲益於某種年輕帶來的活力。」）那群美國運動作家雖然不願意說出口，但今晚的比賽可能是德克時代中，這類比賽的第一場。「我們得連續十次失誤才能輸掉這場比賽，」其中一位記者抱怨：「結果我們失誤十一次。」史密德喝光啤酒，將罐子扔到房間另一頭，罐子沉入垃圾桶。

「那看起來是故意的。」他說道。

舊金山

二〇一八年二月

隔天，我們於舊金山降落時，陽光灑落在海灣上。諾威斯基取消了我們在聖瑞吉酒店（St. Regis）的會面，因為他想進行額外的訓練，之後去物理治療。我們突然有幾個小時的空閒；在客場比賽的日子中，常常要等下一班接駁車、下一場練習或下一次用餐，這種突然其來的空檔是家常便飯。

我和史考特·湯林前去飯店轉角處的角落，在那邊一間名為「龍舌蘭知更鳥」（Tequila Mockingbird）的當地小型便宜酒吧待了一下午。一些媒體隨行人員也來這裡，坐在櫃檯遠遠的一端。啤酒有著像鏡池（Mirror Pond）和至福天空塵（Elysian Space Dust）一類的創意酒名。城市內，酒吧外，宛如黑色電影（film noir）的場景，外面有乞丐和他們的狗，開始與結束，天堂與地獄。

湯林看到了這一切。近十五年來，他都在操盤獨行俠隊的報導。每位記者如果想聯絡德克，都得通過湯林所屬媒體公關部那繡花針般的細細檢視。如果你想寫德克主題的文章，那麼最好別打壞和湯林之間的關係。有時候對我們，他和莎拉·梅爾頓會一個扮黑臉，一個扮白臉。湯林負責協調、介紹，並且照料你。他會安排好事情。他能記下無數人的名字，會將名字和臉對起來。關於德克的報導，他都一一讀過，而且他親自照看其中大部分。

湯林同時也是一名護衛、守門人，他很會幫人保守秘密。他知道什麼是好的故事，以及該不該講這個故事。二〇〇六年對上邁阿密的系列賽之後，和德克一起在更衣室坐了一整晚、與他共飲啤酒的人是湯林。每一個謾罵，他都聽在耳裡；可麗斯多．泰勒的八卦風波，他幫德克挺過。二〇一一年奪冠後，德克在更衣室不能自已，是湯林把德克帶回了球場。每一場風風雨雨，史考特都沒缺席。他謹言慎行。當對德克來說外面鬧得太離譜的時候，他能立刻感覺得到。我們記者劈哩啪啦提問時，他能吐出優雅的句點。無論發生什麼，史考特都保持親切。他幾乎從不談論自己，但今天的他多點了一杯啤酒，並用食指敲一敲櫃檯。

酒吧另一邊的體育記者起身離開。他們和我們聊了一會。他們和我一樣，搭乘商業航班跟著球隊；和我一樣，他們也有半天的休息時間。時代變了。過去，很多記者都是搭乘球隊飛機——機上還有一整區記者席。現在每支NBA球隊都有自己的工作人員、自己的紀錄片製作人、攝影師和部落格寫手。這年頭，僅一、兩位隨隊體育作家能獲得許可，和球隊一同往返各地。獨行俠隊以多用途球票的形式販售剩餘座位的機票，服務對象則是預算無上限的有錢球迷。這群體育作家拍了湯林的背，問起關於未來的事。湯林告訴他們必須等到明天，有正式空閒的時段才能回答。眾體育作家想請湯林喝啤酒，他笑著拒絕。體育作家中，有兩位返回飯店撰寫報導初稿；其他人則去他們最愛的碼頭餐廳。「我們要去吃海鮮，」其中一位說：「我們每年到舊金山的固定行程。」

說到未來，等那群體育記者離開後，史考特告訴我，別的NBA球隊想挖角他，他收到的報價價碼可觀，頂級數字，對方是擁有出色人才、運作成功的球隊——但湯林他會留在獨行俠隊。他還有一份工作要在達拉斯完成。他說他很好奇這裡的後續發展。他說他目前的工作既非夢想，但也不是災難。我猜，他知道我們記者都在懷疑：贏球不是球隊目前的優先事項，但他沒有說出「故意輸球」（tanking）這個詞。雖然一、兩杯啤酒下肚，對於能說出口的資訊，他還是能管好嘴巴。他總是對用字小心翼翼。

史考特了解生意這回事，他是樂觀主義者。他要我「等一下就好。」他說這句話的時候是我來找他的時候，帶著我那歐洲式的全盤懷疑主義、我的浪漫主義、競爭的精神，以及「籃球的靈魂」。我的態度悲觀、庸俗，又有著自己對球隊發展的想法，而他則要神秘地說：「再等一下，」並微笑道：「明年會更好。」

史考特知道，德克的形象好過於球隊目前的困境。此時隊伍球打不開來，壓力緊繃，負面猜測甚囂塵上。湯林說，這倒是不會損害外界對德克的認知和他的光環。早期記者雖會抱怨，但絕對不會寫德克的負面報導。

湯林認為德克一場比賽隨便就能出手二十次，而且最近好幾天來，他已經拿這個想法煩德克好幾天了。他說：「骯髒德克，多投吧！」大家希望看到德克打更久、投更多，但德克躊躇未定。德克不是為自己打籃球；他希望他的球隊獲勝。他不想要輕鬆的競爭——即使是傳奇球星，也沒有紅利。他不想要告別之旅，他不要特殊待遇。兩年前，科比・布萊恩打了他的最後一個賽季，甚至在告別賽中，砍了六十分。不過要得到那麼多分，他得投籃五十次。這樣的告別之旅勢必讓球隊的結構很緊繃。德克全神貫注坐在電視前看比賽。我決定問德克，問在他心中，對自己職業生涯的終點有沒有畫面。畢竟，其他人都在想像那個終點會是什麼樣子。他們想知道，終點是否即將到來。這一天的比賽是他在甲骨文球場的最後一場比賽嗎？這些是我們記者的問題，而對此我們沒有獲得答案。接著，史考特熊飲了一品脫的至福天空塵ＩＰＡ（Elysian Space Dust IPA），把酒小心放在櫃檯上，做出德克下一季確定會繼續打球的首次宣告。他說，德克的最後一場比賽將在二〇一九年四月舉行。他笑了。二〇一九年四月，一切都將結束。

＊　＊　＊

團隊的整體氣氛不好。之後，庫班作客「J博士」朱利亞斯・厄文（Julius "Dr. J" Erving）的播客（podcast）節目，暗示輸球「可能是最好的選項」。不過，NBA對措辭有一定的限制，一來是為了不讓比賽看起來沒有意義，一來也為了讓觀眾繼續來球場捧場。隱晦的說法如「讓年輕球員有機會證明自己」可能是選項，但庫班越界了。他之後道歉，就因為他誠實不加掩飾，遭罰超過一百萬美元的鉅款。

在德克的職業生涯中，努力讓球隊戰績墊底可從來不是一種選擇。二十年前他來到達拉斯時，球隊打得非常糟糕，但很快就愈發出色。其中大幅歸功於德克的心態，以及奈許和芬利的心態：因為年輕球員很出色，所以在他們生涯早期給他們機會證明自己。再說，他們都完全不懂策略性輸球，這種事想都別想。「那不是我的作風，」之後經問及庫班的罰款時，德克說道：「你必須在這個聯盟中發揮出最高水準。永遠都是。」一旦產生鬆懈的態度，便會改變團隊和組織的精神，所關注的焦點也遭到扼殺。「你需要一種贏球的文化，」德克說：「再說，如果你接受了努力一半就好，輸球某種程度上也可以的心態，這種心態就會永遠深植你的腦中。」

＊＊＊

我再次與德克和他的朋友共餐，地點是在鮑伯牛排館（Bob's Steakhouse），成員有厄爾斯和畢曉普，蓋許溫德納和諾威斯基，湯林和我。晚餐話題是獨行俠隊的現況。同時，也一如賽前的每次晚餐，德克點了他平常會吃的料理：沙拉、蒸蔬菜，以及當天捕獲的生鮮。對服務生說的台詞也一樣：醬汁放在旁邊、請給我水。不過後來他猶豫了，想了又想，把服務生叫回來。「管他的，」他突然說：「我要奶油玉米。幫大家都上一份洋蔥圈。還有特大鮮蝦雞尾酒。還要一杯紅酒。」

桌邊每個人都神情尷尬地看著他們的酒杯。我們一言不發，因為我們知道德克現在的感受、他腦中在想什麼：他不想用這種籃球結束自己的職業生涯。這不是他的世界；他不是這樣在打球的。德克把菜單還給服務生。我們看著侍酒師放下酒杯。他開始慢慢地、小心地給德克倒酒。畢曉普決定這一天的酒：又是黑皮諾葡萄酒。德克舉起手。「謝謝，」當杯子半滿時，他說：「謝謝你。」

「乾杯！」厄爾斯說。

「喝到掛！」畢曉普說。

「管他的！」德克說著舉起酒杯，他抿嘴一笑，但笑容帶有桀驁不馴的氣息。這可能是他的最後一個賽季。大家舉杯：「管他的！！」

第二天下午我進入他的套房時，德克正坐在蘭花、飯店房間藝術品和水果盤之間。他在閱讀。此時是客場比賽前的漫長下午，他既無事可做，做了也無濟於事。此時是適合客房服務和電話聊天的下午。所以他坐在這裡，讀著約翰·史坦貝克的《伊甸園東》，這本是讀書會的指定書，讀書會成員有哈里森·巴恩斯、馬克西·克萊伯，以及德懷特·鮑威爾。德克的措辭是「我們的讀書會」。而他們下一本會讀伊布拉·X·肯迪（Ibram X. Kendi）的《生而被標籤：美國種族歧視思想的歷史溯源》（*Stamped from the Beginning*），這本書探討美國種族主義的歷史。讀書會成員每人都會提出讀一本書，一本讀完換下一本。他們都會讀指定書，然後像這樣在下午見面討論書。「比看電視還好。」他說。話雖如此，背後正在靜音播放一場籃球比賽。

ＮＢＡ球員有個讀書會並不常見。球員多數人年齡範圍是二十歲出頭到二十五歲前後，更愛用PlayStation、Fortnite、Twitter和Instagram殺時間。德克覺得他的年紀做這些會太老，而又得在空檔做些有價值的事情。目前他們的讀書會由四人組成：一名美國人、一名加拿大人、兩位德國人。他們讀小說（約翰・史坦貝克這本是德克的建議），巴恩斯帶來的是非虛構的政治類作品，克萊伯是下一位指定人。

德克請我從轉角處那間彼特咖啡（**Peet's Coffee**）帶大杯拿鐵過來。即使是客場日，即使是一般上班日，他也不能親自去咖啡廳。房號二八一八的窗戶下方，是這座城市的公園和大型博物館，但造訪這些地方會太花時間。厄爾斯和畢曉普這一天很忙；而沒有隨扈，他進不了博物館。幫一堆人簽名，會沒時間看傑克森・波洛克（**Jackson Pollock**）；和一堆人自拍，會沒時間看南・戈丁（**Nan Goldin**）。所以他躺在沙發上，讀著史坦貝克小說的最後幾頁。「書裡最後可能會有更多煙火般的高潮。」德克說著，聽起來像是在說自己球涯結束的時候。此番話讓我突然想起幾年前的那天下午，當時德克在棒球比賽時坐在休息區，看著煙火射向空中。「發生很多事情，但最後的時候腳步還是很慢。對我來說，少了某種東西。」

最近固然有風波，但德克儼然很專注。除了鮑伯牛排館的半杯葡萄酒、洋蔥圈和奶油玉米，他的訓練打球一如往常。他放下矜持一秒鐘，不過僅那麼一下下，而這種「堅持繼續堅持」的心態，是他來這裡的初衷。德克此時在喝水；桌子上放著一瓶蛋白質飲。他依據營養學家的指示自行混合。他說：「有抗氧化劑、藻類和其他『廢物』，這應該有助於復元。」

我們天南地北聊了幾分鐘，聊了加州，又聊了洛杉磯的那場比賽，聊了蓋許溫德納，他出於懷舊之情，想在漁人碼頭（**Fisherman's Wharf**）附近喝愛爾蘭咖啡。接著我們著手做事。我帶了幾本齊洛尼的作品，有一本名為《故事／沒有故事與珍妮・珍妮》（*Story/No Story and Jenny Jenny*）。只見德克慢慢翻閱他的作品，裡面有妓女、黑幫和逃家孩子的照片，有幾頁是那不勒斯夜晚的住宅區、曼尼托巴省（**Manitoba**）的保留地，以及特羅納（**Trona**）蒼白的太陽。他翻閱這些與他自己截然不同的人生，以及這些他永遠不會踏足的地方。

我們一度聊到我的書，以及可能下的書名。「《偉大的諾威斯基》（此為英文原書名）？」他問：「認真的嗎？」我們之間的桌上放著一疊稿子。我大聲讀了幾頁。

德克邊坐邊聽他生涯三萬分的篇幅。他聽了蓋許恩德的阿富汗故事，笑著說：「千萬別再來了」，然後問這本書何時出版。「在你的最後一場比賽之後。」我說。

德克看著我，笑說：「那可能還要一段時間。」他起身走過套房，彷彿他坐太久了。他把幾本雜誌收好，整理蘭花，然後把一雙襪子塞進放在房間另一邊的運動包裡。接著，他又坐了下來。

「你會怎麼想像自己生涯結束的樣子？」我問了，但問得過於唐突、過於單刀直入。這問題在我腦中盤旋了好一段時間，但在我發問的當下，我意識到相較於問題原來的本意，聽者的感受會更嚴厲、更沒禮貌。我的問法像是我不在乎，但德克可不會錯過任何一拍。

「就打球，然後球季結束的時候，說『謝謝。就這樣。我打得很開心。我收工了。我的身體也收工了。我付出了我所擁有的一切。』提姆．鄧肯退休時，只給馬刺隊發了一封電子郵件，『對了，提姆．鄧肯要退休了。』當然，我們做的還可以多一點。也許是記者會，不過我不希望大家搞得很盛大。『嘿，這是你在這個球場的最後一場比賽，這是你在那個球場的最後一場比賽』，這樣說個一整年，可能會很煩。我只想說『就是這樣。我的職業生涯結束了』就好。」

比賽結束。

「你對你職業生涯的最後一天，有一個清晰的想像嗎？」

「我知道愈來愈近了，可是我不想想太多。不然你會老是在想終點，無法享受當下。對於終點，我仍然想保持開放的心態。我只希望明年還能打球。如果可以的話，明年的感覺會是：很明顯在二〇一九年四月初，一切都會結束。」

「你最後一場比賽，誰會在場？」

「這幾年來，我爸一直想知道隔一年會不會是我的最後一年。他想和他的朋友們從烏茲堡飛過來，如果他想，他應該會這樣做。不過我不特別需要誰在場。和我親近的人，看的比賽已經夠多了。最後一場比賽……他們不必看到我在場一拐一拐的樣子。」

德克套房的門鈴響了。齊洛尼帶來更多咖啡。他把杯子放在桌上，打開他的相機。「繼續講。」他說，然後開始拍照。

「科比的告別賽很棒，」德克說：「但你不能做那樣的企劃。他在最後的比賽中拿六十分。在全國轉播的電視上，大家都看到了。湖人隊在第四節落後，大家都給他球。科比筋疲力盡，暫停後幾乎站不起來。可是後來他挺過來，最終拿到六十分。而且最重要的是，湖人隊贏了。他投進了決定性的一球。這是計畫不出來的。令人驚嘆的生涯、令人驚嘆的結局。很瘋狂。我在看比賽的時候起雞皮疙瘩，」德克說：「這不是可以企劃的東西。」

對我來說，他的回答聽起來還很籠統，措辭還沒定調。不過，接下來幾個禮拜、幾個月後，這些答案將成為他每場賽後訪談、每次露面和記者的標準用語。一切話題都會圍繞著職業生涯的告終，但會稍微包裝成在詢問賽季、隊友或身體。有時候，問題會單刀直入。有時，問題會關於德克，但多數時候會切入更大格局的某事某物，某種多年來陪伴我們大家的事物。最重要的是：問題也關於我們自己會緩慢消失。或許，這個想法太夸夸其談。德克向來努力維持，當個正常人，而不是成為一個象徵、一個代理人。然而，那正是他已經成為的樣子，好比我們會納悶，我們最終會因德克生涯畫下句點變成什麼樣子。

「很多人都在想像他們會怎麼……」我說，德克笑了，因為他猜到我要談這個。「你是怎麼想像結局的，這不重要，」他說著，站了起來。他此時這話題已經談得夠多。「結局會不一樣。」

夜幕緩緩籠罩舊金山，這座城市的燈光閃閃爍爍。我們還得拍一些照片。齊洛尼的相機在我們周圍轉了一圈，直到天色完全黑了下來，房內唯一的燈光是齊洛尼的閃光燈，以及德克的電話。暮色中的他看起來很累；時間緊迫。當晚有聚餐，地點是樓下的餐廳。齊洛尼說再拍一張，又來一張。德克朝暮色看了過去，又看了回來。也許他正在想下一場球隊會議，也許是物理治療師的治療。或者，他在想那些關於他現在和未來的粗魯問題，那些不言而喻的答案，所有那些暫不宣之於口的計畫和期望。「好，」他說：「再來一張。」齊洛尼按下快門。德克的T恤上寫著「只在達拉斯」（Only in Dallas）。

＊＊＊

隔天晚上，達拉斯獨行俠隊的對手是全球最強的金州勇士隊。我和齊洛尼乘坐舊金山灣區捷運（BART）到海灣的另一邊，看到黃昏的陽光照射著重型船隻和碼頭，看到高架的列車軌道，和下方一座座的帳篷城市。和舊金山相比，奧克蘭市內堅韌地以天地為家的住民人數不遑多讓。我們隨著人群飄過橋樑和巨大的停車場。球場就像一隻疲憊的年邁動物，坐在我們面前。

甲骨文球場是全聯盟最古老的球場，是另一個時代的遺澤。在這裡，冰球和籃球賽事於一九六六年起便在這裡開打，勇士隊從一九七一年起在奧克蘭打球。死之華樂團在這個舞台舉辦近七十場音樂會，柏克萊就在不遠處。這座建築的一切，都不是考量當代所打造的：基礎設施損壞嚴重；對於沒有車的所有現代人來說，車站太小；臨時安檢天長地久；人們排隊時邊喝酒邊喊叫，停車場裡傳來濃煙，原來有人在烤肉。球場正面的巨大紅字似乎顯得格格不入：甲骨文公司是軟體巨擘，但球場的建造時間早於家用電腦的發明。不過，氣氛在鼓動，這裡有一股在現代NBA球場少見的老派能量。或許在印第安納波利斯也有，或者紐約也有，或許奧克拉荷馬也有。勇士隊將只在這裡再打一年，之後將搬到舊金山，那裡可是有大筆來自科技業的白花花美鈔。

我們進入球場時，空中飄盪著一股鮮明的快活氛圍。哪怕甲骨文球場破舊、擁擠，但它有歷史，見證了一場場重大比賽。勇士隊是NBA衛冕隊，空間不足反而使籃球氣氛更顯狂熱。放眼望去，盡是黃色和藍色，還能感受到火焰噴泉的高溫。勇士隊旗幟揮舞。相較於其他球場，這裡的比賽日舞台技術似乎更像回事。到處都洋溢著歡快的朝氣，摻雜著過去的歷史和未來的期待。

在這座舞台上，德克經歷了許許多多的毀滅性時刻。一九九九年二月七日，他在這裡投進了他的第一球，那是他在聯盟的第二場比賽。然後是二〇〇七年，獨行俠隊打出隊史最佳的六十七勝、僅十五敗的戰績，以頭號種子之姿打進季後賽時，德克面臨低谷中的低谷。當時德克正處於頂峰，外界帶有莫大期望。不過，他的老教練唐·尼爾森此時的東家是勇士隊。對於如何打亂獨行俠隊和德克的節奏，他了然於胸。尼爾森擺出非常小的陣容。眾勇士球員像蚊子一樣，在德克周圍飛來飛去。那一年勇士隊的季後賽口號是「我們相信」（We Believe），甲骨文球場叫出比以往更響亮的主場應援，穿出比以往更鮮黃的主場色彩。達拉斯於系列賽第六戰遭淘汰。德克出場三十九分鐘，十三投僅二中，最終比分是一百一十一比八十六。德克說：「有時你會輸給壓力。」先前他覺得二〇〇七年將是他的生涯年。德克原以為一切準備就緒，將再次殺進總冠軍戰，突然間他們鎩羽而歸。一切努力化為泡影：在德國的夏天、冬天作客明尼蘇達的比賽、一班班飛機、空無一人的體育館和飯店走廊。

這是德克職業生涯的經典時刻之一：前往客隊更衣室的路上，德克隨意抓起一個巨大的黑色垃圾桶，用盡力氣、怒不可遏地把垃圾桶扔到牆上。他再也記不得那是垃圾桶還是椅子（起碼他之後是這麼說的），但我們頭上十二英尺的洞還在。勇士隊用一塊壓克力把洞蓋住。事件發生多年後，德克爬上梯子，在上面簽字。更衣室前的保全人員，指著還在洞口下方的凹陷垃圾桶。

WE
BELIEVE
2007 NBA PLAYOFFS

勇士隊旗下擁四位超級球星史蒂芬·柯瑞、凱文·杜蘭特、克雷·湯普森（Klay Thompson）和德雷蒙德·格林（Draymond Green），是當代籃球的最佳範例，是籃球界的未來。勇士隊的球風想必是蓋許溫德納曾想像過的內容：一位優秀的教練、全人的哲學，以及傑出的個人天賦。教練史蒂夫·柯爾口才好，關切政治，洞察人性。他有想法，他有能實踐這些想法的球員。他的隊伍具有速度、創造力、流動性和技巧性。這也有助於他們打造出籃球界最出色的三名射手。

我在熱身時觀察杜蘭特，他幾乎像是在跳舞。杜蘭特將球在身體四周騰挪擺控的方式，很像德克；杜蘭特的許多動作看起來非常像蓋許溫德納的訓練動作，而杜蘭特的單腳後仰跳投完美複製了德克的單腳後仰跳投。杜蘭特從未掩飾他對德克打法的著迷，現在奈許是他的私人教練，這招是德克·諾威斯基的體育遺產：其他超級球星都在模仿他的招牌動作。

賽況三兩句就能講完：客場球迷叫喊的聲音很大，對德克很友善。前三節獨行俠隊跟上勇士隊的腳步，沒有放棄的跡象。大家都在努力打有意義的籃球，那是不折不扣的籃球比賽。不過，勇士隊在第四節接掌比賽，最終當然獲勝。這一年兩隊的差異驚人。獨行俠隊無緣季後賽，而勇士隊將一路挺進總決賽，最終奪冠。諾威斯基看起來很專注，幾乎對一切感到憤怒；他有兩項數據上雙，拿下十六分、十一籃板。他又成了獨行俠隊最出色的球員。

其他球員衝進淋浴間，但當德克拖著腳步離開球場並穿過南邊的隧道時，那一刻充滿憂鬱氛圍。這恐怕是他在這座球場的最後一戰。他緩慢走過一條巨大的季後賽橫幅、光禿禿的排氣管、電纜線，伸出的手和那「奧克蘭之洞」。他走過歷史，以及他在這座球場留下的記憶，甚至沒有抬頭。

房間就像是輸球後的房間：靜寂、沉重，帶有臭味和鹹味。襪子和衣服飛過房間，德克安靜地消失在後方的房間。透過門框，可以看到他的雙腳懸在按摩台的邊緣，同時物理治療師正在治療他受傷的腹股溝。他的腳趾抽動，能看到他的痛苦。我們能感受到他的不滿。眾記者朝另一個方向看。齊洛尼想拍照卻遭訓斥：更衣室內不能拍，這裡的規定很嚴格。

就在外面，蓋許溫德納靠在一根混凝土柱子上，把他的想法和數字寫在小筆記本。「壓力消失了。」他說。他神情不悅，看起來很火。「今後所說的一切都將沒有意義。」他繼續默默寫字。我們看著行李裝上接駁巴士。獨行俠隊將返回達拉斯。第一班車、第二班車、機場跑道、夜晚的猶他州大鹽湖（Great Salt Lake）、大峽谷（Grand Canyon）邊緣的光線。

客場之旅結束了。

為什麼再打一年？

二〇一八年四月十二日

獨行俠隊的二〇一七／二〇一八年賽季基本上是在西岸結束的。球隊撐過剩下的兩個月，但德克不得不提前結束賽季。德克之所以缺席最後四場比賽，是因為他已經在考慮明年。沒有人知道德克為何未上場，但前一次主場比賽後，他宣布先前已開刀修復左腳。德克不想浪費時間在沒有意義的比賽，他寧可趕快開始復健。

「今年球季不是個好球季。」他在球季結束後的賽後記者會上如此歸納，該場賽事慘敗給鳳凰城太陽隊。不好之處在於二十四勝五十八敗的戰績、球隊的戰略、德克的腳踝、他自己的表現發揮。一起性侵醜聞也震撼了球隊的管理階層。必須做出重大改變，才能徹底改變球隊的結構和文化。必須從選秀挑出優秀球員，重新建立一種贏球的文化。先前有談過一位叫特雷伊．楊（Trae Young）的後衛，還有來自斯洛維尼亞的天才少年，名為盧卡．東契奇。「我想幫助這球隊走出這些糟糕的時刻。」德克說。他祝我們大家有個美好的夏天，然後拄著一對拐杖，一拐一拐地走出房間。「有意義的籃球比賽，」他說：「我想打真正的籃球。」

隔天下午，德克坐在普雷斯頓谷社區的住宅露台。鳥兒啁啾，他的腳踩在花園的桌子上。孩子們在院子裡尖叫；他的妻子和最年幼的孩子外出中。德克從口袋掏出手機，我們看他的腳踝的X光片。德克將照片發給紐多弗醫師，兩人討論得鉅細靡遺。他說，骨刺使他的腳踝無法移動，導致他幾乎無法做出籃球特有的動作。

「怎麼說？」我問：「籃球特有的動作？」

「就是說過去幾年我不能做好轉身的動作。」他邊說邊放大他的腳踝影像。「每次我試著改變方向的時候，我的腳會一直保持直線。」他把電話舉到我的面前說：「這裡。還有這裡。還有這裡。」籃球特有的動作還包括急停、快速啟動，以及不斷的跳躍和落地。

儘管年紀大，腳踝也受傷，德克在剛結束的賽季中，場均仍有十二分和將近六籃板。若以二十幾歲的球員來說，這數據還不錯。而對於快四十歲的球員來說，這是非比尋常的數字。聯盟史上可相提並論的例子寥寥可數：馬龍、賈霸、喬丹。每一隊都需要有人打出這種數據。紐多弗醫師在電話中開起玩笑：「了不起的是，你完全還能打球。」

德克坐在自家露台，知道球涯快要告終。他的子女從後院跑出來，跳到他們父親身上；孩子們東西亂放，東一杯水，西一塊米蛋糕。瑪萊卡站在那邊，一副靦腆拘謹的模樣，不太確定應該對客人使用哪種語言，她的父親一直在英語和德語之間切換，而麥克斯在尖叫和大喊。德克把他放下來，步履蹣跚地走進廚房忙小孩的事。「再來咖啡嗎？」他問。他看起來有傷在身。

當我看著他離開時，我問自己，讓德克．諾威斯基繼續前進的動力是什麼。記者的尖銳問題還在我腦海迴盪，酒吧內的聲音也是如此。德克只是又一位在職業體育的祭壇上犧牲自己的運動員嗎？他為什麼要用自己的身體冒這麼大的險？他甚至還在冒著風險嗎？當他可以輕易停下來的時候，當他可以去過擘劃了好一陣子的美好生活時，為什麼要繼續前進？陽光照耀，鳥鳴嘰喳，孩子們爭論著某些事情，但後來和好如初。如果德克願意，他可以喝葡萄酒，而不是喝水。他可以閱讀和打網球，還可以參加家長會：他有好多可能做的事、好多願意做的事、好多應該做的事。

「這就像死亡，」數週前，奈許在洛杉磯時說：「運動員會死兩次。」德克忘了拿咖啡就回到餐桌，但他不想再起身，反正這時間攝取咖啡因也太晚了。只見孩子們把球和玩具車丟來丟去。德克小心地將他的腿從笨重的復健鞋中解放，他的腿需要一些陽光。縫合處仍然用膠帶黏著，但很快就會拆線，然後就能開始復健。他沒有隨便決定，不過賽季的最後幾場他選擇不出場，以便之後搶先開始準備，及時健康回歸。

我看著他的腳，想問他為什麼繼續打球，但德克已心知肚明。他看我好幾秒，像是在等我問這題似的——大家最近都在問他這題。若德克對問題已經有了答案，都會擺出一種特定的表情：他會嘴巴微張，眼裡帶著笑意，嘴裡正要迸出一句珠璣之語。

「為什麼？」他問：「為什麼再打一年？」

答案很簡單：因為如果能打，都會打下去；因為即使變慢，也會繼續奔跑；因為不想停下來，因為放棄不是答案。因為哪怕不能再灌籃，還是繼續去體育館、去室外球場。我們記得那種特有的感覺，「*tam-tak*」的節拍，我們想在這個感覺永遠離開我們之前，去感受這些節奏和這股力量，去感受這個速度，球飛來飛去的速度，以及球的聲音。我們都想打下去，打得愈久愈好。在這個全球最好的聯盟，德克仍然有足夠的實力待著。他知道一旦離開，就沒有辦法回去。一想到用健康的腳踝再打一季，他似乎欣喜若狂。

「我以後能再做橫向移動，」他笑著說：「然後我五十歲的時候還是可以投籃。」

中國愛你

二〇一八年十月

二〇一八年十月，上海的麗思卡爾頓酒店分店。數百名球迷站在飯店車道一側，日以繼夜等待德克。每個人（真的是每個人）整齊劃一，圍在柵欄後面，穿著德克的四十一號球衣。在飯店大廳時，諾威斯基從飯店入口走到接駁巴士這短短幾英尺的距離，人群尖叫聲震耳欲聾，彷彿時值一九六六年，獨行俠隊就是披頭士樂隊一樣；德克的年輕隊友震驚無比。德克在簽名時大叫：「簡直是馬戲團！」，只見球迷爭先恐後，為了想辦法接近德克。齊洛尼和我敬而遠之。球隊巴士最後終於離開，巴士鳴按喇叭，球迷的熱愛使一個個路障晃動起來。「簡直是馬戲團！」德克在巴士後方說著。雖然壓力很大，但能看出他很感激球迷的感情。德克微笑。

幾個月前，德克年滿四十歲，但他決定再打一年，而非老是憂慮球涯告終的事。在這一年夏天的選秀上，獨行俠隊做出外界意料之外的決定，延攬了他們先前想要的球員：十九歲的盧卡．東契奇。東契奇是這一年選秀陣容中，至今最成熟的球員，而唐尼．尼爾森和獨行俠隊利用了美國人對歐洲球員的偏見和怨念，一如他們二十一年前簽下諾威斯基時的操作。懷疑者會說，東契奇太慢了、運動能力不夠強。他沒打過大學籃球，而且太嬰兒肥。然而，這位斯洛維尼亞球員有著當代後衛所要求的一切：老將的賽場解讀能力、「老將比賽」的球風，他有強壯的身體、出色的體型，優秀的身體控制能力，以及巴爾幹出身的核心肌力。他在皇家馬德里籃球隊已有兩年先發控衛的豐富經驗，累積了在歐洲能成功打滾的經歷。他聰明、迷人、有行銷市場。他可以作為建隊核心，打造一支成功的球隊。他總有一天會取代德克．諾威斯基，德克知道這一點，他說：「盧卡有那本事！」

德克看過東契奇訓練，當他談到盧卡的比賽時，他邊笑邊大力敲打桌子，並舉起食指。「他打球的成熟度是二十五、二十六、二十七歲球員會有的樣子。他十九歲就有令人難以置信的傳球能力，他有解讀場上的能力，他有預測賽況的能力！」德克儼然十分興奮。我感到驚訝。東契奇的未來還有一整個職業生涯要走，我納悶是否德克對他未懷有一絲嫉妒之情，但德克沒有提到這個。他散發的是熱情，而不是鬱悶。老實說，德克似乎很期待與東契奇一起打球，他似乎很期待這位年輕人的前景。德克自己過去也置身其中。

腳踝開刀是半年前的事了，手術後德克便努力保持狀態。他看起來比平時更瘦，臉部更有稜有角，身材更有線條。他遵守自己的嚴格營養守則，甚至比平常有過之無不及。二十一年來，他的體重從未像現在這樣輕過。上一次他瘦成這樣，是進軍NBA第一年的時候。當年他十九歲，身材是一根竹竿，新陳代謝低下，肋骨上的肉還不到一盎司，還不懂怎麼煮義大利麵。

東契奇就有些不同了，他可能有些過重。教練群想讓他痛切學到事情的重要性：賽季是一場漫長的嚴苛考驗，體重較輕才能更輕鬆地度過。教練群會等到東契奇意識到這一點才讓他上場。德克想當個局外人。他說：「每個人都必須自己去體驗事情，去盡量體驗自己的感受。如果你的體重再輕個幾磅，那會更容易在場上撐過四十八分鐘。」二〇〇六年邁阿密系列賽之後，德克才懂得如何與自己的身體一起合作。「我希望我早點懂這件事。當我徹底改變的時候，我已經二十八歲了。在我們輸給邁阿密之後，我意識到我必須改變一些東西.我按下了重設的按鈕，做了適合我的排毒，不再喝酒，不再吃甜點，不再喝汽水。」

實踐改變之後，起初一切都按計畫進行。「我感覺很棒，」他說：「狀態很好。我腳的問題只是小挫折。」骨刺移除後，腓肌腱開始發炎；不熟悉的動作範圍太大。德克做了核磁共振（MRI），因為他擔心可能是應力性骨折，但不是，那是一種發炎，過程很辛苦、很痛苦，程度難以計量。德克此時不可能打籃球，他不會在上海出場；他唯一能做的就是等待恢復健康。反正他也到這裡了。德克拉開巴士的窗簾，向外面的人群招手。他似乎沒有不高興。

聯盟將獨行俠送去中國比賽，在上海和深圳與費城七六人隊打兩場季前賽。此舉目的是針對NBA這個美國職業聯盟，拓展其最重要國際市場的人氣度。也不是說非做不可，只是說中國人熱愛籃球，並且他們的熱愛周圍，繞著一股有嚴謹架構的痴狂，這種有組織層理的熱情，甚至在籃球的原鄉都找不到。那是一種特有的混合產物，參雜了緻密的結構和鬆綁之下的商業機制。在中國，周邊商品和串流訂閱的銷售高過世界其他地方。獨行俠隊抵達的陣仗有三架飛機、幾個裝滿設備的貨櫃、球隊與老闆、教練、媒體、啦啦隊，以及贊助商，總共超過兩百人。這個來自德州的「馬戲團」就這樣浩浩蕩蕩來到城裡，而德克自然是主要賣點——那偉大的諾威斯基。

傍晚，德克執行健身計畫，地點是可俯瞰長江的麗思卡爾頓酒店五十三樓。德克踩著踏步機，汗水一滴滴落下，氣喘吁吁。上海的天色湛藍了幾天，之後濃靄籠罩。我們下方是流淌的江水，遊船燈光閃爍。健身房已經關了半個小時，但一些穿著諾威斯基球衣的粉絲探頭探腦地找路，一路到達房門。他們之中多數人都因為德克而在酒店下榻：三千五百元人民幣一晚，就為了瞥一眼德克。德克此時有三十分鐘專心做心肺運動，但隨後有風聲說德克在這裡，所以他必須離開。

德克的飯店房間可以看到河流、閃爍的建築物，以及其背後一棟棟的住宅大樓，綿延至目光所及之處。海洋在地平線外的某處。中國的居住人口共有十三億，其中三億人關注籃球。德克．諾威斯基剛剛洗完澡，他晚上要穿的西裝就掛在衣櫃；衣服熨燙後，房間內飄著蒸氣。他的兩根腳趾被兩只慘綠色的塑膠夾給夾住，應能用於改善腳的活動能力。我們坐在桌旁。齊洛尼在我們周圍晃來晃去，幾乎聽不到相機的聲音。

我問他是否之後會習慣中國人對他的熱情。他說：「這股熱情不同於其他任何地方。」不用說，其他地方也都會認可德克，但這裡的關注度有百倍之譜。「當然，說來奇怪，」德克說道：「可是我已經打二十年了，我第一次來到這邊是二〇〇八年。奪冠肯定有助於增加人氣。我得到MVP那年，然後是總決賽MVP。當我下車時，球迷總是尖叫『MVP！』」他笑了。他絕不會這樣叫自己，但現在他倒是重複講著這個縮寫，以各種字母組合講了又講。「大家為了索取簽名，幾乎是把自己壓垮在飯店前的柵欄上，這個經驗很獨特。他們尊重我達到的成就，這是很棒的事。」所謂成就，就是不折不扣的MVP。身穿一件件球衣，購入一張張門票，只為競相爭看這位最有價值的球員。

當天在香格里拉大酒店有場盛大的晚宴，接著將舉行僅限球員參加的晚餐會，地點在一間道地的麵點店，位於飯店下方的商場。德克返回飯店前，會點那邊的水來喝看看，並且以某種方式睡覺來調整時差。多年來，他一直這樣做，他習慣了時區變化和長途飛行。據估計，他世界各地飛來飛去，有五十五次了。他歷經的客場之旅和國際賽事數不勝數。他說他的睡眠習慣很奇特。他從來不會在機上閉眼睛，因為如此一來，他就無法在飯店房間裡睡著。抵達目的地前，他會和疲倦奮鬥、保持清醒。

＊　＊　＊

德克對一座寺廟心心念念。十年前北京奧運時他便有此願，但當年不得空閒，而前一天從機場出來的途中，他看到了一座燈火通明的寺廟，於是想起這個塵封已久的舊願望。隔天早上他傳訊告知，要我們馬上過來。為了在我們緊湊的行程之外起碼看到一點中國的面貌，我們偷偷溜出飯店。我們乘坐小巴穿越上海市；這一天只有兩、三位朋友隨行，有芬利和湯林，以及保全人員和翻譯人員。一行人駛經早晨尖峰時刻的喧囂，沿著河流穿過一座座廣場，聽到自行車的鈴聲，以及輕型機車的行駛聲。突然間一扇門打開，我們進入院子，鳥鳴和松樹包圍著我們。歡迎來到玉佛寺！兩名和尚行禮如儀，向德克致意。雙方交換禮物，一方收到一件獨行俠隊球衣，一方收到一條佛珠串。之後廟方帶我們穿過空無一人的寺廟。

德克站在一座有古字跡的神龕前，觀察院子的香客，詢問書法工作坊的情況；德克的手放在長椅上，聆聽鑼聲和誦經。和尚說他們有時會在晚上打籃球，在院子三打三。德克壓根不敢相信。此時沒有人在推擠，沒有人在喊他的名字；一股出乎意料的寧靜，湧上我們這群訪客的心頭。和尚英語流利；他說明各種佛像的意義，有的象徵長壽，有的象徵和平云云。我們站在一個巨大的鑼之前，此時廟方跟諾威斯基說敲鑼要愈大力愈好。他應該許願，無論什麼願望皆可。

他往後拉，讓木頭撞在鑼上。德克笑了，此情此景彷佛一個小男孩被允許在禁止噪音的地方發出聲音。德克一次又一次往後拉，敲了最後一次後，他突然貌似真的在許願。

在這趟訪寺之行接近尾聲的茶會上，攝影人員再次現身，他們在拍攝明顯緊張的茶會主持人。攝影人員拍攝她加熱和沖洗茶杯、茶壺的照片，用發抖的手指沖洗茶葉，德克試圖使她平靜下來，然後兩個人安靜喝著小茶杯內的茶。「我這輩子喝過最好喝的茶！」德克之後說道。其他人擠在薄薄的紙幕之間觀看。我們離開時，德克獲得一年份的綠茶。在寺外，他不得不簽了一些名，我們離開的速度如前來時一般匆忙。

在浦東早晨鼎沸的喇叭聲與叫喊聲之中，我們的小巴停在紅綠燈前。一名保安人員問德克他之前所許的願望為何，是長壽？是幸福？還是金錢？車上爆出一陣笑聲。

「健康的左腳。」德克說。

＊＊＊

在上海的那幾天，德克・諾威斯基代表的是聯盟和獨行俠隊、美國和德國。他帶領了多場以中國兒童為對象的研習活動，接受了一些採訪，並參加多個小組討論。他和中國最偉大的籃球員姚明會面；姚明還高過德克半個頭；德克也見了非洲傳奇人物迪肯貝・穆湯波（Dikembe Mutombo），並與「J博士」朱利亞斯・厄文一起搭電梯上樓。德克和這些傳奇人物相比毫不遜色，但德克沒有要像古物一樣被瞻仰。他來這裡，不是為了他的成就領取獎賞的。

在上海的最後一晚，德克收拾好他的西裝、書和球鞋，然後搭第二輛巴士前往球場。他看著城市劃過另一側的窗外，看著華燈、看著人們，看著那座於河畔熠熠發光的體育館。

「簡直是馬戲團！」他說。

賽前，德克在更衣室前的走廊放了兩把折疊椅，我們就坐在拖把和打掃用的水桶之間。周圍洋溢著準備迎接一場精彩活動的氛圍。在前往更衣室的途中，德克的隊友經過，大家碰拳和擊掌，虧對方幾句，說了些玩笑話。德克的隊友之中，有一些人的年齡只有他的一半（或稍大一點），哈里森・巴恩斯、盧卡・東契奇、德懷特・鮑威爾、馬克西・克萊伯等人都是。狀況有所進展，德克如此說道；他的腳有進步。這還需要一段時間，但重點在於即將到來的下一球季。

球季才是最重要的。

德克．諾威斯基雖然當晚不會上場，但他進入球場時，現場隨即炸裂。總有一天，德克會成為籃球名人堂的一員，大家對此心知肚明。他慢慢走到場中央向觀眾致意，向上海致意，向世界致意，此時國樂團表演他的歌。大家叫著：「M—V—P！最有價值的球員。」

球打得很粗糙，畢竟才剛要迎接一個漫長的賽季。話雖如此，獨行俠隊的黯淡歲月似乎畫下休止符。德克、球員和防護員一起坐在板凳區，專心看著比賽的你來我往，在兩隊之間擺盪，也看著擺盪到未來的方向。巴恩斯、克萊伯、鮑威爾、東契奇是球隊的未來，而諾威斯基是建隊的一部分。有時，我們頭上的巨型螢幕上會出現德克的臉，字幕打著「中國愛你！」德克笑了。他不想要任何告別禮，但在第三節，他的老鄰居王治郅送給他一把吉他，那撥弄弦的音色，恰似紀念了他們二〇〇一年時於科爾大街比鄰時的歲月。

賽後，這個籃球馬戲團將一只只箱子和一件件行李打包。巴士在黃色光線的照耀下，緩緩駛下裝卸坡道。他們要去機場，去深圳，再回美國。德克將臉藏在連帽衫之下。

＊＊＊

德克締造新猷的賽季在兩個月後開始，他加盟達拉斯獨行俠隊將屆滿二十一年，聯盟史上沒有球員為單一球隊效力過這麼長的時間。獨行俠隊這陣子在贏球，過去幾年的問題儼然如過眼雲煙。有時，球隊會打出熱情洋溢的球風；十二月初，他們往步入季後賽的路上邁進。諾威斯基坐在第一排鼓掌，他為年輕球員喝采，他推動年輕球員前進。他在幕後持續努力、努力、再努力。不過，發炎沒有消失。十一月底，他完成了七個月又二十六天以來初次的真正隊上訓練。這是一段漫長的日子；熱愛一件事，需要艱辛的付出。

二〇一八年十二月十三日，歷經兩百五十四天後，德克・諾威斯基於鳳凰城的客場比賽上場六分鐘。他該場第一顆是後仰跳投的擦板球，球進。三天後，在主場面對沙加緬度國王隊時，德克於首節結束前不久被換下。場上所有人起立歡呼。諾威斯基一如往常，會在準備就緒時拉扯他的球衣。他踏上球場傳第一顆球前碰了球，一次、兩次，彷彿在確認自己真的再次上場打球。第一波進攻時，德克在遠離三分線的地方接到球。我們以前已經看了這個動作上千次：他做假動作，確認場上情形，一切他都看在眼裡，也都了然於胸。德克彎膝，轉移重心，擺脫這幾個月來糾纏他的夢魘。德克大可投籃，但他傳給位置更好的隊友，畢竟也沒有什麼好證明的了，他一切都是為團隊而打球的。德克和如同父子般的東契奇擊掌，兩人面帶微笑。德克・諾威斯基回來了。又一次，他回到場上。

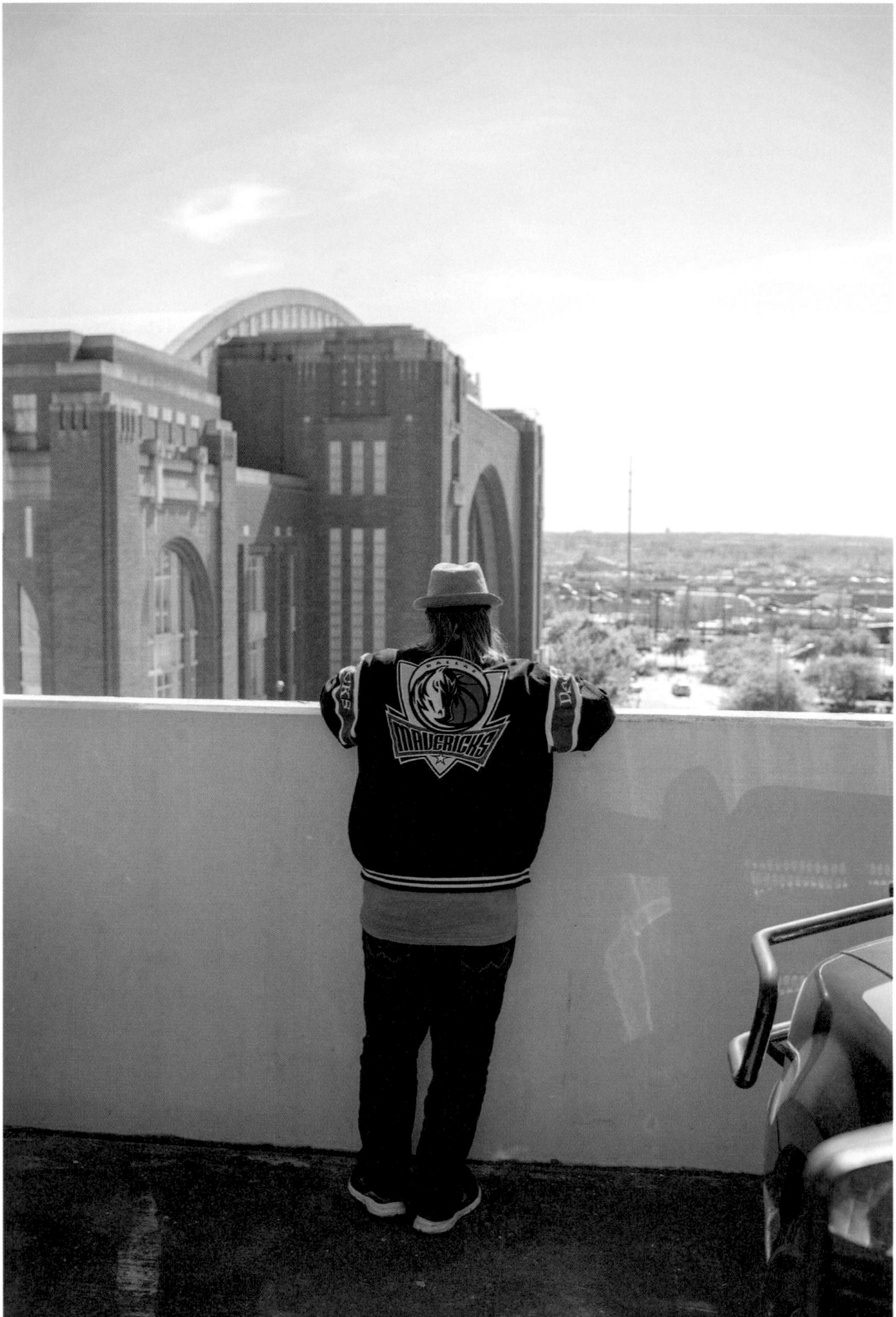

二〇一九年，美航中心球場

TO
NBA

南拉瑪爾街（South Lamar Street）

聖哈辛托街（San Jacinto Street）

三十五號州際公路（南）

對馬刺賽前

41.21.1.

潔西卡・諾威斯基

41.21.1

羅伯特・加列特

美航中心球場

二〇一九年四月，獨行俠對馬刺

THANK YOU DIRK

二〇一九年四月十日，聖安東尼奧，AT&T中心球場

「我會想念這一切的。」

結語 終點線

這一天是最後一場主場賽事的前一天下午，比賽將於德州達拉斯美航中心球場開打。時為二〇一九年四月九日，春天的陽光照在海峽路住宅後方的門廊。德克坐在門廊一邊，話不多，假裝一切如常。德州擬八哥鳥在樹上爬來爬去。他身後的屋子擠滿了人：子女、保姆；父親正在路上，姊姊在市區，岳父從瑞典來訪。德克的母親得留在烏茲堡。她身體有恙，所以用電視看所有內容。他們電話交談。幾個老朋友也光臨此處：有蓋許溫德納，有英戈．紹爾，也有西蒙．瓦格納。德克謝絕其他賓客。

通常，德克每場比賽前，都會小睡兩小時。從二點睡到四點，二十一個賽季以來始終如一，午覺的次數總計一千六百六十七次，差也差不了多少，但這一天睡午覺是天方夜譚。他試著躺下，但立刻就起身，畢竟太緊張了。他說：「我緊張得像是肚子內有一堆蝴蝶在飛。」因為他腦中的畫面只想到這句形容忐忑不安的英文說法。他不習慣這種感受；一般來說，當開車去比賽時，他很專注，沒有情緒——德克通常清楚知道他該做什麼。

這一天，德克的手機就躺在身旁的花園桌子上；他調成靜音，把手機翻過來，但還是一直嗡嗡震動。大家想紀念這個重大時刻，努力想找詞彙形容，而有的人只是想要一張告別賽的門票。德克在想，太多人有他的號碼了。大家的關注震耳欲聾，聽不到自己在想什麼。

德克坐在屋後的陰涼處，啜飲著最後一口濃縮咖啡。他打赤腳，穿著一件T恤。有台割草機隆隆作響，一位園丁在網球場後面用西班牙語大聲喊出他的指令。孩子們傳來笑聲。德克比平時更為安靜。

近幾週以來，他一直在考慮自己該做什麼。他的腳踝已經不能正常運作。他想著，**就是不行了，再也沒樂趣了**。接著，他前一天做出決定。「再也沒樂趣了。」他搖搖頭，難以置信。有幾秒鐘的時間，他一下凝視著德州的天空，一下凝視著後院的春天綠，然後進屋將咖啡杯放進洗碗機。這一天，終究到來。

德克．諾威斯基站在衣櫥前。他都會在賽前挑一套西裝。職業生涯早期，他會穿牛仔褲和帽T開車去看比賽，但之後NBA推出新的服裝規定。他感覺自己同一套穿了好幾年，但這時候他覺得穿西裝也可以。這一年，他四十歲，他知道怎麼打領帶。諾威斯基這個人不走象徵主義的路線，但當他看著他那一排西裝時，他決定選擇淺藍色，那是一種鴿藍色，最接近他所屬獨行俠隊的藍色。這種顏色對他來說代表某種意義。當晚他會身穿這顏色步入球場，這對他來說意義重大。同時領帶也相中寶藍色。

接著，他在浴室鏡子前猶豫了。起初，這是一個模糊的想法，一個在他心頭徘徊了好幾個禮拜、好幾個月，甚至可能好幾年頭的想法。別人已經問了德克上千次，而他總是以同樣的答案來面對自己和這個問題：**我必須聆聽我的身體……我們會在球季結束的時候，坐下來冷靜考慮……只要打球還有樂趣……**但是現在，他獨自一人在位於普雷斯頓谷社區的自家浴室鏡子前，他意識到時機已經到來。再也沒樂趣了。德克看著自己的眼睛；西裝掛在那裡，等著他穿上。德克．諾威斯基，身高七英尺，體重兩百四十五磅，史上最偉大籃球員之一，他想著，這是我最後一次為一場比賽著裝。

他將白襯衫塞進淺藍色的長褲裡，慢慢扣上鈕扣，雙手拿著領帶，還沒開始要打，**就感覺淚湧而出**，這是他後來的形容。他感覺到自己的心境在轉換；對於這個糾纏他過去好幾個禮拜、好幾個月的模糊想法，突然間變得非常真實。

接著，愛妻潔西卡突然站在他身旁。此時於浴室鏡子前的交談內容，德克不會對外人透露隻言片語，講出一字一句都會是多餘之舉。

德克需要幾分鐘才能定心。站在水槽前的他感到心煩意亂。悲從中來之餘如釋重負，分離告別之際心地澄明——德克和這樣的情緒搏鬥著：「我像是被閃電打到。」當他終於從這一天中最情緒化的時刻回復時（他之後如此形容當時），他往臉上潑了一些冷水、刷牙，並打好領帶的結。

他在廚房的大桌子吃他的賽前義大利麵，這是他在其他比賽日的例行公事。用餐時說說笑笑，彷彿在過某人的生日——不是盛大的生日，而是一個普通的生日，沒有圈外人的生日。餐畢，他從冰箱裡拿出一瓶山谷泉水（Mountain Valley Spring Water），綠色玻璃瓶裝，字體紅白相間，這是他出門前的固定動作，但他又想要多待一會，釐清更多的球票安排問題。家庭座位的四個人要給誰？誰要待在樓上的包廂？誰會坐在板凳區後方？他們列好一張清單，潔西卡和他一起確認。這一天要發的球票不少，座位安排比他們想像的還要複雜。德克在信封上潦草地寫下名字，然後瀏覽名單。湯林打電話提醒行程。說再見這檔事也是一門很實際的學問，因為每個人都想出席，而德克必須發給他們球票。完成後，他從椅子上取下西裝外套，擁抱房間裡的每個人。他看一下手機：下午三點五十九分，仍能準時。

這一天德克開車，身穿那件藍西裝和白襯衫，還有手帕，鞋子剛剛擦亮。「走吧。」他說著，將旅行包扔進車內。他已經為馬刺戰打包好了。行囊內裝得不多，只有他的牙刷、充電器、iPad、目前在看的書。其他東西都已經裝好並運送了。此時四點。德克和蓋許溫德納這一天開的是Range Rover；兩台特斯拉正在給德克的訪客們用。

蓋許溫德納雖然是個糟糕的乘客，此時倒也穿著他那走透全世界的老裝扮（格襯和皮夾克）坐在乘客席上。通常會是蓋許溫德納開車，只有主場比賽時才由德克握方向盤。那是德、蓋兩人之間的事，他們有自己的默契，他們的旅程有異曲同工之妙。德克家的大門緩緩滑開，只見愛駒小心翼翼駛離車道，沿著沒有人行道的狹窄街道行駛。樹籬蓊鬱，巴赫曼溪（Bachman Creek）河水呈現棕色。汽車開進皇家巷（Royal Lane）時發出嗡嗡的馬達聲，方向燈滴滴作響。

這一天車流量大，某處發生事故，車輛停多於走。德克電話響起，湯林再次打來，詢問是否已在路上。「大哥，我們在路上了！」

「他們在球場等著，」他說：「骯髒德克，大家在等了。」

德克計畫在去球場的路上聽某首特定的歌曲。「這是我在九〇年代最喜歡的歌曲之一，」他之後跟我說。德、蓋二人沒有說太多話。雖然也能大開話匣子，但他們只說一些必要的話。德克之後告訴我，他們只講了一下比賽的事情，像是「比賽感覺如何」，當車流再次開始移動時，德克打開了他為這一天選擇的音樂：年輕歲月合唱團（Green Day）的〈終於擺脫〉（Good Riddance）這首歌，會鼓舞他的情緒，這是一首告別的歌曲。號誌燈變綠，他們開上前往球場的收費公路，歌曲開始播放。歌曲一開始是一個隱喻，比喻的是改變生活的時刻、轉捩點、人生的十字路口，但隨後電話響起，歌曲中斷。又是「機車史考特」打來，但這次德克沒有接。他加速，進入車流，車開得更快。

他們一如往常開向南方。對於這趟最後的駕駛來說，這首歌是完美配樂。一九九七年某天晚上，德克聽這首歌聽得很晚。當時他們坐在唐．尼爾森的游泳池畔，決定赴美。〈終於擺脫〉之所以是絕佳配樂，是因為這首歌在上千場高中畢業典禮、葬禮和婚禮上播放過；是因為這首歌連結了德克的過去和現在；是因為時代和回憶融為一體；是因為在球隊巴士和大型禮賓車上、在比賽（重要賽事也好，無意義比賽也罷）之前、在大大小小的時刻，德克已經將〈終於擺脫〉的歌詞哼了好多遍：「**那種事無法預料，但到頭來，結果總是好的……**」當汽車駛出收費公路並沿著哈利海因斯大道行駛時，德克回電湯林。「好的，我們兩分鐘後就到！」雖然德克在比賽日從不坐Range Rover，他們之後還是在橄欖街的路口紅綠燈被認出來。當大家看到德克，發出尖叫和歡呼聲：「謝謝你，德克！」不過德克在這股豐富的情緒中繼續前進。一切如同歌詞：「我希望你確實體驗了自己的人生。」

他將車緩緩駛下坡道，關掉引擎。嗅聞炸彈的狗聞著車子，安檢人員見狀微笑，門口親切的女士笑了。多年來向來如此。她說：「孩子，謝謝。今晚要贏球，謝謝你！」

然後德克將車停好，下車。

在快要五點前進入獨行俠隊的更衣室時，德克產生一股奇怪的感覺（起碼他之後如此對我形容），那是一種妙不可言的感覺。他想著，這是我最後一次進入這間更衣室，這是我最後一次在這裡換衣服，這是我最後一次為比賽做好準備。

他通常一進更衣室就關掉手機，然後將手機留在更衣室，躺在整復床上伸展，並揉捏腳踝，纏上貼紮，但這一天，他仍然需要解決幾個關於球票的問題。他將信封留給潔西卡，並傳訊然給一些人。

當德克躺在整復床上，一名友人從鳳凰城傳訊給他，告知查爾斯．巴克利此時在達拉斯的傳聞。「你說什麼？」德克回訊給他的朋友。「這如果不是胡說八道，就是超大驚喜。」他和物理治療師笑了起來，沒多久就忘了這檔事，關掉手機。

德克．諾威斯基生涯最後的賽季不同於其他賽季：那是一個過渡性質的球季，一個改朝換代的球季，一個獲得認同的球季。他們從中國回來後，德克的工作態度務實、精準，一如以往。他為自己的健康而戰。十一月，他開始隨隊練習。聖誕節前不久，是他首次回到球場的時候。

一月，JJ巴瑞亞這位二〇一一年奪冠陣容的隊友，這位二〇〇八年奧運資格賽的對手，這位與德克並肩參與多場戰役的隊友——在面對明尼蘇達灰狼隊的比賽中阿基里斯腱撕裂。德克希望他不會受這種傷。他自己的腳沒有健康過，有時他必須服用止痛藥，並接受注射。

德克在二月時獲得更多的上場時間，並且入選全明星隊，這一次是以榮譽球員的身分入列。聯盟開始對他致敬。在邁阿密的比賽中，德克與韋德交換了球衣，作為對過去的紀念。

獨行俠將再次無緣季後賽，但氛圍上充滿信心，並專注於未來。春天，獨行俠隊在與紐約尼克隊交易，簽下克里斯塔普斯．波爾辛吉斯（Kristaps Porziņģis），他宛如德克再世。他有可能成長為超級球星，是打造出另一座「德克帝國」的潛力者。獨行俠隊的經營操作儼然有一套，而年輕球員也就近觀察德克打球：東契奇、波爾辛吉斯、鮑威爾和克萊伯是球隊的未來，他們有機會見證最後一次德克的籃球。德克是類似導師的存在，是一本活教科書；德克也回過頭來，看這些小將追隨他的腳步。

接著觀眾開始鼓掌。對德克鼓掌成了全聯盟的風潮。他先是在波士頓獲得第一波起立鼓掌，然後是在夏洛特。於洛城時，快艇隊總教練德克．里弗斯（Doc Rivers）在比賽還剩十秒時喊了暫停，好讓球迷慶祝諾威斯基，而大家自然從善如流。在奧克蘭甲骨文球場的最後一場比賽，大家都在談論奧克蘭球場大洞的故事。聯盟中所有的年輕大前鋒都偷偷把德克當作偶像。敵對的競爭關係化為尊重的心。德克只是勉強讓大家為他歡慶，所以大家的鼓掌更加熱烈。

每座城市的報社刊登比賽分析，文章骨子裡其實在向德克示愛；網路上瀰漫對德克的尊崇之情；眾體育作家彷彿恭候已久似地執筆，寫出德克對他們的意義。有些人帶有哲學口吻，有些人憂鬱起來，也有些人倒是格局恢弘，寫道：「這是一個時代的終結；放下德克．諾威斯基，銘記他的偉大」。每個人都有自己個人的故事要述說。

德、蓋二人最後一次在美航中心球場一起熱身。兩、三個攝影團隊悄悄進入，拍攝他們這項例行公事。當天沒有什麼是正常的，德克再次說了他幾個月前在蘭德薩克、兩年前在華沙，以及三年前在拉特爾多夫開的玩笑。不過，這次玩笑話可要成真了。德克對蓋許溫德納吐出那句：「我不要再操這個了。」蓋許溫德納笑了。他們多年來都有自己的溝通語言，那是發自肺腑的弦外之音，畢竟他們了解彼此，他們會東說一句：「我對這個感到厭倦。」然後在「*tak tadamm*」的節拍之下，球咻地落入籃網之後，西來一句：「已經二十五年了，我不要再搞這個了。」

半小時的熱身結束後，身子暖好，蓄勢待發，德克．諾威斯基最後一次拾級而上，前往更衣室。他沒有回頭。芬利站在連接樓梯的平台，為他開門，德克微笑。

德克在他的儲物櫃那邊，最後一次穿上他的球衣，一位攝影師拍下照片，這張照片不久後會在球場頭頂的大螢幕上以黑白風格顯示，帶有一抹憂鬱氛圍。接著為了對戰開起球隊會議，討論對戰對手。德克事後回憶，此時沒有感傷，也沒有什麼了不起的致詞。之後德克和他所屬的球隊擠在球員通道的入口處，此處沒有球迷或記者可以看到他們。

哈里斯說：「讓我們好好結束這個賽季吧。」球員們把手疊在一起。而在德克最後一次跑進他的球場之前，眾人又來一次。

「好好防守。」德克對他的球隊如此說道，他的話語被球員喧鬧的叫喊聲吞沒，所以德克也大喊起來。「把球傳給我！」

球員照做。德克很早就接獲傳球，接到球的頻率也高，他得分幾乎如魚得水。比賽飛快，當比賽結束時，一股在運動場上前所未有的情緒油然而生，這種感受恐怕也是絕後。我環顧四周，我知道每個人都有同樣的感覺：在這個德克的光榮時刻得以躬逢其盛，何其有幸；過去二十一年的回憶匯聚；球場播放滿滿的聲光影像，叫人目不暇給；此時此刻身在此處，實屬難得。大部分的人都沒拿出口袋的手機，而只是直盯眼前的光景。

德克徹底改變他的位置。他以前是能打各個位置的四號球員；他移動起他的高大身體，彷彿是還矮了十二吋的球員。他的投籃能力優於任何同樣體型的球員。他改變了他所從事的運動。在德克・諾威斯基之後的籃球，與德克・諾威斯基之前的籃球，兩者是不同的運動，變得更靈活、更聰明、更有創造力。他為達拉斯帶來的ＮＢＡ冠軍，烙印在這座城市的集體記憶，改變了城市的自我認知。達拉斯，是德克的城市。

德克似乎當真忘記了巴克利可能現身的傳言。當眾傳奇人物站在聚光燈下發表談話時，德克的興奮感是貨真價實的，他眼神中孩子般的驚喜感溢於言表。「這居然會發生，」他之後說：「這對我來說，這些傳奇人物……」

接著德克拿到麥克風。如果回顧當時影片的這個時刻，不難看出德克和他本身此時無法自已。他手裡拿著麥克風站在那裡，但這座屬於他的球場不讓他說話。皮朋和巴克利點燃球迷的高昂情緒，要大家比大聲還要大聲，要大家揮手，喊得震耳欲聾！當歡呼聲平息，現場被沉默包圍，只聽見一位偷喊的球迷大叫：「德克，我們愛你！」一切又從頭開始。德克必須要花一分多鐘才擠得出一個字，來形容適合當下這個場合的話語，但這種愛的情感卻是永恆的。他吸氣、呼氣，然後打破束縛他的魔咒，向大家告別。

＊　＊　＊

接下來的日子來去匆匆：一場矛盾，一場悲劇，一場歡慶。在獨行俠場上所打的生涯最終戰之後，德克於記者會上說他不再覺得有樂趣，說他的身體再也動不了，說他其實整個賽季都在懷疑自己的身體。

「我會想念這一切的，」他說：「不過是時候了。」

獨行俠隊當晚飛往聖安東尼奧。球隊於深夜抵達時，一大群人聚在飯店前，拿著海報和球衣，德克能多簽就多簽。不過德克之後跟我說，他總算回房後卻睡不著。德克說他躺在飯店的床上，盯著手機，看著所有的訊息、推文和祝賀。舉例來說，德克說皇家馬德里足球俱樂部的傳奇門將克爾．卡西拉斯（Iker Casillas）傳訊給他。對於卡西拉斯何以知道德克是誰，德克一頭霧水。

德克剛繳出三十分、十籃板的表現；剛在兩萬兩千人面前發表感人的演講；剛和皮朋、巴克利和柏德同坐一桌，聽著他們的故事；剛從飛機窗戶往下看達拉斯，而此時他從飯店窗外望著夜晚的聖安東尼奧。當他終於進入夢鄉，約莫已經凌晨三、四點了。

他起床晚了，和球隊、教練和物理治療師一起用早餐。他們在那裡坐了很長時間，分享彼此的事。德克試著再睡一會，但訊息和祝賀太多。他說：「太想哭了，非常想哭，我睡不著。」

他在中午前後做好準備。「最後一盤賽前義大利麵，」他日後說：「我職業生涯每場比賽之前都會吃麵。我覺得很長、非常長的一段時間內，我不會吃義大利麵。我不會想念義大利麵。」他穿好西裝、打包、退房。他當下感到有一點空虛和疲累，但在搭車前往職業生涯的最後一場比賽之前，還是又簽了一百個簽名。

在哪裡開始，在哪裡結束。我們穿過停車場，前往聖安東尼奧AT&T中心球場（AT&T Center），此時太陽消失在球場後面。數百名球迷從達拉斯來到聖安東尼奧。往昔的仇家此時也彼此擁抱、自拍。這一天稍早，蓋許溫德納和唐尼．尼爾森步行到附近的阿拉莫體育館，那裡是德克於一九九八年三月十九日那天的美國故事發跡地。德克在耐吉籃球峰會上為他的職業生涯奠定了基礎，他斬獲三十三分、十四籃板，而這也是德克的職業生涯畫下休止符的地方，其間歷經二十一年又十二天。最後一切都回到原點。

就算是在聖安東尼奧，對方也是播放動人的影片。影片中有德克和提姆．鄧肯、德克和大衛．羅賓遜，以及德克和東尼．帕克的身影，以及季後賽的苦戰，馬努．吉諾比利那記著名犯規，並且小帳加一！影片中還有德克牙齒掉落並繼續比賽的名場面（只見德克面露血腥的笑容）。羅伯特．歐瑞（Robert Horry）、布魯斯．包溫（Bruce Bowen），以及德克和偉大的格雷格．波波維奇（Gregg Popovich）等人現身影片。兩隊短兵相接，馬刺隊固然是常勝軍，但也不盡然。

我們看著德克觀賞影片，一幕幕畫面席捲而來，一次次重大時刻映入眼簾。之後馬刺隊起身，獨行俠隊也起身，德克再次不得不拭去眼角幾滴淚水。這是他真正的最後一場比賽。

整座球場對他肅然起敬。每一波攻防，都可能是他們最後一次看到諾威斯基。德克會在最末節比賽還剩七分三十五秒時，最後一次上場嗎？那會是他最後一次暫停嗎？七分三秒那個會是最後一記籃板球嗎？五分三十四秒那個是最後一次底線跳投嗎？二分二十一秒那顆是最後的長距離兩分球嗎？他職業生涯的最後一次暫停是一分二十七秒時嗎？卡萊爾教練是否在他的戰術板上，為德克設計了最後一波攻防？當圍繞的眾人散開時，會不會是德克最後一次踏到場上？

整座球場的球迷起身，敵隊的地盤也變得親切友好，大喊著：「MVP！」他們覺得德克是「MVP」，聯盟中最有價值的球員。接著德克於罰球圈頂端的位置接獲傳球，並把防守球員德魯．尤班克斯（Drew Eubanks）放在德克覺得舒服的位置。他短暫猶豫了一下，然後投了他那不朽職涯的最後一球。

兩萬六千三百七十六次投球。

他達到這個里程碑了。

一萬兩千三百八十九次命中。

* * *

我與德克・諾威斯基共處的歲月，在開始的地方結束：在達拉斯沃思堡機場。我點了薯條和奶昔，這是蓋許溫德納的吃法。我看著窗外的巨型飛機和小型機器，我看了幾支德克前幾天的影片，讀了幾篇文章。我試著歸納我在前幾年與諾威斯基相處的所見、所聞、所知。我的人生得以有幸認識一位非常優秀的籃球員、一個真正真誠的人。我腦中浮現了幾年前在拉特爾多夫練習後記下的一句話。

「德克・諾威斯基和我們沒有兩樣，」當時的我寫道：「只是更加、更加地出色。」

作者註

本書的英文版並非單純是德翻英的譯本，編輯時考量到美國讀者，因此會在各處有增刪，進行所謂的「文化翻譯」。本人感謝謝恩・安德森（Shane Anderson）、托比亞斯・許奈德勒（Tobias Schnettler）和湯姆・邁爾（Tom Mayer）在這方面提供寶貴幫助。

為了解諾威斯基的世界，我必須成為其中的一環。如果沒有各編輯、贊助商和機構的協助，本書無法付梓。我若獨自完成，會花費過多時間和成本。我想感謝所有的支持者和贊助商（尤其是ＩＮＧ），和我長期配合的出版社Kiepenheuer & Witsch，以及委託作品的編輯。

本書的部分內容先前已透過不同形式發表，英文版所列出處如下：“Eine andere Liga” in *ZEITmagazin* (2012), “Das System Dirk” in *DBmobil* (2014), “Das Grosse Kribbeln” in *Der Spiegel* (2015), “Das Buch Holger” in *50 Jahre Basketball Bundesliga* (2015), “Fadeaway” in *ZEITonline* (2015), “The Basketball Diaries” in *ZEITonline* (2015), “Sagt Dirk, er ist der Größte” in *Socrates* (2016), “It’s a Circus” in *Fortyone* (2017), “Der Weitermacher” in *Die Welt* (2018), and “Irgendwann passiert alles zum letzten Mal” in *ZEITonline* (2019)。

這本書於二〇一九年底以德文原版出版，時間上是距離德克・諾威斯基最後一場比賽的幾個月後。不過是兩年前的事，但此後已經世易時移：科比・布萊恩死於一場悲劇性意外，COVID-19病毒大流行肆虐全球，史蒂夫・奈許成了布魯克林籃網隊的總教練，盧卡・東契奇入列ＭＶＰ候選人。德克・諾威斯基得償所願，做到了他總是掛在口中的事：將更多的時間留給老婆子女、環遊世界，還有吃冰淇淋。雖然不再打籃球了，但他倒是一點都沒變。

致謝

我感謝所有提供資訊、建議和洞見的人，感謝他們引領我進入他們的世界。

本段一併特別感謝以下人士（正文提及者以譯文顯示）：Eric Asch、Matthias Bielek、Christoph Biermann、Bijan Dawallu、Gordon Debus、Daniela Dröscher、Erin Edmison、Will Evans、Kerstin Gleba、亨寧・哈尼施、Peter Harper、Johannes Herber、Markus Hoffmann、Hauke Hückstädt、David Hugendick、Matthias Kalle、Brandon Kennedy、Florian Krenz、EJ van Lanen、Helge Malchow、Bobby Karalla、Tong Mao、Timo Meisel、莎拉・梅爾頓、烏利・奧特、Elisabeth and Winfried Pletzinger、Tilman Rammstedt、Torben Rosenbohm、英戈・紹爾、謝恩・雪萊、Sven Simon、Saša Stanišić、Tobias Tempel、史考特・湯林、麗莎・泰納、安德烈・沃伊特、Florian Werner、Wanda Wieczorek，以及Tilo Wiedensohler。

感謝歐拉夫・彼得森（Olaf Petersenn）對於此類書籍的想法和熱情。他將這本書帶上旅程。同時感謝詹・福克（Jan Valk）投入大量精力，協助本書跑向終點線。他替我承擔，本人表示由衷感謝。

湯姆・邁爾耐心等候，然後從板凳奮起，成為出書這場比賽的決定性因子。

謝恩・安德森譯筆生花，有如飛躍的球員、美妙的詩人。而從場上到關鍵時刻，托比亞斯・許奈德勒一直都陪伴我們。他是每位作者都需要的多功能球員。

我想感謝托比亞斯・齊洛尼的遠見、他的觀察，以及他動人的攝影作品。

感謝霍爾格・蓋許溫德納的開放心胸，感謝所面臨的挑戰，也感謝那一道道細火慢燉至骨肉分離的嫩肋排。

我要感謝德克・諾威斯基。他為我展現了一個人投身一件事，有多麼偉大和美妙：*Der große Nowitzki*（偉大的諾威斯基）。

最重要的是，我想感謝畢涅・諾邁爾（Bine Nordmeyer）、瑪莎（Martha）、弗里茲（Fritzi）和安娜（Anna），感謝他們所有的付出，這本書屬於他們。

參考資料說明

本人感謝這些年來記錄、描述和分析德克・諾威斯基職涯的所有體育作家。若無他們的心血，就不會有這本書。本書也因此有幸納入這許多珍貴的報導、事實和統計數據，得以請教相關人士。

本人謹此特別感謝攸阿辛・莫爾特（Joachim Mölter）和彼得・薩托里厄斯（Peter Sartorius）的著作《諾威斯基》（*Nowitzki*），這本書與德克合作，於二〇〇七年出版。蓋許溫德納的《諾威斯基》（*Nowitzki*）一書是重要的參考依據，可從中深入由他的概念所構築的世界。關於德克生涯早年的事蹟和資料，其時間順序和架構則於迪諾・萊斯納（Dino Reisner）的著作中有完善記錄。二〇一一冠軍年的成就，詳細記錄於鮑伯・斯特姆的《這一年，不一樣》（*This Year Is Different*）。伊恩・湯姆森（Ian Thomsen）的《籃球魂》（*The Soul of Basketball*）寫出精彩的脈絡，呈現當年奪冠的重要性。對話記錄《應用式廢話》（*Angewandter Unfug (Applied Nonsense)*）限量出版兩百冊，紀念蓋許溫德納的七十大壽；這本書為我提供許多機會，讓我得以和眾親朋好友交談。和他們會面的故事均於本書提及（未特別註明出處）。

德克・諾威斯基的職涯幾乎均有完整的視覺和統計記錄。歷史照片和影片往往是本書撰述的參考依據。若我當時不在場，則會用前述資料來補充並確認當時在場者的敘述，以及文字來源。nba.com、youtube.com和網路上無數平台幾乎可找到所有比賽的資料。本書也有參考basketballreference.com和nba.com的統計數據和數字。

關於德克・諾威斯基

Frerks, Ole. *Das Nowitzki-Phänomen. Dirk und die neue Generation* (*The Nowitzki Phenomenon: Dirk and the New Generation*). Aachen: Meyer & Meyer, 2019.

Geschwindner, Holger. *Nowitzkr. Die Geschichte* (*Nowitzki: The Story*). Hamburg: Murmann, 2012

Kalwa, Jürgen. *Dirk Nowitzkr. So weit, so gut. Von Würzburg zum Weltstar — erne etwas andere Blographie (Dirk Nowitzki: So Far, So Good: From Würzburg to World Star — A Somewhat Different Biography).* Hildesheim: Arete, 2019.

Reisner, Dino. *Dirk Nowitzkr. Vom Wunderkind zum Weltstar (Dirk Nowitzkr: The German Giant)*. Kempen and New York: TeNeues, 2017.

——. *Dirk. Die Dirk Nowitzkr-Story (The Dirk Nowitzki Story)*, 2nd exp. edition. Munich: copress, 2010

Sartorlus, Peter, and Joachim Mölter with Dirk Nowitzki. *Nowitzki*. Reinbek bei Hamburg: Rowohlt, 2008.

Sturm, Bob. *This Year Is Different: How the Mavs Won It All: The Official Story*. New York: Diversion Books, 2012.

Thomsen, Ian. *The Soul of Basketball. The Epic Showdown between LeBron, Kobe, Doc, and Dirk That Saved the NBA.* New York: Houghton Mifflin Harcourt, 2018.

參考書目

Bauer, Josef Martin. *As far as My Feet Will Carry Me: The Extraordinary True Story of One Man's Escape from a Srbertan Labor Camp and His Three-Year Trek to Freedom.* New York: Skyhorse Publishing 2008.

Bradley, Bill. *Life on the Run*. New York: Quadrangle, 1976.

Döblin, Alfred. *Berlin Alexanderplatz* (transl. by Michael Hoffmann). New York: New York Review of Books Classics, 2018.

Fitzgerald, F. Scott. *The Great Gatsby*. London: Penguin, 1994.

Härtling, Peter. *Hölderlin*. Munich: DTV, 2017.

Kendi, Ibram X.: *Stamped from the Beginning: The Definitive History of Racist Ides America*. London: Vintage, 2016.

Millman, Dan. *Way of the Peaceful Warrior.* Tiburon, CA: H. J. Kramer, 2006.

Nagel, Thomas. *What Is It Like to Be a Bat?! Wie ist es eine Fledermaus zu sein?* (ed. and transl. by Ulrich Diehl). Stuttgart: Reclam, 2016.

von Weizsäcker, Carl Friedrich. *The History of Nature* (translator unknown). Chicago: University of Chicago Press, 1976.

Zielony, Tobias. Story/*No Story*. Berlin: Hatje Cantz, 2010.

——. *Jenny Jenny*. Leipzig: Spector Books, 2013.

進階閱讀

Adams, Tim. *On Being John McEnroe*. New York: Crown, 2005.

Basketball Bundesliga (ed.): *50 Jahre Basketball Bundesliga* (*50 Years Basketball Bundesliga*). Berlin: Verlag Die Werkstatt, 2015.

Didion, Joan. *We Tell Ourselves Stories in Order to Live: Collected Nonfiction.* New York: Knopf, 2006.

Herber, Johannes. *Almost Heaven. Mein Leben als Basketball-Profi (Almost Heaven. My life as a Professional Basketball Player)*. Berlin: Berlin Verlag, 2015.

McCallum, Jack. *Seven Seconds or Less: My Season on the Bench with the Runnin' and Gunnin' Phoenix Suns.* New York: Simon & Schuster, 2007.

McPhee, John. *A Sense of Where You Are: A Profile of Bill Bradley at Princeton.* New York: Farrar, Straus, and Giroux, 1999.

Ribbat, Christoph. *Deutschland für eine Saison. Die wahre Geschichte des Wilbert Olinde jr. (Germany for a Season: The True Story of Wilbert Olinde Jr.).* Berlin: Suhrkamp, 2017.

——. *Basketball. Eine Kulturgeschichte (Basketball: A Cultural History)*. Munich: Wilhelm Fink, 2013.

Simmons, Bill. *The NBA According to the Sports Guy.* New York: Ballantine/ESPN Books, 2009.

Voigt, André, and Jan Hieronimi: *Planet Basketball 2*. Hamburg: Basketballnerds, 2015.

Wallace, David Foster. *String Theory.* New York: Literary Classics of the United States, 2016.

SAN ANTONIO
SPURS
SINGLE-GAME CREDENTIAL
THOMAS PLETZINGER
4/10/2019
41.21.1.

入魂 19

獨行的王者

德克・諾威斯基成就非凡的籃球人生

The Great Nowitzki

作者　托馬斯・普萊辛格（Thomas Pletzinger）
譯者　高子璽

堡壘文化有限公司
總編輯　簡欣彥　　行銷企劃　許凱棣、曾羽彤、游佳霓、黃怡婷
副總編輯　簡伯儒　　封面設計　萬勝安
責任編輯　簡伯儒　　內頁構成　李秀菊

讀書共和國出版集團
社長　**郭重興**
發行人　**曾大福**
業務平臺總經理　李雪麗
業務平臺副總經理　李復民
實體通路暨直營網路書店組　林詩富、陳志峰、郭文弘、賴佩瑜、王文賓
海外暨博客來組　張鑫峰、林裴瑤、范光杰
特販通路組　陳綺瑩、郭文龍
電子商務組　黃詩芸、李冠穎、林雅卿、高崇哲、沈宗俊
閱讀社群組　黃志堅、羅文浩、盧煒婷
版權部　黃知涵
印務部　江域平、黃禮賢、李孟儒

出版　**堡壘文化有限公司**
發行　**遠足文化事業股份有限公司**
地址　**231新北市新店區民權路108-2號9樓**
電話　02-22181417　**傳真**　02-22188057
Email　service@bookrep.com.tw
郵撥帳號　19504465 **遠足文化事業股份有限公司**
客服專線　0800-221-029
網址　http://www.bookrep.com.tw
法律顧問　**華洋法律事務所　蘇文生律師**
印製　**韋懋實業有限公司**
初版1刷　2022年12月
定價　**新臺幣650元**
ISBN　978-626-7240-03-8

國家圖書館出版品預行編目（CIP）資料

獨行的王者：德克・諾威斯基成就非凡的籃球人生／托馬斯・普萊辛格（Thomas Pletzinger）著；高子璽譯. -- 初版. -- 新北市：堡壘文化有限公司出版：遠足文化事業股份有限公司發行, 2022.12
面；　公分. --（入魂；19）
譯自：The great Nowitzki
ISBN 978-626-7240-03-8（平裝）

1.CST: 諾威斯基(Nowitzki, Dirk, 1978-)　2.CST: 運動員　3.CST: 職業籃球
4.CST: 傳記　5.CST: 德國

784.38　　111019796